世界の作家32人による

ワールドカップ教室

マット・ウェイランド　ショーン・ウィルシー［編］

越川芳明　柳下毅一郎［監訳］

白水社

世界の作家32人による
ワールドカップ教室

世界の作家32人によるワールドカップ教室 目次

まえがき

マット・ウェイランド

作家のマーティン・エイミスの言葉を借りれば、海外とは「サッカー・ファンが自制心や遠慮を投げ捨て、俄かに活気づく場所である。海外に出たファンはユニオン・ジャック柄のパンツを頭からかぶって立ち……上半身は裸で、しかも体型はデブ、顔は青白く、足元を見れば、足首までゲロまみれ。こうして地元の女子どもを脅かし、泉に小便をしては、デニス・レアリーの『法王なんてクソ喰らえ』や英国国歌『ゴッド・セイブ・ザ・クィーン（神よ、女王を救いたまえ）』を歌い上げ、へべれけに酔っ払うのだ」。

一九七〇年代にアメリカ中西部で育った私には、海外はこのような場所ではなかった。とはいえ、世界をどれほど知っていたかという点では、そこいらのフーリガンと大差はなかった。私はまったく地理に疎く、外国を戯画的にしか捉えていなかった。例えば、イランはもじゃもじゃのヒゲを蓄え、ヘッドバンドをしており、まるでビヨン・ボルグが悪魔になったようなイメージであり、ソ連は、目がチカチカする映画のコマ送りの中に登場する怒れる熊で、他国から絶え間なく生き血を吸っているといった類だ。私がこのような戯画化されたイメージを持つようになった原因は、エイミスのような作家にあった――そして、サッカーにもあった。幼い頃の私は毎年、春から秋まで、サッカーに打ち込んでいた。やがて、他校のチームがどの国の移民から構成されているかによって、チーム力を判断するようになった――ポーランド系は強固な守備陣だとか、ベトナム系はドリブルはできるが、パスはできないといった具合だ。週末ともなれば、UHFのチャンネルを最後まで回して、ライブ時差録画されたヨーロッパの試合を観戦したものだ。とはいえ、受信の状態が良好ではなく、画像が不鮮明なため、おかしな髪型に短いサッカー・パンツをはいたドイツとイタリアの選手が粒状で映り、字がはっきりしない看板（'Pirelli?' 'Die Zeit?'）に囲まれたピッチ上で、どうにか見えるボールを選手が蹴っているのをなんとか見ることができた。また、雨降る中で、霞がかかったような監督やファンが、つぶれた帽子をかぶり、穴だらけのツイードのコートを着て、からだを丸くしている姿も確認できた。他の友人たちが短波のラジオ番組『ハロー、ワールド！』が好きだったように、私はこうしたサッカー中継が好きだった。私はすでに世界に「ハロー」と言っているようなものだった。

地域のサッカー合宿には毎年夏に参加した。監督やコーチは私たちにアメリカを超えた世界観を教え込もうとして、チーム分けする際に当時のヨーロッパの花形クラブ・チームにちなんだ名前、例えば、イプスウィッチ・タウンやFCケルンやグラスホッパーズ・オブ・チューリッヒという名前を付けた。合宿の最後には、講堂に全員が集まり、恒例の映画鑑賞をした。毎年観るのは決まって『勝利への脱出』だった。アメリカの映画館のようにポップコーンを作り、みんなで回して食べたものだ。映画が始まれば、部屋いっぱいの汗臭い少年たちが、教義問答集でも読むように、台詞の一つ一つを声に出した。当時は、新聞の世界欄には事欠かない――世界的石油危機、ソ連のアフガニスタン侵攻、フォークランド紛争に、グレナダ――激動の時代だったが、私はこうしたことを一切知らなかった。私はミネソタの南部にある真新しいサッカー場で、イプスウィッチ・タウンの一選手としてボールを蹴り、映画の中のマイケル・ケインやシルヴェスター・スタローンやボビー・ムーアやペレが、ドイツ・チームを打ち負かす場面に声援を送っていた。

一九八二年のワールドカップが開催される頃には、私は世界のサッカーを愛する、根っからのサッカー・ファンになっていた。そして、一般的に類型化された考えがすべて正しいことを理解した。つまり、南米選手は衝動的であり、ドイツの選手は鈍重、イングランド選手は根気強いのだと悟った。そういった選手たち自体が、当時貪るように読んでいたSF小説に負けないくらい、私にとっては驚嘆すべき存在だった。カール゠ハインツ・ルンメニゲやケヴィン・キーガンそしてディーノ・ゾフ、これほど魅力的で完璧な名前を一体だれが考え出せたのだろうか？　それにソクラテス――ヒゲを生やして、たばこを吸う選手なんて！　私のお気に入りはイングランドだった。というのも、黒の短パンに白のシャツというユニフォームが凛々しく映り、一次リーグの三試合を簡単に勝利したうえに、私のイプスウィッチ・タウンの〈チームメイト〉のテリー・ブッチャーがディフェンスにいたからだ。しかし、その夏に失望という胸のつぶれる思いを初めて経験した。というのも、イングランドが一次リーグを突破するためには、開催国スペインに勝つ必要があったにもかかわらず、キーガンがゴール前で簡単なヘディングをミスしてしまい、それ以降はなんとか0対0の引き分けに持ち込むのが精一杯という結果に終り、ここでイングランドが敗退してしまったからだ。

私の祖父は、分別があったのかなかったのか、サッカー・ファンでは全くなかった。祖父によれば、サッカーは「選手たちがこぞって、あちこちやたらと走り回っているスポーツ」だった。とはいえ、その夏のワールドカップ終了後に、ブルックリンに住む祖父の元を訪れると、祖父は私を車に乗せ、嬉々としてマンハッタンまで車を走らせ、途中、イースト・サイドの灰色の街路を抜け、当時街に一つしかなかったと思われるサッカー・ショップに連れていってくれたのである。その店は、古くからのドイツ人居住区、ヨークヴィルにあった。小さな部屋一つの店で、在庫品のほとんどは、店の奥にあるレジ・カウンターの後ろに置かれた段ボール箱に仕舞いこまれていた。祖父は、青と白の太い縦縞模様のアルゼンチンのユニフォームが気に入った。だが、私は買いたいとは思わなかった。店の主人などは西ドイツのものを勧めたが、それも欲しくはなかった。私が欲しかったのは、他でもないアンブロの黒の短パンと白のシャツというイングランドのユニフォームだった。祖父は上下一式だけでなく、揃いのソックスまでも買ってくれた。私は何日間か、ユニフォームの胸に縫い付けられたイングランドのエンブレムをトレースして紙に描き、三頭のライオンをためつすがめつしていた。そして、秋からの新学期の初日にそれを着て登校した。その姿はすごく……海外だった。

以来私は、ワールドカップが近づくと、年鑑やガイドブック、そして旅行記や歴史書などを一抱え買い込んでは、じっくり腰を据えて、楽しい読書に耽るのだった。ワールドカップ開催前の一か月は、開催中の一か月も、そして開催後の一か月までも、私は家族や友人相手にワールドカップにまつわるクイズを出す。得点した選手は？　地区予選の歩みは？　出場国の識字率は？　中間年齢層は？　ＧＤＰはどれくらいか？　私はいつも、空欄のリストとレッドカード・リスト、それにゴールデン・ゴールのリストを作成する。また、独裁者や暗殺者集団の存在を知り、経済的奇跡や経済の浮き沈みのサイクルを発見するのだ。

　選手としてサッカーに打ち込むのをやめ、ロンドンに移り住むようになると、世界のサッカーを愛する気持ちが増幅するばかりとなった。昨年の夏の最中のある日の午後、テムズ川のほとりのパブで、ニューヨークからやってきた友人のショーン・ウィルシーが私に負けず劣らずのサッカー狂であることが判明した。私たちは、エドゥアルド・ガレアーノの『スタジアムの神と悪魔』（飯島みどり訳、みすず書房）やビル・ビュフォードの『フーリガン戦記』（北代美和子訳、白水社）やリシャルト・カプシチンスキの『サッカー戦争』（北代美和子訳、中央公論社）などを論じ合った――サッカーに情熱を持ちながら、同時にその他のすべてのことにも思いを馳せ、それを案じている作家たちの著作について意見を交わした。お互いの意見が一致したのは、ワールドカップの明るい国際主義を評価している点だった。世界がよりよい世界になり、繁栄するために悪戦苦闘している、善意なる世界の意義を、私たち二人とも共通して良いものと見なしていた。そこで私たち二人は考えた――冷厳な事実・データと偉大な作家の文章とを融合させて、有用かつ異例の本ができないものだろうか？　その本を繙けば、初戦から決勝戦までワールドカップ観戦に必要なすべてが載っており、同時に出場国の情報も分かるという本はできないものだろうか、と。私たち二人が監督となり、出場三十二か国について書いてくれる執筆人チームを作ることは不可能だろうか？三十二人の〈選手〉がそれぞれ個人史やルポルタージュ、あるいは当該国に関するエッセイやチーム戦略にまつわる文章を書いてくれないだろうか？　いや、形式は問わず、とにもかくにも当該国の過去と現在についてなにがしか妥当性のあるものを書いてくれるのではないか、と二人して結論づけた。どのワールドカップの時でも、チームや選手についての特集記事を組む雑誌や新聞はたくさんある。確かに、その中には必要なものもあるが、何かが欠けている。つまり、サッカーを一つのレンズにして、それを通して、そしてそれを口実にして、もっと広い世界について学ぶことが必要だと思ったのだ。

まるで大物役者を集めた映画のクランク・インという感じだった。『七人の侍』の剣客たち、あるいは『荒野の七人』の殺し屋ガンマンたちが集められたときの雰囲気だった。『勝利への脱出』の連合国側のサッカー選手たちと言ってもいい。サッカー合宿でこの映画を観て、全員でハッピーエンドにやんやの喝采を送ったが、私が最も好きなのは、選手が集められる最初の場面だ。英国の将校たちが、捕虜となった連合国の兵士たちをまとめてゆき、一つのチームを作っていく場面である。これに似て、友人のショーンと私とが監督を務め、どこかに、どこか離れたところに、三十二人の書き手がいるという感じだった。例えば、ニック・ホーンビィのような、分別あるファンの熱狂ぶりを実質的に定義してきた作家は、どう考えてみても外すことはできないと思ったが、それ以外の書き手についてはニ人ともまったく目途がつかなかった。執筆を依頼する作家たちは、私たちの熱意を理解してくれるだろうか？　書くべき内容を持ち合わせているのだろうか？　それに、そもそも執筆に同意してくれるのだろうか？　しかし返答は早かった。北ロンドンから、北カリフォルニアから、モンテヴィデオそして東京から、メキシコ・シティそしてモザンビークから、ヴェローナそしてシカゴから、カーディフそしてベイルートから、続々と返事が返ってきた――依頼したほとんどすべての作家から、熱意のこもった快諾が届いた。エドゥアルド・ガレアーノは、正真正銘のサッカー愛国者の言葉で返事さえしてくれた――「ウルグアイが出場すれば、書きます。しなければ、書きません」。

ガレアーノのように、自国について書くことを依頼した作家もいたし、作家の当該国での経験を元に執筆をお願いした場合もあれば、申し出のあった希望国に出向いてもらった作家もいる。一か月間、私たちは執筆者のリストを作っては、作家と連絡を取りあった。そして、各地域の予選リーグが終盤に差し掛かった頃には、本選に出場濃厚な国の割り当てを終えることができた。こうして、一段落した私たちはくつろいだ気分で成り行きを見守った。

それからだった、テレビの画面に向かって叫んだり、国際電話で悔やみ言を述べたりしたのは……。ロンドンのイースト・エンドのパブにいる私と、ニューヨークの自宅にいるショーンは、試合を観戦しながら、二人で入念に立てた計画が崩れ去ってゆくのを目の当たりにしたのだった。贔屓のチームが無残に敗れ去るときの、悲痛な思いは私もよく分かっていた。いまだに、八二年大会のイングランドの敗退の記憶が残っているほどだ。とはいえ、自分の手がける本から受賞作家が一人、そしてまた一人といなくなってしまうとは！　この事態は、私たちにはまったくの「想定外」であり、そのときはなんの手立ても考えていなかった。

例えば、『グランタ』の編集者イアン・ジャックが早々にリストから外れてしまった。スコットランドが、遅ればせながら調子を上げてきていたにもかかわらず、九月のイタリア戦で引き分けることしかできず、その時点で敗退が決まってしまったのだ。ジャックは落ち着き払って、こう言った。「スコットランドを過信してはいけないよ」

次にリストから外れてしまったのは、若きナイジェリア作家であり、イエズス会の司祭でもあるユウェム・アクパンだった。予選通過は確実視されていたナイジェリアが、地区予選でアンゴラ相手に一分け一敗の結果しか残せず、最後の最後に、十月八日の一戦でアンゴラが勝たなければ、勝ち点・得失点差でナイジェリアが上回るという状況になった。しかしながら、アンゴラがルワンダを1対0で下し、こうしてナイジェリアが消えてしまった。去りゆく選手を見送るのは残念だった。近年のワールドカップで、スーパー・イーグルスを見るのは、一つの大きな楽しみだったからだ。アクパンは持論を述べてくれた。「アンゴラとの大事な一戦は、半‐砂漠地帯のカノという所で行なわれた。予定では、こうした一帯での試合に慣れていないアンゴラの選手が疲れ果て、ナイジェリアが楽勝するはずだった。しかし、最初に疲れてしまったのは、わがナイジェリア・チームだった。というのも、全員がヨーロッパの気候の下でプレイしていたからだ！」

十月十二日アイルランドがスイス相手に無残にも引き分けで終わったとき、私たちはロディ・ドイルも失った。そのとき私はショアディッチの騒々しいパブの中にいて、ケニアの作家ビニャバンガ・ワイナイナといっしょに試合を観ていた。ワイナイナは事実に即した意見を述べた。「おいおい、あのシャツでプレイしては、アイルランドは勝てないよ。黄緑色のユニフォームが似合うのは、アフリカのチームだけだ」。ショーンと私は話し合い、ドイルにスイスに行ってもらって、敗北したアイルランド・ファンについてスイスから書き送ってもらおうかとも考えた。「それはぼくの仕事ではない」とドイルは断ってきた。「君がアイルランドのプレイを見たことがあるかどうかは知らないが……。でも、もし見たことがあれば、判るはずだ。ぼくが一番書きたくないのはサッカーに関することだ。もし、君が疫病についての本を計画しているのであれば別だけどね……」

タイ系アメリカ作家のラタワト・ラプシュアオーウェンサップも十一月十六日にリストから外れてしまった。タイがワールドカップに出場する見込みはゼロだったが、ラプシュアオーウェンサップはサッカーの大ファンで、バーレーンのホテルで働く多くのタイ人労働者について話を聞かせてくれていた。そのとき、バーレーンは予選通過できるかどうかの瀬戸際に立たされていた。私たちはラプシュアオーウェンサップをバーレーンの首都マナーマに派遣する用意をしていたところ、バーレーンがホームの試合でトリニダード・トバゴに負けてしまった。クラークンウェルの悲惨なくらい閑散としたパブで、私は一人でこの熱戦を見ながら、バーレーンが得点できないと毒づいていた。バーテンダーは不思議そうな顔で私を見て、ビールを一杯サービスしてくれたが、ラプシュアオーウェンサップは消えてしまった。

ついには、ロンドンの十一月の、青い朝を迎えたある日の十時頃、エドゥアルド・ガレアーノを失うことになった。ウルグアイがワールドカップの出場権を得るためには、二〇〇二年のときと同じように、オーストラリアとのプレイオフ二回戦に勝利するだけでよかった。ウルグアイはホームでの緊迫した第一戦に1対0で勝利したのだが、八万二千人の観客を前にしたシドニーのアウェイ戦で、オーストラリアに1対0で破れ、合計の勝ち点・得失点差で並ばれてしまった。その後のPK戦でオーストラリアが勝ち、本書に最大のインスピレーションを与えてくれたガレアーノが、リストから外れてしまう結果となった。「監督とは」とイングランド・チームの前監督ロン・グリーンウッドがサッカーの監督について語っているように、「失望でしかない」。しかしながら、私たちはそれを乗り越えた。失った作家の代わりに、同じように私たちが気に入っている他の作家を入れた。かくして、最高のサッカー・チームにも似て、本書の三十二人の作家がそれぞれ魅力的に、さまざまな形式と口調で、また多様な感性と文体を見せてくれることになった。

おかげで、私はかつてよりも海外事情に詳しくなった。パラグライのどこに行けばワニ革を見つけられるのか、ポルトガルのどこでサーフィンができるのか今の私は知っている。ポーランドの疑念やスウェーデンの恐怖心についても知っているし、チュニジアの迷信やセルビアの食べ物のことも自分の知識となっている。また、エクアドルの人々は歩く速度がとてつもなく速いことや、日本人が極めて機能的な便器を使っていることも分かった。二百万人以上の奴隷がアンゴラからアメリカ大陸や西インド諸島に船で運ばれた史実や、メキシコが第三世界の国々の中で最も豊かな国でありながら、先進工業国の中では最も貧困であるという事実も知った。ペルシア語で「ペニス」を何と言うかも学んだ（と思う）。そして、ワールドカップで栄冠を勝ち取るということになると、独裁政治を打倒した軍事政権を民主主義が打倒するということを学び取った。

さあ、ここに、酩酊具合も裸体具合もさまざまな、分別あるサッカー・ファンが集結している。太り具合も痩せ具合も千差万別、青白い顔も日焼けの程度もいろいろだ。だが、泉に小便をするものなど誰一人いない。同時に、サッカー狂でない者も一人もおらず、海外を思った途端に、一人残らず俄かに活気づいてきている。

マット・ウェイランド　Matt Weiland

『グランタ』の副編集長。また「グランタ・ブックス」の上級編集者でもあり、それ以前はニューヨークの『ニュープレス』で編集者、シカゴの『バッフラー』で統括編集者を務めていた。かねてよりNPRのドキュメンタリー・ラジオ番組「アメリカン・ラジオ・ワークス」の制作に携わる他、トマス・フランクと共編の“Commodify Your Dissent: The Business of Culture in the New Gilded Age”という一刊本がある。その他、『ワシントン・ポスト』、『ヴィレッジ・ボイス』、『ニュースデイ』などに寄稿している。現在、ロンドン在住。

序論

ショーン・ウィルシー

わたしにとってワールドカップの世界は、まさにそこの住人になりたいと思う世界である。その壮観、高潔な雰囲気、政治とは別の次元で国としての特性を示そうとする姿勢、時に人間の欠点を露呈し、時に思わぬ力を発揮し、多くの国民が仕事の手を休め、夜中の三時にベッドから起き出してでもキックオフの瞬間を見ようとする大会。その魅力に抗えるはずもない。フランスやイングランド、アメリカのように多民族から構成されているチームもあれば、選手全員がブロンドだったり、アジア人だったり、ラテン・アメリカ人だったりという国もある。「USA！　USA！」と耳障りな応援を繰り返すファンが（幸いなことに少数ではあるが）いる。選手たちがピッチに入場してくる際に、手をつないでもらって一緒に入場してくる子供たちがいる。国歌の演奏。ファンは頬に国旗をペイントし、相手チームが勝つと辺りを憚ることなく泣き喚く。スペイン語のチャンネルで中継を観ていると、アナウンサーが「ゴーーーーーール！ゴール、ゴール、ゴーーーーーーール！」と叫ぶ（アメリカでは生中継を観ようと思うとスペイン語のチャンネルに合わせるしかない）。スロヴァキアのタイヤ販売員、イタリアの警官、ドイツのコンサート・ピアニストといった人たちが正式な体力テストと心理テストをクリアし、レフェリーとして笛を吹く。選手たちが宿泊するホテルの部屋に必ずある本から引用すると――「喜びなさい。大いに喜びなさい。天には大きな報いがある」、もしくは、わたしの手元にある『サッカーとそのルール』に書かれているように「準備は整いましたか？　勝利を目指すチームを応援し、選手たちのコンディション、スピード、テクニックに驚嘆し、タックルに行けば確実にボールを奪えるよう鼓舞し、力強いシュートの一本一本に熱狂する準備は整っていますか？　サイドライン際をものすごい勢いで駆け上がるウィングバック、オーバーラップするディフェンダー、鋭くカーブのかかったコーナーキック、巧みなワンツー、見事なゴールシーンにはどうぞ惜しみない拍手を送ってください。ファンタスティックなプレイの数々を堪能する準備は出来ていますか？」ということだ。

わたしは、準備万端だ。

⚽

わたしもワールドカップの歴史をそれなりに目撃してきた一人である。初めて観たのは自分もサッカーを始められるぐらいの年齢に達した時で、今では年を重ね、控え選手としていつでもピッチに投入されればゴールを決められる、というようなことは夢にも期待できない三十六歳になってしまった。

ワールドカップを愛するアメリカ人には、素晴らしい点がたくさんある――何より多くを知らない。四年ごとに一か月ぶっ続けでテレビの前に陣取って、息を殺して画面に見入るような人は、いつの時代も周りにいなかった。アメリカではそれほど熱狂的なファンを獲得するには至らなかったのだ。サッカーに夢中だという人が近所にいて、周囲から疎ましがられながらも避けては通れない愛国精神を教え込まれることもなかった。何の他意もないが、つまりアメリカ人のワールドカップ・ファンは素人なのだ。だからワールドカップ・イヤーになると、どこでも自分の好きなチームを選んで、恥ずかしがったり報復行為を恐れたりすることもなく、精一杯その国を応援することができる――天国のような一か月を過ごすことができるのだ。

わたしが初めてワールドカップを観たのは一九九〇年大会だが、その時はカメルーン代表チームに熱狂した。カメルーンにはロジェ・ミラという歳のいった選手がいて、あの選手は本当に必要な時しか走らなかった。走る必要がなかったのだ。戦況を見抜く力を持っていて、自分の息子といってもいいぐらいの年齢のディフェンダーなどは歩いてでもかわせるぐらい、スタイリッシュだった。カメルーンが敗退すると、イタリアを応援した。当時わたしはヴェネツィアにいて、大会の舞台となっていたのがイタリアだった。地元の熱狂の渦に飲み込まれる形になったわけだ。アッズーリがベスト4に進出を決めると、若者たちは母国の勝利に酔い、変なものに感染することも恐れず、次々と運河に飛び込んでいた。準決勝でアルゼンチンと対戦したイタリアは、ファウルの抗議も虚しく、姿を消す（アルゼンチンの伝説とも言われるディエゴ・マラドーナが手でボールをゴールに押し込み、「半分は神の手によるもので、半分はマラドーナの頭による」ゴールだとのコメントを残してからというもの、アルゼンチンは狡猾なファンのお気に入りだ）。決勝では、ベテランの攻撃的ミッドフィールダー、ローター・マテウス（ワールドカップに五度出場）やクレバーなディフェンダー、オラフ・トーン（「教授」というニックネームを持つ）を擁する西ドイツがアルゼンチンの攻撃をことごとく阻止し、勝利を収めた。受け入れ難いことではあるが、順当だろう。

次のワールドカップはアメリカで開催された。世界はアメリカに注目したが、当のアメリカでの盛り上がりは今ひとつだった。国内でようやくワールドカップに注目が集まるようになったのは、コロンビアのディフェンダーがオウンゴールを決めてしまい、面目を失って帰国後、通りで「ゴール、ゴール、ゴール、ゴーーーール！」と連呼するファンに何発も銃弾を打ち込まれて死亡したというニュースが駆け巡った時だった。わたしの知る限りでは、円盤投げの選手がオリンピックに出場して円盤をあらぬ方向に投げてしまったからといって、こういう目に遭った例はない。

イタリアのサッカーは退屈だったが、それでもわたしはイタリアを応援した。そのうち、イタリアのサッカーファンはイタリアのサッカーを実際よりも面白く観戦することができる人たちなのだと思うようになった。イタリアのサッカーは、一点取って、後は試合終了のホイッスルが鳴るまでディフェンス一辺倒の試合運びに終始する。イタリアではこの戦術に名前までつけている――カテナチオだ。「扉の閂《かんぬき》」という意味で、もっと字句通りに翻訳するなら「錆びた鎖」とでもなるだろうか。この大会でのイタリア代表は錆びた鎖をかけっ放しにしたまま決勝まで勝ち残るが、PKの末ブラジルに敗れる。わたしはそこでイタリアを見限ることにした。応援しているチームがPKまでもつれるのは、観ていて辛いものだ。しかし、サイドライン際をものすごい勢いで駆け上がるウィングバックもオーバーラップするディフェンダーもいなければ、鋭いカーブのかかったコーナーキックも巧みなワンツーもなく、見事なゴールシーンを観ることもないままPK戦に突入する試合ほど見苦しいものもない。アッズーリは決勝まで残りながら、全く見ごたえがなかった。応援していても、引き分けたり一点だけ取ってようやく勝ったりといった試合ばかりで、ブラジル戦も二時間にわたって零封するものの、結局は負けたのだ。負けっぷりまでみっともない。

一九九八年の時は、イングランドを応援した。若かりし頃のデイヴィッド・ベッカムが直接フリーキックから見事なゴールを決め、笛が吹かれた後に不要な報復行為を行なったとして退場させられるシーンを観て、応援する気になったのだった。アルゼンチンのような強豪国を相手に、しかもレフェリーの目の前でこんなことをしでかすアスリートには、抗い難い魅力を感じる。わたしは夢中だった。ベッカムは素晴らしいロクデナシだった。そしてイングランドはわたしのお気に入りのチームだった。もちろん、勝ち進んだのはアルゼンチンだった。

それからはフランスを応援した。フランスはホスト国で、チームは文化的るつぼと言える顔ぶれだった。応援していても楽しかった。レ・ブルーは準々決勝でリ・アッズーリと対戦し、見事PK戦をものにする。そしてそのままホームの利を活かし、心理的に王者ブラジルをも凌駕し、優勝してしまったのだった。ヤッホー！

しかし韓国と日本の共同開催となった二〇〇二年大会では、全てが同時にやってきた感じだった。わたしは（「ゴーーーーーーール！」と絶叫していた）スペイン語のチャンネル「テレムンド」で観ていたのだが、日本を応援すべきか、イングランドを応援すべきか、韓国か、トルコかと迷っていた。日本チームは勇敢だった。ゴーグルをつけてプレイする選手や、相手選手をイタリア語で野次る選手がいた。イングランドには大人になってキャプテンにまでなったベッカムや、わたしの最近のお気に入りのマイケル・オーウェンがいて、統制のとれた危険なチームではあったが、哀れなぐらいに運がなかった。トルコは悪漢というイメージがぴったりだった。悪質なファウルをする選手が何人もいて、大会を通じて最大の見せ場を作ったりもしてくれた。ブラジルの優勝は予想通りだった。決勝の相手はドイツだったが、大会のベストゲームはロナウジーニョ（リトル・ロナウド）が直接フリーキックを見事に沈めてイングランドを撃破した試合だった。デウス・エクス・マキナ、機械仕掛けの神だ。美しい散り際だった。

ワールドカップが終わっても、わたしはまだ観戦を終える心積もりができていなかった。もっと観ていたかった。週末にメキシコ・リーグやヨーロッパの試合を観たりもしたが、何かが違った。試合を巡る状況が違うのだ。サッカーが面白いのは、全国民がテレビの前でハラハラしながらかしこまって座り、国民としての期待と不安を隠しようもなく抱え、そうした緊張感から早く解放されることを願いながら観戦するような試合に限る。選手たちも金のためでなく、愛国精神からプレイしている試合である。リーグ戦では給料を一番多く払っているチームが常に勝っているが、国際試合となるとそうはいかない。アメリカなんか常に負けている。

だからわたしは、多くを知らないアメリカ人としての資質を大いに利用した。インターネットのオークションサイトで、一九七〇年大会（初めてカラーでテレビ放送された大会）のビデオを「オラフトーン1」というハンドルネームを使っているドイツ人の熱狂的サッカー・ファンから買ったのだ（「教授」にこそ相応しいハンドルネームだと思うのだが）。サッカーに関して厳格的ともいえる知識を持ったオラフ1さんは、過去のワールドカップを観るうえでの注意事項を書き連ねたメールを送ってきて、わたしがどの大会のビデオを買うべきかについても助言してくれていた。一九七〇年大会を購入することに決まったのだが、二試合分が欠けているということだった。ウルグアイ対スウェーデン戦と、西ドイツ対モロッコ戦がないというのだ。ウルグアイ対スウェーデン戦は別にどうでもよかったが、西ドイツ対モロッコの試合は、オラフ1さんも言っていたが、その試合内容だけでなく、もはや実現することはあり得ないカードという点で、今となっては「誰も入手することのできない」試合なのだ。永遠に失われてしまったのだ――。わたしもかなり舞い上がっていたようで、ワールド・スペース・エージェントなるところが宇宙探査機を飛ばして、オリジナルの電波をとっ捕まえて地球に持ち帰ってきてくれるところを夢想したりするようになっていた。西ドイツ対モロッコ戦は光のスピードで、ものの四時間程度でこの太陽系の果てにある磁場を越えてすっ飛んでいき、三十六年と三百六十四と四分の一日と二十時間後の二〇〇六年の夏には、地球から二万二千三百七十六光年ぐらい離れた地点に到達してしまっていたりして。

一九七〇年のワールドカップはメキシコで開催されたのだが、年と月まではわたしの誕生日と同じだ。どこが優勝したのかも知らなかった。ビデオが到着すると、二十五本あったうちの最初の一本――「メキシコ対ソ連、七〇年五月三十一日」――を早速ビデオデッキにセットした。そこから全ての試合を観るのに二か月以上を要した。素晴らしい試合（チェコスロバキア対ブラジル）もあれば、退屈な試合（ウルグアイ対イスラエル）も、何だかよく分からない試合（モロッコ対ブルガリア）もあった。わたしは誰と会うこともなく、一人で全てのビデオを観た。西ドイツ対モロッコのように、ノスタルジックな環境だったかもしれない。しかし寂しくはなかった。ゴージャスで、本物と呼べる体験だった。結局はみんな一人なんだ。そうだろ？

質が驚くぐらいに高かった。サポーターが全員、農作業従事者に見えた。フィールドを取り囲む広告が宣伝しているのは、アルコール飲料、タイヤ、そしてタバコだ。選手たちが履いているパンツの丈も髪の毛も短い。ブラジルのリベリーノだけはもじゃもじゃと髪の毛も髭も伸ばしていたが、素人目にはペレよりすごいプレイをしていた。ペレは歴史的に伝説となったプレイの数々を残したが、ファウルを受けてからはずっと足を引きずって突っ立っているようにしか見えず、得点を重ねていくリベリーノやジャイルジーニョとは対照的だった。スウェーデンのチームには、生活費を稼ぐために他にも仕事をしている選手が何人かいた。というようなことを考えていると、実況が入った。平和で、温かみがあって、余裕が感じられる実況だった。

「おっと、ラバのようにエキサイトしています！」

「ルビニョスは食べ過ぎて具合の悪い鯨のように、孤立していました」

「この大柄でハンサムなベルギーのゴールキーパーにとって、これでは脅威になりません。去年の時点でこの少年は五十キロぐらいだったということです。今でも五十五キロ、サッカーをやっていてこれなのです」

「小さな共和国出身の小さな選手たちは、まだ諦めていません！」

一緒に観ないかと誘って断られた友人たちからは、一九七〇年大会はどうだい？　誰かいい選手はいたか？　どこが優勝するか賭けようか？　といったことを会うたびに言われた。不信心者たちによる嘲りのようなトーンが感じられたが、気にしなかった。他の人ならこういう時に聖書を開くのかもしれないが、わたしはスウェーデン対イタリア戦のビデオをセットした——聖書も開いてみれば慰めとなる適切な箇所がある。たとえば、「善のために迫害される人々は、幸いである、天の国はその人たちのものである」という一節や、「だから、あなたが祈る時は、奥まった自分の部屋に入って戸を閉め」ればいい、というものなど。わたしはテレビを置いてある暗い部屋で一人、妻に言われて戸を閉め、七〇年のワールドカップを観た。それは奥まった部屋で味わう天国のようなひと時だった。孤独ではあったけれど、七〇年当時の各国を取り巻く政治や歴史を知ることは、わたしの文化的かつ歴史的かつ社会学的、そしておそらくは礼典主義的に見ても、大きな経験となったはずだ。

わたしはブラジルだけは応援したくないと思っていた。ブラジルのサッカーを応援するということは、アメリカの戦争を支持するのと同じだ。チェコスロバキアや西ドイツ、ソ連など、格下と言われていたり、今となっては存在しない国に頑張ってもらいたかった。もちろん優勝はブラジルで、わたしの一人だけの一九七〇年大会において、テレビを観ながらこれほど感動した瞬間はないというような感覚を何度も味わった。わたしはブラジルの虜になっていた。しかし素晴らしいチームは他にもあった。イングランドは特にディフェンス面において、ブラジルと同じぐらい素晴らしかった。西ドイツの最後まで諦めない姿勢は、勇者と呼ぶに相応しかった。スイーパーというポジションを確立し、カウンターアタックの際の攻撃参加が魅力的だったフランツ・ベッケンバウアーは、準決勝では肩を脱臼しながらも腕を体幹に固定させてプレイを続けていた。そして追いつめられて後がなくなったイタリアは、準決勝に入ると延長の末に西ドイツを4対3で破り、見ごたえのある試合も出来るということを証明した——その疲れが取れずに決勝ではブラジルにあっさり負けてしまったが、それは仕方ないだろう。わたしが観た五度のワールドカップのうち、ブラジルは三度優勝している。七〇年大会を観て、その理由が分かった気がした。七〇年大会のチャンピオン・チームについて、ニック・ホーンビィがこんなことを言っている――「ある意味では、ブラジルは全てを台無しにしてしまったのだ。誰も、ブラジル人たちでさえ二度と見ることのできない理想の極致に、彼らは達してしまったのだから……。七〇年大会は彼ら自身が見ていた夢だったのだ」。

サッカーが世界でこれだけの人気を博しているということも、人類は常に何に刺激を受けてきたかということを考えると、驚くべきことではない。金と、神だ。サッカーには当然、大きな金が絡んでくる。基本的に各国リーグは（資本主義と同じく）、どれだけの費用をかけてでも夢を実現させたいという子供じみた欲望の上に成り立っている。その中心を担っているのが資本家で、ブラジルでも随一のアタッカーやオランダのミッドフィールダー、イングランドのディフェンダー、ドイツのゴールキーパーといった贅沢品をかき集め、また別の金持ちが取り揃えた布陣に刃向わせるためには金など惜しまない――世界中で問題になっている不均衡の図式がここにもあるというわけだ。だが、そこにもやはり神は存在している。

宗教であれば全てと答えられるのかもしれないが、サッカーとは一体どういう存在なのだろう？　普遍的でありながら独特で、無限の希望の源となり、時に奇蹟的な、そして誰もが理解できるほどにシンプルで何の矛盾もないルール（正式には「規則」）が支配する世界。サッカーのルールは平等と非暴力、慎みの規律であり、ジャッジのやり直しも資格を持った裁定人に委ねられている。レフェリーが下した判断であれば、たとえ独断に満ちたものであっても正しいとされる。そのレフェリーが普段はコンサート・ピアニストとして生計を立てていようが、中学校で算数を教えていようが、タイヤを売っていようが、刑務所の所長であろうが、そんなことは関係ない（ここに挙げたのは、二〇〇六年のドイツ大会で笛を吹くレフェリー候補の人たちの実際の職業である）。手元にあるルールブックによると、全十七条の規則について色々と細かくオラフトーン1的な解説があった後で、レフェリーは「フェアプレイ精神」と呼ばれているらしきことを遂行するためであれば、選手を退場させる権限まで持つ、となっている。ピッチの上で本当に効力を持つのは、魂なのだ（ピッチの定義については、たとえばガリレオの時代の地球の位置などと違って、その時々の状況に応じて変化することもある）。

サッカーの世界では宗教的な側面は普段こそ表面に出てこないが、ワールドカップの年になると極めて根深いものとなる。参加国は地球上のあらゆる地域から、いわば非武装のスポーツ十字軍という形でホスト国に集結してくるのだ。十字軍の場合と同じく、ホスト国が敵国を全て撃退することもある。ホームで戦うということには不思議なアドバンテージがあるようだ。どの大会でもホスト国は、自分たちより強いはずの相手に勝利するなど、本来の実力に見合わない成功を収めている。引力まで利用しているんじゃないかと思うぐらい自由にプレイし、さらに言うなら、神をも味方につけているかのような戦い方をする。こうした予期せぬ事態が発生することもあるので、ワールドカップは観ていて非常に面白い――特に思い入れのあるチームを持たない素人ファンにとってはたまらない。わたしがこれまでに観た中でベストゲームだと思うのは、二〇〇二年大会の決勝トーナメントで共催国の韓国とこれまで三度のワールドカップを制したイタリアが対戦した一戦だ。韓国は過去にここまで勝ち進んだことはなく、これほどの活躍を予想していたファンもいなかっただろう。しかしテジョンのスタジアムには四万人もの観客が入り、皆が一様に赤いシャツを着て、地響きのように太鼓を打ち鳴らし、選手たちも応援に応えて奮闘し、試合は延長戦までもつれ込んだのだった。いつもはオフサイドラインぎりぎりのところに張っているアッズーリのストライカー、クリスチャン・ヴィエリも、汗だくになってディフェンスに追われていた。この激闘に終止符を打つゴールデン・ゴールを決める韓国のミッドフィールダー安貞桓《アン・ジョンファン》も汗だくだった。あんなに汗をかいているスポーツ選手を見たのは初めてだった。髪を振り乱してヘディングでクリアするたびに、飛び散る銀色の汗が光っていた。イタリアの選手たちは小さい子供のように走り回っていた――全員が安貞桓の動きに注意していた。それは部族的で、原始的で、想像を絶していた。ゲーム全体が何かに取り憑かれているようだった。これまではグループリーグで敗退していた韓国が、完全にイタリアを圧倒していた。まるでダビデとゴリアテだ。その間、二時間。厳しく統制のとれたプロフェッショナルな軍団であるイタリアが、相手の攻撃の流れを断つという得意の戦術を封じ込まれ、韓国のような戦い方を余儀なくされていたのだ。走って、走って、走って、走って――そして安貞桓が最後の力を振り絞ってヘディングでゴールを狙うと、ボールは疲れきったパオロ・マルディーニの頭を越え、ゴールネットを揺らし、イタリアは負けたのだった。

テレビを消してもまだわたしの耳には歓声が聞こえていた。

韓国は準々決勝でも勝利し、準決勝に駒を進め、そこでドイツに惜敗する。しばらく世界の注目を集めていたのは韓国だった。誰もが韓国のようなサッカーをしたいと思った。しかしたったの一敗で完全に崩壊してしまったのだ。それはまるで、魂が選手たちを見放したかのようだった。トルコと対戦した三位決定戦では開始十一秒で先制点を許してしまう――ワールドカップの大会記録となる最速ゴールだった。韓国の選手たちは自信だけを胸にここまで戦い、そして力尽きたのだ。

それにしてもワールドカップが韓国と日本の共催という形で行なわれたという事実は、忍耐と理解の勝利といえる。五十年前には日本がワールドカップ予選を突破することすら許さなかった韓国が、かつての占領国と一緒になって大会を主催したのだ。さらにあと五十年もすれば、イスラエルとパレスチナによる共同開催が実現するかもしれない。

実現しないわけがあるだろうか？　サッカーの普遍性はそのシンプルなところにある――サッカーはどこで、何を使ってでもプレイすることができる。都会の子供たちはコンクリートの上で空き缶を蹴るだろうし、田舎の子供たちは土の上で裸足になって、丸めたボロの上にボロを巻いて作ったボールでサッカーをする。サッカーとは信仰の対象であり、その真ん中は空洞かもしれないが、他の何かの代替では決してない。

⚽

二〇〇六年大会にはアフリカから五チームが出場する。そのうち、今回はドイツへの切符を手にすることができなかったルーマニアよりもFIFAランキングが上のチームは、ゼロだ。九〇年のイタリア大会の後にペレが予言したようなアフリカの時代はついに到来しなかった。この十年でブラジルは本来の強さを取り戻し、プレーの一つ一つに七〇年当時のさり気ない輝きが見られるようになった。今年はFIFAランキングの一位につけている。これまで五度のワールドカップ優勝を誇るブラジルに続いて、チェコ共和国（チェコスロバキア時代よりも上回る成績を残しているものの、優勝経験はない）、オランダ（過去に準優勝二度）、アルゼンチン（優勝二度）、フランス（優勝一度）、スペイン（0）、メキシコ（0）、アメリカ（0）、イングランド（優勝一度）、ポルトガル（0）となっている。三度のワールドカップ優勝経験を持つドイツにとって今年は散々な年で、トップ10にも入っていない。このランキングは目まぐるしく変動し、おそらく大した意味はない。ワールドカップの予選期間中、アメリカはメキシコに勝ち、イングランドは北アイルランドに破れている。北アイルランドといえば、ランキングでは香港と最下位を争うチームだ（香港が中国に返還された時の条件の一つに、特別自治区としての代表チームを存続させるという項目があったというのは興味深い事実だ）。

ホスト国のドイツと優勝候補のブラジル――もしかしたらこの両者が決勝で再び対戦するという、二〇〇二年の再現が見られるかもしれない。しかしやはり、サッカーを巡る状況は変化し、これまでの常識は覆され、進歩を続けている。どこが勝つかは分からない。二〇〇六年に目の当たりにするであろう世界主義や相互交流といったことは、歴史的にも前例のない規模になるはずで、それは監督が世界を相手に仕事をし、選手たちがファンの期待を背負って母国のリーグを飛び出し、海外の流儀や人種主義、クラブのオーナーの無意味なほどに巨額の財産といったものを背景にプレイしている結果なのである。

素晴らしい試合――それはビジネスと信仰心が一つになったようなものだとすれば――、それはこの夏、統一ドイツで行なわれる初めてのワールドカップにおいて、最も不条理で、苛立たしく、壮大で、世界中の注目を集めるものとなるだろう。この本に書かれていることは、レフェリーの笛に始まってレフェリーの笛に終わる九十分の間に、ぶっとい大腿四頭筋と激しい気性、そしてプライドを持った男たちが体現してくれるはずだ――かつてのロジェ・ミラのように冷静で頭のいい選手が出てきて、その力を思う存分に発揮する機会がやってくるのだ。注目すべきはロナウジーニョだ（ファンからの会費で運営されているというユニークなクラブチーム、FCバルセロナで莫大な年俸をもらっている選手だが、最近記者団に対し、「これほどの充実感はお金では買えないんだ」とコメントしている）。他にもパヴェル・ネドベド（チェコ共和国のミッドフィールダーで、ユーロ二〇〇四では最も印象に残った選手だ）、フレディ・アドゥ（少年時代にガーナから移住し、今ではアメリカの期待を一身に背負っている。ガーナにとっては大きな損失だ）、カルロス・テベス（オリンピックでアルゼンチンのヒーローとなった）、アルバロ・セサル・エリソンド（コスタリカ・ユース代表のストライカーで今はまだ無名だが、ヨーロッパ・リーグの長いシーズンを通してプレイできるはずだ）などがいる。

ワールドカップがここまで魅力的なのは、世界中が注目しているからだ。皆が楽しみにしている。一九七〇年大会を観て、目を見張るプレイの数々に心が躍り、一人で大声を上げ、当時の参加国の事情なども三十二年経った後でようやく知ったに過ぎないのだが、やっぱり観客席にいたかったと思った。この本は、そうした理想的な体験に、可能な限り近づけようと試みたものだ。知識と、驚嘆。

三十二か国が十七の規則を遵守しているところを目撃する二十億人中の一人でいることの喜びを思うと、知らないことが多いからかもしれないが、それでも多くの無知で熱狂的な信者同様、サッカーが世界を一つにできるんじゃないかという確信を抱くことができる。

ショーン・ウィルシー　Sean Wilsey

二〇〇五年に回想録“Oh The Glory of It All”がベストセラーになる。『ロンドン・レビュー・オブ・ブックス』、『ロサンゼルスタイムズ』、季刊の『マクスウィーニー』に記事を執筆。『マクスウィーニー』では総合監修者を務める。『ニューヨーカー』で編集助手、『レディース・ホーム・ジャーナル』で校閲係、『ニューズウィーク』で広報担当、イタリアのヴェネツィアでは見習いゴンドラ船長として勤務の経験を持つ。ニューヨーク在住。

ワールドカップ二〇〇二　総括

ショーン・ウィルシー

二〇〇二年に開催されたワールドカップは前例のない形ではあったが、それでも十分に予測はできた。初めてアジアで開かれたこの大会は、韓国と日本という伝統的にライバル関係にある二国による共催となった。両国は共に協力し合い、相手に負けじとまずはスタジアムの建設に始まり、そして本大会では互いに刺激しあった。九八年大会でワールド・チャンピオンに輝き、二〇〇〇年にも欧州チャンピオンになったフランスは、大会初戦となったセネガル戦を1対0で落とすと、その後の試合でもゴールが遠く、グループリーグで敗退、帰国の途に着くことになる（セネガルはフランスの旧植民地であり、ワールドカップには初出場だった）。あまりに不甲斐ない結果に、前回大会の優勝国には自動的に出場権を与えるという長年続いた伝統的ルールをFIFAが撤廃した時も、不平を言う者はなかった。しかしこれは、フランス・サッカーにとっては頂点を極めた後に必ず経験している不振に過ぎなかった。一九〇四年にFIFAを設立し、それからジュール・リメ杯を掲げるまでに九十四年の歳月を要し、八二年大会ではPKの末ドイツに敗れたとはいえ内容ではむしろ上回っていたのに、それ以降は機能しなくなって二大会連続で本大会に出場できなかった時期もあった。

グループリーグでのもう一つの番狂わせとして、ポルトガルもアメリカに3対2で負けている。同国の「黄金世代」の中でもスター選手だったルイス・フィーゴの周りはずいぶんと騒がしかったようだが、それでもブライアン・マクブライドやランドン・ドノバンといった若いアメリカの選手たちの方が、よっぽど危険な選手だった。アメリカはその後も韓国を相手に1対1で引き分けに持ち込み、ライバルのメキシコには勝利を収めている。ドイツはグループリーグでサウジアラビアを8対0で撃破すると、準々決勝でアメリカと対戦。ドイツのゴールキーパー、オリバー・カーンに心理的に圧倒されたドノバンは決定力を欠き、アメリカは試合を優勢に進めながらも姿を消すことになる。フランツ・ベッケンバウアーはドイツのパフォーマンスを次のように評している――「カーンは別にして、全員を鞄に詰め込んで、ステッキで打ち据えればいい。誰が打たれても文句は言えまい」。

　イングランド、ナイジェリア、スウェーデンとともに「死のグループ」に入ったアルゼンチンは、デイヴィッド・ベッカムにPKを沈められて1対0で敗退、ポルトガルやフランスと同じく、決勝トーナメントへの進出は叶わなかった（ベッカムは九八年大会、同じくアルゼンチン相手の試合で犯した致命的なミスを、これで帳消しにしたわけだ）。

　アフリカのチームはほとんどがグループリーグで敗退していく中、セネガルだけが勝ち残った。アジアからは韓国と日本が共に決勝リーグ進出を決めていた。最初に脱落したのは日本だった。時に暴力的にも見えるトルコの勢いに押された結果だった（大会を通じてイエローカード、レッドカードの最も多かったチームがトルコだ）。一方で韓国は、大会のベストマッチとも言える試合でイタリアを退けた。余裕を見せていたアッズーリを本気にさせ、二時間近くにわたる激闘の末、韓国を飛び出して当時ペルージャでプレイしていたフォワードの安貞桓《アン・ジョンファン》が一一七分にゴールデン・ゴールを決めたのだ。韓国に新しいヒーローが誕生した瞬間だった。そしてそのヒーローがイタリアで所属するペルージャのルチアーノ・ガウチ会長は、「イタリアのサッカーを台無しにするような選手にサラリーを払うつもりはない」と言って、彼との契約を即座に打ち切っている。四日後、スペインと対戦した韓国はさらに二時間を戦い抜き、今度はPKの末に勝利を収める。ベスト8に終わったスペインは一九五〇年大会の決勝リーグ四位に次ぐ成績だったわけだが、幻に終わったゴールが二度あった。「準々決勝のレフェリーはもう少しフェアだと思っていた」とホセ・アントニオ・カマチョ監督は試合後にコメントを残している。「われわれも最後まで戦った。ここで敗退という結果は、われわれよりも韓国の方に運があったということだろう」。準決勝では韓国はオリバー・カーンを擁するドイツと対戦。観客席で太鼓を打ち鳴らし、全員がクリムゾン・レッドのシャツを着て同じように踊る六万六六二五人のサポーターの応援も虚しく、ミヒャエル・バラックにこの試合唯一の得点を許し、韓国の快進撃は終わった（全六試合で韓国ゴールキーパーの李雲在《イ・ウンジェ》が許した得点は、三点だけだった）。韓国を指揮したオランダ人のフース・ヒディンク監督（後にソウルの名誉市民の称号を授与された）は、恭しく感謝の意を表明している――「彼らはサポーターのあり方を示してくれました。相容れないと思われていた情熱と非暴力を、同時に証明してみせてくれたのです」。

共催国の二チームは、どちらも結果以上の貢献をしたと言えるだろう。サッカーに関しては自分たちよりも歴史の古い国を相手に立ち向かい、チャンスをつくり、守り抜き、出場したどの国よりも激しく走り回った。もしもＦＩＦＡが韓国と日本のミッドフィールダーに歩数計を装着させていれば、ヨーロッパから出場していた十五チームのどの選手と比べても二倍の歩数が計測されていただろう。例外が一チームだけあるとすれば、トルコだ。九八年大会ではヒディンク監督の下、ベスト4という成績を残したオランダが出られなかったこの大会で、オランダ式「トータル・フットボール」を実践したのがトルコだった。結果は三位だったが、二〇〇二年大会で二番目に優れていたチームはトルコだ（それを称えて、トルコではスタジアムや橋、道路の名称が、選手たちの名前を冠したものに変更された。たとえば、アダナにある通りには左サイドのハサン・サス選手、イスタンブールの公園にはセノル・ギュネシ監督、ゾングルダクにある海辺の町のスタジアムにはミッドフィールダーのエルギュン・ペンベ選手の名前がつけられている）。

決勝トーナメントで二番目に素晴らしかった試合は、準々決勝でのイングランド対ブラジル戦だ。この試合にかける意気込みも、プレイの質も運も、両チームともに優れていた。試合開始から二十二分、ブラジルのミスをついてマイケル・オーウェンが激しく走りこみ、いかにも彼らしい見事なゴールを決めると、イングランドは前半ロスタイムまでリードを守る。しかし前半終了直前、ロナウジーニョのパスに合わせたリバウドが同点弾を決める。後半が始まって一分、ロナウジーニョがゴール前二十八ヤード地点から神がかり的なフリーキックで直接ゴールネットを揺らす。試合はさらに激しく展開、イングランドは三人の交代枠を使い、終了のホイッスルが鳴るまでの四十七分を戦い抜くが、最後までロベルト・カルロスを始めとするブラジル・ディフェンス陣の壁を突破することはできなかった。

試合終了後、デイヴィッド・ベッカムがブラジル・チームの控え室を訪れ、(『スポーツ・イラストレイティッド』誌によると)次のようなやりとりがあったという。

ベッカム　やあ、ちょっといいかな。ロナウドがぼくのユニフォームを欲しがってるんじゃないかと思って。

ロベルト・カルロス　(それを横で聞きながら)ベッカムは俺と交換したのにな。

ロナウド　(ユニフォームを手に戻ってきて)ベッカムがくれたよ。

試合は素晴らしかったし、ベッカムは二度もユニフォームの交換をしたわけだ!

決勝戦が期待外れに終わったのはある程度予想通りのことで、しかしその話に進む前に、興味深い数字を少し紹介しよう。

ファウルの回数が最も多かった選手――ドイツのディートマー・ハマンとブラジルのカフーで、共に十九回。有効なタックルを最も数多く行なった選手――ドイツのトルステン・フリンクスで、相手の攻撃の流れを五十五回断ち切った（ピッチに立っていた時間の平均で言えば、タックルに行った頻度はグループリーグで敗退したスロベニアのゼリコ・ミリノビッチが一番多く、その数、一時間に七・三三回）。最も多くのシュートを防いだゴールキーパー――トルコのリュストゥ・レチベルで、三十四本。最も多くのゴールを許したキーパー――サウジアラビアのモハメド・アル・デアイエで、十二点。最も多くのシュートを枠内に飛ばした選手――ブラジルのロナウドで、二十一本（しかしアシストの記録はゼロ）。最も多くのタックルを受けた選手――韓国の薛琦鉉《ソル・ギヒョン》で、七十九回。最も多くのシュートを放った選手――パラグアイのネルソン・クエバスで、一試合平均八本。最も自分のプレーを抑制できなかった選手――イタリアのフランチェスコ・トッティで、ファウルが十八回、もらったカードはイエローが三枚にレッド一枚。

　決勝戦はワールドカップの歴史において最も成功を収めているドイツとブラジルの初顔合わせというだけでなく、イタリア人レフェリーのピエルルイジ・コッリーナさんが笛を吹く最後の試合という点でも意義深いものとなった。頭部に毛が一本もないコッリーナさんはＦＩＦＡ国際審判員の中でも特に優秀なレフェリーで、カリスマ的雰囲気を持っていた。

　ドイツは現在キャプテンを務めているミヒャエル・バラックをレッドカードで欠き、ゴールマウスの前で独り奮闘する鉄壁オリバー・カーンに頼りながら、ブラジルがミスするのを待つという試合運びを余儀なくされた。思惑通りにはならなかった。ブラジルは六十六分にリバウドが放ったシュートのこぼれ球をロナウドが押し込んでカーンからゴールを奪うと、七十八分にも追加点を奪う（一点目は至近距離からのシュートで、カーンも一度は防いだものの、キャッチできなかったところにロナウドが走りこんできていたのだった）。２対０と勝ち越したブラジルは余裕が出てきて、二人の選手交代を行なう。残り時間あと五分となったところで投入されたジュニーニョがもう少しでゴールというシーンを演出するなど、優勝するチームは世界一を狙える布陣を二チーム作れるということを証明してみせた。決勝戦がブラジルのスタメンチーム対サブチームであれば、もっと盛り上がっただろう。

カーンは大会最優秀選手に授与されるゴールデンボール賞を受賞、健闘が報われる（決勝戦でロナウドにゴールを割られるまでは、グループリーグでアイルランドのロビー・キーンに決められた一点が唯一の失点だった）。カーンはブラジルの一点目を分析して、報道陣に次のように語っている――「七試合目にして初めて犯した唯一のミスが、決定的なゴールにつながってしまった」。ロナウドは八得点を挙げ、得点王に輝いた。

優勝を祝ってブラジルチームは、神道信者が多数派を占める世界唯一の国で最大規模を誇るスタジアムから、放送史に残るであろうテレビ伝道を行なった。カカやエジミウソン、ルッシオがユニフォームを脱ぐと、下に着ていたTシャツにはポルトガル語と英語で「イエスとともに」、「イエスの庇護の下」と書かれていたのだ。他のブラジルの選手たちはジグザグに踊っている。神に祝福を。これでようやく、四十日間にわたってルイス・フェリペ・スコラーリ監督から課せられていた禁欲生活にサヨナラだ。ロナウドが報道陣に向かって言っていたように、「すぐにでもセックスをしたい。でもワールドカップで優勝することが何より報われる」のだ。

ブラジルは七試合の全てに勝利し、五度目の優勝という偉業を成し遂げた。五度！

優勝はしたのだが、四年後の大会に向けて、まずは予選を勝ち抜かないといけない。

ドイツ

Germany

アレクサンダー・オザング

Alexander Osang

首都	ベルリン
独立（建国）	1871年1月18日（ドイツ帝国による統一） 1990年10月3日（東西ドイツの統一）
面積	357,021km^2
人口	82,431,390人
人口増加率	0.0%
年齢中位数	42.2歳
出生率	8.3人（1,000人口当たり）
人口移動率	2.2人（1,000人口当たり）
幼児死亡率	4.2人（出生児1,000人当たり）
平均寿命	78.7歳
民族	ドイツ系91.5%，トルコ系2.4%，その他6.1%（主にギリシャ系，イタリア系，ポーランド系，ロシア系，セルビア-クロアチア系，スペイン系）
宗教	プロテスタント34%，ローマカトリック34%，イスラム教3.7%，無信仰およびその他28.3%
言語	ドイツ語
識字率	99.0%
選挙権	18歳以上の全国民
兵役	18歳以上（義務徴兵制9ヶ月）
GDP（一人当たり）	28,700ドル
GDP実質成長率	1.7%
失業率	10.6%
物価上昇率	1.6%
国家予算	1兆3000億ドル
軍事費	350億6300万ドル（GDP比1.5%）
第一次産業（農業）	ばれいしょ，小麦，大麦，テンサイ，果物，キャベツ，畜牛，養豚，家禽
第二次・第三次産業（商工業）	世界有数の工業先進国 鉄，鉄鋼，石炭，セメント，化学製品，機械類，自動車，工作機械，電子機器，食料品および飲料，造船，繊維製品
通貨	ユーロ

出典：「CIA世界年鑑」2005年11月版（人口統計2005年，経済統計2004年）

ドイツ

Germany

サッカー協会	ドイツ・サッカー協会
地域連盟（コンフェデレーション）	欧州サッカー連盟（UEFA）
協会設立年	1900 年
FIFA 加盟年	1904 年
愛称	マンシャフト
監督	ユルゲン・クリンスマン
ホームページ	www.dfb.de
スタジアム	オリンピア・スタディオン

FIFA ランキング	16
ワールドカップ出場回数	15
ワールドカップ優勝回数	3

1930	不参加
1934	3 位
1938	トーナメント敗退
1950	不参加
1954	優勝
1958	4 位
1962	準々決勝敗退
1966	準優勝
1970	3 位
1974	優勝
1978	2 次リーグ敗退
1982	準優勝
1986	準優勝
1990	優勝
1994	準々決勝敗退
1998	準々決勝敗退
2002	準優勝

試合数	85
勝	50
引き分け	18
負	17
得点	176
失点	106
得失点差	70
勝点	168
ワールドカップ通算成績　第 2 位	

注記：1950 年から 94 年までの間は西ドイツとして出場

二〇〇二年ワールドカップでドイツが準々決勝を戦う直前、かつて西ドイツ代表チームのキャプテンを務めたフリッツ・ヴァルターが、ラインラント・プファルツ州の自宅で亡くなった。わたしがこの訃報に接したのは、韓国の済州島《チェジュ》にある野球殿堂にいたときだった。ちょうどドイツ・チームがパラグアイを1対0で破ったすぐ後のことで、ワールドカップ開催中に毎日開かれた記者会見の最中だった。ドイツ・サッカー協会の理事が会見の席で、「ドイツの〈誉れ高きスポーツの先導者〉であるフリッツ・ヴァルター氏が他界された」と告げた。まるで、その瞬間になにかの戦争でドイツの敗北が決定的となったような口ぶりだった。さらに理事は、「ご起立いただき、一分間の黙禱をお願いします」と言葉を継いだ。わたしは、ドイツ・プレス・センターに居合わせた五十人ほどの記者の一人だった。韓国は湿度が高かったため、記者たちの多くはサンダル履きに短パンという恰好で、明らかに、まさか一分間の黙禱をするとは思いもしなかったという雰囲気だった。黙禱のために立ち上がる姿は、アクア・エアロビクスに向かう温泉客のようだった。開いていた扉から、会場係の一人がガラス扉の冷蔵庫に瓶ビールを細心の注意を払いながら補充している姿が見えた。銘柄は〈ビットブルガー・ビール〉、ドイツのワールドカップ・スポンサーだった。

〈誉れ高きスポーツの先導者〉——Ehrensportführer——という言葉が耳に残った。

ドイツ・サッカーの美徳を作り出したチームのキャプテンとして、フリッツ・ヴァルターは、一九五四年にスイスで開催されたワールドカップにおいて、代表チームを初めて栄冠に導いた。決勝戦でヴァルターは、魔術的な《マジック・》ハンガリー・《マジャール》チームを3対2で打ち負かしたのだ。しかも逆境をはね返しての勝利だった――ドイツは予選ラウンドでハンガリーに8対3で大敗を喫していたうえに、決勝戦でも、二点を先制され、そこから追い上げなければならない展開となっていた。雨が降って、グラウンドはぬかるんでいたが、ドイツ・チームは諦めなかった。ヴァルター率いる西ドイツは、美しいサッカーをする数々のチームをそれまで打ち負かしてきたように、ハンガリー・チームを圧倒した。この五四年のハンガリー戦と同じように、七〇年の対イングランド、七四年の対オランダ、八二年の対フランスと、ドイツ・チームは常に逆境から這い上がる試合を演じている。ヴァルターの肩には、トーナメント・チームとしてのドイツの名声がかかっていた。トーナメント・チーム、つまり勝ち抜き試合に強いチームというのは、サッカー自体はまったく美しくないが、決して試合には負けないチームであり、「ここぞという時」に結束して一丸となれるチームだった。ヴァルターのおかげで、第二次世界大戦後初めてドイツは、少しばかり自信を取り戻すことができた。チームメイトに肩車されたヴァルターの有名な写真が残っている。雨に濡れた黒い髪が顔に掛かっている。髪の毛で隠れた顔には疲労困憊の色があるが、同時に安堵感に満ち溢れている。ようやくドイツが勝つことができた、という表情である。

数年前にドイツでヒットした『ベルンの奇蹟』という映画の中に、一九五四年の決勝戦を前にしたヴァルターとチームメイトが、スイスの空を仰ぎ見て、雨雲を願う場面がある。雨が降ってきたとき、思わずうれしくなってしまうシーンだ。

ドイツ首相ゲアハルト・シュレーダーは、この映画を観て間違いなく涙を流したはずだ。

わたしは泣かなかった。

わたしにとって、フリッツ・ヴァルターは〈誉れ高きスポーツの先導者〉ではなかった。わたしは韓国の野球殿堂の中で起立して黙禱を捧げながら、携帯電話が鳴り出さないように願っていた。長すぎて困るほどの一分間の沈黙だった。気分は、ピッチ上で一列に並んで、西ドイツの国歌斉唱を聞かされている東ドイツのサッカー選手だった。この〈葬儀〉に参列しているわたしは、場違いだと感じた。

⚽

わたしにとって最も重要なワールドカップは、一九五四年のスイス大会ではなく、七四年の大会である。ドイツの大地で初めて開催されたワールドカップだったが、そのことはわたしには何の意味も持たなかった。というのも、当時十二歳のわたしが、東ドイツに住んでいたからだ。「壁」の向こう側のハンブルクやフランクフルトやミュンヘンは、リオ・デ・ジャネイロと同じくらいわたしには遠い場所だった。とはいえ、わが祖国、小ドイツ、つまりドイツ民主共和国は、それが最初で最後となるとはいえ、ワールドカップの出場権を獲得していた。このチームこそ、本当の意味での、わが祖国のドイツ・チームだった。東ドイツはチリ、そしてオーストラリアと戦い、それからハンブルクでドイツ連邦共和国、大ドイツ、つまり西ドイツと対戦した。この一戦が、その後のわたしの人生を左右する大事な試合となった。

東ドイツは、マクデブルク出身のフォワード、ユルゲン・シュパールヴァッサーが七十八分にゴールを決め、1対0で勝利を収めた。そのときわたしは、東ドイツの新築アパートにいた。こげ茶色のリノリウムが張られた床の上を飛び跳ね、自分でも信じられないくらいの雄叫びをあげた。目を閉じると、当時の様子が目に浮かぶ――たばこで黄ばんだ居間のカーテン、部屋の隅に置かれた安手のスチール台、その上に載った白黒テレビ、窓の外の静かな東ドイツ的世界、その世界のどこかにいる父親。さらには、祖国の勝利で欣喜雀躍としている自分の姿までも目に浮かぶ。わたしの子ども時代はこの瞬間に集約されていると言ってもいい。

わたしは一九六二年に東ベルリンで生まれた。ベルリンの壁ができた一年後である。一九八九年に「壁」が崩壊したとき、わたしは二十七歳になっていた。あの小さな、狭隘な国で育てられ、成人したのである。そして、いつも他人の靴を履いているような気分の大人に、つまり精神不安定な成人男子になっていた。端的に言えば、まさに典型的なドイツ人になっていたというわけである。こうして、二十七年の人生の真ん中で、その絶頂期に、東ドイツのゴールを目の当たりにした。ご承知の通り、当時は東ドイツの水泳選手やボートの女性選手あるいはボブスレーの選手が、世界でことごとく金メダルを獲得していたのであるが、ボブスレー選手などに憧れる若者はベルリンにはいなかった。わたしもそうだが、みんなサッカー選手になりたかった。とはいえ、最も有名なドイツのサッカー選手たちは、「壁」の向こう側に住んでいた。

十歳のとき、わたしは「壁」の向こう側にいた二人の選手にはがきを送った。フランツ・ベッケンバウアーとゲルト・ミュラーへ。ファン向けの住所は、友だちの一人が持っていた、手垢で汚れた西ドイツの雑誌で見つけていた。ベッケンバウアーは西ドイツのスイーパーで、ミュラーはセンターフォワードだった。二人ともバイエルン・ミュンヘンの選手だった。わたしは「鉄のカーテン」の反対側にいる自分の境遇を説明し、サイン入りの写真を送ってほしいと頼んだ。そして、期待に胸をふくらませ、二人の選手から返事がきたら、自分の人生は大きく変わるだろうと思いを巡らしていた。わたしはミュラーのトレーディング・カードを一枚持っていた。からだが宙に浮き、両足が交差した写真で、一九七〇年のワールドカップ準々決勝、対イングランド戦での得点シーンのものだった。ウーベ・ゼーラーがイタリアのジャンニ・リベラ選手とユニフォームを交換しているブロマイド写真も持っていた。それに、当時人気のあったイギリスのハード・ロックバンド、ユーライア・ヒープのものもあった。ミュラーとベッケンバウアーのサイン入り写真が手に入ったら、わたしは東ドイツの「新人類」第一号ということになっただろう。しかし、返事はこなかった。

こうして、「一生恨んでやる」という憎悪の歴史が始まった。

それからというもの、ある種の事柄が避けがたく目につきだした。例えば、バイエルン・ミュンヘンがヨーロッパ・カップの試合でドレスデンやマグデブルクに来たとき、専属のコックを連れてきたという点だ。わたしたちの国のコックには任せられないという理由からだが、バカにされたものだ。わたしたちに比べれば、あちら側は国は大きいし、乗っている自動車も性能がいい、チョコレートもチューイングガムもずっと美味しいし、スニーカーだって物が違う、なにより、当然ながら、代表チームのユニファームが違った（わが祖国のチームの背番号は手縫いにしか見えなかった）。しかしながら、あの一九七四年の夏の夕暮れのハンブルクで、わたしたち小ドイツがあちら側の大ドイツを打ち負かしたのだ。

わたしが打ち負かしてやったのだ。

とはいえ、わたしはその勝利から気持ちの切り換えができなかった。東ドイツの代表チームも同じだった。結局東ドイツは二次リーグで敗退し、以後ワールドカップに出場することはなかった。しばらくすると、ゴールハンターのユルゲン・シュパールヴァッサーさえも西側へ消えてしまった。一方、大ドイツはその年、勝ち進み、決勝戦でオランダを2対1で下し、二度目のワールドチャンピオンに輝いた。わたしはそれ以後の八〇年代と九〇年代のワールドカップでは、祖国の代わりにオランダとイングランド――両国ともいつもドイツに打ち負かされることもあり――に肩入れして応援するようになった。オランダは小さな国であり、イングランドは島国である。わたし自身の世界も小さく、島国のようなものだった。

東西ドイツの再統一に伴い、こうした流れを変えるチャンスが訪れた。もはや東ドイツという国も東ドイツ代表チームも存在しなかったが、しかしながら、わたしは過去を水に流せなかった。

わたしは何千という人々といっしょに、ベルリン・ルストガルテンに設置された巨大スクリーンで、一九九〇年ワールドカップ準決勝、ドイツ対イングランドの一戦を観ていた。ドイツの勝利が決まったとき、イングランドのポール・ガスコインの目から涙が落ちた。わたしもそうだった。わたしは歓喜するドイツ人ファンの中で独り立ち尽くしていた。アルゼンチンとの決勝戦を見ることはできなかった。耐えられなかっただけの話だ。わたしは十七年もののポーランド車、ポルスキー・フィアット――西側に亡命する義理の兄弟からもらったものだが――を走らせ、ベルリンの住宅街へ行き、そこに九十分間車を停めた。閑静な住宅街の中で、試合終了を待った。歓声と花火の音で、試合終了が分かった。ドイツは勝ち、わたしは再び負けた。試合を決したのはPKだったとあとから知った。PKを蹴ったのは、ブロンドのディフェンダー、アンドレアス・ブレーメだった。まさに典型的なドイツの得点だった。優勝を手にした後、指揮をとったフランツ・ベッケンバウアー監督は、再統一されたドイツ・サッカーの不敗神話はこの先何年もつづくと予言した。

一九九九年、わたしはニューヨークへと移り住み、すべてを置き去りにした。もはや心の中にサッカー・チームはなかった――サッカーに関心のない国に住んでみたらどうだろう？　快適な日々だった。サッカーに出くわすのは、『ニューヨーク・タイムズ』紙のスポーツ欄裏面の小さな一覧表の中だけだった。あるいは、息子を遊ばせているプロスペクト公園で、偉大なるドイツ・サッカーの伝統に対する賛辞を他の父親の口から聞くぐらいだった。わたしはいつも笑顔を浮かべながら頷いて聞いていた。世の中には説明のつかない不思議なことがあるものだ。

⚽

二〇〇二年の夏、『デア・シュピーゲル』がワールドカップ取材のために、わたしを日本と韓国に派遣したことで、置き去りにしていたすべてのものがわたしの中で甦ってきた。自分の人生で二番目に重要なワールドカップになる予感がした。

フリッツ・ヴァルターが作り出したドイツ流の美徳によって、ドイツ代表チームは予選一次リーグを楽に通過した。パラグアイを1対0で破り、ベスト8へと進出した。準々決勝で、選手たちは腕に喪章代わりの黒いバンドを付け、アメリカ・チームを破った。後半、明らかなハンドの反則がミッドフィルダーのトルステン・フリンクスにあったたが、レフェリーは見逃した。アメリカの方が優れたチームだったが、ドイツが1対0で勝利した。いつものドイツ的な勝ち方だった。美しいサッカーをするチームは疲れ果てるか、あるいは驕《おご》りから油断が生まれてしまうものだ。実際、オランダは日韓ワールドカップのヨーロッパ予選さえ勝ち抜けなかった。ポルトガルとイタリアとスペインは、試合ごとに自信をつけてきた韓国の前に次々と敗れ去った。フランスはセネガルに、アルゼンチンはイングランドに、そしてイングランドはブラジルに負けてしまった。それに引き換え、ドイツは最初から最後まで対戦相手に恵まれ、チーム内も有効に機能していた。まさに完璧なトーナメント・チームだった。

準々決勝の後、わたしは初めてフランツ・ベッケンバウアーに会った。わたしにおけるいわば《ドイツ・サッカーの危機》を作った人物である。三十年前、ベッケンバウアーはサインを求めたはがきに返事をくれなかったが、会ってみた人柄は魅力的で、わたしが思っていたような傲慢な人ではまったくなかった。三日間、お互い不案内の日本をいっしょに動き回った。知らないはずの日本なのに、ベッケンバウアーはどこに行ってもくつろぎ、日本の新幹線に乗っていても、まるでドイツのインターシティ特急に乗っているかのようだった。また、ニューヨークで長く暮らしているのに、英語のメニューから注文するのも覚束ないようではあったが、状況を自らの経験知から判断し、さまざまなことを直感的に把握していた。こうした資質がなければ、二〇〇六年のドイツへのワールドカップ誘致などとうてい不可能だったはずだ。ベッケンバウアーはサッカー親善大使として二年間、世界中を旅して回った。アフリカの街で、もはや本人も名前を思い出せないようなアフリカの街で、かつての名将は夕暮れ時にホテルのテラスに立ち、赤ワインを飲み、葉巻をふかして、心の底からくつろぐことができたのだ。

サッカー選手としても監督としても、ベッケンバウアーはワールドカップ・チャンピオンだった。そして今、まとめ役、やり手の外交家として、母国にワールドカップを持ってきた。連戦連勝を重ねる人生であるが、「ぬかるんだピッチと雨」を好むタイプではない。掃除屋＝スイーパーのベッケンバウアーは、試合でも人生でも「タッチは軽い」。ある晩、東京のバーで二人並んで、ビールを片手にイングランド対ナイジェリアの一戦を観ていた。ベッケンバウアーの口から出るコメントは散発的で、「シェリンガムはまわりが全然見えてない」などと言うので、わたしはそうしたコメントを書き留めた。奇妙な二人組みだった。わたしの〈オザング〉という名前が、なぜかベッケンバウアーの耳にはアジア人の名前に響くらしく、わたしを「『デア・シュピーゲル』から来た中国人とのハーフ」と呼んだ。わたしはまんざらでもなかった。

例のはがきに関しては、一切口にしなかった。逆に、あのはがきを受け取っていないのではないかという疑念が強くなっていた。おそらくは、すべてにおいて行き違いがあったのだ。深い憎悪はしばしば誤解から生まれるものだ。（一年後わたしはミュンヘンで、ベッケンバウアーのチームメイトだった、ゲルト・ミュラーに会うことができた。ドイツ・ワールドカップの得点王であり、東ドイツから送ったはがきのもう一人の受取人だった。友人の一人が、リーグ戦の試合のハーフタイムに引き合わせてくれたのだった。ミュラーは小柄で、スウェットパンツを履き、顔からはみ出るくらいの大きな眼鏡をかけていた。一見すると、用務員のおじさんだった。友人が、わたしたちのツーショット写真を撮ってくれたが、まるでわたしの方が得点王であるかのように写っている。）

二〇〇二年のワールドカップ準決勝で、ドイツはソウルで韓国と対戦した。韓国チームはすべての下馬評を裏切り、予想以上の活躍をし、六戦にもわたって信じられないほどのスピードとねばりと無尽蔵の体力を見せ、韓国中を空前絶後の歓喜の渦へ巻きこんでいた。準決勝を前に、韓国政府は感謝の印として黄海に浮かぶ島を一島丸ごと、オランダ人監督のフース・ヒディンクに贈った。韓国は準決勝に進めただけで満足だった。しかし、ドイツはそうはいかなかった。すべてが終わるまでドイツは絶対に諦めない。試合は開始七十五分、ドイツが一点先取する。韓国は追いつけず、そのまま1対0で終わった。

わたしは七万人の韓国ファンが埋め尽くすスタジアムの中に立っていた。右を見ても左を向いても、〈Reds〉の文字が躍る、真っ赤な同じTシャツを着た観客に囲まれていた。そのせいで、〈文化大革命〉に巻き込まれてしまったかのような錯覚を覚えるほどだった。幸運なことに、韓国のファンは敗戦にもかかわらず、上機嫌だった。不思議とはいえ、わたしもまた悪い心持ちではなった。スタジアムの韓国ファン同様、わたしもまた試合前からドイツ有利を認めていた。わたしは三週間日本と韓国に滞在して、茶畑の靄《もや》の中から立ち現れる遥か彼方のスタジアムに走っていったり、通常時間貸しのいわゆるラブホテルに泊まり、防水布のベッドカバーで覆われた回転ベッドで眠ったりした。わたしはホームシックになっていた。ソウルのスタジアムの観客席から、芝生の上にいる男たちを見たとき、自分の祖国をことのほか間近に感じた。ベルリンにいる父はドイツ・チームのファンであり、ニューヨークにいる息子もそうだった。あんなにも湿度の高いソウルの夏の夜に、わたしはドイツ代表チームと和解したのだった。

　わたしは芝生に目をやり、それから、骨ばった顔に疲れきった表情を浮かべたドイツ選手たちに目を向けた。わたしの「壁」は崩れ去った。大喜びはしなかったが、心の緊張は解けた。わたしはスタジアムを後にした。

　ドイツ・チームは、決勝戦で初めて真の対戦相手と言えるチームと戦い、そして破れ去った。ドイツのキャプテンかつゴールキーパーの、そしてチーム一完全無欠で、また最も苦虫を嚙みつぶしたような顔つきをしたオリバー・カーンが、試合を決定づけるミスを犯してしまった。一風変わったワールドカップにふさわしい幕切れだった。わたしは横浜国際競技場のコンクリート造りの巨大スタジアムに腰を下ろしていた。ロナウドが、力強い俊敏なステップでゴール前に走りこみ、カーンのファンブルしたボールをドイツ・ゴールに押し込んだとき、思わず落胆の声をあげてしまった。ブラジルがワールド・チャンピオンに輝いた。ドイツの選手たちは横浜の窓一つない宴会場で祝勝会を開き、準優勝を祝った。会場には、この特別の日ために急遽駆けつけていた、ドイツ首相の顔もあった。

会場の外では、梅雨の季節が始まっていた。降り止まぬ雨を見て、わたしは〈誉れ高きスポーツの先導者〉への一分間の黙禱を思い出していた。何かが終わりに近づいている気がした。ドイツで最も重要な二人の政治家、ゲアハルト・シュレーダーとエドムント・シュトイバーが、ウォームアップ用の上下のジャージを着込んだ選手たちと一緒に写真を撮っていた。ビュッフェ・スタイルの料理は冷めていた――ローストされた肉、ポテトそして〈ビットブルガー・ビール〉。ボールを摑むことができなくなっていたオリバー・カーンの片方の手には、ぶ厚い包帯が巻かれていた。それは、すべてを出し尽くしたことを物語っていた。プアというドイツのポップ・バンドがステージに上がり、ドイツ代表チームのテーマ・ソング「ルディ・フェラーはただ一人しかいない」を歌っていた。

フェラー監督は雄々しく微笑んでいた。選手としてワールド・チャンピオンになり、今度は監督として、ワールド・チャンピオンに次ぐ世界第二位に輝いた。しかしながら、その姿は勝者ではなかった。むしろ、すでに過去の人の風情だった。

わたしは早めにパーティを切り上げて、タクシーに乗った。降り続く黒い雨の中を東京に戻った。フリッツ・ヴァルターはこの世から去ってしまった。ドイツの美徳はもはや十分なものではなくなっていた。ゲアハルト・シュレーダーとルディ・フェラーが退陣するかどうかは、知る由もなかったが、わたしはそうなる予感がしていた。何事もかつてのようには進まないものだ。

日本を発つ前、わたしは東京のスポーツ店で灰色のドイツ・チームのユニフォームを買い、ニューヨークにいる息子のおみやげにした。自分にはイタリアのユニフォームを買った。こちらのほうが断然見栄えがした。

⚽

四年後、フランクフルトで、新しいドイツ代表チームのユニフォームが披露された。色は赤。イングランドが、一九六六年にワールド・チャンピオンに輝いたときのものを思い起こさせた。そして、わが祖国で変わったものは、ユニフォームだけではなかった。

現在は、監督も首相も変わり、新しい顔ぶれになっている。監督はユルゲン・クリンスマン。シュヴァーベンのパン屋の息子で、広大な世界に乗り出してきた男だ。首相はアンゲラ・メルケル、ベルリン近郊のウカマルクの牧師の娘で、広大な世界に乗り出してきた女性だ。二人とも西ドイツの古いシステムに戦いを挑み、勝利を収めてきた。ミヒャエル・バラックの場合がそうであるように、クリンスマン監督は東ドイツ出身の選手をチームのキャプテンにした。アンゲラ・メルケルは、西ドイツ政治の大物であるヘルムート・コールとゲアハルト・シュレーダーを打ち負かした。クリンスマンはイタリア、イングランドそしてモナコでプレイし、現在はカリフォルニア州に住み、オレンジ郡のセミプロ・チームでときどき偽名でプレイしている。アンゲラ・メルケルは物理学者で、ベテラン政治家たちが群がる、血の気の多い男の世界に身を置く、冷静なプロテスタントである。ロシア語も堪能だ。二人ともドイツの「壁」を打ち破ったのである。

赤いユニフォームも、悪くない。
クリンスマンは、わたしと同様、アメリカに住んでいる。アンゲラ・メルケルは、わたしと同様、東ドイツ出身だ。もしかしたら、最後の最後で本当の勝利を収めるのは、このわたしかもしれない。

（英訳＝アニー・フォーク）

アレクサンダー・オザング
一九六二年西ベルリン生まれ。数冊の著作がある。現在、ニューヨークの『デア・シュピーゲル』に勤務。

コスタリカ

Costa Rica

マシュー・ヨーマンズ

Matthew Yeomans

首都	サンホセ
独立（建国）	1821年9月15日（スペインから）
面積	51,100km^2
人口	4,016,173人
人口増加率	1.5%
年齢中位数	26.0歳
出生率	18.6人（1,000人口当たり）
人口移動率	0.5人（1,000人口当たり）
幼児死亡率	9.95人（出生児1,000人当たり）
平均寿命	76.8歳
民族	白人（メスティーソを含む）94%，黒人3%，アメリカ先住民1%，中国系1%，その他1%
宗教	ローマカトリック76.3%，福音主義派13.7%，エホバの証人1.3%，その他のプロテスタント0.7%，その他4.8%，無宗教3.2%
言語	スペイン語（公用語），英語
識字率	96.0%
選挙権	18歳以上の全国民，義務制
兵役	不詳
GDP（一人当たり）	9,600ドル
GDP実質成長率	3.9%
失業率	6.6%
物価上昇率	11.5%
国家予算	30億9400万ドル
軍事費	6420万ドル（GDP比0.4%）
第一次産業（農業）	コーヒー，パイナップル，バナナ，砂糖，トウモロコシ，米，豆，ばれいしょ，牛肉，木材
第二次・第三次産業（商工業）	マイクロプロセッサ，食品加工，繊維製品および衣類，建設資材，化学肥料，プラスチック製品
通貨	コスタリカ・コロン

出典：「CIA世界年鑑」2005年11月版（人口統計2005年，経済統計2004年）

コスタリカ

Costa Rica

サッカー協会	コスタリカ・サッカー協会
地域連盟（コンフェデレーション）	北中米カリブ海サッカー連盟（CONCACAF）
協会設立年	1921 年
FIFA 加盟年	1927 年
愛称	ティコス
監督	アレシャンドル・ギマラエス
ホームページ	www.fedefutbol.com
スタジアム	エスタディオ・リカルド・サプリサ

FIFA ランキング	21
ワールドカップ出場回数	2
ワールドカップ優勝回数	0

1930	不参加
1934	不参加
1938	棄権
1950	不参加
1954	出場申請不受理
1958	地区予選敗退
1962	地区予選敗退
1966	地区予選敗退
1970	地区予選敗退
1974	地区予選敗退
1978	地区予選敗退
1982	地区予選敗退
1986	地区予選敗退
1990	決勝トーナメント敗退
1994	地区予選敗退
1998	地区予選敗退
2002	グループリーグ敗退

試合数	7
勝	3
引き分け	1
負	3
得点	9
失点	12
得失点差	-3
勝点	10
ワールドカップ通算成績　第 37 位	

自尊心の強いラテンアメリカの国として、コスタリカはサッカーに生きている。だが、北のメキシコや南のアルゼンチン、ブラジルと違い、コスタリカのサッカーは各メディアや社会の隅々にまで浸透していない。少なくとも、私のような外国人にとってはわかりにくい。私はコスタリカに行くと、いつの間にか、サッカーへの情熱を忘れ、コスタリカという土地の魅力、言うなれば、その楽園に夢中になってしまう。コスタリカはサーファーやバックパッカー、ジャングル探検、太平洋岸のビーチ・ハイク、火山の景観、異国情緒を漂わせるオオハシやホエザルを見るジャングル・ツアーの国なのだ。熱帯雨林、寄せては砕ける波の音、乾燥したカウボーイの土地、煙の立ち上る火山など、すべての魅力が島のほぼ半分に集中している。

コスタリカ人はプーラ・ビーダ、つまり、純粋な人生を送ることに誇りをもっている。ティコ（コスタリカ人が自らを称する）たちは、寛大で陽気な性格で、自然を尊重することを美徳としている。こうした性格は、ストレスで疲れ、心の癒しを求める私のような外国人と良好な関係を築くのを助ける。それと同時に、プーラ・ビーダは、この数十年の間に、コスタリカの大部分を国立公園にするだけでなく、国の平和を保つための強固な指針にもなってきた。中米の隣国が内乱に向かい自らを崩壊させたのとは対照的に、コスタリカは軍事組織をもつことさえなかった。そして、一九八七年、コスタリカの大統領オスカー・アリアス・サンチェスは、中米の紛争を終結させた功績が評価され、ノーベル平和賞を受賞した。コスタリ時が経つにつれ、私はコスタリカを熱帯地域にある理想の逃避先として考えるようになった。コスタカは私に活力を与えてくれるだけでなく、異国情緒を堪能することができる居心地のよい場所である。あくせくした日々を送る多くの都会人と同じように、私は浜辺に別荘をもちたいという夢を抱いてきた。実際私の頭にあったのはニコヤ半島のタマリンドビーチで、そこでは、時がゆっくりと流れ、消防車やゴミ回収車の騒がしい音ではなく、静かなさざなみの音で目を覚ますことができる。別荘からは、浜辺と生気あふれるほとんど自然のままの太平洋の白波が眺められる。木造のベランダにすわり、有機栽培され公正に取引《フェア・トレード》されたコーヒーを淹れ朝の一杯を味わい、そのうえ、インターネットも備えれば、そこで生計を立てることもできるだろう。

前回二〇〇二年のワールドカップを観ていると、昔からの夢が鮮やかに蘇ってきた。私はずっと弱者から搾取する側の人間だった。どの大会でも、自信満々の強豪国を倒す小国があらわれる。予想外の引き分けにもちこむか、少なくとも善戦の末に敗れ、実力以上の戦いで、優勝候補を追い詰め、精神面では決して負けていないという、ささやかな夢を与えてくれる。初めて私の心を捉えたのは一九七四年大会のハイチだった。カリブの弱小国ハイチが初戦でイタリアに1対0とリードし、イタリアに衝撃を与えた。結局イタリアの逆転勝利で終わったものの、当時八歳にすぎなかった私は、強いアッズーリたちに一矢を報いたカリブのチームに夢中になっていた。七八年大会で私の心を捉えたのはペルーだった。ペルーは過信気味だったスコットランドを3対1で破った。それ以降、九〇年大会では、イングランドに屈辱を与えるほど詰め寄ったカメルーンに魅了され（少し背筋がゾクッともしたが）、九四年大会では、ナイジェリアのスーパー・イーグルスの大躍進に心を奪われた。だが、私が本当の弱者への愛に目覚めたのは二〇〇二年の夏のことだった。

それはグループリーグ戦で、ワールドカップ四度の優勝経験をもつブラジルと、たった二度の出場経験しかないコスタリカが対戦した時のことだった。私は真夜中に起きて、テレビでその試合を観戦していた。それまでの両国の対戦では、ブラジルが思うままにボールを支配しながら、圧倒的な勝利をおさめていた。私はブラジルの選手たちがいつものように華麗な技を繰りだし、力の劣るコスタリカにはほとんど抵抗することもできない展開になるだろうと思っていた。ラ・ローハ（赤の軍団）として知られるコスタリカ代表は、ジョーグ・ボニート（元ブラジル代表のペレがブラジルのサッカーを形容した言葉に由来し、「美しいサッカー」の意味）の生贄になるだろうと。ところが、私の目はこれまで観たこともないエキサイティングな試合展開に釘付けになった。前半三十七分まで、コスタリカは三つのゴールを決められ、三点のリードを許していた。三点目のゴールはブラジル代表ディフェンダー、エジミウソンの、とても人間業とは思えない華麗なボレー・シュートだった。ところが、ブラジルは攻撃一辺倒になり、守備をまったく忘れ、その一分後、コスタリカ代表の人気フォワード、パオロ・ワンチョペのゴールがきまり3対1となった。後半十分、コスタリカが再び点を決め、ブラジルには敗戦への不安というプレッシャーがのしかかった。そうなると、コスタリカは引き分けを確保し、決勝トーナメントへの出場権を獲得するために、あと一点とればよいだけになった。コスタリカの選手はブラジルと同じくらいの猛攻撃を見せ始めたが、惜しくも及ばなかった。二点のゴールが遅かったために、ワールドカップ敗退という結果に終わった。

　その時、すべてのコスタリカ人は嘆き悲しんだことだろう。だが私にとって、結果は問題ではない。小国がまた優勝候補をあと一歩のところまで追いつめた。そのうえ、コスタリカ代表は、私がその国に馳せる夢の数々をいっそう強固なものにしてくれる戦い方をみせてくれた。これこそが、プーラ・ビーダの戦い方である。ニューヨークの自宅で、コスタリカ代表は、私に夢を、そう、これ以上ない夢を見させてくれた。

もちろん、このような思い、私がコスタリカという国に馳せる夢には問題がある。というのは、私の夢はまったくといっていいほど現実味がうすいからだ。私はコスタリカに隠遁することなどとうていできなかった。私が抱いていた浜辺のロマンティックな夢物語も、絵空事以上のものにはなりえなかった。自然の美しさ、純真な魅力、そして現在の活気あふれるサッカーなどは、理想の逃避先としてのコスタリカ像を創りあげていくために必要な要素だったが、まさに、そうした要素が、逆に私のうちなるプーラ・ビーダを崩壊させることになろうとは思いもしなかった。

一九八〇年代後半、コスタリカはいつの間にか、何千人もの外国人の投機によって、不動産の高騰に見舞われた。アメリカ人の退職者や観光事業家は、私がかつて夢にだけ見た熱帯の別荘地を求めて群がった。こうした海岸地区の急速な発展に応じるために、政府は、費用をかけて国立公園の建設を拡大することを決定し、国土の約二五パーセントにあたる数百万エーカーもの熱帯雨林や海岸線や山地を際限なく開発していった。その過程で、コスタリカは、多様な生物が数多く生息する大規模の土地を保護し、その後まもなくたくさんの観光客をひきつける環境保護観光地を建設することになった。経済的発展を遂げるにつれ、国内のサッカーへの投資は増え、コスタリカのサッカーは代表チームの活躍ともあいまって盛んになっていった。

今日に至るまで、コスタリカの経済はセントラル・ヴァレーとして知られる国の中心地一帯に集中してきた。そこは良質なコーヒーの栽培地であり、首都サンホセと第二の都市アラフエラがある。サンホセとアラフエラは、コスタリカ屈指のサッカーチームを生みだし、カリブ海岸地方や太平洋岸地方から優れた選手を引き抜いてきた。サンホセのサプリサというチーム名は、選手たちの用具を寄付して以来ずっと関係をもってきたスペイン人の出資家の名前に由来するのだが、そのサプリサとFCアラフエレンセは一世紀近くも昔からライバル関係にある。

コスタリカのサッカーリーグが十九世紀から二十世紀への転換期に創設されて以来、サッカーは、スポーツの共済組織、あるいは、利益をさほど気にかけない慈善的な一大事業として位置づけられている。多くのクラブチームは完全なプロチームとして運営されているわけではなく、倒産の危機に直面することが多かった。唯一の例外といっていいアラフエレンセは、昔から保守的ではあるが安定した経営理念の下で運営されている。アラフエレンセと地元で熾烈《しれつ》な争いを繰り広げているサプリサは、アラフエレンセよりもよい成績を残しているものの、財政面ではかなり不安定な状態にある。

日韓で開催された二〇〇二年ワールドカップでの好成績により、コスタリカのサッカーはより多くの人々の関心をひきつけるようになった。ラ・ローハたちの戦いに触発され、ＦＩＦＡは自らの運営する名門のゴル・サッカー・アカデミーをコスタリカに開設する計画を発表した。その結果として、コスタリカの代表選手たちはヨーロッパのクラブチームにとって格好の商品になってしまった。今では約二十人のコスタリカ人が国外のリーグで戦っている。コスタリカの若手選手たちがワンチョペ（マンチェスター・シティ、ウェストハム、マラガなどに所属）のような人気選手の成功に鼓舞される一方で、コスタリカの各クラブは、才能ある選手たちのトレードによって高収入を得る機会をねらっている。

コスタリカは才能あるサッカー選手を輸出してきただけではない。各クラブチームは海外の資産家たちの投資の対象にもなってきている。二〇〇三年、ビタミン剤の商売で一躍財をなしたメキシコ人、ホルヘ・ベルガラはサプリサを買収した。彼はクラブ・デポルティボ・グアダラハラ（チバス）とその姉妹クラブ、メジャーリーグ・サッカーのロサンゼルスに本拠地をおくクラブ・デポルティボ・チバス・ＵＳＡのオーナーでもある。ベルガラはすぐにリーボック社をサプリサの主要スポンサーとして確保した。このスポンサーの出資額は、コスタリカのほとんどのクラブチームがそれまでコーヒー会社から受けてきた出資など比べものにならないほど莫大だった。彼はまた、サプリサが「コスタリカのチーム」であるいう強い認識を人々に植えつけるためのマーケティング戦略のひとつとして、コスタリカ生まれかコスタリカに帰化した選手のみを獲得するという方針を打ちだした。これとほぼ同時期に、イタリアの投資家らが太平洋北岸地域に本拠地をもつグアナカステを買収し、本拠地を高地からセントラル・ヴァレーのエスカスに移し、ブルハス（魔女たちという意味）と改名した。本拠地がコスタリカの裕福な町のひとつであるエスカスに移ったことで、グアナカステのファンを敵にまわしたとはいえ、投資家たちはよりしっかりとした経済的基盤を確保することができ、ブルハスを世界に紹介し、海外のクラブに選手を売りだすための選手育成システムを充実させることに成功した。ブルハスの人気選手であったウィンストン・パークスは、イタリア・セリエAのウディネーゼに金銭トレードされた。

　と同時に、サプリサはサポーター集団を活性化させるという方針も打ちだした。ティコたちのサッカー観戦は、狂信的ともいえるイタリアやスペインの場合と比べて控えめである。第一の理由としては、多くのスタジアムの設備が整っておらず、ミランのサン・シーロやレアルのベルナベウ、ボカのボンボネーラなどとは全く状況が異なっているため、サポーターたちが暴れることができなかったという事情がある。あるいは、ティコたちの寛大な精神や半世紀の間にサッカーが発展途上にあったという事情にもよるのかもしれないが、コスタリカのサポーターたちの観戦態度にはいまひとつ熱意に欠けるところがあった。クラブチームがフーリガンを顧問として雇うというのはおそらく前代未聞の事例だろう。サプリサは地元の熱狂的なサポーター文化を育成するために、チリのウニベルシダ・カトリカの過激なサポーターたちを招いた。その結果、バーラブラーバ（アルゼンチンのフーリガンの呼称）の過激な行動を鏡写しにしたかのようなラ・ウルトラと呼ばれる排他的で狂信的なサポーター集団が生まれた。サポーターの応援歌が作られ、紫色の衣装に身を包んだラ・ウルトラの大集団が形成され、スタジアムの立見席には発煙筒がたかれるようになった。アラフエレンセもすぐにこれにならって、ラ・ドセ（「十二人目の選手」という意味）として知られるようになる過激なサポーター集団の形成に乗りだした。

この狂信的サポーターへの投資は瞬く間に無残な結果を招くことになる。すぐにラ・ウルトラとラ・ドセに結びついたギャング文化が根づき、貧しいティコたちの間で芽生え始めていた「急速な経済成長によって置き去りにされてきた」という思いに火をつけた。これによって、サッカーの試合で過激な行動をとるサポーターが驚くほど増加した。こうしてサプリサとアラフエレンセの「伝統の一戦」をめぐる昔からの因縁には、新たな毒素が注入された。

今世紀になってからは、サポーターの過激な行動が問題となり、サプリサとアラフエレンセの両クラブは、ラ・ウルトラとラ・ドセを鎮静化するために策を講じた。そのために明らかな犯罪行為はなくなったものの、怒れるサポーターという根本的な態度は変わらなかった。ちょうど昨年三月のワールドカップ地区予選でメキシコに敗れたときサポーターが暴動を起こしたため、コスタリカはその次のホームでの地区予選を観客なしで行なわなければならなかった。

私は時々、太平洋の風景画像を取り込むためにグアナカステのサーフィンのホームページをのぞいたり、『ラ・ナシオン』紙や『AMコスタリカ』紙のホームページ版の見出しに目を通したりして、遠くからコスタリカを見ているが、私の楽園がこれからもずっと存在しつづけるのだろうかと考えずにはいられない。些細な犯罪も暴力的な犯罪も国中で増加の一途をたどっており、利用可能な土地は地価の高騰を見越した乱暴なやり方で地上げされている。こうした状況はコスタリカだけが抱える問題ではなく、世界中で同じような土地開発で社会が変わりつつある。それはともかく、ただ夢を見ているだけの国のことであれこれ思い悩む権利など私にはあるのだろうか。もっとも、空想にふけることができないとなると、夢想家には何もなくなってしまうのだが。

最近、コスタリカが再びワールドカップに出場すると知り嬉しくなった私は、ティコ・サッカーの現状はどうかと、コスタリカの友人マティアスに電話をかけてみた。

マティアスは毎週欠かさず試合を観るほどの熱狂的なアラフエレンセ・サポーターではあるが、スタジアムには足を運んでいないという。「以前は自分と家族のためにシーズンチケットを買っていたけど、今はやめた」と、彼は言う。「アラフエレンセのスタジアムに行くと、そこら中を組織化されたサポーター集団が占拠しているんだ。中には武装してグラウンドに入っていく者もいるからね」

マシュー・ヨーマンズ

英国の作家。“Oil: Anatomy of Industory” などの著作がある。『ワイアード』、『ヴィレッジ・ヴォイス』、『ダブルテイク』などに寄稿している。現在、ウェールズのカーディフに在住。

ポーランド

Poland

ジェームズ・スロヴィエツキ

James Surowiecki

首都	ワルシャワ
独立（建国）	1918年11月11日（共和国として独立）
面積	312,685km^2
人口	38,635,144人
人口増加率	0.0%
年齢中位数	36.4歳
出生率	10.8人（1,000人口当たり）
人口移動率	-0.49人（1,000人口当たり）
幼児死亡率	8.5人（出生児1,000人当たり）
平均寿命	74.7歳
民族	ポーランド人96.7%，ドイツ人0.4%，ベラルーシ人0.1%，ウクライナ人0.1%，その他および不特定2.7%（2002年の国勢調査）
宗教	ローマカトリック89.8%（うち約75%は実践的なカトリック教徒），東方正教1.3%，プロテスタント0.3%，その他0.3%，不特定8.3%（2002年）
言語	ポーランド語97.8%，その他および不特定2.2%（2002年の国勢調査）
識字率	99.8%
選挙権	18歳以上の全国民
兵役	17歳以上，義務徴兵制，満18歳になる年の1月1日以降 および17歳以上の志願者 2005年にポーランドは2008年までに徴兵期間を12ヶ月から9ヶ月に短縮する計画を発表
GDP（一人当たり）	12,000ドル
GDP実質成長率	5.6%
失業率	19.5%
物価上昇率	3.4%
国家予算	549億3000万ドル
軍事費	35億ドル（GDP比1.7%）
第一次産業（農業）	ばれいしょ，果物，野菜，小麦，家禽，卵，豚肉
第二次・第三次産業（商工業）	機械製造，鉄および鉄鋼，炭鉱，化学製品，造船，食品加工，ガラス，飲料，繊維製品
通貨	ズウォティ

出典：「CIA世界年鑑」2005年11月版（人口統計2005年，経済統計2004年）

ポーランド

Poland

サッカー協会	ポーランド・サッカー協会
地域連盟（コンフェデレーション）	欧州サッカー連盟（UEFA）
協会設立年	1919 年
FIFA 加盟年	1923 年
愛称	ホワイト・アンド・レッド
監督	パベウ・ヤナス
ホームページ	www.pzpn.pl
スタジアム	スラスキー・スタジアム

FIFA ランキング	22
ワールドカップ出場回数	6
ワールドカップ優勝回数	0

1930	不参加
1934	途中棄権
1938	トーナメント敗退
1950	不参加
1954	棄権
1958	地区予選敗退
1962	地区予選敗退
1966	地区予選敗退
1970	地区予選敗退
1974	3 位
1978	2 次リーグ敗退
1982	3 位
1986	決勝トーナメント敗退
1990	地区予選敗退
1994	地区予選敗退
1998	地区予選敗退
2002	グループリーグ敗退

試合数	28
勝	14
引き分け	5
負	9
得点	42
失点	36
得失点差	6
勝点	47
ワールドカップ通算成績　第 14 位	

一九四九年、ポーランドの共産主義政権は、古都クラクフ郊外に新しいプロジェクトをスタートさせた。ノヴァ・フタ（「新しい鉄工所」の意味）と呼ばれたこのプロジェクトは、理想的な計画都市の建設が目的だった。パリを大改造したオスマン卿にならって、厳密さと秩序にあふれた都市デザインを適用し、住まいと職場を切れ目なく共存させた前例のない工業都市が誕生した。ノヴァ・フタの中心にあるのはレーニン製鉄所だった（のちにセンジミル製鉄所と改称）。この巨大コンビナートは最盛期には年に七百万トンのスチールを生産し、四万人以上の従業員を雇い、ヨーロッパで最大の溶鉱炉を誇っていた。町の中心は工場だったが、ノヴァ・フタは一種の庭園都市でもあった。いくつもの公園や湖が点在し、住民の参加を半ば義務づけた文化センター、映画館、サッカー・スタジアムもあった。ここは交通渋滞のない町として有名だった。

かつての庭園都市は、いまやすっかり錆びついている。製鉄所に起因する酸性雨を長いあいだ浴びてきたため、ノヴァ・フタ周辺の環境はすっかり悪化し、クラクフのビルにまで腐食の痕跡が見られるほどだ。いまでは汚染の度合いはかなり減っているが、一九八九年の民主化と自由市場改革によって、センジミル製鉄所でも従業員の数を削減し、溶鉱炉を閉鎖する事態に追いこまれた。今日、この製鉄所――つい最近、インドの大手製鉄会社ミッタル・スチールに買収された――の従業員はわずか数千人にまで落ちこみ、ノヴァ・フタの失業率は一五パーセント以上になっている。運よく仕事のある人びとは、せめて引退するまで、ミッタルが操業を続けてほしいものだと願っている。

ここから数キロの距離にあるクラクフでは事情が少し違う。ここではモトローラが最先端の無線通信インフラストラクチャー研究所を設立し、最新の携帯電話テクノロジーのソフト開発研究を進めている。同じ通りのすぐ先では、ＩＢＭがやはり新しいソフト開発研究所を建設している。さらに、自動車部品会社のデルファイも、ここクラクフに国内本社とテクノロジー・センターを設けている。これらの企業の社員は、平均時給三ドルの国で当然予想される未熟練労働に従事しているわけではない。アメリカ人やイギリス人のエンジニアとまったく同じ、技術開発の仕事をしているのだ。

未来はすでにここにある——ただし、均等に配分されていないだけだ、といったのはＳＦ作家のウィリアム・ギブソンである。今日、この言葉がどこよりもしっくり来るのはポーランドだろう。見方によれば——ＩＢＭの研究所や世界でもとくに優秀だといわれるワルシャワ大学のプログラマを視野に入れれば——ポーランドはめざましい経済発展を遂げたパワフルな国である。一九九〇年代半ば、市場改革の導入とともに、ポーランド経済は泥沼のような停滞から脱し、年におよそ四パーセントの割合で着実に成長を続けてきた。近年の調査では、ビジネスに向く場所として世界第八位になり、一方ＩＢＭは昨年、研究開発にふさわしい場所のトップテンにポーランドを入れた。いまでは、毎年、膨大な海外投資が流れこむようになり、シロンスク地方のブロツワフのような都市には、ちょっとしたテクノロジー・ブームが巻きおこっている。ヒューレット・パッカードはここに大きなビジネス・プロセス・アウトソーシング・センターを設立し、またフィリップスは四億ドル規模の薄型テレビ工場を建設中で、これによって三千人分の働き口が生まれるという。ポーランドはいまやＥＵのメンバーであり、近い将来、ヨーロッパ経済において重要な役割を果たすようになるだろうといわれている。

ポーランドの成功はとりたてて驚くことではない。共産主義から資本主義への移行に際して、これほど有利な国はそうなかったからだ。国民は識字率が高いだけでなく、教育程度も高く、過去に市場経済を経験していた。しかも、ポーランド独自の市民社会は共産主義政権下でも（ロシアとは違って）破壊されなかった。一九九〇年、ポーランドは自由市場経済へと一気に方向転換し、東欧諸国のなかでも最もドラマチックかつ急速に移行を成功させた。しかし、別の見方をすれば、ポーランドという国はいまでも過去の呪縛に囚われている。九〇年代初頭以来、失業率は一五パーセントを越えており、現在は一八パーセント前後である。一人あたりのGDP（国内総生産）はチェコ共和国の六割にしかならず、スロヴァキアとくらべても低い。ポーランド人はとても働き者だ——平均的な従業員の労働時間は年二千時間で、ワーカホリックのアメリカ人よりも多い。それなのに、現状では労働年齢の成人のうち、半数しか労働力になっていない。国民の多くは資本主義の先行きに不安を感じ、疑いをもっている。ある調査によれば、過半数の人は自分の会社をもちたいと思っているが、国営企業（いまでも多数ある）で働きたいという人もかなり多く、民間のボスのもとで働くことを第一志望として選んだ人はごく低い割合だった。ポーランドの若年層（人口の四割は三十歳以下である）では、新しい仕事の分野に思い切って足を踏み入れることにもそれほど抵抗がなく、よりよい将来を求めて海外に出かける人びとの数が増えている——EU加盟のあと、ポーランドの優秀なサッカー選手が海外に進出しているのも同じことだ。実際、この夏のワールドカップに出場するポーランド代表チームを見ても、先発メンバーの多くは現在イギリスのリーグでプレイしている。

ノヴァ・フタとブロッワフのどちらかを取りあげて、これが現在のポーランドの生活だといってしまっては間違いになるだろう。むしろ、この両者を対比することに意味がある。だが、もっと深いところを探れば、ポーランドは経済成長を謳歌している国とはとてもいえない。ポーランド国民は、心の奥底で、現状に大きな失望を感じている。共産主義以後の暮らしに抱いていた期待がほとんど実現されていないことに欲求不満をもっているのだ。ポーランド国民の十人のうち八人が、いまの国政に不満だと答えている。その結果、去年の秋の総選挙で現行政府が拒否され、元連帯のリーダーで、のちに中道右派の強硬メンバーへと立場を変えたレフ・カチンスキが勝利を収めたのだった。

国民に不満を抱かせる理由を一つだけあげるとすれば、それは腐敗である。ポーランド国民は、政治家、実業家、官僚のあいだに不正や贈収賄が蔓延していると固く信じているようだ。一般的なイメージでは、国家とは、政治家が自分と仲間の私腹を肥やすために利用する道具でしかない。国民の多くが困窮しているというのに、一部の人間だけが大金を手にして網の目をすり抜けてゆく。そんな考え方から、矛盾した態度が生まれる。ポーランド国民は、より手厚い社会福祉と助成金の増額を求めながら、その一方で、国が金を浪費しすぎだから、もっと手綱を締めるべきだという。要するに、国家の財源が増えれば増えるほど、その金はコネをもつ人びとのポケットに横流しされてしまうと思われているのだ。

腐敗は現実にあり、政府の外にまで広がっている。たとえば、去年の秋、シロンスク地方のディヴィジョン・フォーに属するサッカークラブ、GKSカトヴィーツェの会長が八百長試合をしくんで審判と他のクラブを買収し、彼のクラブも同じく金で試合を左右していたことがわかった。新聞の記事によれば、審判たちはマネー・ロンダリングのための会社まで作っていたという。だが、ほかの移行経済の国や発展途上国とくらべて、ポーランドの腐敗がとくにひどいという証拠はほとんどなく（サッカーについていえば、もっとひどい国はヨーロッパ中にたくさんある)、さらにロシアやウクライナのような国よりはずっとましだという証拠はたくさんある。それでも、ポーランド人は腐敗が蔓延していると感じ、権力の座にある人びとが――ほとんど生まれつきといっていいほど――卑小な存在だと確信している。こうした態度の根底には、いくら政治に関与しても無駄だという諦念がある。このような政治に対する根強い不信感は、共産党政権時代の遺産である。かつて国家は国民をさんざん踏みつけにしてきた。反体制派の伝説的なリーダーで、現在はポーランドで最も人気のある新聞『ガゼタ・ヴィボルチャ』の編集人を務めるアダム・ミフニクは、こう書いている。「われわれが受け継いだのは、絶えまない懐疑を分別と見なすような考え方である」

信頼――エコノミストはこれを社会関係資本と呼ぶ――の欠如は、すべての開発途上国につきまとう問題である。だが、ポーランドが抱える不信感のきわだった特徴は、たいていの場合、一般市民ではなく、権力者に向けられるということだ。ここでも歴史が重要な役割をはたす。なぜなら、全体主義と聞いてまず思い浮かべるのは、国家によって完全に支配された社会というイメージだが、ポーランドの場合はけっしてそんなことがなかったからである。それどころか、戦後のポーランドには大きな民衆蜂起が何度も起こり、そのたびに潰されたとはいえ、一九五六年のハンガリーや六八年のプラハのような武力による徹底的な弾圧は一度もなかった。さらに注目すべきは、それらの反乱が少数の中核グループが引き起こした小さな事件ではなかったことだ。それらは正真正銘の大衆運動であり、人びとが一致団結して権力者に対抗した大々的な反乱として記憶されている。

これらの運動のなかで最も重要なのは、いうまでもなく「連帯」である。一九八〇年、グダニスクの造船所で始まり、数か月のうちに国中に広まった。この運動がどれほど大規模だったか、またどれほど大衆の人気をかちえたかは、今日でさえ完全には理解しがたいものがある。そのピークには、一千万のポーランド人（人口のおよそ三分の一）が連帯のメンバーになっていた。さらに驚くのは、蜂起の終わりごろには、ポーランド国民の五人に一人（そして、都市部に住むポーランド人の四人に一人）がなんらかのデモまたはストライキに参加していたことである。八一年十二月に戒厳令が敷かれ、「連帯」が非合法化されると、ポーランドの大衆は路上から一掃された。八九年にポーランドの共産主義政権が平和のうちに覆されたことは、ある意味で、彼らが地上に戻ってきた結果だともいえる。これは明らかに過去の歴史的事件――「連帯」運動――にルーツをもっていた。

「連帯」の勝利は、平和的な集団行動のパワーを証明する歴史的な実例の一つであり、民主主義は路上にこそあるという主張を強烈に示唆してもいる。しかし、そこには学ぶべき教訓もある。ポーランドにとって、全体主義との長い闘いの経験が、民主化と市場経済への移行期には必ずしもプラスには働かなかったのだ。共産主義との闘いは、ある意味で、善悪の区別がとても明快だった。味方と敵を分けるのも簡単だった。ところが、民主的な協議には往々にしてギブ・アンド・テイクがつきもので、相容れない立場を尊重し、バランスをとることが必要になる。黒か白かだけではやっていけないのだ。何かを押しつける以外には大衆のことなど頭から無視してきた政府と何十年もつきあってきたせいで、ポーランド国民は、民主主義が路上にしか存在せず、議会や大統領官邸で起こることは衝突の火種でしかないと思うようになった。「連帯」が初めて政権をとったあとも、ポーランド国民は自分たちの政治的な目標を達成するためにデモや集団的な抗議行動を組織しつづけた（その数は年に何百件にもおよんだ）。

選挙のプロセスを過信するのは誤りだ。とくに、選挙は利権がらみだったり、目標をそらせるように操作されたりすることも多く、一般の有権者を失望させることが多い。たしかに大量動員は有効な道具である。だが、政治に対する根深い不信感に加えて、大衆行動への信頼が行きすぎると、人びとは勝利がいますぐ手に入るものだと思いこみ、さもなければ勝利は来ないと考えるようになる。その結果、我慢がきかなくなる。一九八九年の秋、民主化への移行のさなか、有権者の六一パーセントは政府と「連帯」を信任した。わずか一年後、両者を支持する有権者は二一パーセントまで落ちこんだ。ポーランド人はすべてを望み、しかもいますぐに欲しいという。それがだめだとなると、誰かに罰を下したがる。八九年から九三年までだけでも、ポーランドでは首相が八人交代し、政府は六度変わり、三回の総選挙と二回の大統領選挙を経験した。

　ポーランドのサッカーにも似たような傾向がつきまとう。ポーランド・チームはかつては世界の強豪だった――一九七四年と八二年のワールドカップでは三位まで行った――が、九〇年代には試合の中身がひどくお粗末になった。その大きな理由は、ポーランド・サッカーが、まるでどこかの独裁国家のように、ろくでなしのワンマンに支配されていたことだ。九九年の選手のストライキのあとでワンマンは追放され、新しい経営陣のもと、ポーランドは二〇〇二年のワールドカップに出場権を得た。しかし、このワールドカップのグループリーグで代表チームが敗退すると、監督は即座に解雇され、選手たちは国の威信よりも金を重んじるといって非難を浴びせられた。サッカーの試合を観るときでさえ、オーナーも選手もファンも、いまだに独裁国家の論理から逃れられない。

　とどのつまり、本当の問題は、いまの日常が――民主化と自由市場経済の暮らし、そしてワールドカップのある暮らしでさえも――反乱や革命時代の生活にくらべて、あまりにも緊張感がなく、複雑すぎるということなのだ。自由な社会で起こることはたいてい政府の管轄外であり、また政府ができることのほとんどは時間がかかり、必ずしもうまくいくとはかぎらない。アダム・ミフニクがたえず立ち戻った考え方が、ここにもあてはまる。つまり、ポーランドに必要なのは「普通の人びとが普通の衝突をする社会」になることである。その社会では、変化には時間がかかり、解決策がつねに手の届くところにあるとは限らない。ミフニクはかつて、自分は黒か白かにこだわるのではなく、「灰色のデモクラシーを擁護する」といったことがある。この言葉には、主義に殉じた活動家の栄光はないし、道徳の転換のような直接的なアピールもない。だが、これこそ、何かを達成するのに不可欠のものである。この十年間で証明してきたように、ポーランドならではの強み――教育程度の高い国民、理想的な地理的条件、力をもった市民社会――は十分に経済成長を支えてくれる。しかし、この新しい世界に背を向けようとする人があまりにも多い。彼らを引き戻す第一歩は、まず灰色を美しいものだと認めることかもしれない。

ジェームズ・スロヴィエツキ
『ニューヨーカー』の専属ライターで、ビジネス欄にコラムを執筆する。寄稿は広範なジャンルにおよび、『ニューヨーク・タイムズ』、『ウォールストリート・ジャーナル』、『アートフォーラム』、『ワイアード』、『スレート』など。ニューヨーク、ブルックリン在住。

エクアドル

Ecuador

ジェイコブ・シルヴァースタイン

Jacob Silverstein

首都	キト
独立（建国）	1822年5月24日（スペインから）
面積	283,560km^2
人口	13,363,593人
人口増加率	1.2%
年齢中位数	23.3歳
出生率	22.7人（1,000人口当たり）
人口移動率	-6.07人（1,000人口当たり）（2005年推定）
幼児死亡率	23.7人（出生児1,000人当たり）
平均寿命	76.2歳
民族	メスティーソ（アメリカ先住民と白人の混血）65%，アメリカ先住民25%，スペイン系とその他7%，黒人3%
宗教	ローマカトリック95%，その他5%
言語	スペイン語（公用語），アメリカ先住民語（特にケチュア語）
識字率	92.5%
選挙権	18歳以上の全国民，ただし,18～65歳の読み書きのできる国民は義務だが，その他の投票資格をもつ国民については任意
兵役	20歳以上，徴兵義務12ヶ月
GDP（一人当たり）	3,700ドル
GDP実質成長率	5.8%
失業率	11.1%
物価上昇率	2.0%
国家予算	73億ドル
軍事費	6億5500万ドル（GDP比2.2%）
第一次産業（農業）	バナナ，コーヒー，ココア，米，ばれいしょ，マニオク（タピオカノキ），プランテーン，サトウキビ，畜牛，牧羊，養豚，牛肉，豚肉，酪農，バルサ材，魚介類，エビ
第二次・第三次産業（商工業）	石油，食品加工，繊維製品，木製品，化学製品
通貨	USドル

出典：「CIA世界年鑑」2005年11月版（人口統計2005年，経済統計2004年）

エクアドル

Ecuador

サッカー協会	エクアドル・サッカー協会
地域連盟（コンフェデレーション）	南米サッカー連盟（CONMEBOL）
協会設立年	1925 年
FIFA 加盟年	1926 年
愛称	ラ・トリ
監督	ルイス・スアレス
ホームページ	www.ecuafutbol.org
スタジアム	カサ・ブランカ

FIFA ランキング	38
ワールドカップ出場回数	1
ワールドカップ優勝回数	0

1930	不参加
1934	不参加
1938	不参加
1950	棄権
1954	不参加
1958	不参加
1962	地区予選敗退
1966	地区予選敗退
1970	地区予選敗退
1974	地区予選敗退
1978	地区予選敗退
1982	地区予選敗退
1986	地区予選敗退
1990	地区予選敗退
1994	地区予選敗退
1998	地区予選敗退
2002	グループリーグ敗退

試合数	3
勝	1
引き分け	0
負	2
得点	2
失点	4
得失点差	-2
勝点	3
ワールドカップ通算成績　第 51 位	

マリソルが『エル・アルマドール・デ・レロヘス』という題の詩集をくれた。詩を書いたのはおじさんだそうだ。わたしにはタイトルの意味がわからなかった。

「時計たちの防具?」わたしはあきらめ気分で手まねをしながら訊ねた。

「いいえ。時計たちの甲冑よ」

どちらにしても意味は通じない。マリソルの英語はわたしのスペイン語と同じくらいあてにならなかった。以前一度、バルで待っていたマリソルを見つけそこなったとき、それはあたしが目につきにくい《インヴィジブル》からよと言うかわりに、無敵《インヴィンシブル》だからよと言ったことがある。その日一日、わたしは熱心に詩集と取り組み、本の頁のあいだからエクアドルについて、なにか基本的な洞察を無理やり搾りだそうとした。ある一行は語る。「ひとつの影が突堤を歩いていく。酔っぱらう場所を求めて」。わたしはベルモント・ホテルに滞在していた。屋上には洗濯用の流しがあり、すばらしい景色が広がる。詩人はコロンビア国境に近いインバブーラ州アトゥンタキ村の出身。キトで演劇を学んだ。小型の辞書を片手に、わたしは四苦八苦しながらスタンツァからスタンツァへと進んでいった。

わたしは理解する。

雪が侵略し、犬たちが静寂の手に握られるときの

アンデスの村々の寂寥を。

神はたしかに存在しないと告げるために、
地球へと帰還する飛行士たちを
ぎらぎらと映し出すテレビの前で眠りながら
明日の成功を夢見る者たちの孤独を……

一九九六年八月、いままさに新大統領が就任しようとしていた。前グヤキル市長アブダラ・ブカラムが二万票差でハイメ・ネボを破った。何か月ものあいだ、奇妙な選挙戦が国をその場に釘づけにしていた。ブカラムとネボも含めて選挙戦をリードした四人の候補者全員がレバノン系移民の出だが、それが反映するのはエクアドルにおける東地中海系住民の数ではなく、東地中海系住民が人口とは不釣り合いな繁栄を享受しているという事実である。四人のなかでも、ブカラムは突出していた。スローガンは「まず貧しき人びと！」。全国民には法律によって一票を投じる義務があり、国民の六五パーセント以上は貧困のなかで生活しているのだから、これは賢い戦略だった。だが、ブカラムは頭のたががはずれていた。あだ名は「マッドマン」。選挙戦の期間中ずっと、ウルグアイのロックバンド、ロス・イラクンドス（短気なやつら）のバンドリーダーとして選挙集会に登場した。（その後、ブカラムとロス・イラクンドスは、めちゃくちゃな『監獄ロック』のカバーをフィーチャーしたアルバム『恋するマッドマン』を出した。）テレビでロひげを剃り、剃ったひげをチャリティのためにオークションにかけた。集会で、自分の所有するブランド「アブダレチェ」の牛乳パックを配った。元大統領たちをひと言「ロバ」で片づけた。自分のシャツを引きちぎり、ビールをがぶ飲みした。金持ち階級を激しく罵った。太い金鎖を身につけて、カメラに向かってポーズした。裸同然の格好で踊りまわった。

そのブカラムがエクアドルの大統領になったのである。わたしたちはブカラムの演説を聴くために、とある広場に集まった。大統領就任式の夜だった。ブカラムと、ブカラムの現在の愛人で、しばしばダンスのパートナーを務めるロサリアの巨大なポスターが街灯からぶらさがる。群衆を盛りあげるために、ロス・イラクンドスが次から次へとアップテンポの曲を演奏した。何百ものおもちゃの落下傘兵が空を埋めつくしていた。だれかが子どもたちに配ったにちがいない。空中高く放り投げると、落下の勢いで小さなビニールの胸に紐でとりつけた小さなビニールのパラシュートが開き、群衆の上をのんびりと漂う。落下傘兵は赤で、パラシュートは白かった。一日を『時計たちの甲冑』の鬱々としたイメージのなかに沈み込んで過ごしたので、わたしは舞台上の大騒ぎと同じように、この子どもっぽいお楽しみのなかにもつい意味を読みとろうとした。子どもたちは落ちてくる自分の落下傘兵を追って、群衆のあいだを前も見ずに走りまわり、脚にぶつかったり、ビール缶を蹴飛ばしたり。ときどきパラシュートが開かず、兵隊がまっすぐにすとんと落ちてくることもあり、そうするとだれもが笑い声をあげた。

マッドマンはステージにあがり、「ロ・システマ」と「ロス・ポブレス」、つまり「機構」と「貧しい人びと」について、型どおりの話をした。生で動くところを見たのは初めてだった。若いころ、ブカラムは短距離選手としてオリンピックに出場している。スプリンターの体型は失ったものの、公衆の面前での振る舞い方にはどこか、スポーツ選手独特のあのぴんと張りつめたような落ち着きのなさが残っていた。舞台をいったりきたりしながら、群衆を漠然とした一般論で煽り立てる。国の少数独裁者たちを「アン・ソロ・トック」――一発――で破壊してやると誓っていたはずだが、すでにもう全面的な攻撃姿勢はトーンダウンしていた。サッカーの世界から借りてきた言葉「ア・ウン・ソロ・トック」は、選挙戦のあいだのスローガン、マッドマン独特のポピュリズム、一種のスポーツ・ポピュリズムの一部だった。ブカラムはいつもサッカーをプレイし、サッカーについて語り、対立候補たちに、エクアドルのバルセロナ・クラブ所属選手の名前を自分と同じくらいたくさん挙げられるかと挑戦した。大統領選挙をサッカーの試合になぞらえ、討論会がキトのアタフアルパ競技場で開かれることを要求した。

ブカラムがスポーツを売り物にしてはいても、実際にはエクアドルのスポーツ史に記念すべきものはほとんどなかった。マッドマン勝利の時点で、エクアドルがワールドカップに出場を果たしたことはなかった。国際舞台で目立った活躍をしたスポーツ選手はほとんどいなかった。オリンピックのメダルも、コパ・アメリカ優勝もない。マッドマン本人も成果はあげていない。一九七二年のミュンヘン大会では、負傷のために出場もできなかった。考えただけでもぞっとする。もし実際に走って、メダルを獲得していたら、エクアドルはどんな選挙戦を耐え忍ぶはめになっていたことか。四六時中トロフィーを見せびらかしたり、月桂冠をかぶったり。大統領の椅子を目指してかけっこ、というのだってありだったかもしれない。国際的なスポーツ舞台での最初のチャンピオンは、おそらくこの国の大統領三人分の価値があるだろう。頭がおかしいとは言っても、マッドマンはこのことを理解できないほど愚かではなく、だから興奮とファンファーレの渦巻きのなか、ほかならぬジェファーソン・ペレスをステージに招いたのである。

ジェファーソン・ペレス。あの夏のもうひとつのビッグ・ストーリー。就任式の二週間前、わたしはペレスの故郷クエンカでラ・ラマダ・ホテルに滞在していた。部屋代以外あまりお勧めするところのない騒がしい場所だ。ある朝、本屋で『タイム』誌の記事「もっとも大きな影響力をもつアメリカ人二十五人」

を立ち読みしていた。一位にランクされたのはネットスケープ社を創設したジム・クラーク。ほかには女性判事のサンドラ・デイ・オコーナー、コメディアンのジェリー・シーンフェルト、ネイション・オブ・イスラムの指導者ファラカン、ロック歌手のコートニー・ラブ、そして『七つの習慣――成功には原則があった』を書いたスティーブン・コヴィーがランクインしていた。コヴィーは成功の秘密は効率にあると言う。本人もひじょうに効率的な人間だから影響力をもつようになった。あるいはその影響力がこの男を効率的人間にしたのかもしれない。いずれにしても、この二十五人のアメリカ人のうちの何人が、七つの神秘的な習慣を共有しているのかを探ってみるのもおもしろいだろう。二十五人全員？　ひとりもいない？　突然、通りのかなり先で大混乱が起きているのに気づいた。あちこちのレストランから叫び声が聞こえてきた。クエンカの住民がぱらぱらとかたまって歩道に立ち、興奮してしゃべっている。マッドマンがロス・イラクンドスとブラック・サバスのひどいカバーに熱をあげていて、ついにぶち切れたのか？　もしかしたらガラパゴスのゾウガメの頭を噛みちぎったのかもしれない。わたしはバルにもぐり込んだ。

バルのなかは異常に混んでいて、びっくりするくらい緊迫した雰囲気だった。一瞬の間があったあと、ようやくその理由がわかった。嘆きの声にうめき声、客たちはテレビを見ながら、ぐいぐいとグラスをあおり、二十二歳のエクアドル人競歩選手を叱咤激励していた。選手はアトランタの競技場のトラックをせかせかとまわり、ニンジンみたいに目の前にぶらさがるオリンピックのメダルに近づいていく。ただのメダルじゃない。エクアドル人選手はメダルを金色にできるポジションにいた。

選手がホームストレッチで、腰を左右に振り、拳を前に突き出しながら、ドイツ人選手を抜き去ろうとしたとき、ひとりの女が叫んだ。

「ジェファーソン！」

すぐにゴールラインが目のなかに飛びこんできた。ただそれはゴールラインではなかった。それは歴史上の新たな時代を開く戸口だった。バル全体が凍りついたように、画面に集中した。『時計たちの甲冑』の一句を借りれば、ジェファーソンの足の下で一秒は一世紀だった。わたしにはエクアドルの津々浦々で、わずかでも動いているものがあるとすれば、それは理性をもたぬ獣と飛行機だけのように感じられた。一歩で、ア・ウン・ソロ・トックで、ペレスは国を戸口の反対側に押しこむ。狂乱の叫びがわきあがり、旗が狂ったように振られた。外では車のクラクションが絶え間なく鳴り響き始めた。どんちゃん騒ぎには冗談抜きの意味合いがあった。これはただの愚かなカタルシス、あるいは強さの空しい誇示ではない。これは歴史、大文字で始まる歴史だ。ぱちりとハイタッチをするかわりに、手と手が固く握り合わされた。前にいた男はぐるっと振り向いて、ビールのジョッキをわたしのジョッキにがちゃんと打ちつけた。わたしはどんな感じか訊ねた。

「エクアドルはいまや……」、男は重々しく宣言し、ちょっと時間をおいて考え、「エクアドルだ！」と結論した。

ペレスはたちまちのうちに国民的ヒーローとなった。栄誉を讃えて切手が発行され、政府から年金二億スクレ（一九九六年のレートで六万二七〇五USドル、四年後には八〇四四ドル）をあたえられた。某テレビ局はマツダの新車を贈り、トニ・ヨーグルトは社の製品がペレスの生きているかぎり提供されるように手配した。競歩は突然、トレンディなスポーツになった。人びとは肘を左右に振りながら、高速道路を大またでいったりきたりした。ミュージシャンはジェファーソン・ペレス・ナンバーを演奏し、ワシントン・メディナという名前の詩人は『栄光と名誉』と題するオードを捧げた。大統領選に出馬すべきだと言う人びともいた。

いま、キトで、いつもどおり拍手で迎えられて壇上に登ったペレスは、どこから見ても、政治家に転身したスポーツ選手といったようすだった。ブカラムの手を握り、それからふたりそろって振り向き、群衆の上を漂う何百もの赤と白の落下傘兵をじっと見つめた。競歩選手とマッドマン。わたしといっしょにきていたエクアドル人たちはマリソルの友だち、だいたいが美大生だった。隣にいた男がビールを少し地面に注ぎ、深いため息をついた。「あの男は……」。男はわたしに説明するために、その場で競歩をしてみせた。わたしは知ってると言った。

「どういう意味なんだろう？　エクアドル初のオリンピック・メダルがこれだったっていうのは？」男はまたその場で競歩の仕草をした。

⚽

これは何年も前の話だ。ブカラムは外国の債権者たちの気に入るように、国民生活に負担となる緊縮政策を宣告はしたものの、エクアドル史上最悪の大統領であることが判明した。親類縁者を主要なポストにつけ、愛人たちを高級マンションに住まわせる。大統領の地位にもう少しぐずぐずしていたら、ラテン・アメリカ史上最悪の大統領となる万にひとつの可能性もあったかもしれない。ラテン・アメリカ最悪の大統領というのは、なかなかたいしたものである。しかし、大統領就任後わずか半年で、議会はブカラムが「精神的な統治能力に欠ける」と宣告した。ブカラムの大統領任期は短く、スキャンダルに満ちていた。ハイライトのひとつは、エクアドル生まれで、アメリカ人の夫のペニスを切断して悪名を馳せたロレーナ・ボビットを、贅沢な午餐会に招待したとき。もうひとつは大統領宮殿の壁から絵画をはがすことまでして、国庫から推定一億ドルを横領したときだった。ブカラムは国庫金の不正使用と、通学用バックパックの不正購入で告発され、これに関しては裁判に勝てるだけの証拠を提示できたので、ついに一九九七年二月十一日にエクアドルを逃走、パナマに亡命した。

だが、エクアドルと手を切ったわけではなかった。四年後、エルナン・ゴメス監督指揮のもと、サッカーのエクアドル代表が、ワールドカップ最終予選への道をまっしぐらに進んでいるとき、ブカラムはゴメスをピストルで殴り、三発を撃ち込んだと伝えられている。ユース代表選考のさい、監督はブカラムの息子を無視したらしい。ゴメスは病院のベッドから辞表をファックスで送ったが、結局は劇的な帰還を果たし、最終予選でのブラジルに対するスリリングな勝利、そしてついにはワールドカップの旅へとチームを導いた。『栄光と名誉』を語りたまえ！　キトにあるヨーグルト全部でも、まかないきれなかっただろう。二〇〇二年、ベスト16入りはならなかったものの、チームはエクアドルのスポーツ・ナショナリズムの夢と希望の星として、その場でジェファーソン・ペレスと入れ替わった。

ブカラムはしばらく鳴りをひそめていたが、二〇〇六年のワールドカップ前哨戦の期間中、ふたたびエクアドル政治に殴りこみをかけてきた。そして、このとき多くの人が、ブカラムにはこれで最後にしてほしいと祈ったのである。去年の四月、ブカラムは、当時の大統領で元の親友、ルシオ・グエティレスの同意を得て、ヘリコプターでエクアドルに降り立ち、馬にまたがると、居並ぶ大勢のリポーターたちに向かって、グエティレス任期満了の暁には、自分が文字通りの権力の手綱を要求するぞと叫びながら、走り去った。政治の劇場としては、それは一九九六年に国民の心をつかみ、ブカラムを当選させた種類のパフォーマンスの線にぴたりと沿っていた。しかし、いまやエクアドルは九歳年をとり、賢くなっていて、ブカラムが政権をとるという見通しはあまりにもいとわしく、それをきっかけとして暴動と流血が何日間も続いた。すべてが終わったとき、グエティレスは罷免され、ブカラムは自業自得でパナマにもどっていった。

夏と秋を通して、サッカー代表チームの推進力が築かれていく裏で、ブカラムら腐敗した政治屋どもの不正行為はその対位旋律を奏でていた。昔からの南アメリカ地区のファンにはおなじみの多声音楽《ポリフォニー》である。十月、対ウルグアイ戦0対0のドローが、エクアドルのためにドイツに席を確保したのと同じ週、グエティレスは、相変わらず自分は大統領の地位に対して正当な権利をもつとつぶやきながら、重警備刑務所に監禁された。新監督のルイス・スアレスは言った。「わたしの選手全員がエクアドルの人びとをふたたびハッピーにすると思う」

『エル・アルマドール・デ・レロヘス』。群衆が散り始め、最後の落下傘兵が小さく渦を巻きながら、ふわふわと落ちてくるとき、マリソルはもう一度、わたしにタイトルを説明した。それは時計の「防具」でも時計の「甲冑」でもなかった。「アルマドール」は時計の「部品一式」――ガット、ネジ、歯車――時が流れるのを許すものだった。本はいまでも手もとにおいてある。書名の詩は、なにかトーテム的な時計を過って壊してしまった民についての寓話だ。時計が壊れたのが原因で人びとは神々への信仰を失い、世界全体が縮み始めた。村は一軒の家になり、その言語はただひとつの単語になり、人口はただひとりの男になった。男はすっかり途方に暮れて、寝台に横たわる。男には腕が一本、脚が一本、指が一本、目がひとつしかない。そのうちに男は気を取りなおす。世界中を歩きまわり、時計の部品を集める。家にもどり、部品を組み立て始める。ついに中古のゼンマイが動き出し、チクタクの音が「家の土台を揺さぶる」。あちこちの玄関でささやき声が聞こえる。外では子どもたちが遊び始める。

さて、子どもたちはなにをして遊んでいると思いますか？

ジェイコブ・シルヴァースタイン

『ハーパーズ・マガジン』記者・編集者。テキサス州オースティン在住。

イングランド

England

ニック・ホーンビィ

Nick Hornby

面積	244,820km^2
人口	60,441,457 人
年齢中位数	39.0 歳
人口増加率	0.28%
出生率	10.78 人（1,000 人口当たり）
人口移動率	2.2 人（1,000 人口当たり）
幼児死亡率	5.2 人（出生児 1,000 人当たり）
平均寿命	78.4 歳
民族	白人（イングランド人 83.6%，スコットランド系 8.6%，ウェールズ系 4.9%，北アイルランド系 2.9%）92.1%，黒人 2%，インド系 1.8%，パキスタン系 1.3%，混血 1.2%，その他 1.6%（2001 年の国勢調査）
宗教	キリスト教（英国国教会，ローマカトリック，長老派，メソジスト派）71.6%，イスラム教 2.7%，ヒンドゥー教 1%，その他 1.6%，不特定および無宗教 23.1%（2001 年の国勢調査）
言語	英語，ウェールズ語（ウェールズ人口の約 26%），スコットランド・ゲール語（スコットランド系の約 60,000 人）
識字率	99%（2000 年推定）
首都	ロンドン
独立（建国）	イングランド王国の統一は 10 世紀にさかのぼる。イングランド王国とウェールズ公国の併合は 1284 年のルドランの法令に始まり，1536 年の連合法で正式に承認された。1707 年の連合法で，イングランド王国とスコットランド王国がグレートブリテン連合王国として永久に合併することに合意。1801 年に，グレートブリテン連合王国とアイルランド王国がグレートブリテン - アイルランド連合王国という国名で併合。1921 年の英愛条約で，アイルランドの分割が承認され，アイルランドの北部 6 州は北アイルランドとしてグレートブリテンの一部にとどまり，1927 年に現在の国名であるグレートブリテン - 北アイルランド連合王国へ改称された。
選挙権	18 歳以上の全国民
兵役	16 歳以上の志願者
GDP（一人当たり）	29,600 ドル
GDP 実質成長率	3.2%
失業率	4.8%
物価上昇率	1.4%
国家予算	8967 億ドル
軍事費	428 億 3650 万ドル（GDP 比 2.4%）
第一次産業（農業）	穀物，油糧種子，ばれいしょ，野菜，畜牛，牧羊，家禽，魚介類
第二次・第三次産業（商工業）	工作機械，電気機器，自動化機器，鉄道車両および鉄道機器，造船，航空機，自動車および自動車機器，電子機器および通信機器，金属製品，化学製品，石炭，石油，製紙業および紙製品，食品加工，繊維製品，衣類，その他の消費財
通貨	イギリス・ポンド

出典：「CIA 世界年鑑」2005 年 11 月版（人口統計 2005 年，経済統計 2004 年）

注記：すべてのデータはイギリス向けに作成されたものである

イングランド

England

サッカー協会	イングランド・サッカー協会
地域連盟（コンフェデレーション）	欧州サッカー連盟（UEFA）
協会設立年	1863 年
FIFA 加盟年	1905 年
愛称	スリーライオンズ
監督	スベン・ゴラン・エリクソン
ホームページ	www.the-fa.org
スタジアム	ウェンブリー・スタジアム

FIFA ランキング	9
ワールドカップ出場回数	11
ワールドカップ優勝回数	1

1930	不参加
1934	不参加
1938	不参加
1950	1 次リーグ敗退
1954	準々決勝敗退
1958	1 次リーグ敗退
1962	準々決勝敗退
1966	優勝
1970	準々決勝敗退
1974	地区予選敗退
1978	地区予選敗退
1982	2 次リーグ敗退
1986	準々決勝敗退
1990	4 位
1994	地区予選敗退
1998	決勝トーナメント敗退
2002	準々決勝敗退

試合数	50
勝	22
引き分け	15
負	13
得点	68
失点	45
得失点差	23
勝点	81
ワールドカップ通算成績　第 5 位	

ぼくがフットボール——サッカー——を見るようになったのは、いまから遠くさかのぼって一九六〇年代のことだ。イングランドは六六年のワールドカップで優勝したばかり、ということはすなわち、議論の余地なく、世界一のチームだった。以上、まる、話は終わり。たしかに、決勝戦での勝ち越しゴールはカウントすべきではなかった。もう一つ、たしかにペレを擁するブラジルは六六年のトーナメントを破竹の勢いで勝ちあがり、そのペレは激しいファウルを浴びせられたあげく、ストレッチャーで運びだされるはめになった。だが、それがなんだっていうんだ？　優勝したんだ！　たとえ仮にでも！　それから七〇年には、わがイングランド代表はベストの次まで行った——まあ、そう信じるには、データよりも、少しばかり空想力を働かせる必要はあるだろうが。実際のところ、イングランドは準々決勝でこてんぱんにやられた。だが、こう考えればどうだろう。その試合で、イングランドは残り二十分を切るまで2対0でドイツをリードしていたが、そのあとヘマをやって、3対2で逆転負けした。七〇年の優勝チームはブラジルで、だんとつの強さだった。しかし、イングランドがそのブラジルに負けたのはグループリーグの一試合だけで、1対0だった。しかも、ジェフ・アストルが試合の終わり近くに、とんでもなく簡単なシュートをミスしたせいだ。あれが決まっていれば、結果は1対1になっていたはず。ブラジルはほかのチームを残らず完敗させた。つまり、こういうことだ。イングランドは六六年のワールドカップで優勝し、そして七〇年にもほとんど優勝したようなもの——ブラジルには優勝の栄誉を与えるが、われわれも同じくらい強かった。

だが、その後、何もかもが不調に陥り、それが永遠に思えるほど長く続いている。まず、ぼくが大人になったこと。そして、国への帰属意識を素直に認められなくなったこと。その一方で、イングランドの代表チームは救いようがなかった（イングランド・チームがもう少しまともだったら、国籍と愛国心についてこれほど矛盾に悩まされずにすんだはずだ）。世界一に等しいはずのチームが、一九七四年と七八年のワールドカップには出場さえできなかった。六〇年代にわれわれを喜ばせたワールドクラスのプレイヤーはもういない。どっちにしても八〇年代には、愛国心とサッカーをめぐる問題はもっと複雑になっていた。思い返せば、八〇年代の十年間には、イングランドの試合は暴力的なフーリガンを排除するためにヨーロッパの警察が用いた催涙ガスの雲を通して、かすかに見えるだけというありさまだった。イングランドのファンはあっというまに、不穏なチンピラの群れへと変貌をとげてしまった。クラブ・リーグの試合には暴力事件がつきものだったが、それでもチンピラが競技場を占領することはなかった。だが、イングランド代表の試合を見にウェンブリーへ出かけると――ぼくもよく見にいっていた――まわりの席の連中がイギリス国家演奏のあいだナチ式の敬礼をしたり、黒人選手に――たとえホームチームの選手でも――罵声を浴びせたりする光景はまるで珍しくなかった。

当時、ウェンブリーの収容人数は九万二千だった。そして、イングランドのサッカー界にはプロのクラブ・チームがちょうど九十二あった（いまもある）。それら九十二のチームを代表する最悪最低のファンが千人ずつウェンブリーに集まったのではないかと疑うこともたまにあった。連中はキーッキーッと猿の鳴きまねをし、アンチIRAの歌をがなりたてた。わが国の二種類の旗に対する恐れと嫌悪感をかきたてる原因を作ったのは、この連中だった。セントジョージ・クロス（白地に赤十字・イングランド国旗）やユニオン・ジャックの模様がついたTシャツをこれみよがしに着た男が向こうからやってきたら、通りの反対側へ渡ってよけたほうがいい。そのTシャツは一種のスローガンを絵にしたようなものだ。「俺は人種差別主義者だ。でも、あんたの肌が何色でもあんたを憎んでいる」。あるいはフィラデルフィア生まれの写真家ゾーイー・ストラウスが街角で捉えたグラフィティのように、こういっている。「これが読めるまで近づくな、クソ野郎」。たとえ、その男が何も手出しをしなかったとしても、そいつの連れているピットブルテリアが牙を剝くだろう。

そんなわけで、まあ、わからないでもないが、サッカー・ファンのなかには、ナショナル・チームに対して、いささか矛盾した思いをもつ人びとも出てきた。一九九〇年のワールドカップ準々決勝でイングランドがカメルーンと対戦したとき、イングランドの大衆――中流階級で、見るからにリベラルという感じの人びとだが、それでも一般大衆であることはまちがいない――のなかにはカメルーンを応援する人びとも出てきた。ぼくがいっしょに観戦したのも、そんな人たちだった。イングランドが2対1で後れをとったとき（最終的には延長戦までもつれこみ、3対2で勝った）、その場にいた人たちは喝采した。その気持ちはよくわかったが、ぼくは彼らといっしょになって喜ぶことはできなかった。自分でも意外だった。国旗で身を包んだあの酔っ払いの人種差別主義のチンピラ……あいつらが、なんと、ぼくの同類だったのだ。そして、いっしょに試合を観ていた善良でリベラルな友人たちは同類ではなかった（そうだと思っていたのに）。ぼくが応援するチームはあくまでイングランドだった。つまり、こういうことは自分で選べるものではないのだ。そうじゃないか？　九〇年のワールドカップは、一つのターニングポイントだった。チームはそれほどひどくなかった――いずれにせよ、開幕試合をのぞけば。ファンもそれほど醜態をさらさなかった――多少の小競り合いをのぞけば。そして、ついにイングランドは敗退した。準決勝でドイツを相手に勇敢に戦い、ＰＫ戦にもちこんで、僅差で敗れた（ところで、イングランドは過去六回のワールドカップで四回敗れているが、その相手はドイツとアルゼンチンの二か国である。たまたまこの両国とは過去に戦争を起こしている。タブロイド新聞の好戦的な見出しに馴染んでいるイギリス国民は、この二か国につねに負けつづけることが世界平和を乱す理由になっていると思うのではなかろうか）。最低の二十年間が過ぎて、イングランドのナショナル・チームとナショナル・ゲームはふたたび国民に温かく迎えられるようになった。

この再生は五分しか続かなかった。運営上のミスもあって、九四年にはまたしてもワールドカップ出場を逃したのだ。そして九八年には、サッカーは大きく変わっていた。九八年のワールドカップはフランスが優勝したが、フランス代表選手のうち、故国でプレイしている選手はたった二人しかいなかった。キーとなる選手たち――ジダン、デサイー、デシャン――はイタリアでプレイしていた。残りはスペイン、イングランド、ドイツのプロ・チームにいた。一方、イギリスのクラブ・チームのスターはイタリア人のゾラ、オランダ人のベルカンプ、デンマーク人のシュミチェルなどだった。イングランド最大のクラブであるマンチェスター・ユナイテッドはまだ、デイヴィッド・ベッカムなど、イギリス人の若手プレイヤーを擁していたが、わがアーセナルはイギリス人のガッツとフランス・オランダの能力の混交によって優勝を手にして恥じるところがなかった。いろんな点で、外国人選手のほうが能力が上で、適応力にまさり、安上がりなうえ、酒浸りでもなかった（ベルカンプやフランス人の天才ストライカー、ティエリ・アンリのような選手は明らかに、アスリートとしてのキャリアを築くには節制もやむをえないと考えているのだが、そんな態度はイギリスのサッカー選手の多くにいわせれば一種の裏切りでしかない）。やがて、わが国のトップ・ディヴィジョンが抱える選手のほとんどは、イギリス諸島以外の出身者で占められるようになった。

移籍市場がグローバル化したことで、国際サッカーの特徴はほとんど消えてしまった。昔のサッカー・ファンはクラブ・チームの一流選手を見て、「彼らが同じチームでプレイしたらどうなるだろう？」と想像した。その答えが、いわばナショナル・チームだったのだ――どっちにしても、それは空想上のものだった。実際のナショナル・チーム、とくにイングランドのナショナル・チームは往々にして、統制もとれず、連携もない寄せ集めにすぎなかった。いま、理想のサッカー・チームを作るなら、国籍は関係なく、チェルシー、マンチェスター・ユナイテッド、レアル・マドリード、ユヴェントス、ミラノの二チーム（ACミランとインテル）、バルセロナからの選抜になるだろう。ナショナル・チームにこれらのクラブの選手が含まれていないとしたら、それらのクラブに欲しがられる選手がいないということであり、すなわち、そのナショナル・チームが二流である証拠だ。この数年間、イングランドは自国のクラブから選抜チームを選ぶことがどんどん困難になっている。事態がどれくらい変わってしまったかの証拠だ。その昔、世界的なプレイヤーは国内のクラブに所属し、トップの座にいたものだ。ところが、いまはクラブの強さが第一で、国の強さは二の次だ。

一方で、海外から移籍してきた優秀な選手たちに引きずられて、イングランドのトップクラスの選手たちが――ときには渋々とはいえ――ぐんぐん能力を伸ばしていることも事実だ。これまで、われわれは（ここでいう「われわれ」とは、イギリス国内に住む全員をさしているつもりだ）ごく限られた試合、ほんの少しの試合しか観てこなかった。ほかの国でくりひろげられている優勝争いなど、気にかけずにいられた。とにかく、われわれがよその国と試合をするのは二年おきでよかったのだから。ところが、いまやイギリス人の選手が毎週のように世界中で試合をしている。試合に出るために、そしてサッカーを仕事として続けていくためには、彼らもうかうかしていられない。学ぶべきことは、さっさと学んでいかなければばならないのだ。最近では、頭のまともな人たちでさえ、イングランド・チームには世界のベスト・プレイヤーがいるといいはじめた。ウェイン・ルーニーは二〇〇四年の欧州チャンピオンズリーグのときにまだティーンエイジャーだった。その彼がポルトガル戦で足に怪我をしたとたん、チームはばらばらになった。彼はとても強く、信じがたいほどの技術があり、観たこともないほど華麗なゴールを決めるくせに、同じくらい派手にレッドカードをもらう。たぶん、ひどく汚い罵りの言葉を口にするせいだろう（昨シーズンのアーセナル戦で、ルーニーは審判に向かって六十秒のあいだに二十回、罵倒の言葉を浴びせたそうだ。イエローカードをくらった理由は「ファウルに加えて侮蔑的な言辞」だそうだから、たぶんFやCのつく単語以上に汚い言葉が連発されたのだろう。この世には、一般人の知らない悪口、サッカー選手だけが知っているものすごく汚い言葉があるのだ）。フランク・ランパードとジョン・テリーはチェルシーの最も重要なプレイヤーである。現在の契約金の条件からすれば、この二人はヨーロッパで最も重要なプレイヤーといってもいい。そうでもなかったら、二人はとっくに岩塩坑行きだったはずだ。アシュリー・コールはおそらく世界一のレフトバックである。ということは、彼がわがアーセナルでプレイするのもそう長くはないだろう。イングランド・チームの少なくとも半分は、かなり優秀だ。だから、彼らがこれまでと同じく、またもや準々決勝で敗退するようなことになったら、しかたがないというあきらめムードどころか、むちゃくちゃな怒りを招くだろう。

二〇〇六年ワールドカップに向けた、ぱっとしない一連の予選ゲームで、イングランドは北アイルランドに1対0でまさかの敗北を喫した。北アイルランドの選手のほとんどはイギリスの弱小クラブ・チームに所属している。この試合のあいだ、イングランドのスター選手たちは内心こう思っていたにちがいない。「俺はいったいここで何をしているんだ？　このじめじめした場所で、負け犬を相手に？」（その負け犬に負けているという事実は、彼らにとってどうでもいいことのようだった）。国際サッカーの試合が理想的な状態を保ったまま九十分間続くことはめったにない。いわんや、ワールドカップの決勝戦まで、それが維持されるなんて望むべくもない。やがて、数週間後、アルゼンチンとの親善試合で、イングランドは終了間際に逆転勝ちをした――この勝利にこれといった意味はないが、ファンは有頂天になった。今度のワールドカップこそ、イングランドが優勝杯を手にすると信じこんだ。この勝利は一種の進歩のあかしだった。これまで、イングランドの自信はろくでもないアイルランドに僅差で勝って大きくふくれあがったかと思うと、まっとうな相手にやられて一気にしぼむというパターンだった。だが、いまやわが代表チームもコスモポリタンな先進国グループ（あるいは、思いあがったプリマドンナか――どちらをとるかは、人の世界観、年齢、読んでいる新聞の種類による）の仲間入りをした。もはや、人の意見になど耳をかさない。自慢の鼻をへし折られるまでは。

十六年前、イングランドは対スウェーデン戦でゴールレス・ドローにもちこみ、その結果、一九九〇年のワールドカップ出場を果たした。このときの試合で強烈に目に焼きついているのは、イングランド・チームのキャプテン、テリー・ブッチャーが包帯をぐるぐる巻きにし、イングランドの白いシャツとショーツを血まみれにして、頭の傷からまだどくどくと血を流しながらボールを追いつづけた姿である。「ピッチの外では、俺はごく普通の礼儀正しい男だ」と、後年のインタビューでブッチャーは語っている。「しかし、ユニフォームを着たとたん、鉄兜と銃剣で身を固めた兵士になる。栄光か、さもなくば死、だ」。これこそ、昔ながらの英国魂である。戦争のイメージ、うちてしやまん。スタイルやタレントではなく、流血と骨折が大きな顔をする。イングランド・チームの現キャプテンであるデイヴィッド・ベッカムと彼が象徴するすべてを忌み嫌う人びとは、彼が鉄兜と銃剣で身を固めるのは、鉄兜や銃剣がヨーロッパのナイトクラブでファッショナブルなアイテムになったときだけだとこきおろす。ベッカムのルックスと彼のキャッシュは目障りかもしれないが、これはフェアではない。彼はプレイヤーとして自分に欠けているものを補うために、驚くほどハードな訓練を自らに課している。それでも、イギリスのスポーツマンとして、彼がこれまでにないタイプを体現した存在であることはたしかだ——プロフェッショナルで、メディアを意識し、ときとして生意気で、ものすごい金持ち。アルゼンチンとの親善試合（昨今よくあるように、開催場所はジュネーブだったが、その理由は定かでない）を観にいったイングランド・ファンはあいかわらず「IRAなんかに負けないぞ《ノー・サレンダー・トゥー・ジ・アイアールエー》」とうたい、まちがいなくデイヴィッド・ベッカムよりもテリー・ブッチャーと彼の銃剣のほうを見たいと願っていた。なんといっても、ベッカムなど、サロン姿で写真に収まるようなやつじゃないか。だが、どっちを向いても、結局のところ、それがいまのイングランドだ。ドイツを爆撃していた時代が懐かしい。しかし、六十年が過ぎたいま、もうあの時代は——いますぐには——戻ってこないらしいとわかってきた。いまのところ、アルゼンチン野郎をやっつけるのに、腰にサロンを巻いた大金持ちの小僧っ子に頼らなければならない。そりゃ、嬉しくはない。だが、ほかにどうしろというんだ？

一九九八年のワールドカップで最高にわくわくした瞬間は、決勝のブラジル戦で、アーセナルのヴィエラからアーセナルのプティにボールが渡り、プティがフランスの三点目をあげたときだった。ぼくは思わず立ちあがっていた（当時『デイリー・ミラー』の編集長はアーセナルのシーズンチケット保持者だったが、翌朝の『デイリー・ミラー』は第一面にでかでかと「アーセナル、ワールドカップを制する」という大出しを掲げた。これはいまも額に入れてうちに飾ってある）。これぞ、わが同類だ。その年、ぼくはイングランドの選手のほとんどをうんざりしながら眺めていた。もしも、マンチェスター・ユナイテッドやチェルシーのやつらが、わがチームの才能あふれる美しいフランス人選手たちと直接対決するようなことになったら、ぼくにだって覚悟がある。やっとわかった。人間には選ぶ権利があるのだ。「アレ・レ・ブリュー（行け、フランス）！」

ニック・ホーンビィ
世界的なベストセラーとなった小説『ハイ・フィデリティ』、『アバウト・ア・ボーイ』、『いい人になる方法』、および回顧録『ぼくのプレミア・ライフ』（以上、森田義信訳、新潮社）の著者。四作目の小説は“A Long Way Down”。ロンドン在住。

パラグアイ

Paraguay

イザベル・ヒルトン

Isabel Hilton

首都	アスンシオン
独立（建国）	1811年5月14日（スペインから）
面積	406,750km2
人口	6,347,884人
人口増加率	2.5%
年齢中位数	21.2歳
出生率	29.4人（1,000人口当たり）
人口移動率	-0.08人（1,000人口当たり）
幼児死亡率	25.6人（出生児1,000人当たり）
平均寿命	74.8歳
民族	メスティーソ（スペイン系とアメリカ先住民の混血）95%，その他5%
宗教	ローマカトリック90%，メノー派などその他のプロテスタント10%
言語	スペイン語（公用語），グアラニ語（公用語）
識字率	94.0%
選挙権	18歳以上の全国民，75歳までは義務制
兵役	18歳以上，志願制および義務徴兵制（陸軍12ヶ月，海軍24ヶ月）
GDP（一人当たり）	4,800ドル
GDP実質成長率	2.8%
失業率	15.1%
物価上昇率	5.1%
国家予算	11億2900万ドル
軍事費	5310万ドル（GDP比0.9%）
第一次産業（農業）	綿花，サトウキビ，大豆，トウモロコシ，小麦，タバコ，キャッサバ（タピオカノキ），果物，野菜，牛肉，豚肉，卵，乳製品，木材
第二次・第三次産業（商工業）	砂糖，セメント，繊維製品，飲料，木製品，鉄鋼，冶金，電力
通貨	グアラニ

出典：「CIA世界年鑑」2005年11月版（人口統計2005年，経済統計2004年）

パラグアイ

Paraguay

サッカー協会	パラグアイ・サッカー協会
地域連盟（コンフェデレーション）	南米サッカー連盟（CONMEBOL）
協会設立年	1906年
FIFA加盟年	1921年
愛称	グアラニ，アルビロハ
監督	アニバル・ルイス
ホームページ	www.apf.org.py
スタジアム	ディフェンソーレス・デル・チャコ

FIFAランキング	30
ワールドカップ出場回数	6
ワールドカップ優勝回数	0

1930	1次リーグ敗退
1934	不参加
1938	不参加
1950	1次リーグ敗退
1954	地区予選敗退
1958	1次リーグ敗退
1962	地区予選敗退
1966	地区予選敗退
1970	地区予選敗退
1974	地区予選敗退
1978	地区予選敗退
1982	地区予選敗退
1986	決勝トーナメント敗退
1990	地区予選敗退
1994	地区予選敗退
1998	決勝トーナメント敗退
2002	決勝トーナメント敗退

試合数	19
勝	5
引き分け	7
負	7
得点	25
失点	34
得失点差	-9
勝点	22
ワールドカップ通算成績　第22位	

サッカーのパラグアイ代表は、この国最大の原住民部族の名前をとって「グアラニ」と呼ばれている。ピッチ上で選手たちは、相手チームのかく乱を狙って、公用語であるスペイン語ではなくグアラニ語で声をかけあう。パラグアイという国同様、代表チームのアイデンティティも表から見えるものとはちがう。

パラグアイの歴史は悲劇で彩られている。一八六五年から七〇年まで続いた三国同盟戦争では、アルゼンチン、ブラジルとウルグアイの三国によってパラグアイは完膚なきまでに打ち負かされ、男性人口の三分の二が失われ、その痛手から立ち直るのに五十年もの月日を要した。一九三〇年代には埋蔵石油の採掘権をめぐり国境に侵入してきたボリビア軍との間にチャコ戦争が勃発した。三年にわたって両国とも疲弊する戦いを繰り広げた挙句、ようやくボリビアとの間で終戦協定が結ばれたものの、一九五四年にアルフレド・ストロエスネル将軍が軍事クーデターによって政権を掌握するまで政治的に不安定な時期が続いた。大統領となったストロエスネルは、一九八九年に失脚するまで三十五年に及ぶ圧政を敷き、西半球における独裁政権として最長を記録した。

敵対的な国々に囲まれたパラグアイは、地理的にも社会慣習的にも周辺国から孤立している。植民地支配したスペインと先住民の文化を無理やり合体させてできあがったこの国では、インディオの過去については感傷をこめて語られるが、現在の彼らには蔑視が向けられる。

公式な資料や統計にあらわれることはまずないが、この国は実は先住民の文化を基盤にしている。それをもっとも顕著にあらわしているのが、国民の七五パーセントがグアラニ語を話すことだ。伝統的に薬草を処方して作ってきたインディオの薬は、いまでも街で一般的に売られている。パラグアイの農民たちが日常的に食べているトウモロコシの料理やカッサバ、ヤシの芽といった食物は、コロンブスがやってくる以前からこの地で食されてきた。パラグアイで繰り広げられた数々の悲惨な戦争を、パラグアイの人々はグアラニ族の戦術で戦った。

どの文献においても書かれているのは、パラグアイについての表向きの事実である。ボリビアとブラジルとアルゼンチンと国境を接していること。経済的には、合法、非合法をふくめて、隣の大国であるブラジルとの交易に全面的に負っていること。スペイン語が公用語であること。憲法と議会と法律が整備されていること。主たる産業は、大豆、綿と牧畜を中心にした農業であること。法律によって定められた最低賃金水準は高く、児童労働はないこと。

しかしどのパラグアイ人に聞いても、公的な資料にあらわれたパラグアイは、現実の姿とは似ても似つかないというだろう。法律はしばしばそれを制定したものたちによって、好き勝手に破られる。刑務所は無実の人で満杯で、警察は犯罪者の巣窟である。子どもたちが働いている姿はあちこちで見かけられる。表に出てくる経済統計は信頼がおけず、裏経済――おもに密輸――が巨大化している。

パラグアイの経済を実際に動かしているのは、密輸だ。電気製品、車、スコッチウィスキー、大豆、材木、牛、動物の皮革、現金通貨、そして麻薬まで、あらゆるものが密輸出入されている。パラグアイの輸出入品には関税がかけられることになっている。ところが実際にはこの国は自由貿易圏だ。表向きは国境警備員と軍人は密輸を食い止める仕事をしていることになっている。しかし彼らがやっているのは、密輸のうまみを吸い取るという特権の行使である。

「どこに行けば密輸の現状を確かめることができるかしら？」。最近訪れた首都アスンシオンで、私は友人にたずねた。

友人は私の質問を鼻で笑った。

「どこに行けば密輸を見ないでいられるか、と聞いてほしいね」と彼は答えた。

私はブラジルとの国境にある北部の町、ペドロ・フアン・カバジェッロに行った。アスンシオンの人々からは、話し合いが銃で解決される野蛮な無法地帯だとみなされているが、アメリカ人の血を引くパラグアイ人で、人生の大半をこの町で過ごしているジョー・ウィーバーは殺人など見たことがないといった。しかし密輸の現場はいくらでも見てきたという。

私たちは町の中心を抜けて、車でブラジルとの国境を探しに出かけた。

「ほら、そこだよ」とジョーが道のかたわらにある一個の石の標識を指差した。道の向こう側には二人の兵士がライフルにもたれてうたたねをしている。

「国境警備員かしら？」私が聞いた。

「うーん、正確にいうとそうじゃない」。ジョーはいった。「警備しているのは、国境じゃなくて車だね」。その車は二人の背後にある台に載せられていた。盗まれてしまわないかぎり、翌週のビンゴの賞品となる予定だ。私たちは国境線を数十メートルごとにまたぎながらジグザグに車を走らせた。国境越えがいかに簡単にできるかを証明するためというよりも、道路にぼこぼこあいている穴を避けるためだ。すぐに自分が走っているのが、パラグアイなのかブラジルなのかわからなくなった。こんな国境が密輸の防波堤にならないのはあきらかだ。税関はあるが、邪魔にならないように国境から遠く離れたところに置かれている。

ペドロ・フアンの町ではさまざまな密輸品が交易されている。生きた家畜が価格によってブラジルからパラグアイへ、またその反対ルートで売られていく。製材されていない材木はパラグアイからブラジルへ。ブラジル産の大豆はブラジルの輸出税がかからないように、梱包にパラグアイ産と表示されている。ブラジルの盗難車は夜中にこっそり運ばれてくることから、ケニアの反英抵抗運動の秘密結社「マウマウ団」にちなんで「マウ」というあだ名で広く知られている。（これまでにも私は、車の窃盗団との間の長年にわたる実りのない戦いについて、大勢のブラジルの警察関係者たちからいらだちを聞かされてきた。それはとても勝ち目がなさそうな戦いである。そもそもパラグアイの前大統領であるルイス・アンヘル・ゴンサレス・マッキが公用車として乗っていた防弾装備を施したＢＭＷだって、ブラジルの盗難車だ。）

コカインとマリファナはさすがにおおっぴらに取引されることはないものの、ほかの密輸品については誰も不法だとさえ考えていない。絶滅の恐れのある種に属することから禁輸措置がとられている動物の皮もまた、「半違法的密輸品」というあいまいな位置づけにある。

「どんな品目が許容されないか、という判断はときと場合により変わるんだ」とジョー・ウィーバーは説明した。「以前は動物の皮には目をつぶっていたので、密輸のコカインを皮で包んで隠してＯＫとしていた。でもいまじゃだんだんと環境問題にうるさくなってきたからね」

ときどき密輸を訴え出る人がいる――たいていは密輸品によって自分の利益が脅かされる人たちだ。牧場経営者の政治団体であるパラグアイ農業組合は、牛の密輸を阻止しようと運動している。最近数年間、牛の見本市が開かれるころになると、毎日トラック四十台分、千八百頭から二千頭の牛がブラジルから運ばれてくるために、数日で価格が四〇パーセントも下がってしまうからである。農業組合では輸送機関の検問を行ない、密輸業者と取引業者の名前を公表しているが、密輸を見逃す軍人と税関役人を名指しであげるまでにはいたらなかった。組合は法的措置をとるよう官憲に要請しているが、依然なんの対策もとられない。

材木の密輸を阻止する対策については、ペドロ・フアン最大のビジネスマンであるフェルナンド・メンドンカの的を射た解決法が効を奏している。誰もが得をするビジネスにすべきだと気づいたメンドンカは、取締りをする役人に、法を破るときに渡される袖の下と同じ金額を、法を守るための賄賂として渡したのである。

「俺は関係者全員に声をかけたのさ」と彼は説明した。「製材所のオーナー、輸送会社、軍人、地方の役人、農業省の役人にね。製材所のオーナーと輸送業者はとにかく仕事がほしいだけだから、発注元がパラグアイでもブラジルでもかまやしない。だから話は簡単だった」

製材所のオーナーは密輸の木材を一本入手するのに、賄賂も含めて六千グアラニを支払っていた。そこで千五百グアラニを国に支払って許可を得た人だけが、輸出入を許可されるシステムがあらたに導入された。これまでオーナーが製材組合に支払ってきた四千五百グアラニは、役人たちに分配されるようになった。

「国にはこれまで一銭も入っていなかったのが、許可を一件出すごとに千五百グアラニが入るようになり、そのうえ恐ろしいほどの低賃金で働かされてきた兵士や地方役人たちは〝ボーナス〟にありつけるようになったわけだ。正直に法律を守りたいと思えば、それができるわけだね。ほかのことについてだって、きっちりやれるはずなんだよ」とメンドンカは顔を輝かせながら得意げに自分の名案を語った。

しかしパラグアイの密輸取引のすべてがそんな絵に描いたように美しく解決できるわけではない。たとえばパラグアイの先住民と入植者たちのいざこざの根底にあるのが、動物の皮の違法取引をめぐる問題である。パラグアイは一九七五年に絶滅の危機にある動物を保護するための国際的な協定であるワシントン条約を批准し、リストにあがっている動物の狩猟を禁じている。しかしインディオたちが食糧とする場合は除外されている。

禁猟措置はほとんど効果がない。首都にある何十もの店で、ジャガーの毛皮からヘビ革のブーツ、粗雑なつくりのクロコダイルのバッグまでが堂々と売られている。観光客が宿泊するホテルには、禁猟となっている動物の皮も含めて、あらゆる動物の皮革を取り扱っていると書かれた業者のパンフレットが置かれている。

違法取引ルートの一番の犠牲になっているのは、ヤカレと呼ばれる絶滅の危機にある南米のクロコダイルで、表向きはインディオたちの食糧のためとされているが、実際には皮をとるために狩猟されている。インディオたちが狩りで得られるのはほんのわずかな金であるが、同時に狩りは搾取されることも意味している。狩猟には経費がかかる。たとえばクロコダイルの皮を保存するためには百キロ以上の塩が必要だ。ボートの借用代も、狩猟に出かけている間の家族の生活費も、彼らは仲介者に借金する。やがてハンターたちは借金まみれになり、危険な仕事――警察に撃たれるのを覚悟で、ブラジル側で狩猟すること――にも手を出さざるをえなくなる、と私は教えられた。

私はブラジルとの国境近くのリオ・ネグロ沼沢地近くで暮らすチャモココと呼ばれるインディオのハンター集団に会いたくて、パラグアイ川流域一体に広がるパンタナル大湿原地帯に分け入った。パラグアイを東西に二分するパラグアイ川の西側はチャコ地方と呼ばれ、その一部がパンタナル大湿原地帯にかかっている。チャコ地方は暑く、蚊が媒介する伝染病が蔓延している地域で、住民たちは貧困にあえぎながら、危険をかえりみない英雄的行動に血をわきたたせる。そんなチャコ地方はパラグアイ人の心のふるさととされている。もともとはインディオたちが住んでいた土地だったが、彼らの貴重な資源であった錫と動物の皮は奪われ、土地を強奪した大農場主たちが森林を伐採し、いまは開拓民のコミュニティがあちこちにできている。チャコ地方にはまだ十三の部族の四千人のインディオが暮らしているが、植民者たちの予備的な労働力としてほそぼそと生計を立てている状態で、いまや存亡の危機に瀕している。

チャモココと接触するために、私はまずバイア・ネグラに行かねばならなかった。首都アスンシオンから船でパラグアイ川を五日間さかのぼるか、軍所属の航空会社TAMのきわめて危険な飛行機に乗るかの選択を迫られた。私はTAMを選んだ。飛行機は旧型のDC8で、アスンシオンのむせかえるような暑さのなか、機体は照りつける太陽にじりじりと焼かれていた。床は金属がむきだしで、両側にボルトで留められただけのベンチの間に乗客の荷物が無造作に転がっていた。乗客たちは我先に乗り込んだが、気づくのが遅かった私はシートベルトがある席を確保できなかった。

飛行機は最初は滑走路を走っていたものの、やがて舗装していない土の上に飛び出し、ようやく北に向かって飛び立った。機内ではスチュワーデスが、ぴかぴかに磨いた黒いハイヒールにタイトスカートという目を疑うほどのエレガントな服装で、床に散らばる荷物をよけながら、あぶなっかしくオレンジジュースをサービスしてまわった。機体が振動するたびにトイレのドアがぎーっと間延びした音を立てて開き、バシンと閉まる。乗り物酔いした旅客たちはこっそりと紙袋にもどした。眼下にはパンタナル大湿原地帯の密林が広がり、ところどころ法律で禁じられているはずの野焼きの煙が漂って、まるで虫食いだらけの敷物のように見える。

目的地に到着するまで、かつて開拓民が切り開いた町をいくつか経由した。そのひとつ、プエルト・カサードは、十九世紀後半にチャコ地方の土地を広範囲にわたって所有していた会社が、ケブラコという斧が折れるほど硬い南米産の材木と、その木からとれる染料のタンニンの生産と流通の拠点を置いたところだ。その後開拓移民がぞくぞくとやってきた。なかには、信仰の自由を求めてロシアから移住したキリスト教メノー派の人たちもいる。入植当初の彼らの生活は困窮をきわめたが、その後いろいろと物議をかもしながらも成功した移民集団となっている。

バイア・ネグラはいかにも熱帯地方の辺境の町である。家の前の芝生で、馬がのんびりと草をはんでいる。電気の供給はときどき途切れる。夜になると開け放った窓からテレビの騒音——パラグアイとブラジルの放送が半々だ——が、周辺のジャングルからの低くしわがれたカエルやフクロウや動物たちの声と溶けあっていく。町の中央を走る道路に面した建物から中庭のほうへと入ると、子どもたちが巨大なテレビで映画『馬と呼ばれた男』を食い入るように見ていた。北米インディアンが勝利する数少ないハリウッド映画のひとつだ。

町を統治しているのは、二百五十名の部下を持つバルタサール・ロメロ海軍大佐である。この地では大佐自身が法律である——そしてこの地域があらゆる密輸取引の温床であることを認めた。「皮、麻薬、貴石類、とにかく何でも密輸される。実際問題、取り締まるなんて不可能だね」と大佐は肩をすくめた。「大きな農場は小規模な飛行場を設置している。軽飛行機がしょっちゅう行き来しているよ。別に飛行許可証なんていらないからね」

チャモココはバイア・ネグラから二時間川をさかのぼったところに野宿していている、と教えられた。14・デ・マジョというその地区にロメロ大佐が翌日視察のボートを出すというのでついていった。川はどこまで行っても果てがないように思えた——川幅は広く、流れは速くて、黒糖のような色をしている。峡谷の上空ではぎらぎら太陽が照りつけるなかでコンドルが物憂げに旋回し、水面では鷺や翡翠が騒々しく水をはね散らかしながら飛び立っていく。集団で営巣している川岸の木々から、鵜が通り過ぎていく私たちを見送り、枝や木の葉が積み重なったところに菖蒲が咲いている漂流物をよけながら走ると、ボートに驚いたスワンプターキーが重い身体をひきずるようにぶかっこうに羽ばたきながら川を渡っていく。

14・デ・マジョはたしかに地図上に点として記されるほどの広さはあるが、地名とするのはいささか誇張だろう。一八八五年にイタリア人の芸術家で開拓者であったグイード・ボッジャーニがこの地に入植したが、ビジネスはうまくいかなかった。一世紀以上たった現在の14・デ・マジョは、川の上に張り出した一枚の腐りかけた厚板——桟橋だった——と、荒れ果てた家を指すだけになっている。しかしチャモココにとっては、部族の発祥の神話がある聖地である。

チャモココの集団は煮炊きをする焚き火をあおぎながら座り、周囲には日用雑貨や服を入れた包みが置かれていた。パラグアイの白人たちのもとでの季節労働を終えて、村に帰っていくところだ。

午後の遅い時間に到着した私は、テントを広げて食べものを用意し、チャモココの人たちをまねて、水浴と涼みをかねて川で泳いだ。川から出ると、インディオの少年たちになんの魚をとっているのかとたずねた。「ピラニアさ」という返事を聞いた私は、もう川に入るのはやめると決めた。

騒々しい動物たちの声がひとしきりジャングルに響き渡るなか、夕陽が沈んでいき、やがて周囲は熱帯の闇に包まれた。男たちは輪になって座り、ラジオで聞いた遠いところで起こっているニュースを自分たちの言葉に訳しながら、ぼそぼそととりとめもない話をしていた。やがて話題は狩りのことに移った。

彼らにとって狩猟は生き延びるための手段であり、宗教的儀式でもある。鳥をパチンコで撃ち、魚を棒で叩いたり槍で突き、もっと大きな獲物は銃で撃つ。白人たちがチャコ地方にやってきたとき、インディオたちには獲物の対価として貨幣が支払われるようになった。伝道師や商人たちは彼らに仕掛けの罠や銃弾や、ときには銃も与えた。白人たちに支配されたパラグアイのことを、彼らはまるで異国であるかのように話し、取れるだけのものを取る商売相手としか考えていない。金髪の幼い子どもたちが数人、黒髪のインディオたちの中に混じっていて、異民族との接触による世代が生まれていることを証明している。

いま狩猟はしだいに危険になっている。五本の指で数えられるしか残っていない村で、過去二年間に十四人もの男たちがブラジル人に殺された。しかし男たちはこれまでずっとこの地域で狩猟してきたのだし、それが自分たちの権利だと思っている。グループを率いる六十八歳のクレメンテ・ロペスは「クロコダイルはブラジルのものでもパラグアイのものでもなく、昔からずっとわしらのものだとブラジルの大統領にといってやりたいよ」と文句をいった。

川がブラジルとの国境になっており、パラグアイ側で狩猟しているかぎり撃たれることはない。

しかし空気も水も太陽も売り買いできない、と信じている人々にとって、国境は意味をなさない。その夜、二人組のハンターを乗せたボートが、静かに川に乗り出していった。朝になって私は、夜中に狩られた獲物が黒い土鍋の中でぐつぐつ煮えているにおいで目が覚めた。クレメンテがクロコダイルの肉のかたまりを皿に盛って、私に渡した。

私は皿のなかにあるものを見つめた。

「胡椒をかけたほうがいいぞ」。クレメンテがいった。

おそるおそる私は肉を口に運んだ。硬い肉にはまだ皮がついている。小さなハンドバッグくらいはできそうなほどの皮があるが、皿の上のクロコダイルはまぎれもなく彼らの狩猟が皮の取引のためではない証拠である。これまで食べたなかで最高の朝食ではなかったが、パラグアイで見てきた数多くの違法産物とちがって、少なくとも合法的材料でつくられていることはまちがいなかった。

イザベル・ヒルトン
英国『ガーディアン』のコラムニスト。著書に『高僧の生まれ変わり　チベットの少年』（三浦順子訳、世界文化社）。現在キューバについての本を執筆中。ロンドン在住。

トリニダード・トバゴ

Trinidad and Tobago

クレシーダ・レイション

Cressida Leyshon

首都	ポート・オブ・スペイン
独立（建国）	1962年8月31日（英国から）
面積	5,128km^2
人口	1,088,644人
人口増加率	-0.7%
年齢中位数	30.9歳
出生率	12.8人（1,000人口当たり）
人口移動率	-10.87人（1,000人口当たり）
幼児死亡率	24.3人（出生児1,000人当たり）
平均寿命	66.7歳
民族	インド系（南アジア系）40%，アフリカ系37.5%，混血20.5%，その他1.2%，不特定0.8%（2000年）
宗教	ローマカトリック26%，ヒンドゥー教22.5%，英国国教会7.8%，バプティスト派7.2%，ペンテコステ派6.8%，安息日再臨派4%，その他のキリスト教5.8%，イスラム教5.8%，その他10.8%，不特定1.4%，無宗教1.9%（2000年の国勢調査）
言語	英語（公用語），ヒンディー語，フランス語，スペイン語，中国語
識字率	98.6%
選挙権	18歳以上の全国民
兵役	18歳以上の志願者，徴兵制なし
GDP（一人当たり）	10,500ドル
GDP実質成長率	5.7%
失業率	10.4%
物価上昇率	3.3%
国家予算	31億9300万ドル
軍事費	6670万ドル（GDP比0.6%）
第一次産業（農業）	ココア，米，柑橘類，コーヒー，野菜，家禽
第二次・第三次産業（商工業）	石油，化学製品，観光事業，食品加工，セメント，飲料，綿織物
通貨	トリニダードトバゴ・ドル

出典：「CIA世界年鑑」2005年11月版（人口統計2005年，経済統計2004年）

トリニダード・トバゴ

Trinidad and Tobago

サッカー協会	トリニダード・トバゴ・サッカー協会
地域連盟（コンフェデレーション）	北中米カリブ海サッカー連盟（CONCACAF）
協会設立年	1908 年
FIFA 加盟年	1963 年
愛称	ソカ・ウォーリアーズ
監督	レオ・ベーンハッカー
ホームページ	www.tnt.fifa.com
スタジアム	ヘイゼリー・クロフォード・スタジアム

FIFA ランキング	50
ワールドカップ出場回数	0
ワールドカップ優勝回数	0

1930	—
1934	—
1938	—
1950	—
1954	—
1958	—
1962	—
1966	地区予選敗退
1970	地区予選敗退
1974	地区予選敗退
1978	地区予選敗退
1982	地区予選敗退
1986	地区予選敗退
1990	地区予選敗退
1994	地区予選敗退
1998	地区予選敗退
2002	地区予選敗退

試合数	0
勝	0
引き分け	0
負	0
得点	0
失点	0
得失点差	0
勝点	0
ワールドカップ初出場	

「三連敗以外は番狂わせ」。これは、トリニダード・トバゴが二〇〇六年のワールドカップへの出場を決めた最後の国となったとき、AP通信が行なった予想であり、世界中に発信した言葉である。ブックメーカー（政府の許可を得て幅広く世の中の出来事を賭けの対象として主催する会社）はカリブ海のトリニダード・トバゴの優勝予想の賭け率を七百五十倍としており、賭け率はアンゴラ、ガーナ、トーゴといった他の初出場国よりずっと上回っている。ワールドカップ出場国の中で、トリニダード・トバゴは小さな島々からなる、国土が最も小さな国で、人口も最も少ない。サッカーよりもクリケットが盛んなトリニダード・トバゴは、十一回目の挑戦にしてやっとワールドカップ出場を果たした。この背景には多くの試練や試行錯誤がある。一度代表を引退した三十四歳のキャプテン、ドワイト・ヨークと三十七歳のストライカー、ラッセル・ラタピーが代表に復帰した。信望の厚かったトリニダード人のバーティル・セント・クレアーに代えてオランダ人の戦術家レオ・ベーンハッカーを監督にすえるなど、首脳陣をがらっと入れ替える作戦に出て、バーレーンと決死のプレイオフを戦った。そして、中盤選手クリストファー・バーチャルがイギリスから帰化した。母親の生まれがポート・オブ・スペインだったため、彼はトリニダード・トバゴ代表チーム二十年の歴史の中で初の白人選手になることができた。こうしてワールドカップ出場への長い旅路を終えた後、この国を最も勝算のない参加国として切り捨てる非情な予想が待ち構えていたのだ。しかし、そうした非情な予想と切り捨てが逆に私の心を奮い立たせたのだった。

スポーツが、チーム同士ではなく、むしろ国同士の衝突になるとき、私の心は大きく突き動かされる。

世界中がその戦いを観ていて、ピッチ上にいる十一人の男たちの中にその国の歴史を見ることができるからだ。私はそういう思いに駆り立てられずにはいられない。私の生地イングランドの代表が戦うときは、イングランドに勝って欲しいと思う。しかし、私は他の代表チームにも勝ってもらいたい。私は勝利の喜びだけでなく、敗北の悲しみも味わいたいのである。何よりも私が観たいのは、最も勝ち目のない国の大勝利だ。ブラジル、フランス、アルゼンチン、イタリア、ドイツといった国が最後まで勝ち残っていくだろうが、時には予想外の結果が一回戦や二回戦で出てしまうこともあり、その時あらゆる可能性が開かれる。

ヨーロッパからの探訪者たちは、オリノコ川河口にある島々に魅了されてきた。そこは三角州からの澄んだ水とカリブ海の海水が出会うところで、一四九八年七月三十一日にクリストファー・コロンブスがトリニダードを一望して以来ずっとヨーロッパ人を魅了しつづけてきた。ヨーロッパ人は、ここで見たことを同郷人に伝え、この土地と原住民の価値を見定めた。「住居があり、原住民がいて、入念に耕された土地があった。ちょうど三月のヴァレンシアの果樹園のように緑が生い茂り、美しかった」と、コロンブスはトリニダードのことを書いている。コロンブスが出会った人々はその土地のことをイエリ、つまりハチドリの土地と呼んでいた。コロンブスの目には、彼らが「細くて美しい手足と体を備え、端麗な風貌をしている」ように見えた。彼はカヌーにいっぱい乗っている原住民たちを自分の船に近づかせようと試みた。

「私は彼らと話をしたいと望んでいたが、彼らが近づいて来るように興味をもたせる道具は何ももっていなかった。だから、私はインディアンならばお祭り騒ぎを見に近づいてくるだろうと思いながら、タンバリンを取り出させ、それを船尾で鳴らさせ、若い男たちに踊りをやらせてみた。しかし、彼らはタンバリンの音に合わせた踊りを見るや否や、オールを弓矢に持ちかえて、こちらに向けた。楯を構え、われわれに向けて矢を放ってきたのだった。私はすぐに歌と踊りをやめさせ、石弓に火をつけさせた」

　地上の楽園のまさにその入り口にいると考えたコロンブスは、西インド諸島から彼の支持者であったスペインのフェルナンド王とイサベル女王に宛てた手紙にこう記した。「私は地球について、次のような結論に至りました。地球は真丸ではない……西洋ナシのような形をしており、ちょうど蔕《へた》にあたる唯一突起している部分があります。あるいは、卵のような形をしており、その一部分に女性の乳頭のように突起した場所があります」。コロンブスはこの突起した部分が地上で最も高く、空と太陽に最も近い部分になると仮定したのだった。「というのも、私の目の前には地上の楽園が広がっており、そこは神に許されぬかぎり誰も入ることができない神聖な場所だからです」

　トリニダードの偉大な作家、V・S・ナイポールはカリブ海のことをこう表現している。「ヨーロッパのもうひとつの海、新世界の地中海……あらゆる人間の邪悪な本能を呼び覚まし、旧世界の崇高さや美への衝動とは相容れない地中海、魅せられた人々を誘惑し、文明を悪魔のように変貌させる地中海……数百万人の現地人は一掃されていく。飽くなきプランテーション……終わりなき戦争……だから、西インド諸島で生きのびてきたことだけでも十分に勝利に値するように思える」

スペイン人たちは、自分たちの捜し求める黄金がないとわかると、その楽園を別の黄金を発掘するための場所として利用した。それは、喫煙やチョコレートのため、あるいは紅茶を甘くするための黄金、つまり、農地と労働力を必要とする黄金である。奴隷制がこの地にもたらされ、それ以後三世紀にわたりヨーロッパの列強国が支配権をめぐって争う中で、ウィリアム・ブレイクが夢想した〝悪魔の工場〟の熱帯地域版と化した。

島を工場に変えるためには労働力が必要とされる。スペイン人によって原住民は武器を取りあげられ、隷属を強いられた。あちらこちらでばらばらに起こる反乱は鎮圧され、アラワク族、チャイマ族、タマナクェ族、サリヴェ族、クアクア族、カリブ族といったアメリカインディアンたちは病気や重労働、悲嘆などが原因で死んでいった。最後には、スペインの征服者たちはカリブ諸島に定住することができずに、一世紀以上もの間、幸運にもこの地はヨーロッパ人から放置されることになった。この地に魅せられたフランス人が、サトウキビやアフリカ人奴隷、肌の色による緻密な階級支配をもちこみ、トリニダード島に定住しようとした。小さい方のトバゴ島はヨーロッパ諸国の取引材料となり、最終的にイギリスの手中におさめられるまで、二十九回も支配国が変わった。トリニダード島も最後にはイギリスのものとなった。イギリスは西アフリカの奴隷、西インド諸島やアメリカ大陸の砂糖やタバコ、綿花、そしてヨーロッパのさまざまな商品からなる三角貿易で実権を握り、ロンドン、リヴァプール、ブリストル（私の育った場所）といった都市に巨額の利益をもたらした。

私がノッティンガムからブリストルに引っ越したのは十歳のときだった。ノッティンガムはロビン・フッドと乙女マリアンと悪徳領主の発祥の地だった。貧しい者を助けるために金持ちが強奪にあう町だった。その神話によって研ぎ澄まされた感覚をもっている町だった。ブリストルには何があったのだろうか。都市の中心部には岩山に立つ古城のようなものはない。その代わりに、寂れた波止場と空の倉庫がある。港は中心部から遠く離れたエイヴォンマウスに移っていたため、ブリストルが港町であったことをすぐに忘れてしまう。私の父は、一七八六年創業のインペリアル・タバコ社に勤めていたが、わが家の引っ越しが、何百年もの間ブリストルまで父の食い扶持を運んできていた商船と関係があるとは思いもつかなかった。

私の家族が住んでいた通りの突当たりを右に曲がると、ホワイトレイディーズ・ロードという名の下り坂に、左に曲がると、ブラックボーイズ・ヒルという名の上り坂になる。私はそこにいた八年間ほとんど毎日、ホワイトレイディーズ・ロードとブラックボーイズ・ヒルとの間を行き来していたが、その通りの名前に秘められた意味を考えることはなかった。ある統計によれば、二千隻以上の船がブリストルの港でタバコやココア、砂糖などの積荷を降ろし、その後、奴隷を求めて西アフリカに出航していた。十八世紀の間、ブリストルやリヴァプールやロンドンから出航した船は、新世界に二百五十万人の奴隷を運んでいた。この数字は十八世紀の奴隷全体の四〇パーセントを占める。

奴隷制やクリケット、植民地主義を鋭く分析するC・L・R・ジェームズは、V・S・ナイポールに先駆けてトリニダードの文学を担った人物であるが、ジェームズはかつて、ブリストルを発った船の行き先についてこう書いていた。「奴隷商人たちはギニアの沿岸を侵略した……彼らは遠征隊を組織して海岸から内陸の奥地に向かっていった。彼らは何千マイルにも及ぶ範囲で無垢な部族同士に近代兵器を持たせ、戦いをけしかけた。奴隷貿易がどんなに残酷とはいえ、アメリカ大陸に連れてこられたアフリカ人奴隷は祖国にいるアフリカ人よりも幸せだったと当時の宣教師は語る」

一八三四年に奴隷貿易が廃止されたとき、労働者不足に悩まされるサトウキビの農園主たちは、他の場所に新たな労働力を求めることを余儀なくさせられた。中国やインドからの年季労働者たちにより、西インド諸島の状況が再び変わった。インドからやってきた農場労働者の子孫であるナイポールが著作の中で、時には愛情をもって、また時には軽蔑をもって語っているように、トリニダード島は逆説の地に変わっていった。サトウキビ・プランテーションの農園や野営地にいる西アフリカ人が歌っていた哀歌カイソが、楽しく、時には卑猥で、また政治的でもあるカリプソの基礎を築いていく一方で、保守的なイギリス人入植者は、自然の恵みに感謝するローマカトリックの四旬節（フランス人入植者の贈り物でもある）に没頭していた。C・L・R・ジェームズにとって、植民地主義の最大の逆説は、植民地主義こそがジェームズに作家への道をひらいたことだった。彼はこう語る。「私はラテン語とフランス語、それからギリシャ語など多くの言葉を学んだ。しかし、何よりもわれわれが、私が学んだのは、ある暗黙の掟であり、それに従うことだった。その掟とは、英国と英国植民地と植民地住民、三者の関係である。イギリス人たちは自分たちがその植民地で行なったことをどれだけ知っているだろうか。まったくといっていいほど知らないはずだ。一方、西インド諸島の人々も、今もって自分たちのことをほとんど知らない。私は自分自身のことを理解し始めるのにずいぶん時間がかかってしまった」

ナイポールも、ジェームズ同様に、植民地教育を受け、大西洋を渡り、オックスフォード大学の奨学金を受けながら、そこで作家になることを決心した。彼がそう決めたのは、自分の文学的着想ではないとすれば、意思によるものだった。ナイポールはすぐれた風刺小説、『ミスター・ビスワスの家』の再版にあてた序文の中で、こう語っている。「私には文学的才能というものがなかった。少なくとも、自分にはそれがないと思っていた。私には言葉を操る非凡な才能があったわけでもなく、物語をこしらえたり語ったりする才能もなかった。むしろ、私はただ書きたいという一心だけで作家としてのキャリアを歩み始めたのだった。文学的才能が芽生えてきたと思ったのはずっと後、大人になってからのことだった。純粋に作家になりたいという強い思いから、私は自分自身を作家だと考えてきた」。こうした作家人生の始まりから、幾度とない挑戦の末に、彼はノーベル文学賞に辿り着いたのだった。

⚽

イギリスがアメリカの砂糖市場からの利益を失い、カリブ諸島がヨーロッパの歴史から姿を消したとき、トーマス・ボイドというスコットランドからの移民の一人が、グラスゴーに暮らす家族に手紙を送り、サッカーボールと二枚のゴム製の内袋と空気ポンプを送ってくれるように頼んだ。ヴァレンチーノ・シンは、『トリニダード・トバゴのサッカー史』の中で、十八世紀初頭にトリニダードで行なわれた最初のサッカーの試合について、ボイドの言葉を引く。「三十人の選手が登場し、二つのチームに分かれた。上着や帽子がゴールポストの代わりに使われ、試合が始まった。十五分後、ほとんどの選手は『戦意喪失』、気候条件が冬のスポーツには向いていないと言い放った。残りの数人だけが試合を続けた」

クリケットはすでにスポーツとして確立していたが、サッカーの確立は難航した。試合はポート・オブ・スペインの中央部に位置し、牛が放牧されている大草原《サバンナ》で行なわれた。クラブが設立され、トリニダード・トバゴの慣例に従って、宗教、階級、肌の色に基づいてチームが編成された。ボイドは、スコットランド人の仲間たちのいるクライスデール・クリケット・クラブに所属し、クリケットのシーズンが終わった後にサッカーの試合を行なった。あるアイルランド人司祭は、カトリック教徒のチーム、シャムロックを創設した。リーグが編成され、イングランドのサッカー協会に加盟した。一九一一年までは、観客席としてデッキチェアが使われ、入場料は一試合六セントだった。黒人と西インド諸島の人々は主要なクラブから排除されていた。一九〇九年にマジェスティックという、白人以外の人々からなるチームが創設されたが、最初のシーズンは五十五ゴールを許し、得点はわずか二点だった。

強い地元のチームが出てくるようになったのは、第一次世界大戦に参戦するためイギリス系の移民がこの国を離れてからのことである。シンによるサッカー史は、今では存在しないクラブの戦績やリーグの順位表などを網羅している。昔のサッカーの歴史を概観してみると、観客席もデッキチェアがスタジアムのスタンドに席をゆずり、白人選手も黒人選手にとって代わられたこと（クリケットと同じように、サッカーはトリニダードの先住民の興味を引かなかった）など、サッカー制度がいかに変わってきたかがわかる。ロンドンによるポート・オブ・スペインの支配がゆるくなったときに、勢力の均衡が崩れたのだ。そして、第二次世界大戦後、トリニダード・トバゴからイギリスへの大規模な移住が始まると、代表チームも初めてイギリスに遠征することになる。

一九五三年八月二十四日付のサザンプトンの『イブニング・ニュース』紙は、この時の出来事を次のように記している。「トリニダードのサッカーチームが今日、イングランドに到着し、イギリスの天候がイギリス式に彼らを出迎えた。S・S・ゴルフィート号はゆっくり入港したが、前日から降り続いていた小糠雨で、港には暗い霧が出ていた。しかし、若者たちの士気が下がることはなかった。彼らは『消防隊が道に放水し、トリニダードがやってくる』というこの日のために作られたカリプソを歌いながら、イングランドに上陸した」

カリプソを歌うチームは、わずか六十分間の試合だったが、ドーセット・カウンティを相手に7対3で初戦を落とした。この結果をみれば、トリニダード・トバゴがどれほどヨーロッパから取り残されてきたか、トリニダード・トバゴのサッカーがいかに自分たちだけの粗野なやり方で発展してきたかを感じることができる。イギリス国内では熾烈な競争が繰り広げられていた。外国からやってきたそのチームは、熱帯からのそよ風、暗たんたる戦後のイングランドにとっての活性剤にすぎず、真剣に戦うべき敵ではなかった。確かに、一九五三年のイギリス遠征は、勝利こそもたらさなかったものの、トリニダードのサッカーを改善する、野心的で、やがて好結果をもたらすことになる計画のひとつだった。この計画を始めたのはエリック・ジェームズというトリニダード・トバゴ・サッカー協会初の黒人役員で、彼こそは四十二年にわたるワールドカップへの道のりを切り開いた重要人物である。彼はC・L・R・ジェームズの弟でもあった。

ジェームズ兄弟は、幼い頃、ツナプナという小さい町の運動場の側にある家の窓からクリケットの試合を眺めていた。そのうち一人は、改革や組織団体との抗争を専門とする偉大な論客となり、成人してからの人生の大半をイギリスやアメリカなど、トリニダードの国外で過ごした。もう一人は自国トリニダードで人生を送り、人種の壁にとらわれないサッカー組織を設立した。

もし、ジェームズ兄弟が典型的な中産階級の黒人であるならば、オースティン・ジャック・ウォーナーは植民地時代の遺産を一掃した人物ということになる。ウォーナーはトリニダード・トバゴがイギリスから独立を果たした十一年後の一九七三年に、サッカー協会の役員となった学校の教師である。少年時代にサトウキビを刈り、六マイル離れた学校に歩いて通ったと語っているのをみればわかるように、彼は貧しい人々や疎外された人々と一体感をもっていた。「サッカーは依然として、黒人や貧しい人々、下層階級のスポーツとしてみなされている。金持ちからは愛されていない」と、彼は主張しつづけてきた。ウォーナーはリーグ制度を再編し、島じゅうにサッカーを広め、そして、一九八三年には最年少のＦＩＦＡの役員になった。その数年後、彼はＦＩＦＡの副会長と北中米カリブ海サッカー連盟の会長になるために、トリニダードのサッカー協会の役員を辞職したが、「特別顧問」としてトリニダード・トバゴ代表チームと関わりを持ちつづけてきた。こうして彼は大富豪になっていった。

　ウォーナーは常に、まとめ役として、開会式に出演する女性を見つけたり、イギリス生まれの選手をワールドカップ代表メンバーに登録するための手続きを手伝ったりしてきた。彼はまた収賄疑惑の非難にも屈しなかった。『トリニダード・トバゴ・エクスプレス』紙はずっとウォーナーの仕事に密着し、ウォーナーだけでなくＦＩＦＡをめぐる問題を報道し、また、十一月にトリニダード・トバゴがプレイオフに勝った後も、幸福をもたらした善人という彼のイメージを痛烈に非難してきた。

「トリニダードはいつも『切れ者』を賞賛してきた」とナイポールは、一九六〇年に西インド諸島に帰ったときのことを扱った『中間航路《ミドル・パッセージ》』の中で書いている。「その切れ者とは、十六世紀のスペイン文学に出てくる海賊のように、高貴な者が不正を行なって名声を博しているように感じられる場所で、自らの機知で勝ち残る人物だ」。ナイポールは時にトリニダードをあまりに冷酷に描くために、読んでいるとつらくなることがある。何事も許さず、皆を咎め、国の失敗を痛烈に列挙する。ナイポールは、黒人、白人の区別なく、すべての西インド諸島の人々の批判者なのだ。しかし、彼の小説、特に初期のものでは、そうした国や国民の失敗が彼の文章を生き生きとさせる題材となっている。道徳家の影はなく、ナイポールはこれまで歩んできた人生が織りなす調べと味わい、葛藤や混乱を楽しんでいる。初期の作品はわれわれに活力を与え、時に悲劇的でもあるが、大いに楽しませてくれる。私はトリニダードのノーベル賞作家がジャック・ウォーナーのような人物をどのように描くのだろうかと思わずにはいられない。ナイポールなら、ウォーナーを道徳家の目でみるだろうか、それとも小説家の目でみるのだろうか。

ジャック・ウォーナーとソカ戦士《ウォーリアーズ》（「ソカ戦士」の「ソカ」は、トリニダードの黒人音楽の「ソカ」と「サッカー」の掛け言葉）たちは今年の夏、ドイツに行くことが決まった。彼らが受ける評価は、一九五三年にエリック・ジェームズとカリプソを歌うチームが受けたものとはそれほど違わないだろう。ソカ戦士たちはお祭チームとみなされているのだ。彼らはソカの聖歌と共に姿をあらわし、試合中は観客席で、カリプソの旋律と西インド諸島のリズムとがより速くより攻撃的に融合し、たえず太鼓が鳴り響くだろう。彼らはピッチの外でも興奮と楽しさを与えてくれるチームだが、必ずしもそれだけには終わらない。ジャマイカのレゲエ・ボーイズたちは九八年のワールドカップを盛りあげた。今度は隣のトリニダード・トバゴの番だ。それがわれわれの期待することだ。選手たちは真剣な野心を抱いている。「私はお祭人間ではないし、他の選手たちも同じだ」と、スコットランド一部リーグのダンディーでプレーする代表ゴールキーパー、ケルヴィン・ジャックは『スコッツマン』紙に語った。「そして、ドワイト・ヨークもそうだ。彼はピッチ上で笑顔を見せているけれど、彼はわれらのキャプテンだ。彼がロッカールームでどれほど真剣かを知っている」

ワールドカップはピッチ上で十一人のチームが他のチームと戦うスポーツであって、チケット販売と宣伝とFIFAの副会長の私利私欲の問題であってはならない。しかし、それは今や現実味のうすい見方にすぎない。現に、ワールドカップはお金、権力、テレビ放映権、スポンサーの利益やチケット配分の問題になっているからだ。解雇される監督と雇われる監督、薬物検査、もてはやされるごく一部の中心選手と中傷される多くの選手、勝者と敗者――ワールドカップではこうしたことが話題になる。けれども、われわれは夢を望まずにはいられない。地上の楽園があると望まずにはいられない。コロンブスがはまった罠に引っかかりたいと。

トリニダード・トバゴが引き継いできた遺産とは、勝ち目のない苦境を打破する力である。イングランド、パラグアイ、スウェーデンは予選グループで戦う前にこのことを肝に銘じておくべきだろう。過去四世紀の間、トリニダード・トバゴは歴史の終わりに直面していたが、その状況をすべて変えてきた。カイソやカリプソ、植民地主義、クリケットとカーニバル、労働者の暴動、労働組合運動の強力なレトリック、そして、もっと最近では、昨年の冬に、勝ち目のないストライキの中で、ニューヨークの運送業労働者を率いたトリニダード人のロジャー・トゥーサン。そして、輝かしいサッカー人生の最後を飾るドワイト・ヨークとラッセル・ラタピーが、われわれの引き継いできた遺産の一部となり、十六年間出場の機会を逃してきたワールドカップの栄光をいくらかは味わうことができよう。もしスタッフォードシャーからやってきた若い白人のイギリス人がソカとカーニバルの魅力を知り、得点を決めることができるならば、あるいは、もしオランダ人監督が、今は世界中に散らばってそれぞれのチームで戦う（その時は最高のチームである必要はない）カリブ人のチームを統率し、自国のために戦う喜びと情熱をピッチ上での戦いに直結させることができるならば、あるいは、もしトリニダード・トバゴが勝利をおさめることができたならば、あるいは、六月にかつての植民者と被植民者が相まみえたとき、もしトリニダード・トバゴがイングランドに勝つことができたならば、数時間ながら、トリニダード・トバゴの島々は楽園と化すだろう。なぜなら、一か八かの大博打に打って出たとき、勝利の味は何倍も甘美なものになるからだ。トリニダード・トバゴはその昔、限りない犠牲を払ってヨーロッパに甘美な夢を見させてやったのだ。もしかすると、今年のワールドカップでは、われわれトリニダード・トバゴが甘美な夢を見られるかもしれない。

クレシーダ・レイション
雑誌『ニューヨーカー』の副編集長（小説部門）。ニューヨーク在住。

スウェーデン

Sweden

エリック・シュローサー

Eric Schlosser

首都	ストックホルム
独立（建国）	1523年6月6日（グスタフ・ヴァーサのスウェーデン王推戴）
面積	449,964km^2
人口	9,001,774人
人口増加率	0.2%
年齢中位数	40.6歳
出生率	10.4人（1,000人口当たり）
人口移動率	1.7人（1,000人口当たり）
幼児死亡率	2.8人（出生児1,000人当たり）
平均寿命	80.4歳
民族	先住民：スウェーデン人，フィンランド人，サーミ人などの少数派 外国生まれまたは移民の第一世代：フィンランド系，ユーゴスラビア系，デンマーク系，ノルウェー系，ギリシャ系，トルコ系諸族
宗教	ルター派87%，ローマカトリック，東方正教，バプティスト派，イスラム教，ユダヤ教，仏教
言語	スウェーデン語，サーメ語やフィンランド語を話す少数派
識字率	99%（1979年推定）
選挙権	18歳以上の全国民
兵役	19歳以上，義務徴兵制7～17ヶ月，徴兵任務によって異なる，最初の兵役を終えた兵士には47歳まで予備兵としての召集令状が与えられる
GDP（一人当たり）	28,400ドル
GDP実質成長率	3.6%
失業率	5.6%
物価上昇率	0.7%
国家予算	1996億ドル
軍事費	57億2900万ドル（GDP比1.7%）
第一次産業（農業）	大麦，小麦，テンサイ，食肉，乳製品
第二次・第三次産業（商工業）	鉄および鉄鋼，精密機器（ベアリング，ラジオや電話の部品，軍事兵器），木材パルプおよび紙製品，加工食品，自動車
通貨	スウェーデン・クローナ

出典：「CIA世界年鑑」2005年11月版（人口統計2005年，経済統計2004年）

スウェーデン

Sweden

サッカー協会	スウェーデン・サッカー協会
地域連盟（コンフェデレーション）	欧州サッカー連盟（UEFA）
協会設立年	1904年
FIFA加盟年	1904年
愛称	ブローガット
監督	ラーシュ・ラーゲルベック
ホームページ	www.svenskfotboll.se
スタジアム	ロースンダ・スタジアム

FIFAランキング	14
ワールドカップ出場回数	10
ワールドカップ優勝回数	0

1930	不参加
1934	トーナメント敗退
1938	4位
1950	3位
1954	地区予選敗退
1958	準優勝
1962	地区予選敗退
1966	地区予選敗退
1970	1次リーグ敗退
1974	2次リーグ敗退
1978	1次リーグ敗退
1982	地区予選敗退
1986	地区予選敗退
1990	予選グループ敗退
1994	3位
1998	地区予選敗退
2002	決勝トーナメント敗退

試合数	42
勝	15
引き分け	11
負	16
得点	71
失点	65
得失点差	6
勝点	56
ワールドカップ通算成績　第9位	

「社会における文明の進化度は刑務所に入れば判断できる」とドストエフスキーは書いた。その言葉にヒントを得た私は、二〇〇〇年秋にアメリカの刑務所のシステムについての本を書くことを決めた。アメリカの刑務所は、かつてなかったほど大盛況だ。歴史的に見ても、これほど多くの人間が収容されているケースはない。いい換えれば、これほど大人数を収容できる豊かな社会がいまのアメリカをおいてほかにない、ということだ。共産主義国の中国でも収容者数はアメリカよりも少ない。いろいろ理由はあるが、中国では麻薬のディーラーに対して頭に一発銃を撃ちこむという安上がりな刑が執行されるからという理由が大きい。アメリカではマリファナを売れば仮釈放なしで終身刑がいい渡される。私は相当数のアメリカの刑務所を取材し、そこが過密状態であり、有色人種が白人を数で圧倒している状況を見てきた。また囚人や看守から、刑務所内では強盗、暴力、レイプが横行しており、麻薬や精神疾患が大流行だということも聞いた。本を書きはじめる前に、私はアメリカとはあらゆる点でちがうシステムの刑務所を見たいと思った。それならばたぶんスウェーデンが一番いいだろう、とめぼしをつけて取材することにした。

ストックホルムから南西に一時間ほどのセーデルテリエという港町の郊外に、ハル刑務所はある。訪問した日は寒く、こまかい雨が降っていて、空と海は同じ暗灰色をしていた。一九四〇年に建設されたハル刑務所は、第一級の犯罪者が収容される最厳重警備施設で、スウェーデンで見るほかの施設とちがって壁と鉄条柵でものものしく囲まれ、しかも塀の上には蛇腹状のワイヤーが取りつけられている。ここはスウェーデンでもっとも凶悪な犯罪者のための施設だ。規模はほかのスウェーデンの刑務所と同じくかなり小さい。多く見積もっても三百人以上は収容できないだろう。アメリカで最厳重警備刑務所はときに三千人以上が収容されている。カリフォルニアの最厳重警備刑務所であるC・S・P・コルコランには、スウェーデン全土で五十五ある刑務所に収容されている全囚人とほぼ同じ、およそ四千九百人が収容されている。

私を正門で出迎えてくれた看守は、ハリウッド映画に出てくるような、横柄な態度で磨きこんだブーツをはいたサディストの看守からはほど遠かった。ここではカールと呼んでおく。カールは背が高く、がっしりした体格だが、刑務所でにらみをきかせている人物というより、グレイトフル・デッドのツアーマネージャーのようだった。やや長髪であごひげをはやしている。ユーモアのセンスはとぼけているようで、皮肉がきいている。しぐさはゆうゆうとして落ち着いていた。万事心得ているけれど、どこかちょっと抜けたところがあるという雰囲気だ。カールは一九七〇年代はじめからハル刑務所で働いていて、収容者に芝居を演じさせるのが好きだという。自分でもゲイの男や泥棒役を演じたことがあるそうだ。廊下を歩いていくとき、カールがなんと木靴をはいているのに気づいた。

ハル刑務所における一風変わった更正のための訓練は、地下トンネルを通って建物間の移動をさせることである。雨風にさらされないですむし、誰がどこに行くかがある程度監視しやすい。地下通路の壁はあざやかな色で塗られ、おどろおどろしさをやわらげている。そうでもしないと、入口と出口が鍵のかかったドアでふさがれているコンクリートのトンネルを歩くうちに、どんどん気が滅入ってくるだろう。監房棟は地下通路よりはるかに居心地よく設計されている。グループごとに共用スペースとして居間とキッチンがあり、監房は個室で、カラーテレビが一台ずつ設置され、明るい色調のスカンディナヴィア松材を使ったベッドと机と椅子が置かれている。監房のドアは終日開いていて、収容者は好きに出入りができる。そこは私に中西部の大学の寄宿舎を思い出させた。

ハル刑務所の看守は収容者たちと日常的に交流があり、その会話はアメリカの最厳重警備刑務所とはだいぶちがう。私が収容者に刑務所職員についてどう思うかを聞いたところ、「看守がやったことが気に入らなければ、ウルセーといってやるさ」と答えた。実際に収容者たちはよくそういっている。カールは監視なしに自由に収容者たちと話をさせてくれた。収容者たちによれば、ハル刑務所ではめったにケンカはなく、過去十年間に覚えているかぎりではレイプは一件も起きていない。一、二週間に一回、所内に二棟ある私営のアパートで、妻やパートナーと水入らずの時間を過ごすことが許されている。そのときは刑務所がコンドームを無料で提供する。殺人罪で十五年服役し、もうすぐ刑期があけるという、背が低くずんぐりしたクルド人のテロリストは、「俺はトルコの刑務所にもいたことがあるが、スウェーデンのほうが好きだね」とかなりご満悦の様子だった。

スウェーデンにおける犯罪者の更正の基本目標のひとつは、刑務所の外に出すことである。「ほかの国では車を盗めば十年服役させられるでしょう」とあるスウェーデンの高官は私にいった。「スウェーデンでは服役させられるまでには、車を十回盗まなくてはなりません」。有罪判決を受けた人の大半が罰金刑、保護観察、執行猶予、麻薬矯正施設への収容、地域奉仕活動への従事、もしくは在宅逮捕をいい渡される。繰り返し法を破り、きわめて重大な犯罪者だけが刑務所に収容される。スウェーデンの裁判所がいい渡す受刑期間は短い。三〇パーセントが一か月以下、二七パーセントが二～六か月、そして二年以上はわずか七パーセントである。しかも受刑期間の三分の二を終えれば釈放される。スウェーデンでは一九一〇年以来一度も死刑が執行されていないし、殺人罪での終身刑はたいていが十五年間の服役を意味する。スウェーデンはまた、収容者が週末に家族や友人に会うための外出を許可している。六〇年代には外出したまま逃亡した収容者は一〇パーセントいた。現在では一パーセントを切る。最厳重警備刑務所であるハルの収容者にも外出許可が与えられる。六か月に一回数時間を、彼らは看守につきそわれて近くの町まで出かけることができる。

ハル刑務所のB棟に入ることは許されなかったが、そこはきわめて危険で暴力的な八人の囚人が収容されているという。そういう囚人に与えられる特権はほかの囚人に比べれば少ない。だが誰もがこの施設のなかではかなりの自由を与えられている。銀行強盗、麻薬の売人、殺人、窃盗といったさまざまな犯罪者が施設内にあるクリーニング工場で働いて賃金をもらっている。施設が提供するさまざまな教育・訓練を受けることができるし、ロックバンドを組むことも、インドア・バトミントン、テニス、ピンポン、ビリヤードを楽しむこともできる。所内には日焼けサロンがあり、専属のマッサージ師までいる。蔵書が質量ともに充実している図書館もある。私が訪れたときに一番人気があった本は、ブレット・イーストン・エリスの『アメリカン・サイコ』だった。

ハル刑務所の収容者の多くは残虐な犯罪を犯している。だからといって、われわれが彼らを残虐に扱う意味がどこにある？　とカールは私にいった。刑務所は収容した犯罪者のレベルに品位を落とすべきではない、と彼は考えていた。懲罰に対する彼の哲学は、まさに私が期待していたとおり、犯罪者の更正についてアメリカで考えられていることの対極にある。スウェーデンの最厳重警備刑務所は、アメリカで見てきたものと数え切れないほど多くの点で大きくちがう。しかし一点、私はまったく思いもかけなかった重要な共通点を見つけた。ハル刑務所の収容者の大多数が白人ではないことだ。アフリカ、トルコ、中近東の民族の血を引く人たちが多く、肌の色は監視する職員たちよりも総じて黒い。刑務所内に移民や移民の二世たちが数多くいる光景は、スウェーデン社会の何かがうまくいっていないことを示唆していた。

統計数字にあらわれたところから判断するかぎりでは、スウェーデン社会は成功している。国連人間開発指数（教育や保健衛生などの開発度をあらわす）ではスウェーデンはノルウェーについで世界でもっとも〈暮らしやすい〉国となっている。世界経済フォーラムはスウェーデンをニュージーランドについで、もっとも環境に配慮した国であるとした。日本をのぞけば、スウェーデンはもっとも平均余命が長い。スウェーデン人が支払う税金は世界でもっとも高いが、それが経済活動の妨げにはなっておらず、技術開発力は高く、産業に競争力があり、起業も活発である。失業率はかなり低い。企業や政府の研究開発費の割合はきわめて高く、たぶん世界一だろう。汚職や腐敗の防止活動を展開する国際ＮＧＯであるトランスペアレンシー・インターナショナルは、スウェーデンが世界でもっとも政治的腐敗がない国であることを見出した。世界のどこよりも政治の場で活躍する女性が多く、女性の社会進出が進んでいる。健康保険、介護や幼稚園から大学までの教育は基本的に無料である。貧富の格差もどこよりも小さい。そして人口がたった九百万人だというのに、スウェーデンには世界的に人気のあるポップミュージシャンが数多く生まれている――輸出している人数はアメリカと英国につぐ。

　しかし十九世紀にはスウェーデンはヨーロッパの最貧国のひとつであり、七人に一人がアメリカに移民していった。福祉国家となったのは、階級闘争があったからでも、資本家と労働者との戦いの結果でも、革命によって私有財産が没収されたからでもない。一九三〇年代に社会民主党が労働組合と経営者とを太い絆で結び、スウェーデン国民一人ひとりが経済需要を相互依存するシステムを強化し、共通の価値観と共通の先祖をもつスウェーデン人という意識を高める〈フォルクヘム〉(「人民の家」)と名づけた政治構想を推し進めてきたからである。社会民主党から出た二人目の首相であり、〈フォルクヘム〉の発議者の一人でもあったペル・アルビン・ハンソンが基本的な枠組みをつくった。「スウェーデン人のためのスウェーデンを、スウェーデンのためにつくすスウェーデン人を!」というのが基本理念である。人種差別についての説得力のある著書『スウェーデンでさえも』(二〇〇〇年刊行)で著者のアラン・プリードは、スウェーデンで実現した論理的で、合理的で、強迫的なまでに計画重視の社会民主主義が、いかに国民の共感を呼び、平等を推し進め――そして差別を生んだか、について書いている。第二次世界大戦中にスウェーデンは中立を貫き、ドイツとの貿易によって経済力をつけ、ユダヤ人難民の受け入れを拒絶していた。一九三五年に優生学に基づいた政策が実行され、スウェーデンはドイツ以外で唯一、本人の同意なく女性に強制不妊手術を行なった国である。性的倒錯者や精神障害者が生まれるのを防ぐという理由で、この女性の強制不妊手術は七五年まで行なわれていた。

第二次世界大戦後、スウェーデンが目を見張るほどの急速な経済成長を実現できたのは、〈フォルクヘム〉の精神が浸透したからだけでなく、戦争中にこの国の都市が侵略されず、工場が爆撃の被害にあうことがなかったからである。反戦と中立と公正な社会の成立に力を注ぐスウェーデンがつぎに掲げた目標は、〈モラルの超大国〉となることだった。そこで国をあげて率先して慈善事業に力を入れ、戦争反対を訴えた。スウェーデンの難民政策は見直され、戦後まもなくから弾圧や迫害で国を追われた犠牲者を積極的に受け入れるようになった。一九五六年のハンガリー暴動から逃げてきたハンガリー人、六八年「プラハの春」のソ連軍侵略で追われたチェコの学生たち、七三年のチリのクーデターでアジェンデ支持者だったチリ人は、いずれもスウェーデンに保護された。フィンランドやイタリアからやってきた何千人もの労働者たちと同様、この時代の移民たちはスウェーデン社会に同化した。しかしつぎに大挙してやってきた移民たちは、スウェーデン社会にとって問題となった。彼らはスウェーデン人たちとは外見が大きく異なり、しかもやってきた時期が悪かった。

戦後を通して、スウェーデンの外交政策は世界で起きた重大な問題――ヴェトナム戦争、南アフリカ共和国のアパルトヘイト、ラテンアメリカ諸国の独裁政権――の解決を手助けしてきた。そこで一九七〇年代後半以降、紛争や政治問題が起きるたびに、レバノン、イラン、イラク、トルコ、アフガニスタン、ボスニア、セルビア、そしてソマリアから、難民がスウェーデンになだれこむようになった。八九年からの十年間で、およそ三十万人の難民がやってきたという。九〇年には失業率は二パーセントだったが、わずか数年のうちに一二パーセントに達した。その数がピークに達したときが、ちょうどスウェーデン経済が後退局面に入ったときに重なった。着のみ着のままやってきて、教育を受けていないことが多い難民たちは、もはや歓迎されなくなった。反移民感情が高まり、並行してネオナチの活動が活発になった。国としてのアイデンティティが論議の的になり、どこまで忍耐すべきかが問われた。白人の同質社会であることを基盤に築かれた社会民主主義国家のスウェーデンで、かつては主流だったルター派が、別の宗教を信じる新しい市民よりも少数派になったことにスウェーデン人たちは気づいた。一世紀以上たってはじめて、根源的な疑問がわいた。スウェーデン人であるとはいったい何を意味するか？

今日、スウェーデンの五分の一の人口は移民とその子どもたちでしめられる。ほぼ一〇パーセントが非ヨーロッパの文化的背景をもっている。スウェーデンは多くの民族がお互い混じりあうことなく暮らす多民族社会となり、貧しい移民たちは高層アパート群が立ち並ぶ地域や、テンスタ、アルビュー、リンケビューやロセンガルドといった郊外のゲットーに追いやられた。ハイテク産業のおかげで国の経済が活況を呈しているにもかかわらず、そういう地域では失業率が五〇パーセントを越える。貧困、人種差別と文化的な断絶感が、若者たちの疎外感をつのらせ、怒りをかきたてている。強盗やケチな窃盗、麻薬取引、不法移民の仲介、売春斡旋はそういう社会のアウトサイダーたちのかっこうの収入源だ。スウェーデン犯罪防止協議会の最近の調査は、犯罪のほぼ半分で、容疑者は外国生まれか、少なくともどちらか一方の親が外国人であることをあきらかにした。重大な暴力事件や強盗事件の容疑者となる確率は、スウェーデン生まれのスウェーデン人より移民のほうが四倍以上高い。調査はまた、移民の圧倒的多数は決して犯罪にかかわらないこともあきらかにしている。しかしスウェーデンの新聞が移民のマジョリティは犯罪とは無縁だという調査報告にふれることはなく、外見的にはスウェーデン人に見えない誰かが、路上強盗や押し込み強盗やレイプといった犯罪を犯した話ばかりを毎日のように掲載する。ハル刑務所で私が見た、目も肌の色も黒い収容者たちは、スウェーデン社会が恐怖する人たちなのである。

⚽

肌の色やどの民族の出身かに関係なく、スウェーデンの収容者たちの行動はおもに外国からの影響で近年大きく変化した。サッカーはこれまで塀の外側でも内側でも、スウェーデンでもっとも人気のあるスポーツだった。社会民主主義者たちは、運動は健康にいいし、チームワークを覚えるサッカーは〈フォルクヘム〉の精神を養うのに非常に重要な役割をはたすと考えた。試合を観戦するだけでは十分ではない、自分でもプレイするように、と政府は勧めた。「サッカーは労働者階級にとって、精神を鍛える余暇であると考えられていました」と『オフサイド・フットボルスマガシネット』の共同編集者であるマティアス・グランソンはいう。「そしてサッカーがうまい人は、社会のお手本と考えられていたんです」。スポーツはカネを稼ぐ手段とはみなされなかった。スポーツは社会をまとめるための手段だった。十九世紀後半に英国でプロサッカーリーグが誕生し、二十世紀初頭にはイタリアとスペインでもプロリーグが発足した。しかしスウェーデンでは一九六八年まで選手にカネを払うことは禁じられていた。トップリーグのチームの大半が、九〇年代までアマチュアだったのだ。それでもスウェーデンは第二次世界大戦後、世界最高のサッカー選手を輩出してきたが、それは何よりもヨーロッパのほかの国では多くの選手が戦死してしまったからである。組織的でディフェンシヴ、というスタイルのサッカーがスウェーデンで発達したが、それはこの国の軍隊の戦術と似ている。

スウェーデンの刑務所の大半はかつて独自のサッカーチームを持っていた——刑務所のチーム同士でリーグ戦を戦うためではなく、地元のアマチュアリーグと試合をするためである。刑務所のチームがつねに地元チームより有利だったのは、地元チームがファウルを躊躇するからという実にわかりやすい理由である。現在は多くの刑務所チームが解散してしまった。いま刑務所内でサッカーよりはるかに人気があるのはボディビルである。最近のスウェーデンの囚人たちはアメリカの囚人たちのまねをしたがり、幅広のパンツとバンダナと凝った刺青が流行している。テレビのおかげで、アメリカの刑務所文化がスウェーデンのそれを変えつつある。私がハル刑務所で会った金髪碧眼の銀行強盗は、監房でディスカバリー・チャンネルを見てアメリカの刑務所ライフを勉強したといった。グローバル化することで、文化が予測もつかない方法で混じりあい、ぶつかりあう。今日スウェーデンの刑務所の収容者たちは、これまでにないほど暴力的で、本物のワルになろうとしている。ヘルスエンジェルスやバンディドスやオリジナル・ギャングスターズやインターナショナル・イヴィル・マインズといったアメリカのギャング団の一員になりたいと思っているのだ。

二〇〇四年七月、外部からこっそり持ちこまれた携帯電話と短銃を使って、ハルから四人が脱獄した。囚人たちは看守一人を人質にとり、刑務所の門の外で待っていたサーブに乗って走り去った。そのなかの一人、トニー・オルソンは有名なネオナチである。一九九九年にも彼は保護観察中に逃亡している。外出許可を得て、スウェーデンを代表する舞台監督が演出した、ある最厳重警備刑務所の収容者を描いた演劇『七：三』に出演していた彼は、最後の舞台が終わって逃亡した。銀行強盗を働き、警官を二人殺し、コスタリカまで逃げてつかまった。一週間後、もうひとつの最厳重警備刑務所であるノルテリエ刑務所で、三人の囚人が脱獄した。共犯者はこっそり携帯電話を差し入れて収容者たちと連絡をとり、正門の警備員を自動小銃で脅して正門からヴァンで乗り入れて三人を乗せて逃げ去った。六週間後にはマリーフレド刑務所で、二人の囚人がナイフを使って看守を人質にとり、刑務所の駐車場に停めてあったヴァンを盗んで逃亡した。

脱獄者たちは全員逮捕されはしたが、短期間に三件も立てつづけにドラマのような脱獄劇が起きたことで、スウェーデン国内では怒りの声が高まり、刑務所の安全対策を強化するべきだという意見が出た。ある新聞報道によれば、ノルテリエ刑務所では脱獄事件前の数か月間で、三十五台の携帯電話が没収されたそうである。スウェーデンの刑務所で訪問者に金属探知機による検査を行なっているところはひとつもなかった。スウェーデン刑務所保護観察局は、看守に武器を支給しろという要請は却下したが、はじめてハル刑務所に金属探知機を導入することは認めた。局長だったレーナ・ヘール・エリクソンはマリーフレド刑務所脱獄事件後まもなく辞任した。刑務所運営の最終責任者である法務大臣のトーマス・ボドストロームは、辞任要求を退けた。非難の嵐からボドストロームを救ったのは、彼の個人的な人気である。最近の世論調査によれば、スウェーデン女性は子どもを産みたい男性の第二位にボドストロームをランクしている。法務大臣になる前には、華やかな若手弁護士としてだけでなく、スウェーデンのプロサッカーチームでディフェンダーをつとめた選手でありながら、政府高官のポストを得た最初の人物であることでおおいに注目を集めていた。AIKストックホルムで三年間プレイしている間、ボドストロームはリーグでもっともカードをもらう選手のひとりだった。

スウェーデン社会がナショナリズムを保ちながら、多民族からなる移民を喜んで受け入れていけるかどうか、その先行きはまだ見えていない。またスウェーデン人の従来の伝統（若い女性を「家名を汚した」という理由で父や兄が殺してしまう「名誉の殺人」など）を移民たちが進んで廃止しようとするかもわからない。これまでのところスウェーデンでは、ほかの西側ヨーロッパ諸国でひんぱんに起こっているような、移民排斥を掲げて右翼勢力が引き起こす暴動はまだ起きていない。そしてスウェーデン最大のスターサッカー選手であるヘンリク・ラーションとズラタン・イブラヒモヴィッチの絶大なる人気が、スウェーデン人であることの定義を広げる助けになるかもしれない。ラーションは白人のスウェーデン人の母親とセネガルのカボヴェルデ諸島出身の黒人の父親の間に生まれ、ヘルシンクボリで育った。イブラヒモヴィッチはボスニアからの移民の両親のもとに生まれ、マロモ市郊外の移民地区であるロセンガルドで育った。彼の父はムスリムで、母はカトリックであり、そのプレイスタイルは力強く独特である。イブラヒモヴィッチは新しいスウェーデン人を代表している。その腕に彫られた刺青には、「神だけが俺を裁く」と書かれていて、それは『監獄』というテレビドラマで見たセリフにヒントを得たのだという。

ハル刑務所訪問が終わるころ、すでに外は暗くなっていた。雨はまだ降っている。私は帰るために出口へと向かった。刑務所訪問で一番いいのが、帰るときだ。外に出てから背後で門が閉まる音は、入るときに聞く音とちがう。日焼けサロンやテニスコートやカラーテレビが備えられていても、収容者や職員が開放的で真摯で協力的であっても、パートナーとひと晩過ごせてコンドームが無料で配布されても、ハル刑務所はあえて宿泊したいとは思わない場所である。そこにいると、人生の敗北と過ちに思いを馳せ、人間は欠点だらけだということを痛感させられる。車のほうに歩きながら、私は暗闇のなかであかあかと照明された管理棟と刑務所の建物を振り返った。案内してくれたカールは、私が考えていたことをぴたりといいあてた。「どんなに設備が整っているといっても、ここは刑務所ですよ」

エリック・シュローサー

『アトランティック・マンスリー』通信記者。最初の著書である『ファストフードが世界を食いつくす』(楡井浩一訳、草思社)は世界的ベストセラーとなった。ロサンゼルス在住。

アルゼンチン

Argentina

トマス・ジョーンズ

Thomas Jones

首都	ブエノスアイレス
独立（建国）	1816年7月9日（スペインから）
面積	2,766,890km^2
人口	39,537,943人
人口増加率	1.0%
年齢中位数	29.4歳
出生率	16.9人（1,000人口当たり）
人口移動率	0.4人（1,000人口当たり）
幼児死亡率	15.2人（出生児1,000人当たり）
平均寿命	75.9歳
民族	白人（主にスペイン系とイタリア系）97%，メスティーソ（白人とアメリカ先住民の混血），アメリカ先住民，その他の非白人3%
宗教	ローマカトリック92%（名目上，実践的なカトリック教徒は20%以下），プロテスタント2%，ユダヤ教2%，その他4%
言語	スペイン語（公用語），英語，イタリア語，ドイツ語，フランス語
識字率	97.1%
選挙権	不詳
兵役	不詳
GDP（一人当たり）	12,400ドル
GDP実質成長率	8.3%
失業率	14.8%
物価上昇率	6.1%
国家予算	不詳
軍事費	43億ドル（GDP比1.3%）
第一次産業（農業）	ヒマワリの種，レモン，大豆，ブドウ，トウモロコシ，タバコ，ラッカセイ，茶，小麦，家畜
第二次・第三次産業（商工業）	食品加工，自動車，耐久消費財，繊維製品，化学製品および石油化学製品，印刷，冶金，鉄鋼
通貨	アルゼンチン・ペソ

出典：「CIA世界年鑑」2005年11月版（人口統計2005年，経済統計2004年）

アルゼンチン

Argentina

サッカー協会	アルゼンチン・サッカー協会
地域連盟（コンフェデレーション）	南米サッカー連盟（CONMEBOL）
協会設立年	1893年
FIFA加盟年	1912年
愛称	アルビセレステ
監督	ホセ・ペケルマン
ホームページ	www.afa.org.ar
スタジアム	アントニオ・ベスプシオ・リベルティ

FIFAランキング	4
ワールドカップ出場回数	13
ワールドカップ優勝回数	2

1930	準優勝
1934	トーナメント敗退
1938	棄権
1950	棄権
1954	不参加
1958	1次リーグ敗退
1962	1次リーグ敗退
1966	準々決勝敗退
1970	地区予選敗退
1974	2次リーグ敗退
1978	優勝
1982	2次リーグ敗退
1986	優勝
1990	準優勝
1994	決勝トーナメント敗退
1998	準々決勝敗退
2002	グループリーグ敗退

試合数	60
勝	30
引き分け	11
負	19
得点	102
失点	71
得失点差	31
勝点	101
ワールドカップ通算成績　第4位	

一九八〇年代半ばにおいて、ピッチ上の選手を的確に誉めようとすれば、《スキル》という語を使わざるを得なかった。《スキル》は名詞の働きをし、例えば「おい、おまえの新しいスケボー、超スキル」といった使い方をしたのだが、世界中で右に出るものがいない当時の《スキル》は、ディエゴ・アルマンド・マラドーナだった。八六年初夏、メキシコ・ワールドカップへの高まりの中で、サッカー場でもどこでも、マラドーナという名前が《スキル》の代わりに、絶賛のことばとして使われるようになった。「おい、おまえのスケボー、超『マラドーナ』だな」。マラドーナという単語が人間を指していることを、私が理解するまでにはしばらく時間がかかった。いわんや、サッカー選手だと知るよしもなかった。そんな折、私は予選一次リーグのイタリア戦で得点を挙げるマラドーナの姿を観た。ゴールエリアの左外側で、信じられないくらいジャンプすると、やわらかいタッチでボールを蹴った。ボールは、イタリア・チームのキャプテン、名ディフェンダー、ガエタノ・シレアの必死に伸ばした右脚の上を越え、さらにはキーパーのいっぱいに伸ばした両手をすり抜け、ゴールの右隅下に吸い込まれてゆく。明らかに――ロンドンから少し離れた街ベイジングストーク（環状道路で有名であるが）に住んでいた無知蒙昧の九歳の少年にとってさえも、明らかに、マラドーナは《スキル》に溢れていただけでなく、《スキル》の化身だった。

マラドーナは一九六〇年十月三十日、ブエノス・アイレス郊外の貧しい貧民街《バリオ》、ヴィィリャ・フィオリトで生まれた。九歳のとき、そのプレイぶりでロス・セボリタス（「小さな玉ねぎ」という意味）の監督の度肝を抜いた。監督は、九歳なんて信じられない、年齢を証明するものを何か見せろと言ったという。マラドーナがロス・セボリタスに入団すると、チームは百三十六連勝を記録した。アルゼンチンで開催され、しかもアルゼンチンが優勝した一九七八年のワールドカップへの出場は叶わなかったが、その理由は若すぎるということだった。それから一年後、アルゼンチン対世界選抜――「ワールド・カップ優勝国」対「それ以外の国からのベスト・メンバーのチーム」の試合で、マラドーナはブラジルのゴールキーパー、エメルソン・レオンが守るゴールにすさまじいシュートを叩き込んだ。ゴールエリアの外側からカーブをかけたシュートだった。「見たか、バカ野郎」と試合後マラドーナは毒づいた。ワールドカップ優勝チームからはずされたフラストレーションを吐き出すかのように、言葉を継いだ。「どうして一年前に、たったの一年だよ、おれはこのピッチに立っていなかったんだ？　そんなに若すぎた？　クソったれが」

　メキシコ大会では、イタリア戦の後、マラドーナにしばらく得点はなく、数週間後の対イングランド戦の一夜に再びゴールを決める。この二か国が対戦するのは六六年ワールドカップの準々決勝以来で、そこではイングランドが1対0でアルゼンチンを破った。そのあと、両国は文字通り戦っていたのである。

　一九八二年四月二日、マラドーナを筆頭にアルゼンチン・チームがスペイン・ワールドカップに向けて練習をしていたこの日、アルゼンチン軍はマルビナス諸島、別名フォークランド諸島に上陸した。アルゼンチンの海岸線から三百マイル（約四百八十キロ）、ロンドンから八千マイル（約千三百キロ）離れた島々への侵攻に対して、英国は対抗措置を講じないだろうとアルゼンチン側は考えていた。しかし、数日も経たないうちに特別部隊が英国やジブラルタル――これまた大英帝国の議論の的となっている海外植民地だが――の港から出発し、植民地の返還を求めた。首相のマーガレット・サッチャーが認めているように、到着まで一、二週間要したので、「向かっている特別部隊が、どのような任務を担うことになるか、まったく予想がつかない」状況だった。

アルゼンチンのもう一人の「天才」ホルヘ・ルイス・ボルヘスは、後に「フォークランド紛争」を「はげ頭二人の一本の櫛《くし》をめぐる喧嘩」に喩えた。六月半ばには、英国が島々を奪還したのだが、九百人を超す戦死者を出す結果となった（アルゼンチン側六百五十五人、英国側二百五十三人）。戦艦が出港していったとき、私の母は医者で、港町ポーツマスの病院に勤務していた。海軍に夫や恋人、兄弟がいる看護師が多く、不安な日々を送っていた。自分の国が戦争になりそうだと知って、心が高揚した覚えがある。とはいえ、実際の戦いは遥か彼方で起こると聞いて、ほっと胸をなでおろしたのも事実であるが。同時に、この大作戦には必ずしも崇高とは言えない部分があるような気がしていた。おそらく、こうした気持ちになったのは親の影響で、私の両親は戦争に賛成していなかった。アルゼンチン側の戦死者についていえば、その多くが徴兵された十代の若者で、その過半数以上が第二次世界大戦で使われた旧式の巡洋艦ジェネラル・ベルグラーノに搭乗していた。この巡洋艦がフォークランド諸島から離れようと速度を上げていたときに、英国軍の魚雷攻撃を受けたのだった。「よし、命中だ！（Gotcha!）」が、翌日の英国紙『サン』の満足気な大見出しだった。

フォークランドの勝利によって、サッチャー首相の人気は急上昇した。一方のアルゼンチンは敗北が引き金となり、一九七六年以来、国を支配していた、右寄りの軍事政権が失脚する結果となった。この戦争の前、軍事政権は窮地に立っていた。経済は混乱しており、マルビナス諸島の奪還は、ある意味では、政権に対する国民の支持を高める方策だった――そして、これは確かにしばらくは効果があった。英国軍の原子力潜水艦、航空母艦、垂直離着陸ジェット機ハリアー、そしてヘリコプター中隊が到着するまでは。しかし、七月十四日にアルゼンチンは降伏した（この前日、ディフェンディング・チャンピオンであるアルゼンチン代表チームは、バルセロナにおけるワールドカップ開幕戦でベルギーに敗退した。ベルギーの出場は七〇年以来で、しかもそれまで一度も一次リーグを突破したことがなかった）。

フォークランド紛争がすでに一つの遠い過去の歴史の一頁となっていた一九八六年に——つまり、両国の誰もが「あれは過去のものだ」と試合前に主張した状況で、メキシコにおいてアルゼンチンとイングランドが激突した。試合前、レポーターに向かって、マラドーナの前任のキャプテン、ホセ＝ルイ・ブラウンはこう語った。「親類縁者がマルビナス諸島で戦わなかった人なんていないよ。それに、あの戦争で帰らぬ人となってしまった人もいる。嘆かわしいことだけど、ぼくたちはそうした人たちのことを考えないようにしているんだ」。そして、ブラウンは報道陣に対して、「とてもすばらしい試合」になることを約束した。

後半十分、マラドーナが一点を取り、チームの士気が高まる。マラドーナは、自陣でエクトール・エンリケからボールを受ける。一瞬、イングランドのピーター・リードとピーター・ビアズレイに挟まれて、ブロックされてしまうようになるが、マラドーナは二百七十度ターンして、ボールを押し出すと、二人を置き去りにしてドリブルで突き進む。敵陣の右サイドに切り込んだマラドーナは、細かいステップを踏みながら、まるで足とボールとが操り糸で繋がっているかのように、ケニー・サンソンとテリー・ブッチャーを抜き去ってゆく。その瞬間にマラドーナが空中に舞い上がり、飛び去っても、驚きはしなかっただろう。そして、舞い上がらなかったとしたら、それはただ単にその必要がなかっただけの話であり、実際、最後の守りの砦テリー・フェンウィックを振り切り、またも重力に逆らうことなく、キーパーのピーター・シルトンもかわしてしまった。マラドーナは、イングランド選手とは違う時間枠で動いているかのようにさえ思え、マラドーナがとうに過ぎ去ったあとで、イングランド選手がようやくタックルをしているように見えた。ブッチャーがマラドーナの向こうずねにタックルして倒したときには、すでにボールはゴールネットに突き刺さっていた。十六年後、このすばらしいプレーは、並外れた《スキル》のまぶしい十一秒は――いや、スキル以上の、一〇〇パーセントマラドーナでしかない十一秒は、FIFAにおける無記名投票の結果、世紀のゴールに選ばれた。マラドーナはこの一点を、「子どものときに夢見るゴール」と呼んだ。

イングランドが立ち直ることはなかった。マラドーナは二〇〇二年に出版された『マラドーナ自伝』（藤坂ガルシア千鶴訳、幻冬舎）のなかで、次のように書いている。

サッカーの一チームを破った以上に、一つの国を破った一戦だったんだ。もちろん、試合前にはサッカーとマルビナス諸島戦争（フォークランド紛争）とは無関係だとおれたちは言ったけど、この戦争でアルゼンチンの若者が、まるで小鳥が撃ち落とされるみたいにたくさん死んでいったのを忘れるはずはない。雪辱戦《リベンジ》だったんだ。マルビナス諸島をほんのちょっと取り返したみたいなものさ。試合前のインタビューでは、おれたちは口をそろえて、「サッカーと政治を混同すべきではない」と言ったけど、あれはウソさ。それ以外のことは考えてなかったよ。クソッたれ、あれが第一試合を負けたあとの、まさに第二試合だったんだ！

⚽

驚いたことに、翌日の学校では、だれ一人「世紀のゴール」について口にしようとしなかった。だれもが話題にしたかったのは、そのゴールの四分前にマラドーナが拳で入れた一点についてだった。試合後、マスコミに対してマラドーナは、「ほんのちょっと神の手で、ちょっとはマラドーナのヘッドで」と語った。かつてのマラドーナのファンは、まるで個人的に裏切られたかのように、怒り心頭に発した。一晩でマラドーナは侮蔑の的となり、イカサマの代名詞となった。私は当惑した。

とはいえ、〈神の手〉の一件が私の「喉に引っ掛かった骨」になることはまったくなかった。むしろ、尊敬の源となったと言えるくらいだ。そもそも、驚嘆すべきは、身長百六十センチ足らずのマラドーナが、百八十センチを優に超えるシルトンにジャンプして競り勝ってしまった点だ。さらに言えば、反則を見逃し、ゴールを認めてしまった主審と線審こそ、最も咎められるべきではないのか。一年後、BBCの記者にマラドーナが語っているように、「あれは一〇〇パーセント、正当なゴールだ。だって、主審が認めているんだし、主審の資質うんぬんをとやかく言う立場におれはないんだから」。私の一貫した考えであるが、〈神の手〉の一件を道徳家ぶって非難するのは、スポーツマン精神に悖《もと》る行為だろう。それに比べれば、イングランド敗戦による失望感とフラストレーションを誤魔化す術《すべ》を見つけるほうがまだましだ。イングランドのファンは、今後マラドーナを決して許さないだろう。イカサマを働いたからではない。自分たちの最高選手五人をあたかもでくの坊のごとく扱い、ドリブルで置き去りにし、史上最高ののだ。

ゴールを決めてしまったからだ。そして、イングランドをワールドカップから蹴散らしてしまったからな

許し難いのは、マラドーナが世界最高のプレイヤーでありながら、同時に桁外れのイカサマ師だったという点だ。換言すれば、フェア・プレイ精神をその拳で厚顔無恥なまでに打ち砕いたのみならず、ルール違反を大いに楽しみ、さらには〈神の手〉から五分も経たないうちに、イカサマ無しでも得点してしまった点だ。マラドーナは面白半分でイカサマをした。やろうと思えば、正当にゴールを決める能力を持っていた——「正当に」はおろか、「華麗に」も決めることができた——そして、やろうと思えば、反則をしてもまんまと逃れることもできたのだ。

敵として相対したイングランド選手がだれもかれもが高潔の士だったというわけではない。「世紀のゴール」が決まっていなかったら、その前のブッチャーのレイト・タックルは、確実にPKものである。たとえマラドーナのフェア・プレイ精神が少しひねくれ気味であると百歩譲ったとしても、ブッチャーと同種のファウルをしてきたそれまでの多くの選手、ボールを奪えないと諦め、ボールではなく足首を直接狙いにいった多くの選手に、少しは非難が向かなければならない。一九八三年、マラドーナがスペインのバルセロナでプレイしていたとき、アンドニ・ゴイコチェア（別名、「ビルバオのブッチャー」）の無茶苦茶な突進が、マラドーナの足首を砕いた。「ボキッ、とうしろから斧で一撃されたかと思ったよ。片足が持ち上がったような感じがして、それから完全にやられたと実感したね」。三か月後、マラドーナはピッチに戻ってきた——しかしながら、フェア・プレイを論ずるご立派なお説教的言説に対して、たいして関心が集まりはしなかった。

「ときどき思うのだが、あのゴールのほうが楽しんでいたと思う。最初の一点のほうが」とマラドーナ

は『自伝』に書いている。「いまなら当時言えなかったことが言えそうな気がする……神の手なんてクソ喰らえさ、あれはディエゴの手なんだ！　それに、イギリス人のポケットからちょっとばかりチョロまかしてやった感じさ」。一九八六年六月二十三日そしてそれに続く数週間、イギリス国民のポケットはずっとチョロまかされたまま、私はと言えば、自分の思いをずっと胸の奥に隠したまま、友人たちの前でマラドーナを弁護する発言をしないようにしていたのだった。へたにそんなことをして、今度は自分の足首をグラウンドでへし折られたらかなわないと思っていた。

ご承知のように、アルゼンチンは勝ち進み、メキシコ大会を制した。一九九〇年のイタリア大会では、決勝でドイツに敗れ、二位に甘んじた。つぎの九四年アメリカ大会では、マラドーナは麻薬検査で引っかかり、本国に送還され、十五か月の出場停止処分を受けた。アルゼンチンは一次リーグで敗退し、チームの命運は偉大なる選手の命運と同じ一途を辿るように見えた。その翌年、驚愕の大番狂わせがあり、ウルグアイで開催されたコパ・アメリカ大会で、アメリカがマラドーナ抜きのアルゼンチンを3対0で打ち負かした。

一九九四年の不名誉な強制退去に続く出場停止処分が九五年の秋にとけると、マラドーナはボカ・ジュオールスに再び入団した。退団するのは、コカインの陽性反応が出た九七年八月である。二〇〇〇年、マラドーナはキューバに移住した。右肩に、アルゼンチン生まれのもう一人の伝説的人物チェ・ゲバラのタトゥーを入れた。「ゲバラは反逆者だった。おれもだ」。マラドーナは、フィデル・カストロやベネズエラのウゴ・チャベス大統領やエボ・モラレスと親交がある。モラレスはかつてコカの栽培農場経営者で、昨年ボリビアの大統領に選ばれた人物である。現在ではラテン・アメリカの左翼の支持を集めたポピュリスト（民衆主義）の大物となっており、昨年十一月、沿岸都市マール・デル・プラタにおいて、ジョージ・W・ブッシュ大統領の訪問に抗議するデモを主導した大統領でもある。

とはいえ、マラドーナが、二〇〇六年ワールドカップのアルゼンチン・チームの監督をしている可能性はないだろう（いまだに謎であるが、マラドーナはアルゼンチン・サッカー協会の誘いを断っている）。チームは現在、世界ランク第四位で、すばらしい選手も揃っている。例えば、カルロス・テベスがいる。「新しいマラドーナ」と呼ばれた一人で、ウルグアイの新聞『エル・パイス』紙が行なう人気投票で、三年連続してラテン・アメリカ年間最高選手に選ばれている。また、ファン・ルマン・リケルメがいるが、ゲームメーカーのかれはアルゼンチンでは正当に評価されていない。少なくとも代表監督のホセ・ペケルマンの目にはよく映らないようであるが、昨年十一月のアルゼンチン対イングランドの親善試合を観た私の目にはすばらしく映った。愛国心のかけらもない私は、試合をほとんど支配するリケルメのファンになってしまったくらいだ。八十四分にリケルメが交代になっていなかったら、マイケル・オーウェンの試合終了間近の二得点はなかっただろうし、おそらくは2対1でアルゼンチンが勝っていたことだろう。それから、リオネル・メッシがいる。バルセロナのミッド・フィルダーで、二〇〇五年のFIFAワールド・ユース大会のスター選手であり、テベスと同じく「新しいマラドーナ」と呼ばれている一人である。

しかしながら、だれも背番号10をつけないだろう。なぜなら、マラドーナ以後、10番をつけるに値する選手がいないからだ。健全な尊敬と不健全な偶像崇拝とを分ける一線は微妙である。それゆえ、おそらくはアルゼンチンがエル・ディエゴ・マラドーナへの畏敬の念を脱却しないかぎり、この国は再びワールドカップで優勝はしないだろう。「新しいマラドーナ」とだれもが認めるようなアルゼンチン選手が現れれば、聖なる10番をつけてピッチに立つことだろう。そして、こう毒づくだろう——「10番なんてクソ喰らえ、こんなもんがなんだッ」。やがて、その選手をだれもが本名でしか呼ばなくなり、ブエノス・アイレスからベイジングストークまで地球上の九歳の子どもたちが、「こんなサッカー選手はいままで見たこともない」と思うようになることだろう。

トマス・ジョーンズ
『ロンドン・レヴュー・オブ・ブックス』の編集者。ロンドン在住。

コートジボワール

Cote d'Ivoire

ポール・ライティ

Paul Laity

首都	ヤムスクロ
独立（建国）	1960年8月7日（フランスから）
面積	322,460km^2
人口	17,298,040人
人口増加率	2.1%
年齢中位数	19.1歳
出生率	35.5人（1,000人口当たり）
人口移動率	0人（1,000人口当たり）
幼児死亡率	90.8人（出生児1,000人当たり）
平均寿命	48.6歳
民族	アカン人42.1%，ヴォルタ／グル人17.6%，北マンデ人16.5%，クル人11%，南マンデ人10%，その他2.8%（130,000人のレバノン人と14,000人のフランス人を含む）
宗教	キリスト教20～30%，イスラム教35～40%，伝統宗教25～40%（2001年）
言語	フランス語（公用語），最も広く話されているジウラ語など60ほどの民族言語
識字率	50.9%
選挙権	18歳以上の全国民
兵役	18歳以上，志願制および義務徴兵制（18ヶ月）
GDP（一人当たり）	1,500ドル
GDP実質成長率	-1.0%
失業率	13%（都市部，1998年）
物価上昇率	1.4%
国家予算	27億6700万ドル
軍事費	1億8020万ドル（GDAの1.2%）
第一次産業（農業）	コーヒー，ココア豆，バナナ，パーム核油，トウモロコシ，米，マニオク（タピオカノキ），サツマイモ，砂糖，綿花，ゴム，木材
第二次・第三次産業（商工業）	食料品，飲料，木製品，製油，トラック／バスの組立，繊維製品，化学肥料，建築資材，電気，造船および船舶の整備
通貨	アフリカ金融共同体（CFA）フラン

出典：「CIA世界年鑑」2005年11月版（人口統計2005年，経済統計2004年）

コートジボワール

Cote d'Ivoire

サッカー協会	コートジボワール・サッカー協会
地域連盟（コンフェデレーション）	アフリカ・サッカー連盟（CAF）
協会設立年	1960 年
FIFA 加盟年	1961 年
愛称	エレファンツ
監督	アンリ・ミシェル
ホームページ	www.fif.ci
スタジアム	ウフェボワニ・スタジアム

FIFA ランキング	42
ワールドカップ出場回数	0
ワールドカップ優勝回数	0

1930	—
1934	—
1938	—
1950	—
1954	—
1958	—
1962	—
1966	不参加
1970	不参加
1974	地区予選敗退
1978	地区予選敗退
1982	不参加
1986	地区予選敗退
1990	地区予選敗退
1994	地区予選敗退
1998	地区予選敗退
2002	地区予選敗退

試合数	0
勝	0
引き分け	0
負	0
得点	0
失点	0
得失点差	0
勝点	0
ワールドカップ初出場	

「象のあとに従えば、涙を流すことはない」（コートジボワールのバウルに伝わるまじない）

コートジボワールの祝宴は、その日夜の十時から翌朝の六時まで続いた。カメルーンの首都、ヤウンデで行なわれたカメルーン対エジプト戦。カメルーンは勝つか引き分けでワールドカップの出場を決める。そしてエジプトがリードして迎えた試合終了直前、エジプト選手がペナルティエリア内でカメルーン選手を倒してPKをとられた。ところがカメルーン選手が蹴ったボールはゴールポストをたたき、その瞬間、コートジボワールのワールドカップ初出場が決まった。

直後からコートジボワール最大の都市、アビジャンの通りに人々は飛び出し、大騒ぎとなった。コートジボワール代表のチームカラーであるオレンジとグリーンが街にあふれ、車はけたたましくクラクションを鳴らした。にぎやかでテンポの速い民族音楽ズーグルーがあちこちで演奏され、喜びあふれた人々は鍋やフライパンをたたきまくった。パーティでは、代表チームのスターストライカーであるディディエ・ドログバを称えた「ドログバサイト」という新しいダンスが披露された。打楽器のリズムにあわせて、ドログバのフェイントやターンや爆発力のある鋭いシュートのポーズをまねるダンスだ。ドログバがゴールを決めたときのトレードマークにしているフーカフーカをまねようとするものもいた――コートジボワールに伝わるダンスを取り入れた腰をふる独特の踊りは、サッカーファンの間では有名だ。マキズというオープンエアのカフェ、バーや小規模のナイトクラブでは、ひと晩中「ドログバス」の注文が途切れることがなかった。その特大サイズと、飲んだときの衝撃からストライカーにちなんで名づけられた地元産の瓶ビールである。多くの酔っ払いたちは胸に「レ・ゼレファント」という代表チームのニックネームをプリントしたシャツを着ていた。象は力の象徴であり、幸運を運ぶしるしでもある。つまり呪いから守ってくれる。これまで長く国民を失望させてばかりだった代表チームが、ついにそのニックネームにふさわしい働きをした。

内戦によって引き裂かれてきた国は、ワールドカップ出場を決めたことでひとつになって喜びにひたった。北部にある第二の都市で、抵抗勢力の拠点であるブアケでも祝砲が撃たれた。東でも西でも、人々は通りに飛び出して喜びを分かちあった。アビジャンでは夜を徹してお祭り騒ぎが繰り広げられ、朝になるとファンたちは疲れをものともせず、スーダンとの予選最終戦（オムデュルマンで行なわれた試合ではコートジボワールが3対0でスーダンを下し、出場権獲得への関門をまずひとつ突破してカメルーン対エジプトの試合結果を待った）から帰国する選手たちを出迎えようと空港に向かった。ドログバ、ボナヴェントゥレ・カルー、コロ・トゥーレをはじめとする選手たちは、飛行機から降りたつやいなやファンに囲まれ、抱擁され、もみくちゃにされた。トラックに乗ってアビジャン市内のポート・ブエ、コウマッシ、マルコリーとトレイシュヴィル地区を選手たちが凱旋パレードし、興奮したファンたちは、どんな政治家よりもいい形でサッカーが内戦を終結させたと断言した。和解のときがついにやってきたのだ。

南部を地盤とする政権は、過去十年以上にわたって、北部地域に多い移民やムスリムたちの憎しみをつのらせるばかりの政治を行なってきた。しかしコートジボワールにおけるもっともすぐれたサッカー選手たちの多くがムスリムや移民家庭の出身者であることによって、代表チームは国家統一のシンボルとなった。アビジャンでの凱旋パレードの最後に、コートジボワール・サッカー協会の会長はローラン・バグボ大統領に請願した。「選手たちからのお願いです。いま彼らが一番望んでいるのは、わが国がふたたびひとつになることです。この勝利がコートジボワールに平和を樹立させ、内戦を終結させ、人々をひとつにまとめるきっかけになることを願っています。ワールドカップ出場を決めたことは、われわれをひとつにするにちがいありません」。通りで繰り広げられるお祭り騒ぎは、その日も一日続いた。

バグボ大統領は、自分も勝利チームの栄誉に授かろうと必死だった。コートジボワールも代表チームと同じく新しく生まれ変わったと言い、選手一人ひとりに爵位に匹敵する地位と豪華な別荘を授与した。コートジボワールのサッカーへの熱狂ぶりはほかのアフリカ諸国と変わらない。ファンは重要な試合の数週間前から祈禱集団を組織し、試合当日には夜明けに集合して応援のための雄叫びを始める。しかし政治がサッカーにからむと醜悪になりかねない。軍による最初のクーデターを強行したロベール・ゲイ元参謀長は、二〇〇〇年に代表チームを二日間兵舎に拘留した。アフリカ選手権でコートジボワールが一次リーグを突破できなかったことに対する懲罰である。ゲイ元参謀長は選手のパスポートと携帯電話を取り上げ、公然と糾弾し、軍事訓練で根性をたたきなおす必要があると断じた。「兵舎でしばらく反省しろ。われわれに恥をかかすな」。ワールドカップ出場を達成したおかげで、代表チームはしばらくは恥とは無縁でいられるし、二〇〇六年の夏までの束の間ではあるが、コートジボワール人には政治よりサッカーを優先する日々が約束されている。

⚽

コートジボワールの過去の輝かしい栄光は、ここ十年の間に色あせてしまい、いまや消滅寸前である。

大半のコートジボワール人にとって、世界は暗転した。文化人類学者のレヴィ＝ストロースが、アフリカについて書いた『悲しき熱帯』に登場するような国のひとつになってしまったのだ。二〇〇五年七月に、アメリカ平和基金はこの国を世界でもっとも危険な国のひとつに指定した。英国外務省は、いかなる目的であれこの国への渡航を禁止した。アビジャン市外に設けられた、北部地域に向かう道路の検問所には「コートジボワールはルワンダでもコンゴでもない」という落書きがある。しかしそういう主張こそが、アフリカのほかの国と同じく、若い男性たちがナイフと旧ソ連製の自動小銃AK－47で武装し、民族間で戦争が繰り広げられている事実を認めており、落書きの切なる口調は、この国がどんどん悪い方向に向かっていることを証明している。

一九六〇年にフランスから独立を勝ち取って以後の数十年間は、繁栄するコートジボワールはほかの植民地独立国の模範だった。アビジャンには摩天楼がそびえたち、高速道路が走り、銀行や企業が立ち並び、おしゃれな店や高級レストランがにぎわった。洗練されたコスモポリタンな都市アビジャンは、「アフリカのパリ」と称えられた。贅を凝らしたホテル・イヴォワールはエアコンがきいた快適な宮殿で、地下には屋外の気温に関係なく一年中氷がはられたアイスリンクまであった。初代大統領であり、慈善心に富んだ独裁者であったフェリックス・ウフェボワニは、生まれ故郷の何もない寒村だったヤムスクロに大通りと公園を建設し、そこを首都に定めた。アフリカのヴェルサイユと称された大統領府にひきつづき、巨額を投じて大きさもデザインもそっくり同じサンピエトロ寺院のレプリカを建設し、ヨハネ＝パウロⅡ世が祝福のため訪れた。

しかしバブルがはじけたとき、コートジボワールはウフェボワニの名前のもとでかろうじてまとまっている状態になった。「アフリカのフランス」と呼ばれたこの国の華麗で洗練された姿を求め、一九八〇年代のはじめに作家のV・S・ナイポールが旅している。文明の深部までのぞこうとするこの作家のことであるから、当然ながらこの国が見かけよりも近代化が遅れており、部族の伝承や魔術が支配しているという暗部を見出す。ヤムスクロの宮殿は目を見張るほどモダンではあるが、宮殿内の湖で飼われている聖なるクロコダイルには、毎日生きた鶏がエサとして与えられていた。その儀式は「昼間の光のなかで見る現実を根こそぎ否定するこの国の闇」だとナイポールは言う。いったいどちらが残っていくのだろう？　夜のアフリカか、それとも昼間の摩天楼か？　ナイポールはそんな思いを『ヤムンスクロのクロコダイル』というエッセイに書き、本が発刊された十年後にウフェボワニが亡くなった。ショックのあまり、一人のコートジボワール人が宮殿内の湖に飛び込み、自らクロコダイルの生贄となった。ずたずたに引き裂かれた死体が水面に漂い、最後に水底に引きずり込まれていくまでの二日間、大勢の人々が詰めかけて見守った。ナイポールがエッセイの最後に書いたことがその光景に重なる――個人、または集団が、部族への忠誠と野蛮な慣習によって自滅する、もしくはさせられる、という予感である。

ウフェボワニの死後、政治はコートジボワール色を強化することに主眼がおかれた。新政権は反北部勢力、反移民を掲げて発足し、そのため村落でも、もとから住み着いている住民とあとから移ってきたものとの間に軋轢が生じるようになった。移民出身の政治家は要職につけなくなり、やがて国中に不満の声が高まった。そして二〇〇二年九月、ムスリムを主軸とする反乱兵士たちが政権打倒を掲げて蜂起し、内戦が始まったのである。

しかし紛争にはもうひとつの要因がある。コートジボワールにおけるフランス勢力の駆逐である。バグボ大統領は、フランス軍が駐留を続け、内戦の政治的仲裁をはかろうとするのは、北部勢力に肩入れすることだとみなして嫌悪感をあらわにする。フランスが二〇〇四年十一月にコートジボワール空軍の二台の旧型ジェット機とヘリコプターを数機破壊してしまったとき、バグボ大統領が大々的に財政支援を与えている〈ジューン・パトリオット〉（若き愛国軍）と呼ばれる軍は、アビジャンの反仏感情をあおり、暴動を起こした。悪名高い「白人狩り」と呼ばれるこの暴動で、八千名以上のフランス人が国外退去を余儀なくされた。コートジボワールへのフランスの支配力は自然に消滅しつつある、とバグボは主張した。『フィガロ』紙のインタビューで、自分の世代は七月十四日の革命記念日に喜んでフランス国歌を歌ったが、コートジボワールの三十代以下の七〇パーセントはそんなことをしようとしない、また抗仏と国民の志気を高めるためにこれからは英語を使う、意気盛んな反乱者たちがモデルにしているのはアメリカだ、と語った。内戦の兵士たちは敵も味方もアメリカのピンアップ・ガールが好きで、ゴールドのチェーンをじゃらじゃらつけ、トラックスーツを着ている。彼らはみなズーグルーのラップバンド〈ザ・バスターズ〉を聴き、お気に入りの歌は『犠牲になった世代』である。

　フランスは一八九三年にコートジボワールを植民地にすると宣言した。そのときにはすでにこの地において資源の組織的な開発が進められていて、事業はそのまま続行された。若き写真家アンリ・カルティエ＝ブレッソンがこの国を旅したのは一九三一年で、帝国主義国家の植民地支配の実態を目の当たりにし、受けた衝撃をフランスに書き送っている。兵士や道路建設作業員として使役させるため、逃げまどうアフリカ人が強制連行される話。作業監督から死ぬまで打ち据えられる黒人の伐採人のこと。カルティエ＝ブレッソンは金儲けのためではなく、経験を求めてこの国を旅した。旅行鞄のなかにはランボーの詩集が一冊と、クラウスの中古カメラが一台。そのカメラではじめて写真を撮った。生活費を稼ぐために彼はカバやクロコダイルを狩猟した――アセチレンのヘッドランプをつけて、夜まで精を出した。ある日住血吸虫にやられて尿が黒くなり、滞在の残りの数か月をコートジボワールで病床に伏すことになる。母国フランスへの帰路、彼はジョゼフ・コンラッドがアフリカを舞台に書いた小説『闇の奥』を読んだ。このとき撮った写真はカビにやられてほんの数枚しか残っていない。その一枚では、肩幅が広いがっちりした体格の黒人の甲板員が、船体の幾何学的なラインを背に立っている。また錨の鉄製の鎖と小山ほどに積み上げられたロープの写真は、アフリカにおけるフランスの交易と汗と長い歴史を物語っている。

二〇〇五年十月、対スーダン戦後にバグボ大統領が官邸で催した祝賀晩餐会に、コートジボワールの代表監督であるアンリ・ミシェルが欠席したことは注目を集めた。いまだにフランス人監督に頼っていることが、植民地時代の負の遺産とみなされて不愉快だからだ、と憶測をよんでいる。しかし現政権が反仏をいくらおおやけに強調したところで、話がことサッカーとなると、フランスに背を向けられればコートジボワールがたちまち困難に直面するのが目に見えている。現在の代表チームに文句なしに選抜される選手たちのうち、八人から九人がフランスで活躍し、ほかの多くの選手も居住地はフランスだ。ドログバは五歳のときにコートジボワールを離れ、フランスのマイナーリーグを点々としていた叔父のもとに身を寄せた。子どものころはヨーロッパのサッカーをテレビで観戦し、ダンケルクやアビヴィルのピッチで遊んだという。やがて彼はフランス・リーグのマルセイユに入団し、フィジカルが強くてテクニックにすぐれたストライカーとして名を馳せた。

　代表チームのなかに数名、アビジャンにあるＡＳＥＣというクラブの下部組織として、ジャン＝マルク・ギユーが設立した若手育成のアカデミー出身者がいる。ギユーはミシェル・プラティニとともにフランス代表としてプレイしていた。ギューはコートジボワール中から豊かな天分をもった子どもたちを集め、ハイテクな設備――芝が手入れされたピッチ、医療施設やジム――が整ったところで育成した。コートジボワールにはきら星のごとく攻撃のタレントがいるが、なかでももっとも期待が集まるバカリ・コーン、愛称〈バキー〉もギューに見出された一人だ。「ある日ウィリアムズヴィル地区を通りかかったとき、子どもたちが何人か私を引き止めて、口々にしつこくこういったんだ。『ここにペレみたいな子がいるよ。その子をぜったいに見るべきだ』」ギューは十分間プレイを見て、コーンをアカデミーに入れることを決めた。彼はいまフランス一部リーグのニースで、スタープレイヤーとなっている。

この件さえもフランスとコートジボワールの関係を悪化させる原因となった。二〇〇二年にギューはASECを去り、自分でサッカースクールを設立して秘蔵っ子を三十人連れていった。このことで、彼の主たる目的が若手をヨーロッパのサッカー市場に売りこむことであることは明白になった。まもなくコートジボワールの有望なタレントは、ほとんどが国外へと流出した。最初から輸出することを目的に十代のころから育成された選手たちは、地元のファンがプレイを一回も観ないうちに海外に行ってしまう。最近やっと、ヨーロッパのクラブが十八歳以下の非ヨーロッパ選手と契約を結ぶことを禁じる通達が出されたが、ときすでに遅く、大悪党のギューが若手サッカー選手をコートジボワールの新しい輸出品として有名にしたあとだった。

コートジボワールが勝ちつづけている間は、バグボはフランスがいまだにこの国のサッカーに大きな力を持っていることを無視し、政府は代表チームへの財政支援を惜しまないと最大限宣伝していくだろう。しかし彼は別の形でチームを支援することからは距離を置いているようだ。一九九二年、コートジボワールがアフリカ選手権の決勝戦で戦ったとき、スポーツ相は呪術師の集団に、相手チームであるガーナよりもコートジボワールのチームに超自然的な力がより有利に働くように祈禱を要請した。（そして祈禱は効を奏した。）この話には続きがあり、勝利したにもかかわらずスポーツ相が約束したカネを支払わなかったため、呪術師たちは十年間にわたって代表チームがみじめな結果しか出せないようにする呪いをかけた。二〇〇二年四月、モイセ・リダ・クアシ国防相は別の呪術師たちに呪いを解くように働きかけ、ジンと相当額のカネを払った。おかげで呪いは解かれ、一件落着。ワールドカップの出場が決まったわけだ。

呪術師はお守りをフィールドのあちこちにばらまいたり、魔法の軟膏を自陣のゴールポストに塗ってボールが入らないまじないをする。一九八四年のアフリカ選手権の重要な試合の前には、百五十人をくだらない呪術師がコートジボワール代表チームと同じホテルに滞在した。選手たちはさまざまなまじないの薬が入った風呂につかったあと、一人ひとり部屋に呼ばれて一羽の鳩の耳に願い事をささやかされた。ASECは九八年にライバル・クラブチームのアフリカスポーツから訴えられた。ブアケで行なわれたリーグ優勝をかけた試合の前に、呪術師が調合した飲み物を飲んだと選手たちが告白したためである。（訴えは却下された。）アフリカのサッカー協会は呪術にまつわる話が広まって厄介事が持ち上がることに神経を使っていて、「チームアドバイザー」として呪術師を公式にチームの一員とすることを禁じている。しかしどんな種類であれ迷信はつねにスポーツで大きな役割をはたしているし、コートジボワールのサッカーに呪物崇拝が生きていることはまちがいない。（二〇〇五年九月に行なわれたカメルーンとのワールドカップ予選の前には、アビジャンの排水溝は勝利を祈願するための生贄となった鶏の血で真っ赤に染まった。）ナイポールが描いたとおりよくも悪くもこれがアフリカである。そこではいまだに魔術が行なわれ、村に伝わる神話が生きつづけている。そして北部と西部ではあちこちにバリケードが築かれ、兵士たちが首につけたお守りが弾除けになると信じている現実がある。戦争もまた迷信深さをいっそう加速させる。

〈ジューン・パトリオット〉はワールドカップ出場を祝福する大集会を企画した。バグボ大統領は計算高く、いい伝えに従ってエレファントたちのあとについて歩くだろう。そして国じゅうの誰もが――内戦での敵味方に関係なく――ドイツでチームが健闘することを願っている。しかしもし成績がふるわなかったら、いまの称賛がたちまち怒りに変わることは十分予測できる。コートジボワールがワールドカップ予選でカメルーンに二回目の敗北を喫し、もう予選突破の望みがなくなったと誰もが信じたとき、その試合ですばらしい働きをして二ゴールもあげたにもかかわらず、ドログバはファンから怒りをぶつけられ、脅迫状が送りつけられた。怯えた彼は、もう代表でプレイすることをあきらめようかと悩んだという。ドロクバにはあまりにも大きな期待がかけられすぎている。サッカーはそれ自体ではけっして国民の和解をもたらしたりはしない。（ワールドカップで優勝したときのフランスチームがいい例だ。まさに移民の寄せ集めのチームで、民族融合のシンボルだと持ち上げられたが、フランス国内で民族融合がうまくいった試しはなかった。）

しかしサッカーが愛国心を高揚させることはできる――それにしばらくは停戦と和睦の期間を与えてくれるだろう。作家のベルナール・ダディエは一九四〇年代後半に反植民地運動をあおって投獄され、のちに「コートジボワールの奇跡」と呼ばれた栄光の時代に文化相をつとめた人物だが、自伝的小説『クリンビエ』で、白人と黒人が入り混じって観戦したグランド＝バッサムとブアケのサッカーの試合について書いている。試合を観戦していくうちに、黒人も白人も興奮で互いへの敵意を忘れてしまう。

激しい勢いでゴールに迫る選手たちが蹴るたびに、ボールは弾丸のように飛び、唸りをあげ、きしんだ。それを見つめる全員が息を呑む。すべての目がゴールの弾道を追い、もっと飛べと祈り、もしくはそんなに飛ばないでくれと願った。ボールをもっと速く飛ばそうと腕をふりまわすものや、手をたたいて後押しをしようとするものがいるかと思えば、大声でボールに脅しをかけるものまでいる。(中略)ヨーロッパ人もアフリカ人もスポーツの興奮にひたり、互いに肩をたたきあい、親しみをこめて話をしていた。

「おい見たか、俺たちはブアケを負かしてやるよ」

「何をバカな……俺たちが負かすんだよ」

黒人と白人を隔てていたものが消えたときだ。クリンビエは器用に皮をむくオレンジ売りのそばに立ち、スタンドの観客たちと、ピッチの選手たちを眺めていた。そこで彼は独り言をいう。「ああ、こういう仲のよさ、こういう和気藹々とした雰囲気がずっと続けばいいのに！」

ポール・ライティ

『ロンドン・レヴュー・オブ・ブックス』の編集者。"Left Book Club Anthology"を編集。ロンドン在住。

セルビア・モンテネグロ

Serbia and Montenegro

ジェフ・ダイヤー

Geoff Dyer

首都	ベオグラード
独立（建国）	1992年4月27日（ユーゴスラビア社会主義連邦共和国の崩壊後，ユーゴスラヴィア連邦共和国として独立）
面積	102,350km^2
人口	10,829,175人
人口増加率	0.0%
年齢中位数	36.8歳
出生率	12.1人（1,000人口当たり）
人口移動率	-1.3人（1,000人口当たり）
幼児死亡率	12.9人（出生児1,000人当たり）
平均寿命	74.7歳
民族	セルビア人62.6%，アルバニア人16.5%，モンテネグロ人5%，ハンガリー人3.3%，その他12.6%（1991）
宗教	東方正教65%，イスラム教19%，ローマカトリック4%，プロテスタント1%，その他11%
言語	セルビア語95%，アルバニア語5%
識字率	96.4%
選挙権	18歳以上の全国民，被雇用者の場合は16歳以上
兵役	19歳以上，義務徴兵制9ヶ月
GDP（一人当たり）	2,400ドル
GDP実質成長率	6.5%
失業率	30.0%
物価上昇率	8.8%
国家予算	104億6000万ドル
軍事費	6億5400万ドル（GDP比は不詳）
第一次産業（農業）	穀物，果物，野菜，タバコ，オリーブ，畜牛，牧羊，山羊
第二次・第三次産業（商工業）	機械製造（飛行機，トラック，自動車，タンクおよび兵器，電子機器，農業用機械），冶金（鉄鋼，アルミニウム，銅，鉛，亜鉛，クロミウム，アンチモン，ビスマス（青鉛），カドミウム），鉱業（石炭，ボーキサイト，非鉄鉱石，鉄鉱石）
通貨	新ユーゴスラビア・ディーナール モンテネグロではユーロ、コソヴォではユーロとユーゴスラビア・ディーナールが法定通貨とされている

出典：「CIA世界年鑑」2005年11月版（人口統計2005年，経済統計2004年）

セルビア・モンテネグロ

Serbia and Montenegro

サッカー協会	セルビア・モンテネグロ・サッカー協会
地域連盟（コンフェデレーション）	欧州サッカー連盟（UEFA）
協会設立年	1919年
FIFA加盟年	1919年
愛称	プラーヴィ
監督	イリヤ・ペトコヴィッチ
ホームページ	www.fsj.co.yu
スタジアム	スタディオン・ツルヴェネ・ズヴェズデ

FIFAランキング	47
ワールドカップ出場回数	9
ワールドカップ優勝回数	0

1930	3位
1934	地区予選敗退
1938	地区予選敗退
1950	1次リーグ敗退
1954	準々決勝敗退
1958	準々決勝敗退
1962	4位
1966	地区予選敗退
1970	地区予選敗退
1974	2次リーグ敗退
1978	地区予選敗退
1982	1次リーグ敗退
1986	地区予選敗退
1990	準々決勝敗退
1994	出場停止
1998	決勝トーナメント敗退
2002	地区予選敗退

試合数	37
勝	16
引き分け	8
負	13
得点	60
失点	46
得失点差	14
勝点	56
ワールドカップ通算成績　第9位	

注記：1998年まではユーゴスラヴィアとして出場

セルビアをはじめてちゃんと訪問したのはボスニア紛争真っ只中の一九九二年で、ブリティッシュ・カウンシルが企画したセミナーに参加するためだった。そのころロンドンからベオグラードまでの直行便はなく、いったんブダペストまで飛び、そこから数百キロを肝を冷やすほどのスピードで突っ走る車に乗って――正確にいえば乗せられて――行かねばならなかった。

セミナーで私はセルビアの知識人たち――出版人、作家、ジャーナリスト、学者――からセルビアについてどんなことを知っているかと何回も聞かれた。そこで、一九七八年にギリシャから英国への帰り道に私たちが乗ったバスが故障し、ベオグラードのホテル・ユーゴスラヴィアに一泊したことがある、という話をした。その呪わしいバスはベオグラードを出発したあとも何回となく故障を繰り返し、私たちはイーグルスのヒット曲を「ホテル・ユーゴスラヴィアにようこそ」と替えて、うんざりしながら何時間にもわたって歌いつづけるはめになった。それからまた、第二次世界大戦中に英国の特殊作戦局がドイツ軍領内で破壊工作を行なったとき、毎回ここに――少なくともバルカン半島内に――パラシュートで降りたことも知っている、といった。「パルチザン」という言葉も使ったし、サッカーチームの「レッド・スター・ベオグラード」についても言及したし、旧ユーゴスラヴィアが誇るノーベル賞作家、イヴォ・アンドリッチの代表作『ドリナの橋』を持っていることもいったし、午前十一時の休憩時間に出されるトルコヒーが好きだという話もした。しかし、セルビア、クロアチアとボスニアのちがいについてはいまひとつよくわかっていないことを正直に打ち明けるのはやめておいた。その訪問のあと、私のセルビア・モンテネグロに対する印象はどう変わっただろうか？　もしベオグラードを訪れることがなかったら、英国人作家のレベッカ・ウェストによる旧ユーゴスラヴィアについてのすばらしい紀行エッセイ『黒い羊と灰色の鷹』（私がこれまで読んだ本のなかで一番といっていいくらい重い意味を持つ本だ）を読むこともなかっただろうし、もう一度その地を訪ねたいとウェストのように切望することもなかっただろう。

それからたびたび私はかの地を旅し、最近では二〇〇五年十月に訪れた。そのときのベオグラードは異常気象で、秋とは思えない暑さだった。ロンドンで六月にその気温だったら、熱波が襲ってくると大騒ぎになるにちがいない。気候はあきらかに夏だが、木の葉が舞い落ちている。木々はすでに紅葉し、葉の色も茶褐色に変わっていた。誰もが半袖や袖なしの服で戸外に出て、暑いことを証明してみせていた。高級な店やケーキ屋のショーウィンドウをのぞきながらぶらぶら通りを散歩している人たちを尻目に、私は友人のナターシャが反観光ツアーと名づけた街めぐりを敢行した。一九九九年に行なわれたNATO軍の爆撃により破壊され、いまなお大半が修復されていない建物をめぐるツアーである。爆撃の精度は感動的といっていい。通りのほかの建物は無傷なのに、目立つ建物（たとえばネマンジーナ通りにある軍司令本部）だけがまるで爆弾一個で破壊させられたかのようにみごとに崩れている。ヨーロッパの多くの街でこういう爆撃跡を見ることができたのは遠い昔のことである。それがいま、ここベオグラードの街にはぼこぼこと虫食いのように破壊された建物が残されている。それは紛争の記念碑であり、ある意味警鐘でもある。小さないざこざを、竜巻のように数個の爆弾を落として一掃してしまおうとする――しかしそれですべてが終わるという保証はどこにもない。それならこんどは台風なみの威力のある爆撃でなぎ倒してしまおうと考える人が出てくるのではないか。人は誰もが自分の手で終止符を打ちたがる。（一九一八年十一月十一日の午前十一時ちょうどになるまで銃撃がやまなかったのは、第一次世界大戦で最後の銃弾を撃ったのは自分だとみんながいいたがったためだ。）破壊された建物跡は、この地の紛争が歴史となって終止符が打たれた記念碑などではなく、ましてや観光のために残されているわけでもない。

疾風のように駆けめぐるはずだったが、しばらくするとどうしても座ってコーヒーを飲みたくなる。トルココーヒーが反カプチーノ的飲み物だとすると、ベオグラードの何軒かのカフェでは反・反カプチーノとでもいいたくなる飲み物が出てくる――背の高いグラスの上にうず高く泡が盛り上がったコーヒーだ。カフェの従業員は誰もが英語を話すというのに、ナターシャが注文した。私も一応英語で注文してみるのだが、注文の内容が複雑に聞こえるためか、伝わりきらないのだ。たぶん注文は「コーヒーふたつ」のはずだ。だが彼女とウェイターのやりとりはまずお互いにからかいあうことから始まり、日常会話へと発展し、しだいに口調が激してきて、そのうちケンカになるのではないかとこちらが不安になるほどだ。ここではごく簡単な要求でさえも、いつはてるとも知れない交渉ごとになる。何か食べたいと思ったらウェイターと延々と話し合いをせねばならず、話し合いはやがて泥沼化する。前菜とメインの料理とデザートまで注文しようと思ったら、旧ユーゴスラヴィアの内戦を終結させるために四年間にわたったデイトン合意の話し合いと同じくらい丁々発止とやりあわねばならない。ちょっとした会話さえも、ふとしたきっかけで激しい口論になりかねない。だがやがて私は気づいた。なんだ、これは一種の恋愛遊戯じゃないか。

注文が終結したところで、ナターシャと私はそれぞれの国について話した。ナターシャは自分の国を愛している。私は母国に対して不満だらけだ。英国はモノが高くて、胃が痛くなるくらい非効率的なところだよ、と私は口をとがらす。

「一九九〇年代のセルビアに比べたらどうってことないわ」とナターシャはいう。「あなただったら二か月も辛抱できなかったわね。とにかく、なにひとつ動いてなかったんだから」

「そうかもしれないけど、それは街が破壊されている最中だったからだろ。ぼくの国の効率の悪さはいいわけできないよ。英国は世界でもっとも豊かな国のひとつなんだよ。その豊かさを考えたら、セルビアと比較するのもおこがましい。実際のところ、英国は世界でもっとも効率の悪い国のひとつだ」

「わかってないわね。私がいいたいのは、九〇年代のセルビアではひとつやふたつのことがうまく運ばないという状態ではなかったの。何もかもまったく機能しなくなっちゃったのよ。いや、こんないい方じゃ生ぬるいわね。ありとあらゆるものがこれ以上ないくらいひどい状態だったわ。まさに最悪よ」

そういうナターシャの口調に、どこか誇らしげな響きがあることを私は聞き逃さなかった。

注文の手順は複雑だったが、支払いは実に簡単で、お金のことでせっかくの恋愛遊戯の儀式が汚されるのはたまらないと思っているのかどうか、そっけなく終わった。だがナターシャはコーヒー代をユーロに換算するのに手間取った。

「私は数字に弱いのよ」

「きみは数学の修士号をもっているんじゃなかったっけ?」

「数学と数字はまったく別物でしょ」。彼女はぴしっといい返した。

それに歴史も年月日とはまったく別物よ、と彼女ならつけ足したかもしれない。セルビア人は歴史認識が皆無だ。というか、われわれ英国人とは歴史という言葉の意味がちがう。英国人なら一〇〇六年にノルマン人が英国を制圧したヘイスティングスの戦いがあり、第一次世界大戦中の一九一六年にフランスのソンムで英国軍が壊滅的な打撃を受けた戦いがあったことを知っていて、そういう事実——とくに遠い昔の歴史的事実——がたしかに過去に起こったことであり、ヘイスティングスの戦いはソンムの戦いよりもはるか以前に起きたと認識している。ところがセルビア人は過去に起こったすべての虐殺や戦闘をまるで……昨日のことのように、というべきなのだろうが、むしろ今日起きたこと、いや明日起きるかもしれないこととして認識しているのである。歴史とは彼らにとって傷口につけられた名称であり、傷口はまだなまなましい。傷が癒えたら、それはもはやかさぶたにすぎない。私たち英国人が、まるで湿った厚手のコートを着せられたかのように、歴史の重みをうっとうしく思ったり息苦しく感じたりする感覚を、こういう歴史認識のセルビア人はまったく持ち合わせていない、というのが驚きだ。彼ら独特の歴史感覚はその血のなかにあるのではなく、それが彼らの血そのものなのである。フォークナーは「過去は死んでいない。過去はまだ過ぎ去ってさえいないのだ」と書いたが、もしかしたらセルビア人のことが念頭にあったのではないか。

　ベオグラードにいると、こういう時間感覚が喪失したような感じにときどき襲われる。その日、街には風がなかった。そよとも吹いていない。空爆が行なわれたら、羽根つき爆弾は地上にまっすぐ落ちてくるにちがいない。風は時間を感じさせ、動きと変化を与える。この街の動かない空気はまるではてしなく続く現在のようだ。いま起こっていることのすべては、すでに起こったことであり、これまで起こったことのすべてが、いま起こっている。夕方にカレメグダン要塞の崩れた壁の周辺を歩き、川向こうにベオグラード新市街に照明がともり、ホテルが立ち並んでいる様子を眺めた。

「ベオグラードは橋の街だね」と一九九二年にはじめてそこを歩いたときと同じことを私はいった。

「どの街にも橋くらいはあるわ」。ナターシャはいう。

「ここは丘に囲まれた街でもあったんだ」。いま気づいて私はいう。

「丘に囲まれた街なんて、ほかにいくらでもあるでしょ」。ナターシャは答える。

「そうだね。でもこんなにも周囲を丘に囲まれ、橋だらけの街はないよ」

ドナウ川とサヴァ川は暗闇に沈み、もはや見えないし気配も感じられない。何も動いていない。

動かないといえば、とりわけ交通機関がそうだ。ベオグラードの交通事情は悪い――だが翌日私が乗ったタクシーの運転手によれば、交通渋滞はどこにでもある。

「交通事情がいい都市なんかあるんですかい？　都市に交通渋滞はつきものだね」と運転手はいう。

その定義からすれば、ベオグラードはたしかに都市である。この街に滞在中、私は長時間をタクシーのなかで過ごすが、タクシーが動いている時間は乗っている時間に比較するとかなり短い。車は急発進するものの進むのは数センチ単位、アクセルを踏んだかと思うとたちまちブレーキがかかる。ときには舗道も走る。ほかの車よりもほんの数十センチでも前に進むためにはなんでもやるし、ほかの車も私たちの前にわずかでも隙間ができたら、すかさず割り込もうと全力を傾けてくる。街のどこにいっても、歩行者も運転者も同じくらい極限まで緊張状態に追い込まれ、互いに怒鳴りあわなくてはならない。しかし、アメリカや英国ではしぶしぶではあってもとりあえず交通法規に従うことを全員が納得しているおかげで、運転が比較的穏やかな行為となるが、この街では運転すること自体が異常な精神状態を意味することを覚えておいたほうがいい。たいていの国では――感情的なことでは定評のあるフランスやイタリアでさえも――運転するからといって誰も別段激しく興奮したり取り乱したりはしない。ベオグラードでは運転とはつまりケンカであり、死ぬか生きるかの争いで、巻き込まれた全員が損害をこうむる行為なのだ。そもそも交通渋滞の原因はセルビア人気質にある、という結論に達するのは避けられない。（これをサッカーに置き換えたらどうだろう？　この交通渋滞は中盤に人が多すぎる彼らのサッカーに似てないか？　引き分け狙いでロスタイムにずる賢く時間稼ぎをするとか――信号が黄色から赤に変わるまでわずかな時間をすり抜けようとするのと同じだ――カードをもらうのを覚悟のファウルなどはセルビア人の運転と共通点がある。）私たちのタクシーは信号にひっかかって何時間も待たされた。青から赤へと何回も変わるのを見ながらじりじりと焦燥感にかられながら、やっとのことで交差点までたどりついた。そのとき信号は赤に変わったのだが、つぎに青に変わればきっと走りだせると私たちは確信して喜びが胸にこみあげた。ところが信号がまさに青に変わろうとしたそのとき、一台の車が交差点のなかに数メートル飛びだして私たちの車線をふさいでしまったのである。そんなことをしても、誰一人得をするものなどいないのはわかりきっているのに。信号は青に変わった。私たちは動けなかった。ふさいでいる車の向こう側には、もはや車の影も見えない。信号は赤になり、また青になったが依然として動けない。できることといえばクラクションで抗議と不満の意を表明することだけだが、鳴らす車がどんどん増えたためにたちまち大音響となった。どの方向から走ってくる車もいっせいにクラクションを鳴らしはじめ、まるで結婚の祝賀かサッカーで決勝点が入ったときのような騒ぎである。

はっきりいえるのは、どちらが勝つかなんてことはセルビア人にとってたいした問題ではない、ということだ。もしかしたら私はまちがっているのかもしれない。レベッカ・ウェストの「悲劇を受容することが（中略）スラヴ人の生き方の基本である」という断言的言説にまどわされているのかもしれない。しかしワールドカップに出場するすべてのチームが、優勝を望んでいると決めつけるべきではないだろう。勝とうとする意志についてはよく語られる。勝たねばならないという重圧で身体が動かなくなってしまうとか、勝ちたい気持ちが強すぎて負けてしまうとか。だがまちがいなく〈負けようとする意志〉だってあるのだ。私たち英国人はその意志についてよく知っている。九〇年イタリア大会で、クリス・ワドルはその意志に〈屈した〉。彼の英国人魂――それは私だってもっているものだ――が敗北を、屈辱を、こみあげる苦さを切望していた。その衝動がいつも単純な形で示されるわけではない。原則的には、人はひどいことをされ、だまされ、強奪され、裏切られたという被害者意識をもちたがるものだ。セルビア人はワールドカップで優勝しないだろうが、自分たちの目標は達成するにちがいない――自らのミスで自滅するという目標は。自分たちのミスは、彼らの頭のなかではNATO、いや失礼、FIFAを抱きこんだ敵チームの狡猾なプレイに主審や線審がだまされた結果のミスジャッジと混同されるか、もしくは誰のミスでもよくなってしまう。「正気を保っている人は少ない」とレベッカ・ウェストは書く。「喜びを愛し、幸せな日々が長く続くことを願い、九十代まで生きて自分が建てた家で穏やかな死を迎え、子や孫たちもその家で平和にくらすことを願うのは、実は一部の人だけである。私たちの半分は、正気ではない。心地よいことより不快を好み、苦しみと絶望に打ちひしがれる夜を愛し、人生を振り出しに戻す破滅を願い、せっかく建てた家を空き地に戻して何もかも失って死んでいくことを望んでいる」

歴史感覚も彼らのそんな〈負けようとする意志〉に加担している。英国では一九六六年以前のサッカーについて記憶している人はいない。しかしセルビアでは、サッカーの黎明期から行なわれたすべての試合が現在形で記憶されているのではないかと私は疑っている。個々の試合についても、時間のとらえ方は同じだ。XがYにファウルをしたのは、その前にYがXにファウルしていたからで、そのまた前にXはYにファウルしていて……といった調子。セルビア人のメンタリティを理解する私にいわせると、彼らが問題視するのはつねにもうひとつ前のファウルである。だからセルビア人作家のヴェスナ・ゴールズワーシーは、ベオグラードで育った回想記である『チェルノブイリのいちご』の冒頭に、ウィトゲンシュタインのこんな言葉を掲げた。「どこから始まったかを見つけるのはむずかしい。いやむしろ、過去にさかのぼることをせずに、始めるべきところから始めることがむずかしいのだ」

現代美術館で開催されていた展覧会を見たとき、セルビア人気質についてのそんな見方が実感をともなって迫ってきた。ベオグラードで展覧会を見たのはそれが二回目だ。一九九二年にやはりナターシャと訪れたのが最初で、そのときは『セルビア人に対する犯罪』というタイトルの写真展だった。脳を撃ち抜かれたり、喉を掻き切られたりした死体の写真が並べられていた。鉄線で絞殺され、殴られ、火をつけられ、銃で撃たれた人たち。死者は三回も四回も殺されていた。二十世紀はじめころに撮られた写真はモノクロで、数年前の写真は真っ赤な血だまりがわかるカラーで撮られていて、死体の写真と並んで、彼らが老人や母親やガールフレンドとして生きていたときの写真も展示されていた。私がこれまで見たなかで（たぶんこれまで展示されたなかでも）もっともイデオロギーがむきだしになった展覧会である。ボスニアのセルビア人があちこちで犯していた犯罪を暗黙のうちに正当化し、そこから目をそむけさせる目的が見え見えだった。だから十三年後に、『正常性について――セルビアの芸術一九八九〜二〇〇一』という皮肉なタイトルがつけられた展覧会を私はどうしても見たかった。九二年の写真展での背筋が凍るような思いを振り切りたい、という気持ちもあった。一昨日と同じくらい空は真っ青に晴れわたっていたが、気温はぐっと下がった。冷たい風がセルビア東部の凍てつく荒野から吹きつける。ひと晩で季節は夏から冬へと変わってしまった。

展覧会の最初に飾られているのはミレタ・プロダノヴィッチの作品で、何本もの木が一枚の大きなパネルの上にピンで留められていた。見えないところにある機械装置によって木はゆらゆらと揺れながら少しずつ動いている。その作品の意味はパネルの一番下に書かれた『マクベス』の一節によってあきらかにされていた。「バーナムの森がダンシネンに向かって動いてこないかぎり、私は少しも恐怖することがない」。森が動くなどありえないと信じきっていたマクベスは、マルカムが木の葉でカムフラージュさせた軍隊が前進してきたのを見たとき、驚愕した。たぶんミロシェヴィッチも自分の国民に逮捕されたときに同じような衝撃を受けたであろう。そのパネルに記された『マクベス』からの引用を読みながら、パネル中央にある写真の手が、はたして誰のものかという危ない疑問が浮かんだ。もしかすると、ミロシェヴィッチと、妻のミリーナ・マルコヴィッチの手ではないか。

美術館のもう一室では『ダラスの死』というタイトルで、ジョン・F・ケネディ元大統領暗殺のフィルムを編集したゾラン・ナスコフスキによる映像作品が上映されていた。フィルムのバックグラウンドとして流れているのは、哀悼をこめた歌声と、ガスルと呼ばれる一弦楽器の物悲しい演奏である。モンテネグロとヘルツェゴヴィナでは、セルビア・モンテネグロに起こった叙事詩的出来事を嘆いたり称えたりするとき、ガスルを演奏して歌うのが伝統だとナターシャが説明した。言葉がわからなくても（私もわからないが）、この映像と音楽がどこかで、十四世紀からこの地で起きた（セルビア人の）大虐殺を嘆き、（トルコ人の）大虐殺を称えているのではないかと推察がつく。

偉大な人物が亡くなった。国をあげて喪に服す。歌声は高くなり、長くむせぶように響く。ガスルがすすり泣く。

わざと古風な英語で翻訳された字幕では、ケネディ元大統領の暗殺でアメリカの希望が失われたこと、妻のジャッキーが殺された夫に涙したことが説明されている。スクリーンにアメリカ人ジャーナリスト、シーモア・ハーシュがケネディ暗殺にまつわる陰謀を暴いた『キャメロットの暗部』の表紙が映しだされる。音楽が耳をつんざかんばかりに盛り上がる。ガスルが物悲しげな音を響かせる。ガスルの音色には限界がある。長くうねるような音とすすり泣くような音しか出せないのだ。嘆きや悲しみが喜びに変わる感情を表現することは、この楽器の能力を越えている。この楽器が表現できるのが悲しみと苦しみだけだとわかることが、かえって聴く人に安心感を与えるのかもしれない。その音色はスクリーンに映し出される映像に、これ以上は無理なほどの悲劇性を与えている。

その夜遅くに夕飯をとっているとき、ガスルに合わせて歌う演奏形式は私がつい思いこんでしまったほど古い時代のものではないと教えられた。現代でも歌とガスルの演奏は行なわれていて、現にカラジッチやムラディッチを称えるものや、ミロシェヴィッチの裏切りを嘆く演奏のテープが売られているという。神話と同じように、ガスルもイデオロギーを広める一助としてこの地で利用されてきた。いうなればそれはガスルの暗部である。しかし『ダラスの死』のバックミュージックとして使われていた演奏は、もっと自由で楽観的（もちろん十分に悲劇的なもの悲しい演奏ではあったが）な雰囲気を与えていた。一九六三年の大統領暗殺という事件を二〇〇一年に取り上げた映像作品に、いつの時代のものか神のみぞ知るという音楽が使われている――そしてそれは預言的役割もはたしていた。セルビア共和国の首相だったゾラン・ジンジッチは二〇〇三年に暗殺されるやいなや、ケネディ元大統領と同じくセルビアの神話的偉人に祀り上げられた。そのこと以上に、セルビア人には歴史というものが存在しないことをはっきり示す例はないだろう。セルビア人にとっては、あらゆることは永遠に続く現在のなかに存在している。

夕飯の席での話題は、『ダラスの死』には映し出されていなかったものへの不満――世界の首都でよくかわされる話題――に変わった。ケネディ暗殺と同様、ジンジッチ暗殺にも陰謀やもみ消しがあったのではないかと疑われている。当時もっとも信頼がおかれていた表現者たちは、取り締まられるか無理やり沈黙させられた、と人々はいう。セルビアがもっとも困窮していた時代に、廃棄物を使って作品をつくっていた現代芸術のグループ「スカート（スクラップという意味）」もそのひとつだ。セルビアであらゆるモノが不足していたとき――事態はもっと悪くなるという確信だけはありあまっていたとき――に、この芸術家グループは小さな配給クーポン券をつくって配布した。さまざまな色の安っぽい紙に印刷されたクーポン券は、いかにも粗末である。券を見ただけで、ろくなものに引き換えられないことが想像できる。比較的人気が高かった赤いクーポンは「オーガスム一回」、緑のクーポン（一番人気だった）は「奇跡一回」を約束すると書かれている。そんなクーポンを見せてもらったことがあるが、形も手触りも昔の映画のチケットを思い出させた。私は見せてもらっただけのつもりでいたが、彼らは私にその貴重なクーポンをまじめに〈進呈〉してくれたのだ。感激はしたが、驚かなかった。D・H・ロレンスがサルディーニャの人々についていった言葉を借りれば、「誇り高い民族がみなそうであるように」セルビア人も気前がいいからだ。なんの役にも立たないアート作品であるはずの小さなクーポン券をまじめに渡されたとき、私はセルビア人が奇跡を信じる民族であることも理解した。試合時間があと一分しか残っていなくて、0対4で負けていたとしても、追いつくことができると信じる人たちなのだ。もちろん4対0で勝っていても、追いつかれるだろうと信じる。いかなることも一瞬のうちに、くつがえすことができると知っている。

もしかすると私はベオグラードでの生活についてあやまった印象を与えたかもしれない——私自身があやまった印象をすりこまれたのはたしかだけれど。そこであらためて旅行とワールドカップについて昔からいわれてきたことをここで繰り返しておこう。世界のどこに行っても人はそうたいして変わらない。人は自分の国に望みを託すだろうし、侵略してくる隣国からの解放を願うだろう。（もしくは侵略し返したいと願うかもしれない。）ワールドカップのトロフィーを持ち帰りたいとたぶんどの国の人たちも願うだろうが、期待に胸をふくらませているうちに、それは一番熱狂的な国に渡されるものだと気づく……。

それはさておき、人は世界のどこでも同じだという例をひとつあげよう。かの地で出される食べ物が飛びつくほどうまいとは私は思わなかった。こってりしていて、腹にもたれ、肉中心で、はっきりいえば時代遅れな料理だ。なんとか好意的な評価をしようと外交辞令のつもりで、バルカン半島の料理について聞いてみた。「クロアチア、ボスニア、マケドニアとここセルビアで料理にちがいはあるのかい？」しーんと沈黙。このつまらない質問にジョークをつけ加えてもいいものかとしばし私は逡巡した。ええい、いってしまおう。「それともどこでも同じクソみたいな食べものが出てくるのかな？」またもや沈黙。そして世界どこでも起きるであろう奇跡が起きた。笑いが起こったのだ。

ジェフ・ダイヤー
一九五八年生まれ。ジャズについての“But Beautiful”、D・H・ロレンスに関する“Out of Sheer Rage”（全米批評家協会賞受賞）、紀行エッセイ“Yoga For People Who Can't Be Bothered To Do It”、写真の歴史についての“The Ongoing Moment”などの著書がある。“Selected Essays of John Berger”の編集も担当。ロンドン在住。

オランダ

Netherlands

トム・ヴァンダービルト

Tom Vanderbilt

首都	アムステルダム 実質上の首都は国会・政府機関のあるハーグ
独立（建国）	1579 年 1 月 23 日（スペインから）
面積	41,526km^2
人口	16,407,491 人
人口増加率	0.5%
年齢中位数	39.0 歳
出生率	11.1 人（1,000 人口当たり）
人口移動率	2.8 人（1,000 人口当たり）
幼児死亡率	5.0 人（出生児 1,000 人当たり）
平均寿命	78.8 歳
民族	オランダ人 83%，その他 17%（そのうち 9% は主にトルコ，モロッコ，アンティル諸島，スリナム，インドネシアなどからの非ヨーロッパ系）（1999 年推定）
宗教	ローマカトリック 31%，オランダ改革派 13%，カルヴァン派 7%，イスラム教 5.5%，その他 2.5%，無宗教 41%（2002）
言語	オランダ語（公用語），フリジア語（公用語）
識字率	99%（2000 推定）
選挙権	18 歳の全国民
兵役	20 歳以上の志願者
GDP（一人当たり）	29,500 ドル
GDP 実質成長率	1.2%
失業率	6.0%
物価上昇率	1.4%
国家予算	2744 億ドル
軍事費	94 億 800 万ドル（GDP 比 1.6%）
第一次産業（農業）	穀物，ばれいしょ，テンサイ，果物，野菜，家畜
第二次・第三次産業（商工業）	農業関連産業，金属製品および工学製品，電気機械および電気機器，化学製品，石油，建設業，超小型電子機器，魚介類
通貨	ユーロ

出典：「CIA 世界年鑑」2005 年 11 月版（人口統計 2005 年，経済統計 2004 年）

オランダ

Netherlands

サッカー協会	オランダ・サッカー協会
地域連盟（コンフェデレーション）	欧州サッカー連盟（UEFA）
協会設立年	1889 年
FIFA 加盟年	1904 年
愛称	オランイェ
監督	マルコ・ファン・バステン
ホームページ	www.knvb.nl
スタジアム	アムステルダム・アレナ

FIFA ランキング	3
ワールドカップ出場回数	7
ワールドカップ優勝回数	0

1930	不参加
1934	トーナメント敗退
1938	トーナメント敗退
1950	不参加
1954	不参加
1958	地区予選敗退
1962	地区予選敗退
1966	地区予選敗退
1970	地区予選敗退
1974	準優勝
1978	準優勝
1982	地区予選敗退
1986	地区予選敗退
1990	決勝トーナメント敗退
1994	準々決勝敗退
1998	4 位
2002	地区予選敗退

試合数	32
勝	14
引き分け	9
負	9
得点	56
失点	36
得失点差	20
勝点	51
ワールドカップ通算成績	第 12 位

二〇〇三年、アメリカの防衛戦略家二人組が軍事雑誌『アームド・フォーセズ・ジャーナル』に、「分散され脱中心化したリーダーシップ」と「独自の行動が可能な自律した戦術単位」を持つサッカーこそが、より規範的で硬直したアメリカン・フットボールにとってかわり、二十一世紀の戦闘のパラダイムとなる、と書いたとき、彼らの脳裏にあったのはオランダのフットボールではないだろうか。デイヴィッド・ウィナーが『輝かしきオレンジ色』で記しているように、オランダ人がスペースのないところにスペースを創りだし活用したがるのはよく知られたところだ。「オランダのフットボールもまたスペースをきわめて正確に測る」と、ウィナーはさる美術館のキュレーターから言われたという。このメタファーの意味するところはきわめて明瞭だ——列車の車窓からオランダの風景を見ていると、目の前を完璧に幾何的な土地区画、それを区切る灌漑水路、どこまでも広がる低い空が通り過ぎてゆく。しばらくすると、意識の隅をくすぐっていた既視感の意味がわかる。ここはフットボールのピッチからできた国みたいだ。

そんな考えがぼくの頭を占めていた。去年の十一月、オランダへ飛んで数週間にわたり交通問題を調査したときのことである。オランダの交通が他のどことも異なるユニークなものだと気づくのに時間は必要ない。ある午後、列車に乗って魅力的な小都市クーレンボルクへ出かけ——こじんまりとした教会の尖塔、砂利敷きの広場に立った魚市場、終わりなきカリヨンの調べ――ヨースト・ファールから話を聞いた。六〇年代後半、減速バンプを発明した元交通技師である。ファールは駅で出迎えてくれ、ぼくの膨大な荷物を後輪についた荷かごに収めて運んでくれた。世界広しといえども、交通技師が自転車であらわれる国はここだけだろう。駄目押しのように、われわれは小ぬか雨降る午後、当地の交通計画調査に回った――自転車で。

われわれだけではない。オランダ人は移動のほぼ三分の一を自転車で行なう。先進国では飛び抜けた数字だ（アメリカは情けなくも一パーセント、英国は八パーセント）。オランダのサイクリングの首都、フローニンヘンの駅前には二階建ての巨大駐輪場が広がっている。グラヒテンゴーデルは知識人がたむろするカフェと上品なタウンハウスが並ぶアムステルダムの高級地区だが、道は学校に子供を送ってゆく母親の自転車で埋まる。前に、後ろに、あるいは前後に縛りつけられた子供は、寒さとは無縁の様子だ。夕方のラッシュアワーとなれば、着飾ったOLたちが黒のバタヴィアやガゼルのペダルをこいで闇に消えてゆく。バックパックから白い包装紙にくるまれた黄色いチューリップを突き出して。

サイクリングは危険な活動だと思いがちな外国人も、オランダには蒙を啓かれるだろう。アメリカの自転車通勤者はピチピチのショーツをはいて昆虫型のヘルメットをかぶった勇敢な汗っかきだ。オランダ人はごく普通に背筋を伸ばしてペダルをこいでおり、まるでサドルの上で至上の喜びに浸っているみたいにも見え、決してヘルメットをかぶらない。たいていの国では、こういう人は臓器移植ドナーへの一本道を走っているものと見なされる。だがオランダでは、自動車よりも車よりも自転車の数の方が多いこの国では、ヘルメットをしないこと自体が安全対策なのだ――ヘルメットをかぶるのは車への条件付き降伏を意味し、自分にとっても他人に対しても、サイクリングがなんらかの意味で危険な活動だとはっきりメッセージを送ることになると言うのだ。

こんな論理こそ——統計の裏付けもある（ある研究によれば、自転車で走る同じ単位距離では、英国ではオランダの五倍の死者が出ている）——ぼくがオランダの特異性と思うようになったもの、「オランダらしい瞬間」の象徴みたいに感じられた。通り雨のように気まぐれにそんな一瞬に出くわした。たとえばアムステルダムで、妻にアスピリンを買ってやろうとタバコ屋に入ったときのことだ。店主は、外交官のごとき流暢な英語で、アスピリンは扱っていないが、喜んで自前の薬を進呈すると答えた。「法律で決まってるんですよ。従業員のために救急用具を常備しておかなきゃならないんです」。礼儀正しく、率直——たいへんオランダらしい。フリースラントの田舎町では、ポールに縛り付けられて道端で風にそよいでいる虫取り網のようなものを見かけた。「ビルクファンヘルですよ」と同行者は教えてくれた。「あそこに運転手がリサイクル用の空き缶を投げ入れるんです」bilk は「缶」を意味するらしい。だが bilkvanger で「アイキャッチャー」という意味にもなるという。社会と環境の問題に対する独創的で新しい解決法じゃないか？　とってもオランダらしい。また別のとき、さる人からアメリカ中のホランド（オランダ）をめぐる旅をしていると聞かされた。ミシガン州ホランドでは、模造水車の持ち主に、矢羽根が服喪を示す位置になっている、と指摘した。ただちに町中の人が集まり、歓迎の宴席が開かれた。旅慣れており冗談好き？　たいへんオランダらしい。それからデルフトで過ごした午後のこと。古風な小道はシンタークラース、つまりサンタクロースの到来を祝う親子で埋め尽くされていた。何もかも古風だった。オレンジ色の大きな円盤形チーズを売る市場、燻製ニシンをかじりながら寒空をうろつく人々——シンタークロースの王冠をかぶった子供たちがおなじみの黄色いアーチ、マクドナルドの広告スローガン「ぼくも大好き」を身につけていても、風景の与える印象は変わらなかった。そのとき、あまたの大人と子供たちの中に、黒人の顔が見えた——「ツヴァルテ・ピーテン（Zwarte Pieten）」つまり「黒いペテロ」と呼ばれるサンタクロースの空想上の友で、由来は中世の煙突掃除からムーア人の奴隷までさまざまに言われている。扱いづらい（完全に意味がわかってもいない）伝統を、深く突き詰めずにおいてただ続けてゆく？　たいへんオランダらしい。

　世の中でもっとも退屈なものと言えば、旅行者が旅先の土地の独特の風習について滔々と弁じることである——「食後にカプチーノを注文するなんて、イタリア風でなくてよ」、「メキシコでは、人生の見方はもっと単純なんだよ」。だがしかし、してはならじと思いながらも、この小さな国を旅するうちに、オランダ人はぼくやあなたとは違う人種だという思いを抑えられなくなってしまった。

　オランダ人は世界でいちばん平らな国に住む世界でいちばんのっぽな人々だ。実を言うと平らさでは世界で二番目である（モルディブが、近年の地殻変動にもかかわらず、いまだ地誌的な最底辺をさまよっている）が、それは本質的な問題ではない。ポイントは、一見したところとも、言われているところとも異なり、オランダが中庸ではなく極端を目指す国だということである。

　もっとも有名なのは、もちろん、人口密度である。オランダは世界でもっとも人口密度が高い土地だ、とは飽きるほど聞かされる売り文句だ。そう言うときに、たいてい頭にあるのは、人口過剰によるボッシュのような地獄絵図、今にも北海に押し出されそうになって身を寄せ合うマルサス的集団だ——実際海に飲みこまれる寸前なのだが。

にもかかわらずこの地は、人間でいっぱいなのに、世界でも指折りの農作物輸出国である――国土の七〇パーセント近くが農業用途にあてられている。アムステルダムからわずか数分走れば、どこまでも伸びる静かな田舎道になり、この一平方キロに住んでいるはずの残り三百九十五人はどこにいるのか、と途方に暮れて見回すことになるだろう。

オランダの得意技は、たぶんオランダ人が他の誰よりもうまくやってのけるのは、限界の中でやり抜くこと、ぎりぎりまで静かに突き詰めることである――わずかな手持ちをとことんまで活用しつくすことだ。たとえばオランダが人口比率でトップ、あるいはそれに近いところにいるカテゴリーは驚くほど多く、しかも多岐に渡っている。たとえばオランダは博物館の集積率では世界一である。家庭出産率でも世界一。もっともナチュラリストが多い。上水道の水質が世界最高。グリーンピースの支持者が人口当たり最大。EU内では最大のムスリム移民。本屋の数が人口当たり最多。ユーラシア大陸でブロードバンド普及率が最大。男性のパイプカット比率が世界一。豚口密度が世界最大。EU内でナッツの消費量が最大。EU内で国際高速道路の密度が最大。人口当たりの自転車台数が世界一で、自転車による移動は西半球ではもっとも長い。自転車泥棒最多。平方キロメートルあたりテーマパークの面積が世界最大。人口あたりの精神科医の数が最多(もちろん、アメリカに次いでだが)。

どこから生まれたものかはともかく、オランダの極端追求は昨日今日にはじまったことではない。歴史家フェールト・マックによれば、十七世紀の黄金時代には、オランダはイングランド、スコットランド、フランスを併せたよりも多くの船を所持していた。英国人学者ウィリアム・アリョンビイはオランダをこう評する。「賢者の会話において、しばしば口の端にのぼるこの小さな国は目覚ましき繁栄を遂げ、わずか百年足らずのうちに栄華を摑み、古代ギリシャの共和国の水準をはるかにしのぐばかりでなく、当代の偉大な君主国にさえひけをとらぬ高みにまで昇りつめたのである」

オランダはわずか人口千六百万人の小国であるにもかかわらず、何かをやろうとすれば、善きことであれ悪いことであれ原型的存在になるまで突きつめる。おそらくそれはこの国がしばしば社会的・政治的革新の実験室になるからだろう（それ自体が、つねに物理的限界に挑んでいる国ならではのダイナミックな副産物だ）。積極的に他と違うやり方を求める結果、ときに好ましく、ときには困惑させられるが、いずれにしてもオランダの生活にはこの地でしか起こらないことがある。「まあ、オランダではそれでうまくいくのかもしれないけどね……」。おそらく、そのもっとも散文的な例はオランダのトイレ、伝説的な「浅い水洗便所」だろう。最初にこれを見たときは、てっきり地下水面の高さに関係して、水資源利用にまつわる理由があるのかと思った。だが、これはどうやら十九世紀オランダの進歩的な保健慣習に由来するものらしい——勤勉な税関吏は排泄物まで検査したのである。いずれにせよ、なぜ他の土地ではこういうものは生まれなかったのだろう？

現代オランダの極端追求について語ろうとするなら、この国の有名な寛容さについて触れないわけにはいかない。オランダ人自身よりも、オランダを訪れる訪問者の方が重視しているくらいだ（セックスとドラッグの卸売市場は木靴と風車と同じくらいオランダの観光名物になっている。そのことをドラッグ関係の商品を扱うヘッドショップのショーウィンドウで教えられた。木靴型をしたパイプが、デルフト陶器のスタイルで飾り付けられていたのだ）。「オランダ人は寛容なんかじゃない」。ある晩、さるオランダ人歴史家は、ドイツにあるEU施設のレストランで、小さなEUの旗（星の数は加盟国の増加に追いついていなかったが）が刺さったソーセージをつつきながら言った。「単に商売になるってだけだよ」。十七世紀のアムステルダムのカフェでも、不労所得を得ている資本家はそんな風に言っていたかもしれない。「この街において、寛容は単なる原理原則ではなく、実用上必要なものだ」とフェールト・マックは書いている。「開放市場によって成り立つ都市は、あらゆる種類の異なる文化が出会う場所であり、異なる信仰の持ち主を大々的に迫害するような贅沢は許されない」

オランダ人が突如として不安だらけのアメリカ人みたいになり、オランダの旗を掲げて、自転車に〈オランダが最高！〉と書いたステッカーを貼るなんて、とうてい起こりそうもない。そんな愛国主義はオランダのスタイルとは相容れない。たんに「商売だけ」のことであれ、通商国家は国家的優越感を玄関の外には出さない方がいいのだ。だが、こうして「沈着冷静」に物事を処理するからと言って、オランダ人がヨーロッパが抱えている大きな問題を免れえているわけではないし、オランダの地平線にもいくつも問題はある。統計は驚くべき事実を語っている。昨年、オランダを出て行った人々は一九五〇年代以来最大の数に達した。

サッカーにおいてもオランダの極端さは大々的に誇示されている——人目を引くオレンジ色で。今回のワールドカップで各国代表チームを率いる監督にはオランダ出身者がもっとも多く、オランダが送り出す人口当たりの才能の数は驚異的だし（ただし、「オランダらしい誤謬」の論理はここでも成立し、スリナムからの輸入がなければオランダのサッカーは維持できない、と主張する者もいる）、何よりも本質的にオランダらしい、技術的にも卓越したプレイ・スタイルを生み出している。ドイツ的な組織力にブラジル風の華やかさを加えたオランダ・サッカーは過去数十年のあいだ「トータル・フットボール」なる自己組織化されたシステムとして活動してきた。そこではきわめて有能な構成要素が寄り集まり「組織化された複雑性」の自発的ネットワークを作りあげるのだ。

これほどたっぷりの能書きにもかかわらず、「富める者の失望」たるオランダ代表はワールドカップでの失敗を運命づけられているように見える。多くの人々は政治学者や心理学者の言葉を引用し、この謎解きを深く根ざすオランダ的性格に求め、あるいはカルヴァニズムに結びつけ、あるいはナショナリズムを押さえ込んだ副作用に結びつける。すなわち勝つのは醜いことであり、国家的な覇権主義をふりかざすのは道徳的に誤りであり、美しくプレイするのは勝つよりも素晴らしいという奇怪なクライフ的論理のことだ。オランダにはモニュメントや彫像が数えるほどしかないが、それは人を路肩に立たせるのが嫌だからかもしれない（デルフトにはこの国が持つ数少ない英雄、オレンジ公ウィリアムの彫像があるが、像はオランダ人の平均身長よりも低い）。無名の一般人が閉環境で暮らす様子を覗き見するテレビ番組『ビッグ・ブラザー』がオランダで生まれたのは偶然だろうか？　オランダは、ワールドカップでプレイするときにはかならず優勝候補の一角に挙げられる。今年、オランダは世界ランクで三位になった。だが……と、ある午後にアヤックス・スタジアムまで自転車をこぎ、アヤックスのデ・トーコムスト（「未来」）・ユース・トレーニング施設でウォーミングアップを見物しているときにぼくは思った。問題はオランダにワールドカップを勝つ準備ができているかどうかよりも、オランダ人にその準備ができているかどうかではなかろうか？

トム・ヴァンダービルト

"Survival City:Adventures among the Ruins of Atomic America"と"The Sneaker Book"の作者。ニューヨークのブルックリン在住。

メキシコ

Mexico

ホルヘ・カスタニェーダ

Jorge Castaneda

首都	メキシコ・シティ
独立（建国）	1810年9月16日（スペインから）
面積	1,972,550km^2
人口	106,202,903人
人口増加率	1.2%
年齢中位数	24.9歳
出生率	21.0人（1,000人口当たり）
人口移動率	-4.57人（1,000人口当たり）
幼児死亡率	20.9人（出生児1,000人当たり）
平均寿命	75.2歳
民族	メスティーソ（アメリカ先住民とスペイン系の混血）60%，アメリカ先住民30%，白人9%，その他1%
宗教	ローマカトリック（名目）89%，プロテスタント6%，その他5%
言語	スペイン語，各種マヤ語，ナワトル語，その他各地域の民族言語
識字率	92.2%
選挙権	18歳以上の全国民，義務制（ただし強制ではない）
兵役	18歳以上，義務徴兵制12ヶ月，および16歳以上の承諾を得た志願者
GDP（一人当たり）	9,600ドル
GDP実質成長率	4.1%
失業率	3.2%
物価上昇率	5.4%
国家予算	1580億ドル
軍事費	60億4300万ドル（GDP比0.9%）
第一次産業（農業）	トウモロコシ，小麦，大豆，米，豆，綿花，コーヒー，果物，トマト，牛肉，家禽，酪農，木製品
第二次・第三次産業（商工業）	食料品および飲料，タバコ，化学製品，鉄および鉄鋼，石油，鉱業，繊維製品，衣類，自動車，耐久消費財，観光事業
通貨	メキシコ・ペソ

出典：「CIA世界年鑑」2005年11月版（人口統計2005年，経済統計2004年）

メキシコ

Mexico

サッカー協会	メキシコ・サッカー協会
地域連盟（コンフェデレーション）	北中米カリブ海サッカー連盟（CONCACAF）
協会設立年	1927 年
FIFA 加盟年	1929 年
愛称	エル・トリ
監督	リカルド・ラボルペ
ホームページ	www.femexfut.org.mx
スタジアム	アステカ・スタジアム

FIFA ランキング	7
ワールドカップ出場回数	12
ワールドカップ優勝回数	0

1930	1 次リーグ敗退
1934	地区予選敗退
1938	棄権
1950	1 次リーグ敗退
1954	1 次リーグ敗退
1958	1 次リーグ敗退
1962	1 次リーグ敗退
1966	1 次リーグ敗退
1970	準々決勝敗退
1974	地区予選敗退
1978	1 次リーグ敗退
1982	地区予選敗退
1986	準々決勝敗退
1990	失格
1994	決勝トーナメント敗退
1998	決勝トーナメント敗退
2002	決勝トーナメント敗退

試合数	41
勝	10
引き分け	11
負	20
得点	43
失点	79
得失点差	-36
勝点	41
ワールドカップ通算成績　第 15 位	

　メキシコは個人主義を極端に押しすすめる国だと言われることがある。個人競技（ボクシング、長距離競走や長距離競歩、テニスなど）に秀でており、野球やここで重要なサッカーなどの団体競技は十人並みにすぎないと。ある国家や国民を単純化して捉えることが間違っているように、こうした見方は必ずしも正しくない。というのも、メキシコはテニスやボクシングやマラソン（今もなお輝かしい活躍をしている女子は除く）が強いというのはずっと昔の話で、逆にワールドカップの代表チームは、結果はともあれ、チームワークやパフォーマンスがきわだっているからだ。われわれの代表チームは、地の利を活かして、一九七〇年大会と八六年大会で準々決勝まで進出したし、また九八年フランス大会でみせたルイス・エルナンデスの勇姿を何百万のメキシコ人が思い起こすことだろう。しかしながら、他の多くの国と同様に、われわれの代表チームが自国の精神を映し出していることも確かで、なぜか彼らは決してトップにのぼりつめることもないし、潜在能力を十分に発揮することもない。

　とはいえ、われわれは楽観主義をめったに棄てることはない。私が恥ずかしくも思い出すのは、二〇〇二年に韓国でワールドカップが行なわれていた時のことだ。われわれは、メキシコがアメリカに勝つだろうと確信しており、当時外務大臣を務めていた私は、知り合いのコリン・パウエル米国務長官に電話をし、米墨の国境でビセンテ・フォックス首相とジョージ・ブッシュ大統領が一緒にその試合を観戦するのはどうかと提案した。メキシコの補佐官らは、もしメキシコが負けたらどうするのかと忠告してくれたが、フォックス首相と私は彼らの言葉に耳を傾けなかった。信じられないことに、私と首相は「二〇〇二年のメキシコ代表チームは歴代最高のチームだし、アメリカ人はサッカーと呼ばれるスポーツなどしないのだから」と答えたのだった。いろいろな事情があり、幸いにも両首脳が一緒に観戦することにはならなかった。メキシコは2対0で負け、国全体が屈辱と無念に包まれた。

今年、メキシコでは、ワールドカップと大統領選挙を同時にみることができる。これは過去に二、三回しかなかったことだ。どこの国でもそうだと思うが、国民は選挙よりもワールドカップのほうにずっと興味がある。だが、今年の投票の大切さは軽視できない。というのも、あまり時間的余裕はなく、二〇〇六年という年は、ワールドカップでよい成績をおさめるだけでなく、この数十年間この国が悩まされてきた無気力、貧困、失望の状態から抜け出す最後の機会になると思われるからだ。今のメキシコは、おそらく貧しい国々の中でトップを走っているとはいえ、台湾や韓国のように豊かな国の中で最後尾につけているわけではない。メキシコは何年も前から第三世界、あるいは発展途上国のグループから抜けだせないばかりか、一九四〇年代から八〇年代の間に達成し、中国やインドやチリといった国がこの十五年から二十年の間に達成した経済成長率を回復できないでいる。

このように、今日のメキシコは人口の半数にあたる一億一千万人近くが貧困（一日の収入が一ドルか二ドル）の中で暮らしている国なのだ。毎年およそ四十万人もの若者がアメリカ合衆国に仕事を求めて国をあとにする。失業や犯罪、法の支配力の欠如が、貧困や治安の悪さ、自由競争のない沈滞した社会状況に拍車をかけている。四半世紀近くも景気が停滞しつづけ、発作的に不景気への反動が起こるという悪循環の中で、メキシコ社会全体に失望感が蔓延しているが、こうした現状に対処しうるのは個人の解決策のみで、まるでサッカー（団体戦）対ボクシング（個人戦）といった状況だ。

かつて、国民が大いに期待を抱き、大いに興奮したときもあった。ひとつは前大統領カルロス・サリナス・デ・ゴルタリの時代（一九八八〜九四）に、北米自由貿易協定（NAFTA）がメキシコ、アメリカ合衆国、カナダの間で調印され、メキシコが「先進国クラブ（リッチ・カントリー・クラブ）」とも呼ばれる経済協力開発機構（OECD）に加盟したときだ。そのときは、経済学者たちが述べたように、国が急成長するかのように思えた。あとは時間の問題で、メキシコから極度の貧困が一掃され、法制度が確立され、十分に発達した議会制民主主義に基づく政治制度が導入され、世界に開かれていくはずだった。一九九四年までは、このような期待が膨らんでいった。だが、政治家の暗殺事件が起こり、チアパスではサパティスタたちが蜂起し、その年の暮れには経済が破綻した。国民は、苦境から抜け出すことができると心から信じていたため、その分激怒し、失望することとなった。

もう一度盛りあがったのは二〇〇〇年だ。その年は七十年間におよぶ一党支配が終わり、メキシコがついに、政権交替制、公明選挙、真の権力分立といった制度を確立したのである。ビセンテ・フォックスが大統領になり、長く実権をにぎっていた制度的革命党が政界から追放されたため、再び将来の夢が叶うだろうと思えた。しかし、そうはいかなかった。それまで六年間の良くも悪くもない経済発展、効力を発揮しない法律、法秩序の崩壊、イラク問題にとりつかれた米国大統領への協力の約束などにより、メキシコは混乱と停滞に再び陥ることとなった。そしてもう一度、今年の大統領選によって、メキシコの発展がついに成しとげられるかもしれぬという希望がわきおこる。

その秘められた可能性をはっきりと見てとることができる。メキシコ社会と文化はこれまでにまして多様で創造力に富んだものになってきた。世界の巨大市場や潤った経済との関わりが深くなるにつれ、メキシコ人は国民としてのアイデンティティを強く意識するようになっている。様々な分野の知識人や企業のエリートたちが国際社会に進出するにつれ、アメリカ大陸発見以前に遡る文化的・民族的アイデンティティを強く意識するようになっている。この七十五年間に、国家の権力構造が、必ずしも民主的とはいえないまでも、平和的で秩序だった体制に移行してきたことで、国は政治的にも社会的にも安定しつつある。こうした現状を踏まえると、メキシコはついに豊かな国となり、近代という時代に突入することができるはずである。

今日のメキシコ文化と様々な分野でみせるメキシコ人の創造力はかつてないほど傑出している。芸術家や建築家、詩人や著名人、音楽や料理、ハリウッドで活躍する映画監督、ブラジルやスペインで活躍する実業家など、世界中で高く評価され、成功をおさめている。メキシコのビーチと古代文明時代や植民地時代の遺跡にはますます多くの観光客が訪れるようになり、音楽からテレビドラマにいたるクリエイティヴな産業は海外からの需要が増えている。対抗勢力や野党の参入が可能になった政治制度、開かれた経済、多くの国と締結した自由貿易、高まりつつある人権尊重の風潮と報道の自由、膨大な石油の備蓄（加えて過去数十年間の原油価格の高騰）、故郷を離れてアメリカ合衆国で働く一千万人以上のメキシコ人から毎年送られてくる仕送りなど、メキシコには現状を打破し、少なくとも十年以内に豊かな国家なるために必要な条件がそろっているのだ。では、どうしてこれまで豊かな国にならなかったのか。

ある国がどのような要因によって豊かになったか、あるいは貧しい国になったかという問題を考える場合、素人人類学者や素人精神分析家になるのは極めて危険である。私はここで、学者たちが長い間結論を出すことのできない問題に対して、決定的な答えや複雑な解決策を提示するつもりはない。ここでわれわれのできることは、ますます拮抗しつつも相互に依存し合い共存していくこの世界の中で、メキシコが国力をもっているにもかかわらず、なぜ国民の期待を裏切り続けるのかという問いに対するいくつかの考え方を示してみることだ。

　まずひとつは、個人で見いだす打開策や解決策に関わる考え方だ。すべての社会、とりわけ開かれた近代社会では、個人の努力や事業、個人の業績や成功が認められ、奨励されてさえいる。しかし、ほとんどの場合、個人の努力が奨励されたり達成されたりするのは、その社会の内部でのことでしかない。個人の努力の達成はその社会を豊かにする一因となり、その社会に豊かさをもたらすが、人々の享受する豊かさには個人差がある。メキシコの場合は違う。それはおそらく、メキシコが世界の貧しい国の中で、豊かな国と隣接している唯一の国だからだろう。あるいは、家族の結びつきがとても強いために、大災害のときを除いて、家族の絆以外の結束や連帯が存在しないからかもしれない。あるいは、過去に集団で試みた革命や改革運動（メキシコ独立戦争、十九世紀中葉の改革《レフォルマ》、二十世紀初頭のメキシコ革命）が失敗に終わったと思われているからであろう。実際、今日のメキシコでは、共同体や国家などの集団で打開策を試みるよりも個人で解決策を見いだすほうが圧倒的に有効だと考えられている。もちろん、メキシコ人が個人的な解決策をとるのは、それができるからであり、現にそうした解決策が存在しているからである。

　最も得策な解決策は、言うまでもなく国外への移住である。十人に一人のメキシコ国民がアメリカ合衆国で暮らしている。これは世界で最も高い移民率だ。メキシコの五分の四の家庭が海外からの仕送りを受け取っており、四〇パーセント近くのメキシコ人が国境より北に家族がいるという。こうした移民の動向はかつてごく一部の地域、田舎の若い男性たちに限られていたが、いまでは都市部や国全体へと広がり、年配の男性や若い女性の間にも広がっている。毎日千二百人が祖国を離れている。彼らの多くは祖国に帰ろうと決意しているが、実際に帰ってくるのはごくわずかである。大量移民のもたらす経済的・社会的利益は明らかであるとはいえ、多くのメキシコ人が祖国を離れるという打開策に望みをかけているかぎり、かれらがメキシコ国内で問題に取り組むことはないだろう。

この状況は世界において必ずしも異例なことではないが、異例なのは、メキシコが近代において労働力と資本を輸出する最初の国になりかけていることだ。資本の輸出というのは、単に「逃避資本」と呼ばれる証券投資だけではなく、メキシコの巨大な複合企業による海外直接投資（ＦＤＩ）の形態をも意味する。二〇〇四年と〇五年、海外のメキシコ企業の投資額がメキシコ国内のＦＤＩの額とほぼ同じだったが、それにもかかわらず、四十万人の移民がメキシコをあとにしている。テルメックス、セメックス、フェムサ、テレビスタ、アステカ、コメックス、アルファ、イルサ、マセカ、ビンボといった企業はどうして海外に投資しているのだろうか。その理由は、メキシコ国内で他の企業と共同して投資するよりも、それぞれの企業にとってはずっと利益があがるからである。長い目で見れば、海外への投資はメキシコにとっておそらくよいことだろう。しかし、目先のことだけを考えれば、世界で二番目もしくは三番目に大きいセメント会社であるセメックスが生産高の六〇パーセントを海外であげているという実情は、必然的にその企業を国内の情勢から切りはなすことになる。富と名声のあるメキシコ人たちが金を国外に持ちだし、サンディエゴやベイル、サンアントニオ、ヒューストン、そして今ではマイアミなどに土地を買っているが、こうした複雑化した動向は比較的最近のものだ。これがメキシコの国家全体が抱える問題に対して個人がみいだす解決策の一例といえる。

このことは、医者、弁護士、建築家、経済学者、会計士、起業家といったメキシコの専門家にもあてはまる。彼らは有能で成功した人たちだが、ここ数年間に国外へ移住し、海外で順調に仕事をこなしている。彼らはメキシコをなつかしく思い、時々帰ってくるが、海外に住むほうが本当にいいのか、判断を誤っているかもしれない。それでも、ともかく海外に住むことを選びとり、成功をおさめる。そこであげた利益はメキシコの損失である。メキシコは彼らの才能と事業を失っているだけでなく、メキシコ国内の現状を変革する彼らの貢献の可能性も失っているのだ。

もうひとつの考え方は、超自然的な力を信じやすいメキシコ人の性格、もっとわかりやすく言うと、希望観測的に物事を考える傾向に関係する。この国民性はメキシコ人が直面してきた無力さと逆境に根ざしている。スペインによる侵略以前に多くの人々が住んでいた中央台地の不毛な環境から始まり、スペインによる植民地時代、そして、大いに国益を高めたが常に抑圧的だった七十年間の独裁支配にいたるまで長びく無力感から停滞が生まれ、そして長びく停滞から希望が、つまり、できることはほとんどないが、いずれ事態はよくなるだろうという希望が生まれてくる。

この考え方は成り行きを見守るだけの消極的な態度につながる。そういう成り行き任せには、戦略的に物事を考えたり、予防処置を施したり、出来事の成り行きや結果を予期するといったことが存在しない。その代わりに、すべてが運命によって決まっている、あるいは、最後にはグアダルーペの聖母が幸運へと導いてくれる、思わぬ幸運によって問題が解決する、などという考えが生まれる。もしそうならば、前もって計画したり行動したりする必要などなくなる。また回避できない難問は存在しないし、逆に、あらかじめ定められた運命は変えられないことになる。

競争の激化したこの世界で、ますます複雑化していくこの社会で、あるいは民主的な政治体制の下で、このような人生観は現実ばなれしたものになっている。未来に先駆けてスタートを切り、悪魔の選択を事前に回避し、マーフィーの法則が国際社会の中で機能していることを認識すべきである。そうすれば、身をもって満足のいく教訓が得られるだけでなく、経済政策や国際情勢に向けた貴重な教訓を得ることができる。そうした姿勢なくしては、今日直面している無数の難題をメキシコが克服していくことはほとんど不可能だ。

だから、メキシコがドイツで開催されるワールドカップに参加するとき、メキシコ代表チームは、以前にまして結果を求めるサッカーファンと、以前よりも寛容でなくなったメキシコ社会の大声援に迎えられるはずだ。代表チームは、またファンの期待を裏切ることはあっても、国民を失望させてはならない。

ホルヘ・G・カスタニェーダ

“Utopia Unarmed: The Latin America Left after the Cold War”や“Compañero: The Life and Death of Che Guevara”などの著作がある。二〇〇〇年から〇三年までメキシコの外務大臣を務める。現在はニューヨーク大学の教授として、政治学やラテンアメリカ研究を教えている。

イラン

Iran

サイード・サイラフィザデー

Said Sayrafiezadeh

首都	テヘラン
独立（建国）	1979年4月1日（イラン・イスラム共和国として独立）
面積	1.64800万 km^2
人口	68,017,860人
人口増加率	0.9%
年齢中位数	24.2歳
出生率	16.8人（1,000人口当たり）
人口移動率	-2.64人（1,000人口当たり）
幼児死亡率	41.6人（出生児1,000人当たり）
平均寿命	70.0歳
民族	ペルシア人51%，アゼリー系トルコ人24%，ギーラキー／マーザンダラーニ人8%，クルド人7%，アラブ系3%，ルール人2%，バルーチー人2%，トルクメン人2%，その他1%
宗教	イスラム教シーア派89%，イスラム教スンニ派9%，ゾロアスター教，ユダヤ教，キリスト教，バハーイ教2%
言語	ペルシア語／ペルシア語方言58%，チュルク語／チュルク語方言26%，クルド語9%，ルール語2%，バルーチー語1%，アラビア語1%，トルコ語1%，その他2%
識字率	79.4%
選挙権	15歳以上の全国民
兵役	18歳以上の義務制および16歳以上の志願者，18ヶ月
GDP（一人当たり）	7,700ドル
GDP実質成長率	6.3%
失業率	11.2%
物価上昇率	15.5%
国家予算	477億ドル，76億ドルの設備投資費を含む
軍事費	43億ドル（GDP比3.3%）
第一次産業（農業）	小麦，米，その他の穀物，テンサイ，果物，堅果類，綿花，酪農，羊毛，キャビア
第二次・第三次産業（商工業）	石油，石油化学製品，繊維製品，セメントおよびその他の建設資材，食品加工（特に製糖および植物油の精油），金属製品，軍事兵器
通貨	イラン・リアル

出典：「CIA世界年鑑」2005年11月版（人口統計2005年，経済統計2004年）

イラン

Iran

サッカー協会	イラン・サッカー協会
地域連盟（コンフェデレーション）	アジア・サッカー連盟（AFC）
協会設立年	1920年
FIFA 加盟年	1945年
愛称	チーム・メリ
監督	ブランコ・イバンコヴィッチ
ホームページ	—
スタジアム	アザディ・スタジアム

FIFA ランキング	19
ワールドカップ出場回数	2
ワールドカップ優勝回数	0

1930	—
1934	—
1938	—
1950	不参加
1954	不参加
1958	不参加
1962	不参加
1966	不参加
1970	不参加
1974	地区予選敗退
1978	1次リーグ敗退
1982	不参加
1986	不参加
1990	地区予選敗退
1994	地区予選敗退
1998	予選グループ敗退
2002	地区予選敗退

試合数	6
勝	1
引き分け	1
負	4
得点	4
失点	12
得失点差	-8
勝点	4
ワールドカップ通算成績　第48位	

一九九八年夏、イランとアメリカがワールドカップのグループリーグで対戦する準備をしていたとき、ぼくは自分自身のルーツをもう少し詳しく調べてみようと思い立った。これは簡単な話ではない。まず第一に、ぼくの父親はイラン人で、母親はユダヤ系アメリカ人、両親はぼくを両者の中間のどこか、一種の民族的無人地帯においてきぼりにした。それから、赤ん坊のとき、父親がぼくを見捨てたので、イランの言葉、文化、歴史をなにひとつ知らない母親に育てられたという複雑な問題があった。その結果、ぼくは二十九歳にして、Sayrafiezadeh という十三文字からなる発音不能の姓をのぞけば、あらゆる点から見てアメリカ人である自分を発見することになった。ぼくはたがいに相容れない異質な二つの部分の合成物だった。

しかしながら、ぼくを流れる二つの血がワールドカップで対決する前夜まで、この個人的な複雑性のいずれも表面に浮かびあがってきてはいなかった。実のところ、二か国間の歴史にもかかわらず、試合前の雰囲気は驚くほど温かく友好的だった。イランは、一九七九年の革命以前、ワールドカップに出場した経験はなく、アメリカはこのスポーツにおける短く感傷的な歴史をふらふらと歩んでいるところ。試合全体が、「ここにいられるだけでハッピーです的一戦」として宣伝されていた。

また、偶然にもワールドカップまでの数か月間で、イランとアメリカの関係ははっきりと改善の方向に向かっていた。選出されて間もない大統領モハンメド・ハタミがCNNに登場し、「イエス・キリストの全信者、全人類、とくにアメリカの人々への祝辞」を感じよく述べた。ビル・クリントンは、二か国がその長期にわたる敵対関係を終わらせるよう心から願うと言い、マデリーン・オルブライトは、イラン政府がアフガニスタンに平和をもたらすのに手を貸したことを感謝する気になった。『ニューヨーク・タイムズ』紙は書いた。十九年間にわたる敵対関係についに終止符が打たれようとしている。

「十九」という数字は、一九七九年にイラン人学生がテヘランのアメリカ大使館を襲い、五十二人のアメリカ人を四百四十四日にわたって監禁することになる日から数えた結果である。ペルシャとアメリカのあいだで悪感情が継続した長さを計算するのには、もうひとつ方法があり、その場合は一九五三年、CIAが民主的に選ばれた首相モハンメド・モサデクを打倒し、シャーをふたたび玉座につけたときを基点とする。こちらの計算方法では、ついに葬り去るべき敵対関係は四十五年間続いたことになる。しかし、こういったこととなるとやたらにこだわる種類の人びとが、過去は過去として水に流そうと言っていた。

ぼくはこのハッピーな展開にがっかりした。なによりもまず、たまたまぼくは、一九七九年が敵対関係の始まりだという論に同意していた。それがぼく自身の敵対関係の始まりだったのは、ほぼ間違いがないからだ。一九七九年、ぼくは、ペンシルヴァニア州ピッツバーグに住む父親のいない十歳児だった。そして六年生の同級生からは、人質をとっているあのイラン人たちの共謀者というレッテルを貼られていた。同級生たちはぼくの名前（姓と名の両方）を間違って発音しては大よろこびし、ぼくの父親がラクダと性交渉をもったかどうか推測し、母親は額に点があって、からだが臭いと言った。十歳のときにチャンスをあたえられていれば、ぼくは自分のイランの遺産をすべて精算して、もっとも中道をいくアメリカ人のアイデンティティを手に入れ、二度とうしろを振り返りはしなかっただろう。だが、十九年後のぼくには和解をする必要などなかった。ぼくは深い亡命の感覚に完全に順化され、イランがアメリカをぶちのめすところを見てやろうと待ちかまえていた。

鼻につく試合前のプレゼント交換と、イラン人選手とアメリカ人選手それぞれが肩を組んでのハッピーなグループ写真撮影のあいだじゅう、ぼくは落ち着かない気分でそわそわしていた。しかしながら、この不快感はすぐに、イラン人選手の肉体を観察する歓びで埋め合わされた。がっしりとした太腿とふくらはぎ、幅の広い肩、硬くしまった尻。ぼくはそれを半分イラン人の自分の痩軀、父親のインテリ風の太鼓腹と較べた。選手たちは黒髪と大きな鼻と毛深い脚をもち、父親とぼくを男性的にして、神に似せたように見えた。血のように赤いそのユニフォームさえぼくを興奮させた。それから選手たちの名前、ぼくの名前と同じくらいに実におかしな響きの名前があった。アーマドレザ・アベドザデー、コダダド・アジジ、メーディ・マハダヴィキア。

ピッチの反対の端には、白を着たアメリカン・ビューティの理想そのものがいた。アメリカのゴールキーパー、がっしりしたあごと太い前腕をもつ西海岸生まれのブロンド、ケーシー・ケラーほどのハンサムはいない。ぼくは子ども時代のすべてを、ケーシー・ケラーに似た少年たちをうらやみ、自分の顔を少年たちの顔ととりかえられたらと願って過ごした。あのアメリカを象徴するような選手たちの肉体が、徹底的に打ちのめされるのを見たくてたまらない。試合開始四十分、ハミド・エスティルが、無力なケラーの横を通して頭でボールをゴールに入れ、イランが1対0でリードした。

自分のアメリカ人サイドを敵にまわしていたとすれば、ぼくはイラン人サイド、つまり自分の父親も同様に敵にまわしていた。ぼくらはめったに話さないが、話をするとき、そこには三十年間の口にされない怒りと悲しみを無視しようとする二人の人間に特徴的な、偽りの親しさと極端な美辞麗句とがあふれている。二十五歳ぐらいのころ、ぼくは勇気をかき集めて、父親に訊ねた。なぜお母さんとぼくとを捨てたの？

「それは重大な質問だ」と父は優しくいった。「わたしたちは、この問題にふさわしい注意力を傾注できるようになるときまで待つべきだろう」

思い出す。ぼくらはキッチンにいた。父親の率直さがあまりにもうれしく、いますぐにでもすべてを話そうという態度に深い感銘を受けたので、実際には質問に回答はなされないままだと気づくのには、文字通り何年もかかった。

だが、一九九八年の夏、空気のなかにはクリントン＝ハタミのデタントがあり、ぼくは自分自身の過去をよろこんで水に流した。納得しようとしている自分に気づいた。子ども時代、父親が完全に不在だったというのはたしかに事実だけれど、でも、さまざまな可能性を考えれば、完全に不在の父親のなかで、ぼくのお父さんは最高だというのも事実だ。そのうえ、あれほど豊かでエキゾティックな国からきた父親をもてたのはラッキーだ。その国は生得権によってぼくのものでもある。確信があった。あの六年生のときの同級生たちもいまでは、自分のピッツバーグ人生にわずかの奥深さがあればと望んでいるにちがいない。そして父親と自分自身とをより完全に理解するという意図をもって、ぼくはあらゆる冒険のなかでも、もっとも尻込みさせられる冒険——イラン旅行——をしようと決めた。いくべきときがあるとすれば、それは祝辞と感謝とが双方向に流れているいまだ。雪解けを完全に利用したほうがいい。

これは大胆な計画だった。ときどき出くわす亡命イラン人のなかには、イランを訪問する無知なイラン人の身の毛もよだつ話をする連中もいた。裁判なしで監獄に放り込まれたり、無理やり軍隊に入れられたり――兵役は五体満足の男子すべてに課せられた必須の義務である。アメリカ国務省が出し続けている警告は言うまでもない。「国務省はアメリカ国民にイラン旅行の危険を注意深く検討するよう警告を続ける」。説得されてあきらめたりはしなかった。ぼくは想像していた。イランからもどってきたぼくを父親がJFK空港で迎え、得意げに背中をたたく。そして認める。きみがイランの遺産に興味をもっているなどとはまったく気づかなかった。父親としての義務を果たさずにいて悪かった。「さあ、きみの質問に答えよう」。感動の場面。

ぼくはまず、ユニオン・スクエアに記念碑みたいに堂々と建つゴージャスなバーンズ・アンド・ノーブル書店で、一冊のガイドブックを購入することから始めた。このビルは一八八〇年の建造で、過去への旅を始めるにはまさにぴったりの壮麗な場所に思えた。『イラン　ロンリー・プラネットの自由旅行ガイド』を選ぶ。表紙には「トレッキング、カーペット、建築を特集」とある。十九年間の敵対関係についてはひとことも触れていない。十七ドル九十五セントした。それを買ったのは、むさぼるように読んで、ひと晩で自分をイランのエキスパートに変身させるつもりだったからだ。しかしながら、歴史の広がり――アケメネス朝から始まり、セレウコス朝からサーサーン朝へと移る――に圧倒され、率直に言って退屈したあまり、だいたい十四頁ぐらいのところで、これは外国訪問の準備をするには頭でっかちのやり方だと判断した。本のタイトルを見た訪問客が、ぼくの旅行計画を話題にしてくるように、ぼくはガイドブックを本棚の目にはいりやすいところに、これ見よがしにのせた。

かつて父が言ったことがある。イランを旅行するのはベッドフォード＝スティーヴサンドみたいな隣町に旅行するのに似ている。たとえばトルコなんかで、こちらの要望をわかってもらったとしても、イランでは同じやり方は通用しないだろう。イラン人は英語を話さない。以上、終わり。ファルシ語を話せない人間は、ただ単純に口をきかないのと同じことだ。ぼくは想像した。人影のない道路をひとり、車を走らせながら標識の意味を理解しようとし、だれかに英語で助けを求めてイラン軍にたどりつく。だめだ。言葉を身につける必要がある。ぼくが知っているのはただ一語「ゴーゴシュ」。「ペニス」の意味だと教えられた。子どものころ、母はぼくのペニスことを「ゴーゴシュ」と言った。「ちゃんと洗った、ゴーゴシュを?」と言ったものだ。姿を見せない父親から習ったただひとつのファルシ語が「ペニス」を意味する単語であり、しかもそれが伝えられたのはユダヤ人の母親を通してだったという事実に対する心理的な意味合いは、ワールドカップについてのエッセイで試みるにはあまりにも複雑すぎる問題だ。

ぼくはファルシ語のレッスンを必要としていたと言うにとどめておこう。もう一度壮麗なバーンズ・アンド・ノーブル書店にいき、「ランゲージ30」シリーズのファルシ語カセットを買う。カセットを収めた箱は「きょうから話せます」と約束していた。十六ドル九十五セント。友人のひとりが忠告した。外国語会話をテープで身につけた人間はいない。ぼくは思った。ナンセンス。この言葉はぼくが受け継いだ遺産の一部だ。ぼくはテープをセットし、「再生」ボタンを押した。それはアメリカ人男性が抑揚をつけず無表情に、「ファルシ語のアルファベット」と言うところから始まった。このあとに続いて別の男性——ぼくの父親にすごくよく似て聞こえた——がファルシ語のアルファベットをひとつひとつはっきりと読みあげる。ぼくはできるかぎりうまくまねをした。アメリカ人の声が言った。「ファルシ語の発音。二重母音」。ぼくの父親がふたたび登場、読み始める。ぼくはあとについて発音しようと努めた。けれども父の読み方はあまりにも速く、やむを得ずテープをとめて、巻きもどさねばならなかった。「再生」ボタンを押し、もう一度、あとについて繰りかえそうと努力し、停止し、巻きもどし……これじゃ、外国語をマスターしようがない。言葉というのは生き物であり、ほんものの生きている人間と話すことによってしか身につかない。

ロックフェラー・センター内のベルリッツ・ランゲージ・センターは世界最大をうたう。「効率、集中、速習！」宣伝文句はこうだ。「あなたに新しい言葉を学ぶ用意ができているのなら、ベルリッツにはお手伝いをする用意ができています！」

ぼくにぴったりの場所だ。年配の学者風の男に温かく迎えられ、まぶしいほど清潔な部屋に案内された。部屋には机がひとつと椅子が二脚。圧舌子と聴診器が出てくるのを半ば予想していたのだけれど……突然、自分が身体の不自由なイラン人で、奇蹟の治療法が見つかるのを期待しているような気がしてきた。

「まずあなたがなにを必要としているのか、それを理解することから始めましょう」と男はひどく心配そうな目つきで言った。

「そうですね」とぼくは話し始めた。「自分はアメリカ人ですが、父親がイラン人なんです」

「ああ、そうですか」と男は言った。「で、お父上と話をなさりたい」

おもしろい皮肉。

ぼくは続けた。「近々、イランに旅行を計画していて、なんとかやっていけるだけのペルシャ語を習いたいんです」

「ファルシ語は」と男は言った。「人気のある言葉ではありません。ですからグループ・レッスンはありません」。ぼくはイランの言葉を指すのに「ペルシャ語」と過った単語を使ってしまった。穴があればはいりたい。「それでも、ファルシ語の個人授業はあります。すべてネイティブの教師とのマン・ツー・マンで、教師はベルリッツ・メソッドを使用します。このメソッドは子どもたちが話し方を覚えるのを研究することによって作成されました。生徒が教室にはいった瞬間から、生徒と教師はファルシ語だけを話すわけです。訳すことはありません。学習過程の補助として、カードを使います。たとえば教師がペンの絵のカードを見せると、生徒はペンにあたる単語を言います……」

男はカードを出す身振りをし、まるでぼくがペンにあたる単語を言うのを待っているかのようにちょっと間をおいた。たぶんそのくらいは知っていると思ったのだろう。ぼくは男がペニスのカードを出すところを想像した。

「レベルは四段階あります」と男は続けた。「各レベル、レッスンは十五回です。基礎レベルでは文法や活用は扱いませんが、最後のレッスンのころには買い物をしたり、レストランで料理を注文したりできるようになっているはずです。中級レベルは基礎レベルを土台にし、さらにその上のレベルは……というように続いていきます。上級レベルが終わるころには、不自由なく会話ができるようになっているでしょう」

「六十回のレッスンで、ファルシ語がぺらぺらになっているんですか?」

「そうです」。この男は名医だ。ぼくには男の患者になる用意ができている。「基礎レベルから始めましょう」と男は言った。「いつから始めますか?」

「いますぐにでも」とぼくは言った。

「それはいい」と男は言った。「受講料は二千四百七十五ドルになります」

レッスンは始めなかった。翌日、ぼくはニューヨーク大学のカリキュラムを手に入れて、ペルシャ語Iのクラスに登録した。八回の授業に四百六十ドル。基礎を身につけるはずだ。加えて文法と活用も教えてもらえる——文法と活用を覚えてなにが悪い？　ファルシ語の書き方も習う。こいつはベルリッツの基礎コースでは教えてくれない。授業には二冊の教科書を使う。『ペルシャ語語彙集』が五十ドル、『ペルシャ語基礎文法』が三十一ドル九十九セント。二冊目のほうには、ペルシャ語に訳すための文章がいろいろあった。たとえば「サファヴィー朝の始祖はヘギラ歴九〇七年に王位に就いたシャー・エスマイルである」。この二冊ともニューヨーク大学の本屋で買った。習字用のペンも持参しなければならなかった。ぼくはそれを近所のドラックストアで、一ドル五十四セントで手に入れた。

授業は毎週土曜の午後一時から四時まで。時は夏、屋内で過ごすのに理想的な季節ではない。でも、このような自己啓発に身を捧げるのはいい気分だ。ぼくは螺旋とじのノートとペン数本を含む必需品すべてをもって、時間通りに到着した。教師は小柄なイラン人男性で、いたずらっぽい微笑を浮かべ、尻にはチョークがついていた。まず最初は、生徒それぞれの自己紹介となぜこの言葉を学びたいか。

「ファルシ語に興味があります」とぼくは始めた。「イラン旅行を計画してるからです」。イラン人の血を引くただひとりの学生だったので、こう言えばみんなに感銘をあたえるだろうと思った。ところが、そのかわりに教師は言った。

「ファルシという単語を使うのは無意味ですよ。ファルシというのは『ペルシャ語』を意味するペルシャ語の単語です」

　ぼくはくすりと笑った。教師は笑わなかった。

「それは、そう、いわば『わたしはエスパニョル語を話します』と言うみたいなことです。そう言いますか？」

「言いません」とぼくは言った。

「当然、言わないでしょう」と教師は言った。「『わたしはスペイン語を話します』と、こう言うでしょう」。この男にとって、これは明らかに論争の種とすべき問題であり、英語を話しながら、ペルシャ語を意味するペルシャ語の単語を使うのは非論理的であることを示すほかの例をいくつも挙げて、結論が出たあとも延々と話し続けた。「ロシア語を話すと言うのに『わたしはルッソを話します』と言いますか？」

　カリキュラムの次にきたのは、生徒のだれかがなにかペルシャ語の単語を知っているかだった。この点については、ぼくは沈黙を守った。「ほうれん草《スピナック》は」と教師は重々しく言った。「ペルシャ語からきています」。どういうわけか、これはぼくを誇らしい気持ちにした。そのあと、教師はアルファベット、基本的な発音、文法構造をざっと概説した。ぼくは思っていた。自分はイラン人だ。だから、ほかのみんなよりもスタート時点で頭ひとつ抜け出ている。そう、ぼくの学校時代、両親が数学者だからというので、数学で高得点をとっていたあの子どもたちのように。しかしながら、ぼくの場合は反対みたいだった。第一回目の授業の終わりには、ちょっと道を見失ったように感じ、二回目の授業の終わりにはすっかり遅れていた。講習の残りの期間、ぼくは非イラン人の同級生がどんどん上達していくのを見ていた。自分はなにひとつ覚えられないのに……ぼくには習字用のペンで文字を書くことも、もっとも初歩的な単語を発音することもできなかった。

「そんなに喉を鳴らさないで」。喉の奥で出す音をできるだけ上手にまねしようとしていると、教師は言った。「フランス語じゃないんだから」

実のところ、なんとかうまく言えるようになったただひとつの文は「マン・ハノームハ・エ・サボック・ドスト・ダーラム」。だいたいの訳は「わたしは悪女が好きだ」。ほとんど毎日、モニカ・ルインスキー事件が新聞の第一面を飾っていた。教師は興味津々で、事件をうまく題材にして、さまざまな言葉の微妙なニュアンスを説明した。

授業料を前払いしていたので出席は続けたが、ぼくはほとんどの時間を教室のうしろにすわり、先生に指されませんようにと願って過ごした。

⚽

ビザを申請すべきときがきた。ぼくはワシントンDCのイラン大使館に接触することから始めた。最初にわかったのは、ワシントンDCにはイラン大使館など存在しないことだった。理論上、二国間には外交関係がない。しかしながら、イラン・イスラム共和国利害関係窓口なるものがあって、パキスタン大使館に間借りしていた。ぼくは必要書類を送り、三週間後にビザの申請書を受けとった。便箋のレターヘッドには「全能の神の名において」と印刷され、その下に「親愛なる申請者諸氏。①入国査証および通過査証の両方、または②入国査証と通過査証のどちらかの申請手続きに必要な書類は以下の通りです」。ぼくは大急ぎですべてを集めた。パスポートのコピー、六十ドルの郵便為替、なぜイランに旅行したいかを説明した手紙。これは小学生のような口調で書いた。そうすれば、ぼくがイランの革命にとってはなんの脅威にもならないことを、当局に確信してもらえると思ったからだ。手紙はこう始まっていた。「親愛なるイラン・イスラム共和国利害関係窓口御中、ぼくはいつもイランにいってみたいと思ってました。お父さんはイラン人です。イランの文化はとても美しいと思います……」

一か月後、電話がかかってきた。

「サイラフィザデーさんはいらっしゃいますか？」奇妙に父の声を思い出させる声が言った。

「サイラフィザデーです」とぼくは言った。

「サイラフィザデーさん、こちらはイラン・イスラム共和国外務省です。ビザの申請書を返却します。あなたにはビザの受給資格がありません」

「なにか提出するのを忘れましたか？」

「いや、サイラフィザデーさん、おわかりになっていないようですね。ビザは必要ないんです。あなたはイラン国籍をおもちですから」

ぼくは小さな倉庫に押しこめられた役人の姿を目に浮かべた。パキスタン大使館はこの男のためにしぶしぶ部屋を明け渡してやったのだろう。「二、三日屋根を貸してくれればいいんです」とイランは言う。二、三日が二、三年になり、それは十九年になり、いま、この役人はデスクと壁のあいだになんとかからだを割り込ませている。国会議事堂に向かって小さな窓が開き、書類のてっぺんには弁当の紙袋。

「誤解があるようです」とぼくは言った。「ぼくはアメリカ合衆国生まれです」

「お父さんがイラン人なら、あなたはイラン人でもあります」

「でも、ぼくはアメリカ人だ」

「いいえ、サイラフィザデーさん、あなたはアメリカ人であり、イラン人なんです」

頭のなかで、スライドが次々と映し出されていった。ナレーションはぼくが会ったあの亡命者たちのひとり。飛行機がイランに着陸する。当局はその場でぼくを軍に徴集する。

「とにかくありがとうございます」とぼくは相手の気持ちを傷つけないように言った。「でも、ビザを取得してイランに旅行したいと思います」

「イラン国籍の場合、イランに入国できる唯一の道はパスポートを所持していることです。イランの出生証明書のコピーをお送りください。市民資格取得の手続きをしますから」

「イランの出生証明書はもっていません」とぼくは言った。

「イランの出生証明書がない？」男は面食らった声で言った。「でも、あなたが生まれたとき、お父さんは、なぜイランの出生証明書を申請しなかったんですか？」ぼくの側に、恥じ入ったような重苦しい沈黙があった。「いま、あなたの年齢で取得するのはとても難しいでしょう」。男は劇的な口調で続けた。「でも、それがイランに旅行できる唯一の方法です。ですから、サイラフィザデーさん、あなたはやってみなければなりません」

⚽

いまや頼みの綱はこのすべてを始めた張本人、ぼくの父親だけだ。父は二番目の妻、二十歳年下のイラン人女性と別れたばかり。ブルックリンで二寝室のおんぼろアパートに暮らしていた。寝室の床に敷いたマットレスと枯れたムラサキツユクサ、そしてルームメイトがひとり。

父が電話に出たとき、ぼくは感心させようとして言ってみた。「マン・ハノームハ・エ・サボック・ドスト・ダーラム」

「なんですって？」と父は言った。

もう一度、言ってみた。喉の奥に鼻水をいっぱいにためて。

「なんですって？　どなたです？」

「ぼくだよ、パパ。ぼくだ」

「なんて言ったんだ？」

「なんでもない」とぼくは言った。「忘れてくれ」。それからイランにいきたいという話を、イラン語のクラスから始めて、終わりはイラン国籍と出生証明書まで、すべて話した。

「イランにいきたいだって！」父は大げさな言葉遣いで言った。「それは容易ならざる案件だぞ！」

「出生証明書だよ、パパ」とぼく言った。

「わかってる、わかってる、まかせなさい」と父は言った。


一週間が経ち、二週間が経ち、ひと月が経った。ぼくのペルシャ語の講習は終わりにたどりついた。秋がきた。ぼくはもう一度父に電話をかけた。

わたしがなにをするという話だったかな？　ああ、そうそう、その件ね。調べてみるから。すぐやるとも。心配するな。容易ならざる案件だからね！

さらにひと月が過ぎた。なんの連絡もない。十一月になった。ぼくはもう一度電話をかけ、留守番電話に催促のメッセージを残した。翌日、父は電話をしてきて、言った。イランのことでわたしの留守番電話にメッセージを残すのは利口ではない。

なぜか、その理由は言わなかったし、ぼくも訊ねなかった。あまりにもわかりきったことのように言われたので、それには確実な根拠があり、認識していなかった自分はただ甘ちゃんだったのだと考えた。

また一週間が過ぎた。ぼくの熱意はだんだんと冷めていった。そのあと十二月の終わりに、小包をひとつ受けとった。差出人は父。これが問題の出生証明書なのか？　ぼくは注意深く封を開け、『アリとニノ、愛の物語』という本を引っ張り出した。著者はクルバン・サイードなる人物。表紙には「衝突する文化と文化、耐え忍ぶ愛を鮮烈に描いた独創的作品」、ターバンを巻いた男が女を抱いている写真、その下に血まみれのすさまじい戦闘シーンがある。表紙全体がハーレクイン・ロマンスを思い出させた。小包みのなかに、ほかにはなにもはいっていなかった。

翌日、ぼくは『アリとニノ』を例のユニオン・スクエアのバーンズ・アンド・ノーブル書店に、今回はその壮大さと歴史とを無視しようと努めながら、もっていった。店員に領収書をなくしたと言い、店の商品券で十三ドル六〇セントを受けとった。『イラン　ロンリー・プラネットの自由旅行ガイド』、ペルシャ語の文法書、語学テープ、習字用のペン、存在しないビザの申請書、その他すべては靴の箱に入れ、クローゼットの上の棚にしまった。

これは一九九八年の出来事だ。結局、父はぼくの出生証明書を申請しなかった。結局、ぼくはイランにはいかなかった。ペルシャ語の会話も身につけなかった。イランとアメリカ合衆国の関係は暗転し、そのあとさらになおいっそう悪化した。だが、あのワールドカップの試合では、後半三十八分、メーディ・マハダヴィキアがボールを蹴って、ケーシー・ケラーをかわし、アメリカを2対1で下した。

サイード・サイラフィザデー

劇作家。作品は『グランタ』と『ミスター・ベラーズ・ネイバーフッド』に掲載された。現在は社会労働者党についての論文と一八六三年のニューヨーク市徴兵反対暴動を題材にした戯曲を執筆中。ニューヨーク在住。

アンゴラ

Angola

ヘニング・マンケル

Henning Mankell

首都	ルアンダ
独立（建国）	1975年11月11日（ポルトガルから）
面積	1,246,700km²
人口	11,190,786人
人口増加率	1.9%
年齢中位数	18.12歳
出生率	44.64人（1,000人口当たり）
人口移動率	0.28人（1,000人口当たり）
幼児死亡率	総計:191.19人（出生児1,000人当たり）
平均寿命	38.4歳
民族	オヴィンブンドゥ人37%，キンブンドゥー人25%，バコンゴ人13%，メスティーソ（ヨーロッパ人とアフリカ人の混血）2%，ヨーロッパ系1%，その他22%
宗教	伝統宗教47%，ローマカトリック38%，プロテスタント15%
言語	ポルトガル語（公用語），バントゥー語などその他のアフリカ語
識字率	66.8%
選挙権	不詳
兵役	不詳
GDP（一人当たり）	2,100ドル
GDP実質成長率	11.7%
失業率	不詳
物価上昇率	不詳
国家予算	不詳
軍事費	1億8358万ドル（GDP比10.6%）
第一次産業（農業）	バナナ，サトウキビ，コーヒー，サイザル麻，トウモロコシ，綿花，マニオク（タピオカノキ），タバコ，野菜，プランテーン，家畜，林産品，魚介類
第二次・第三次産業（商工業）	石油，ダイアモンド，鉄鉱石，燐酸肥料，長石，ボーキサイト，ウラン，金，セメント，卑金属製品，水産加工品，食品加工，醸造，タバコ製品，砂糖，繊維製品，船舶の整備
通貨	クワンザ

出典：「CIA世界年鑑」2005年11月版（人口統計2005年，経済統計2004年）

アンゴラ

Angola

サッカー協会	アンゴラ・サッカー協会
地域連盟（コンフェデレーション）	アフリカ・サッカー連盟（CAF）
協会設立年	1979 年
FIFA 加盟年	1980 年
愛称	ブラック・アンテロープ
監督	ルイス・オリベイラ・ゴンサウベス
ホームページ	www.fafutebol.com
スタジアム	シダデラ・ルアンダ

FIFA ランキング	63
ワールドカップ出場回数	0
ワールドカップ優勝回数	0

1930	—
1934	—
1938	—
1950	—
1954	—
1958	—
1962	—
1966	—
1970	—
1974	—
1978	—
1982	不参加
1986	地区予選敗退
1990	地区予選敗退
1994	地区予選敗退
1998	地区予選敗退
2002	地区予選敗退

試合数	0
勝	0
引き分け	0
負	0
得点	0
失点	0
得失点差	0
勝点	0
ワールドカップ初出場	

初めてアンゴラを訪れた時、一九八〇年代半ばのことだったが、自分がアンゴラの地を踏んでいることに気がつかなかった。当時わたしはザンビアの北西部、アンゴラとの国境付近に住んでいた。果てしなく続くかと思われる背の低い茂みの中を、埃っぽい道が縫うように走っていた。遠くの村に行こうとして道に迷い、立ち往生するということも日常だった。車を停めて、通りかかった人に道を尋ねるとポルトガル語で返事をされることがあった。そんな時は心臓がドキドキした。アンゴラだ！　そうなるとできるだけ速やかに、見えない国境線を越えて本来いるべき方に戻ることが急務となる。アンゴラでは激しい内戦が続いていて、反政府ゲリラの指導者ジョナス・サビンビの兵士たちが至るところで銃を構えていた。無差別に攻撃を仕掛けてくると評判の組織だ。

しかし見えない国境の向こうの地には、どこか魅力的なところがあった。百二十万平方キロを越える広大な土地を持つアンゴラは、長い植民地時代を経て疲弊し、解放されてからも内戦によって抑圧され、そこに支配権を握ろうと企む強国がプロの軍隊を送り込んできていた。戦乱の時期は途切れることなく三十年続いた。アンゴラ国民の中には、平和に暮らすということがどういうことなのかを知らない世代もいる。

二〇〇二年に政府軍との戦いで残忍なサビンビが死亡し、アンゴラにようやく平和が訪れると、町の人々は慎重に様子を伺いながらも家のペンキを塗り直し始めた。明日を信じられない人は家の壁を塗り直したりしない。ボツワナや南アフリカや、その他にもザンビア、ナミビア、コンゴ共和国、コンゴ民主共和国といった隣国に避難していた何十万という人々が、徐々に帰国してくるようになった。

アンゴラの国境付近に暮らしていた人たちのことを覚えている。避難者もいた。とても気さくな人たちで、自分たちの国が窮乏してしまったことを深く嘆いていた。中央ザンビア北部の町キトウェにあったわたしの家に来てくれていたお手伝いさんはアンゴラの人で、名前をマリアといった。ご主人は失踪したと言っていた。あるいは戦死していたのかもしれない。彼女は二人の息子たちと一緒にガレージに住んでいた。いつかアンゴラに帰ることを夢に見ていた。と同時に、帰った時に目にするはずのことを恐れてもいた。自分の両親のこと、自分の村に何が起きたのかについては何も知らないようだった。もうずいぶんと昔の話だ。その後マリアがどうなったのかを調べようと色々と手を尽くしているのだが、今の時点で分かっていることは、彼女も息子たちもキトウェには住んでいないということだけだ。アンゴラに帰ったのだろうという気がする。

アンゴラに行くには、今日ではたいてい海辺にあるルアンダに航路で入ることになるのだが、入国してもこの国の広さを実感するのは難しい。アンゴラをヨーロッパの上に置いてみると——、スペイン、ポルトガル、そしてフランスの大部分が覆われることになる。北部は主にサバンナが広がっているが、コンゴとの国境に近づくにつれて鬱蒼とした森林地帯となり、南のナミビア側の沿岸地帯は砂漠となっている。

果てしなく広がるアンゴラの人口密度は、平均して一平方キロあたりたったの七人と非常にまばらだ。しかし実は偏在していて、北部や南部に住む人はほとんどいない。中央部の高地に密集しているのだ。しかし、今も異国に住む避難者の数がどれぐらいになるのかは把握のしようもない。多くは戻ってきているが、依然として避難している人たちの数もやはり多い。象や、ライオンや、豹や、バッファローなど、アフリカのサバンナに棲む動物たちの多くも戦時中は心無いハンティングの犠牲になっていた。交戦地帯に平和が訪れると、象はそれを察知すると言われている。動物たちが戻ってくる日は来るのだろうか？

アンゴラの住人として一番歴史が古いのは、おそらく採集民として暮らすコイサン族だろう。それから紀元前千年頃にコンゴ盆地からバントゥー族が大挙してきて、アフリカ南部の民族地図に変化が現れ始める。

ポルトガル人が入植してきたのは十六世紀に入ってからのことだ。どこの場合もそうだが、最初は沿岸地帯が開拓され、次いで大きな川の周辺地域が支配されるようになった。他の地域に関して詳しいことは分かっていない。金やウラニウム、そして今では石油など、アンゴラの資源が乱開発されるのはもっと後になってからのことだ。しかしアンゴラの歴史を悲惨なものにしたのは、何といっても奴隷貿易である。一八三六年にポルトガルが奴隷売買を禁止するようになるまでに二百年以上、アンゴラからは二百万人を越える数の奴隷が新世界に「輸出」された。その多くの連れて行かれた先が、ポルトガル領のブラジルだった。一方でどれだけの人が売られ、殺され、餓死し、溺死したか、具体的な数は知る由もない。アンゴラの人々の心にとって、それは癒されることのない傷跡となっている。

国境線は二十世紀に入って定められた。一九五一年にポルトガルの独裁者アントニオ・デ・オリベイラ・サラザールが、以後アンゴラはポルトガルの「海外県」とすると宣言した。圧政に対する抵抗運動は、たいてい目立たないように行なわれた。ポルトガルは水面下での運動に気づかなかった。十年ばかり経ち、暴動が勃発、一九七五年十一月十一日にアンゴラ人民共和国の独立が宣言された。

独立が宣言されるとすぐに内戦が始まった。アンゴラでは常にどこかで紛争が起きていた。サビンビが存命している限り、平和は幻に過ぎなかった。こうした時期に、アンゴラではサッカーの代表チームが結成され、FIFAに加盟、しかしワールドカップへの出場はならなかった。それが今回初めて出場権を得たのだ。

アンゴラがワールドカップ本選への切符を獲得したことは、予想外の幸運が続いた結果だった。まずは二〇〇四年六月、ホームでのナイジェリア戦に1対0で勝利する。しかしこの時点でその後のアンゴラの快進撃を予想した者はいなかった。ナイジェリアがアフリカ大陸に君臨する偉大なチャンピオンであることには変わりなく、過去に三度ワールドカップ本選に出場しているのだ。一敗など、いつでも取り返せるはずだった。ホームにアンゴラを迎えた時に、倍にして返せばいいはずだった。

しかし、そうはいかなかった。二〇〇五年六月にナイジェリアで行なわれた試合、エジプト人レフェリーのエッサム・アブド・エル・ファタさんが試合終了のホイッスルを吹いた時、アンゴラはドローに持ち込んでいた。強国ナイジェリアの選手たちにも、この結果は驚きだったに違いない。グループリーグを勝ってドイツ行きを決めるのは当然ナイジェリアだというのが一般的な見方だった。一流といわれる選手がいないアンゴラは、周囲を驚かせ続けた。

アンゴラの選手たちは、「黒いカモシカ」として好意的な評価を得ている。ポルトガルのSLベンフィカでプレーするフォワードのペドロ・マントーラス以外はほとんど無名である。たとえばナイジェリア戦で同点弾を叩きこんだフェゲイレドも、プロ選手がほとんどいないアゾレス諸島で活躍している。アンゴラ国籍を持つサッカー選手の多くは、生計を立てるために祖国を離れている。そうした選手が海外で選手としてどれだけ成長しているかを見極める以前に、アンゴラ代表チームの監督にとっては文字通り彼らの足跡を追うことすら、不可能に近い状況だった。それでもアンゴラ国籍を放棄する選手はなく、代表として呼ばれ、オレンジのユニフォームと黒のパンツ、赤のソックスを渡されれば、喜んで応じたのだ。

二〇〇五年十月八日、二年以上をかけた予選で十二試合を戦い抜き、アンゴラはキガリにあるアマホロスタジアムでルワンダとの対戦を残すのみとなっていた。同じ日に予定されていたナイジェリア対ジンバブエ戦の結果にかかわらず、勝てばナイジェリアを押さえてグループリーグ突破が決まる一戦だった。ルアンダやフアンボ、ルバンゴ、ナミベ、ロビト、ベンゲラ、マランジェ、その他あらゆる町でラジオの周りに集まっていたアンゴラの人たちにとって、落ち着かない一日だったに違いない。カモシカたちもサバンナで耳をピンと立てて、結果を心待ちにしていたのではないだろうか。

前半が終了した時点でスコアは0対0だった。一方、アブジャで行なわれていたナイジェリア対ジンバブエの試合では、予想通りナイジェリアが勝利を収めていた。5対1、必要以上の大差だった。アンゴラは一点差でも勝てばいいのだ。引き分けだと本選出場の夢は絶たれる。

後半が始まると、選手たちは一様に緊張していた。自分たちのプライドのためだけに戦うルワンダは何度もゴールチャンスを作る。ルワンダのシュートがアンゴラのキーパー、ジョアン・ペレイラのわき腹を直撃するシーンもあった。観ている誰の目にも、アンゴラのプレイは最悪だった。ミスパスを連発し、意思の疎通が図れず、崩壊寸前だった。試合は両チームともスコアレスのまま続き、このまま終わるのかという雰囲気が漂い始めていた。監督が忙しなく選手交代の準備を始める。投入されたのはゼ・カランガだった。残り十分。アンゴラの選手たちは絶望のあまり、正常な意識下にはないように見えたほどだ。その時、ゼ・カランガが見事なクロスを上げ、それに合わせたファブリス・アクワ・マイエコのヘディングシュートがルワンダのゴールキーパーの頭上を越す。そしてワンバウンドして、ゴールに吸い込まれていった。アンゴラ先制！　試合終了のホイッスルを聞くまで一点のリードを死守すべく、アンゴラにとっては苦しい戦いが続く。ロスタイムに入って五分、ここでようやくモロッコのモハメド・グエサズさんが試合終了のホイッスルを吹いた。

ルイス・オリベイラ・ゴンサウベス監督は飛び跳ね、コーチたちと抱き合い、選手たちはアマホロスタジアムのピッチの上で転がりまわった。泣いている者もいた。アンゴラはドイツで開催されるワールドカップへの出場を決めた。黒いカモシカたちが見事に跳躍したのだ。

⚽

もちろん、本選に入ってアンゴラが勝ち進むことを期待する者はいない。しかし、眩いばかりに輝くトロフィーはなくとも、偉大なる勝利はすでに手中に収めたのだ。ワールドカップの本選に出場するということは、戦争や貧困に疲弊した国にあっては途方もない自信につながる。アンゴラの人々にとって、個人的な自信だけでなく、国家としてのアイデンティティも強化される出来事だったはずだ。目の前に伸びる道のりが長い時、そのことの重要性を侮ってはいけない。サッカーを政治に利用するつもりはない。事はもっと単純だ。チームの中で力を合わせる選手たちが、試合を放棄して戦場に行くことはない。いいサッカーができるかどうかは、その協力する姿勢にかかっている。同じように、疲弊した国も再建できるのだ。

わたしは長い間モザンビークに暮らしているが、ここもまた、何百年という長きにわたってポルトガルの支配に苦しんできた過去を持つ。アンゴラ同様、砂利だらけの道の上や、砂浜、歩道、街中の広場など、至るところにサッカーをしている風景がある。古くなった女性用のハンドバッグにボロを詰めたものや、草を入れた魚網、紙を固く丸めてTシャツをかぶせたものなどをボールの代わりにしている。そんなボールでも十分に跳ねるし、ヘディングもできるし、シュートも打てる。スタジアムの観客席や空き地に作った即席フィールドの雰囲気がお祭り騒ぎのようになることも珍しくない。その騒音レベルは時にすさまじく、それでもホームチームに不利なジャッジがなされたと言って暴動が起きることはほとんどない。アフリカのサッカーがフレンドリーだとまで言うと少し言い過ぎかもしれないが、それでもわたしはあえてそう言いたい。どれだけ重要な試合になっても、フレンドリーな感覚がなくなることは決してない。

わたしがアンゴラの将来について楽観的でいられるのも、つまりはそういうことなのだろう。戦争もアンゴラからサッカーを奪うことはできなかった。サッカー場は非武装地帯とされていたし、試合には緊張感が漂っていたが基本的にはフレンドリーで、周囲で猛威を振るう恐怖に対する防御としての役割さえ担っていた。

以前、内戦から逃れて家を捨てざるを得なかった人たちが暮らす難民キャンプを訪れたことがある。新たな避難者たちを乗せたトラックがやってくると、前からキャンプに暮らす人たちは、行方の知れなくなった親族が中にいるんじゃないかと一縷の希望を抱いて集まってきていた。突然、一人の若い女性が泣き叫び、踊り始めた。着ている服まで破りかねない様子だった。一組の老夫婦の周りを、嬉しそうに飛び跳ねているのだ。その若い女性は涙を流し、泣き叫び、おばあちゃんの頬をぺたぺたと手のひらで叩き、おじいちゃんと手を取り合っている。後で分かったことだが、彼女の両親だったということだ。死んだと思っていた両親が目の前に現れたのだ。

本当の幸せとは、ああいう瞬間のことを言うのだろうと思う。再会を果たしたあの三人のことを忘れることはないだろう。わたしにとって彼女たちは、人々が自分自身を再発見し、奪い去られた過去を取り戻すアンゴラのイメージそのものなのだ。

もちろん、アンゴラは躍進するだろう。わたしたちが応援し、敬意を表するに十分値する国だ。わたしたちの想像も及ばない苦しみを乗り越えて、新たな世界を構築しようとしているのだ。

（英訳＝リンダ・ハヴァーティ・ラグ）

ヘニング・マンケル

一九四八年スウェーデン生まれ。七〇年代に劇作家としてデビュー、七三年に最初の小説が出版されて以降は、スカンディナヴィア半島を舞台にした犯罪小説の第一人者として世界に知られる。他にも数々の戯曲、児童書を出版、大人向けの小説も出している。しかしマンケルと言えばやはり、八作品を出して数々の賞も受賞しているクルト・ヴァランダー・シリーズだろう。これまでに世界で一千万部以上を売り上げ、アメリカやイギリスでは発売されるたびに批評家から賞賛を得ている。スウェーデンとモザンビークを拠点にしている。

ポルトガル

Portugal

ウィリアム・フィネガン

William Finnegan

首都	リスボン
独立（建国）	1143 年（ポルトガル王国の成立）
	1910 年 10 月 5 日（共和国として独立）
面積	92,391km^2
人口	10,566,212 人
人口増加率	0.4%
年齢中位数	38.2 歳
出生率	10.8 人（1,000 人口当たり）
人口移動率	3.5 人（1,000 人口当たり）
幼児死亡率	5.1 人（出生児 1,000 人当たり）
平均寿命	77.5 歳
民族	南欧系，植民地撤退期に移住したアフリカ系黒人の第一世代の国民は 100,000 人以下
宗教	ローマカトリック 94%，プロテスタント（1995 年）
言語	ポルトガル語（公用語），ミランダ語（公用語だが主に地方で用いられている）
識字率	93.3%
選挙権	18 歳以上の全国民
兵役	18 歳以上の志願者
GDP（一人当たり）	17,900 ドル
GDP 実質成長率	1.1%
失業率	6.5%
物価上昇率	2.1%
国家予算	798 億 6000 万ドル
軍事費	34 億 9780 万ドル（GDP 比 2.3%）
第一次産業（農業）	穀物，ばれいしょ，オリーブ，ブドウ，牧羊，畜牛，山羊，家禽，牛肉，酪農
第二次・第三次産業（商工業）	繊維製品および靴，木材パルプ，製紙，コルク，金属製品および金属加工，製油，化学製品，魚缶詰，ゴムおよびプラスチック製品，陶磁器，電子機器および通信機器，鉄道機械機器，航空宇宙機器，造船
通貨	ユーロ

出典：「CIA 世界年鑑」2005 年 11 月版（人口統計 2005 年，経済統計 2004 年）

ポルトガル

Portugal

サッカー協会	ポルトガル・サッカー協会
地域連盟（コンフェデレーション）	欧州サッカー連盟（UEFA）
協会設立年	1914年
FIFA加盟年	1923年
愛称	セレソン・デス・キナス
監督	ルイス・フェリペ・スコラーリ
ホームページ	www.fpf.pt
スタジアム	エスタディオ・ナシオナル

FIFAランキング	10
ワールドカップ出場回数	3
ワールドカップ優勝回数	0

試合数	12
勝	7
引き分け	0
負	5
得点	25
失点	16
得失点差	9
勝点	21
ワールドカップ通算成績　第23位	

1930	不参加
1934	地区予選敗退
1938	地区予選敗退
1950	出場辞退
1954	地区予選敗退
1958	地区予選敗退
1962	地区予選敗退
1966	3位
1970	地区予選敗退
1974	地区予選敗退
1978	地区予選敗退
1982	地区予選敗退
1986	1次リーグ敗退
1990	地区予選敗退
1994	地区予選敗退
1998	地区予選敗退
2002	グループリーグ敗退

どんな村にも、カンポ・デ・フッチボウ（サッカー場）をもつ資格がある。山の上のプラゼーレスにもある。海岸に沿って東隣りの村カリェタにもある。低俗でだらしないポール・ド・マールさえもサッカー場をもっている。ジャルディム・ド・マールにはなぜないのか？　私が初めてジャルディムに来るようになった一九九四年、この問いかけは人びとの話題によくのぼっていた。この質問にひとことで答えれば、地形のせいだった。ジャルディムはマデイラ島の南西、おとぎ話に出てくるようなちっぽけな岬の突端にあり、海とそびえたつ断崖にはさまれていた。赤いタイル屋根の家が肩を寄せあい、段丘が重なり、そのあいだをときたま急な階段に変わる細い石畳の小道が縦横に走って、村はまるで小さなパッチワークのようだった。要するに、サッカー場を作るだけの余地がなかった。そもそも、平坦な土地がほとんど見当たらないのだ。

ああ、だがキンタ——領主の館——の裏を見よ。船着場まで続く下り坂と、山ぎわの崖にはさまれた鞍部に、思いがけず広い空き地があるではないか。段々畑になっていて、びっしりとバナナの樹が植わっているが、急峻ではない。樹木を刈りとって、地ならしすればいい。この土地は、かつてジャルディム・ド・マールの支配者だった領主《キンタ》のヴァスコンセロス一族が所有していた。この一族はいまでは全員がリスボンか、またはマデイラ島の反対側にある大都会フンシャルに住んでいる。だが、ここジャルディム・ド・マールでは、村議会が勇気を駆り集めてキンタの一族、あるいはその弁護士に何かを掛けあおうとするとき、必ずといっていいほどマデイラの歴史が暗い影をなげかける。このサッカー場建設にまつわる交渉に関与した誰もが感じる不満、しきたり、身分、仕返しの重さがどれほどのものか、よそ者や外国人にはけっして理解できないだろう。

とりわけこの私には、サッカー場ができようができまいが、どうでもよかった。私がジャルディムに来たのはサーフィンをするためだった。波が来ているときは、ほかのことが何も考えられなかった。波が来ていないときは、まあそれなりに、村の出来事にも興味をもった。それに、私は基本的にキンタ一族が嫌いだった。ろくでもない封建領主は何世紀もこの村を支配してきた。マデイラ島の土地は勝手に分断され、農奴や奴隷を添えて、ポルトガル王権に対する追従者の長いリストのうち、どちらかといえば下っ端の党派や個人に気前よく贈呈された。ジャルディムに住む老人たちは昔を回想して、かつて村人は聖職者や金持ちをハンモックに乗せて山道をかつぎあげなければならなかったと話す。一九六八年にプラゼーレスからの道路ができる前のことだ。そのなかに肥満した神父がいて、その訪問はとくにいやがられたものだった。島の歴史をふりかえるとき、時代をさかのぼるにつれて暗さが増す。

だが、私はそんなジャルディムが好きだった。バナナの樹の生い茂った濃い緑色の段丘が好きだった。山から湧きでる泉がたえまなく響かせる軽やかな流れの音が好きだった――この湧き水は複雑に入り組んだ水路に流れこんで村中をめぐり、果樹園や菜園を潤した。私は、きれいな小礼拝堂をもつ崩れかけたピンク色の領主の館さえ気に入っていた。本当に、どの村にもサッカー場が必要なのだろうか？　南東の強い風が吹くたびに――それもしょっちゅうだ――土埃を舞いあげるだけではないだろうか。ポール・ド・マールを見るがいい。

実際の話、ポール・ド・マールはいやでも目に入った。二つの村は距離にして一マイルの海をはさんで向かいあっており、目の届くかぎりほかに村はなかったのだ。二つの村をつなぐ海岸線は近寄りがたかった――ぐらぐらする石が重なりあい、高潮になるとすっかり水の下に隠れてしまう。海岸線からすぐに切り立った崖がそびえたち、そのふもとには赤い色の巨大な岩が水中に半ば身を沈めて、いかにも禍々しく尖った先端を見せていた。ジャルディムへ通いはじめたころ、私はこの断崖の下を歩いて、村の若い女性の一人に叱られたことがあった。彼女の弟はあそこで落石にあって死んだのだという。だが、とびきりのビッグウェーブはたいていジャルディムとポールの中間、ポンタ・ペケナと呼ばれる小さな突端の沖合いに来る。だから、私はそこを歩くのをやめなかった。

ポール・ド・マールにも、気まぐれではあったが、すばらしい波が来た。大きな波が盛りあがり、激しく砕けていくようすは、双眼鏡を使えばジャルディムからも見ることができた。山越えのドライブは四十分もかかり、一瞬も気が抜けなかった。連続するヘアピンカーブをどんなにすばやくこなそうと、ドライブの途中で気候が変わること――風が出てきたり――はしょっちゅうだった。波がどうであれ、ポール・ド・マールに足を踏みいれたとたん、そこが別世界だとわかる。

まず最初に、この村は臭い。東の端、小さな波止場のそばでは、漁師たちが船を浜に引きあげている。そこから魚の匂いがぷんぷんする。西の浜はサーファーの溜まり場になっていて、糞尿の臭いがする――岸辺の岩場が戸外トイレになっているのだ。半ば工業化されたポール・ド・マールは殺風景だった。海に面した道路に沿って、労働者の住むあばら家が軒をつらね、裸同然の薄汚れた子供たちが、よそ者の自動車に向かってやじを飛ばす。いつ見ても、ポール・ド・マールの大人のほぼ半数は昼間から飲んだくれているようだった。

それでも、ポール・ド・マールにはカンポ・デ・フッチボウがあった。それだけの広さの平らな土地があったのだ。このサッカー場は学校の裏手、ちょうど波が砕ける場所の真正面にあった。コンクリート製の観客席とクラブハウス、小さいながら駐車場さえあった。そこでは若者たちがつねにボールを蹴りあっていた。村にはサッカー・チームもあった。ジャルディムでは、ポール・ド・マールの暮らしがいかに悲惨かという話をさんざん聞いていた。一方、ポール・ド・マールで知り合いが増えるにつれ、宝石のような村を自慢するジャルディムの俗物ぶりについて聞かされるようになった。二つの村のライバル意識は根が深く、何世紀も昔から続いていた。ジャルディムの村がサッカー場を欲しがった理由は——それだけではないにせよ——ここにもあった。

だが、ヴァスコンセロス家との交渉はうまくいかなかった。キンタ一族は、たかがサッカーのために、あるいはほかのなんであれ、村人の利益のためにその土地を手放したくなかったのだ。話しあいが行き詰まった直後、何者かが夜のあいだにキンタ一族の土地へこっそり入りこみ、バナナの樹を残らず刈りとってしまった。次の冬に私がまたジャルディムを訪れたとき、この土地はまだ何も植えられていなかった。私があの一件はどうなったと訊くと、下宿の女主人ローザはにやっと笑った。どうやら、何度植えかえてもまた切りとられるだけだと思っているらしい。ただ、彼女がバナナを刈りとるという行為を、農民の正当な抵抗運動だと思っているのか、それとも恥ずべき破壊行為だと思っているのか、その点ははっきりしなかった。ジャルディムの人びとの思想や言動が、政治とまったく無関係ということはまずありえない。

ローザの家は岬にあった。大きな波が来ると、霧がたちこめ、空気中にどよめきがあふれた。ポール・ド・マールとポンタ・ペケナは侮りがたいサーフ・スポットだった。だが、マデイラで最高の波はジャルディムだ。調子のよい日には、西から続々と波が押し寄せてラインを作り、岬に沿って息を呑むほどきれいな弧を描く。波は白く盛りあがり、丸みをもって膨れあがり、馬蹄型の頂点で一気になだれ落ちる。それから、岬のふもとを白い泡で包みこむ。そのくりかえしには眠気を誘う不思議な力があり、とても美しい。自然の力そのもののビッグウェーブを前にすると、どんなサーファーでも自分を小さく感じずにはいられない。ローザの家にいて、夜のビッグウェーブに耳をすませると、たえまない潮騒が聞こえてくる――重低音の唸り声は、海ではなく、岬のふもとの大岩が泣いているようだった。

ローザの夫はイングランドへ出稼ぎに行っており、ガトウィック空港のファーストフード・レストランで働いていた。ローザもかつては同じ店で働いており、そのときの経験からイギリスが大嫌いになった。彼女は自宅の二部屋を海外から来るサーファーに貸していた。部屋はどちらも狭く、そっけなかったが、ジャルディムの波を眼下に見ることができた。私が支払う一泊八ドルの料金は、家計をさほど潤すとは思えなかった。この家にはローザの母親も同居しており、二人は数エスクードのバス代を節約するため、プラゼーレスまでの急な山道を一時間もかけて歩いて登るのだった。マデイラの田舎に住む人びとの例に漏れず、二人とも驚くべき健脚だった。

村の家庭菜園は豊かな緑にあふれていた――バナナ、パパイヤ、アボカド、キャベツ、マンゴー、オレンジ、パッションフルーツ。ほとんどの家はワイン用の葡萄の樹をもっており、世話の行きとどいた花壇には亜熱帯の花が咲きほこっていた。だが、この豊かさの見せかけに騙されてはいけない。ジャルディムの過去は――マデイラの農民のほとんどにもいえる――貧困と抑圧と孤立をうたった悲しいファドそのものである。

マデイラの輸出品といえば、外国人はまずワインだと思うだろう。だが、じつは人間、労働力なのだ。この島は十九世紀半ばから、住民すべてを支えるだけの生産力がなかった。私は子供のころハワイに住んでいたが、その当時、学校に仲間だけで結束したタフな子供たちのグループがいて、私たちはその子たちをポルトガル人と呼んでいたことを覚えている。あとで知ったのだが、彼らのほとんどはマデイラ島出身だった。彼らの祖先は砂糖黍畑で働くためにやってきたのだ。南アフリカ、アメリカ、イングランド、ベネズエラ——マデイラ島の住民全員に海外在住の親戚がいるようだ。二十世紀半ばのポルトガルの独裁者アントニオ・サラザールは、頭を悩ませていた余剰小作民の問題を、当時ポルトガルの植民地だったアンゴラとモザンビークに移住させることで解決しようとし、大勢のマデイラ島民もこの海外移住に加わった。大半は農民（綿やカシューナッツの栽培）になった。やがて、当然ながら、徴兵されて兵隊になる者もでてきた。ジャルディム・ド・マールのような小村でも、数百人の住民のなかには、反植民地戦争に従軍した復員兵がいた。

そんな復員兵の一人によれば、アフリカ人はポルトガル人を追いだそうとして戦争をしたが、内心ひそかにポルトガル文化を愛しているのだという。ポルトガルのフッチボウをあんなに熱心にまねしているじゃないか、と彼はいった。私はジャーナリストとしてモザンビークで仕事をしたことがあるが、フッチボウについての彼の意見は、少なくとも都会に関しては当たっていた。彼と私はときたま、村のバーのテレビで、本土のサッカーの試合を見ることがあった。このバーの経営者はジョアンという名の気のいい男で、たまたま彼もアフリカに長年住んだ経験があった。ピッチ上の両チームともにアフリカ人の選手が多すぎるように私は感じた。

ポルトガル本土に対するマデイラは、ヨーロッパにおけるポルトガルに等しい——南西の端にあり、少なくともこれまでは、より貧しかった。マデイラは、ポルトガルのなかのポルトガルだ。そんなわけで、一九九〇年代にEUが「開発途上地域」に気前よく援助金を注ぎこむようになったとき、マデイラにも大金が流れこんだ。私が興味をもって眺めた範囲で、この巨額の助成金はマデイラだけでも数百万ユーロに達し、私にいわせれば、経済のグローバリゼーションにおけるごくまれな（おそらく唯一の）プラス効果だった。つまり、豊かな国々が貧しい国々に直接援助の手をさしのべたのである。

だが、私の興味はそれほど続かなかった。私はサーフィンをしていた。サーフィンとは、ごく一部の海岸線について、できるだけくわしく知ることにほかならない。波がないとき、私は本を読むか、関係ない話題について書くか、さもなければ海で泳いでいた――水面下の障害物について調べると同時に、体調維持のためでもあった。ときたま、海外から来たサーファーたちとつきあうこともあった。しかし、ほとんどの時間、私だけが知っているマデイラのビッグウェーブの情報がよそに漏れはしないかと心配して過ごした。

サーフィン雑誌――サーフィン関連のゴシップがやりとりされるメイン舞台――のあいだでは、新たに発見されたサーフ・スポットの情報をどこまで伝えるかについて、はっきりした決まりはない。マデイラの波を捉えたすばらしい写真は世界中で見ることができたが、少なくともアメリカの雑誌はその場所がどこかをはっきりとは書かなかった。ポルトガルの雑誌はもっと遠慮がなかった。表紙にもでかでかと地名を書き、派手な記事を載せた。だが、奇妙なことに、それはポルトガルの波とみなされていた。これはたぶんエゴの問題だろう。マデイラは、ハワイと同じように大陸棚がないため、本土よりも大きな波が得られる。悔しさからポルトガルの雑誌は好戦的な愛国心を刺激され、不必要に見栄をはることになったのだろう。彼らもやっとビッグウェーブのスポットを手に入れたわけだ。初めてマデイラを使って製作されたポスターでは、本土のプロ・サーファーが緑色の巨大な壁を思わせるジャルディムのビッグウェーブに乗っているところが使われた。コピーには「ポルトガル領内でサーファーが出会った最大のビッグウェーブ」とあった。

だが、同じ雑誌には、もっと目立たないもう一枚の写真があり、それが私の目にとまった。ポール・

ド・マールの山側から撮影したワイドショットで、一点の傷もないガラスのように透き通ったビッグウェーブが写っている。水中には人の姿はまったく見えない。前景にはサッカー場があり、ユニフォームを着た二チームが対戦し、数十人の見物人もいるが、彼らは見事な大波に背を向けて坐っていた。キャプションにはポールの名前も位置も不必要なほどくわしく書かれていて、「いつか、このサッカー場が空っぽになり、ラインナップ（波待ちの列）が満員になる日が来るのだろうか？」とあった。書いた人の気が知れない。フッチボウの人気とはりあうつもりなのだろうか？　ポールのサーフ・スポットが混みあうことを期待しているのだろうか？

やがて、ある晩、ポルトガルのナショナル・チームがジャルディムにやってきた。私はサーフィンの国別代表チームなんてものには、それまでなじみがなかった。サーフィンは団体競技ではない。だが、村人たちがとても感銘を受けているようすに、私も感銘を受けた。なんといっても、これはナショナル・チームだ。ポルトガルを代表してサーフィンをするんだから。チームの人たちは、オリンピック選手のように――それとも人気の高いフッチボウの代表チームのようにというべきか――おそろいのウィンドブレーカーを着ていた。もちろん私にいわせれば、むさくるしい若造の群れにすぎなかったが。

だが、そのコーチは私の目をとらえた。話しかけたりはしなかった。ただ、ある朝、村の広場に停めたレンタカーからゆっくり降りてくるのを見ただけだ。妻をつれ、ベビーカーに乗せた幼児もいっしょだった。チーム名の入ったウィンドブレーカーとそろいのウォームアップ・パンツを身につけ、いかにも退屈そうだった。色白で、痩せていて、とてもサーファーには見えず、元サーファーだといわれても疑わしかった。スポーツ関連の役人か物理学の教師、あるいはサッカーのコーチのほうが似つかわしかった。私の目をとらえたのは、彼の平凡さ、気取りのなさだった。私の育った場所では、サーフィンはワイルドなものだった。友達といっしょでも一人でも、海に入ってしまえば、人と仲良くしているひまなどなかった。そんな私が初めてオーストラリアへ行ったとき、そこではサーフィンが立派な社交であり、誰もが気軽に声をかけあって、それが当然だと思われていることにショックを受けたものだ。サーフィンも社交の手段になりうる。そして、ここ、人里離れた居心地のいいジャルディムでは、私にしつこくつきまとってきた禁欲的な隠遁癖が、ヨーロッパのヤッピーによる社会民主主義的な考え方とほんの少し融合したかのように見えた。あくまで、ほんの少し。

私は封建制度と孤立について理解していた――つもりだった。かつて、教会や貴族による専制支配が重くのしかかっていた時代には、外の世界との接触はごくわずかだった。ジャルディムにとって、電気やテレビやプラゼーレスからの舗装道路の到来は、それぞれ難点はあったにせよ、脳のなかに新鮮な酸素が送りこまれたようなものだった。日曜日の朝、波がなければ、私は村の教会へ出かけ、ブラジル人の巡回神父が語る解放の神学についての説教を聴いた。ジャルディムへの交通手段が、やっと山羊の通れる山道か小さなボートしかなかったころには、神父の説教さえ聴けなかったのだ。

サッカー場を作りたいという村人の情熱は、何にもまして、外の大きな世界ともっと緊密に結びつきたいという漠然たる欲求のあらわれだった。少なくとも、マデイラの一人の若者はサッカー選手になるという大きな夢を果たした。フンシャル出身の貧しい少年、クリスティアーノ・ロナウドである。ロナウド――この名前は、なんとロナルド・レーガンにちなんでつけられたという――はマンチェスター・ユナイテッドでプレイしている。ポルトガル代表チームにも選ばれた。銀色のポルシェに乗っている。私の聞いた話によると、マデイラの少年は一人残らず、彼にあこがれているという。

いまや、サーフィンによって、ジャルディムは世界とつながっている。スイムウェア・メーカーのビラボンがマデイラでの「ビッグウェーブ・コンテスト」のスポンサーになると聞いて、私はどっと落ちこんだ。宣伝はますます派手になる。コンテストの時期にはニューヨークの家にいることにしようと心に決めた。だが、ジャルディムの人たちはこれを歓迎しているようだった。サーファーが大勢来れば、村に落とす金も増える。本当のところ、なかには迷惑なツーリストもいる。それに、村の少年たちのなかにも、このスポーツに興味をもって試してみる者が出てきた。サーフィンはとても危険なのだが、水中にいる男たちは村人のことなど意にも介さない。それどころか、ジャルディムの人びとはサーフィンにはもう飽き飽きしているようだった。

かつてはそうではなかった。私が初めてジャルディムでサーフィンをしたとき、一九九四年のことだが、大勢の村人が教会の下の段丘に集まってきたものだ。私は友人のピーターといっしょだった。村の人びとにとって、サーファーを見るのは初めてではなかったが、ほとんどそれに近かった。私たちが波をとらえると、見物人は喝采を送った。私たちのやることを見て、どれがうまいライドかをすぐに理解したようだった。それればかりか、彼らはこの一帯の海を知りつくしていた。やがて、口笛を吹いて、私たちにポジションを教えてくれるようになった。甲高い口笛が聞こえたら、大きな波が来るぞという知らせであり、私たちはもっと沖までパドリングしなければならない。もう一度、甲高い口笛が聞こえたら、もっと速くパドリング。低い口笛は、ちょうどいいスポットに着いたという知らせだ。私たちは暗くなるまでサーフィンを楽しみ、その夜は村のカフェで夕食をとった。口笛を吹いてくれた人たちにお礼をいいたかった。酒の一杯もおごりたかったが、村の人たちはシャイで、よそ者に慣れていなかった。

その年、ここを去るときになって、ピーターは自分のボードを村の子供——オルランド——にやった。翌年、私たちは、岩の間を洗う白い波に沿って滑るように移動するオルランドを見た。彼はすばらしいバランスを身につけ、早くもターンさえマスターしていた。それ以上に、彼は怖いもの知らずだった。ジャルディムの浅瀬の巨石から、ぎざぎざの岩場へと、ときにはボードを腕に抱えたまま、軽々とジャンプしていった。潮溜まりを敏捷に跳びまわるさまは、じつにみごとな曲芸だった。そんな自信は、一つにはまちがいなく、この岩場で育ったことから来ていたが、オルランドの場合、すぐれたサッカー選手であることも、理由の一つだったのではなかろうか。

波がとてつもなく大きくなり、岬に向かって砕け落ちる波頭に巻きこまれずに無事に岸に戻れそうにないときは、村の人たちがビーチに出てきて、陸に戻るルートを指示してくれた。暗くなってからは、懐中電灯をふりまわして、いちばん安全なルートとタイミングを教えてくれた。もちろん、村人のほとんどは私たちをバカ者だと思っていた。一度など、とくに肝を冷やした経験のあと、一人の年を召したご婦人にさんざん叱られた。危うく首を折るところだった。この村の漁師は何人も海で死んでいる。それを思えば、無事ですんだのは、ご家族にとっても好運だった、と。大事にされていたではないか、って？　これは、ジャルディムの住人のほとんどがサーフィンに飽きてしまう前のことなのだ。

ある秋、突然、ジャルディムとポールをつなぐトンネル工事が始まった。それは不条理なジョークそのものだった。岩山を掘削して、およそ一キロ半の自動車専用トンネルを作って、おたがいに憎みあっている小さな二つの漁村をつなげる？

そう、そのとおり。こうして、両方の村から工事が始まった。ここだけでなく、マデイラ島全体で橋やトンネルの工事が進行中だった。「輸送インフラストラクチャー」のためのEUの助成金をがむしゃらになって消費していたのだ。EUによれば、これらのプロジェクトは「時間の節約」に役立つはずだった。その一方で、マデイラ島民は働き口を得て、政治的にコネのある企業や地元の建設業者にもおこぼれの儲けが入る。援助金のあるところ、汚職あり――と、人びとはいった。だが、そんなスキャンダルは新聞にはいっさい出なかった。新聞を見るかぎり、地元の顔役で知事でもあるアルベルト・ジョアン・ジャルディム（ジャルディム村とは無関係）は毎日のように何かの竣工式に出てテープカットをしているらしかった。建設ラッシュは、EUが東欧諸国家に助成金を回すようになるまで続いた。

汚職の噂は本当だったのだろうか？　真相はわからない。私はツーリストで、ありがたいことに、ここへはサーフィンをしにきただけだった。たしかに、この島は一種の狂騒状態だった。千載一遇の金儲けのチャンス――過去、何世紀ものあいだ、そんな機会はめったになかった。老人たちの多くは、生まれてからずっと見慣れてきた段丘のあるのどかな丘陵地帯がブルドーザーで切り崩されて高架道路になり、真新しいぴかぴかの高速道路ができていくようすを呆然と眺めていた。ジャルディムの村人たちはぶつぶつとこぼした。トンネルができたら、飲んだくれの粗野な連中がポールからどっとやってきて、ジャルディムの静かな広場は酒臭い溜まり場になってしまう、というのだ。それでも、ジャルディムの男たちはトンネルの工事現場で働くことができたので、家族は喜んだ。これでベネズエラへ移民せずにすむ。

その冬、サーフィンのほうは不調だった。私は風ばかり吹きつける波のない海を眺めてほとんどの時間を過ごした。潮が引くと、村人たちは海中から顔を出した岩場のあちこちでラパス（カサガイ）を採取した。小人のキコもラパスをとりにいく一人だったが、彼の脚は短すぎて、つるつる滑る岩をよじのぼることができない。その奮闘ぶりは、見るも哀れだった。しかし、上げ潮のとき、キコは沖合いのポイントへ出て、銛で魚を突いた。これこそ彼の十八番だった。短軀ながらがっしりした体の両端に突きでたフィンとマスクをかぶった頭が巨大に見えた。いったん水中に潜ると何分間も出てこないように思えた。村人がいうには、彼は大胆に身をよじらせて狭い岩の割れ目に入りこむという。そこにはタコがひそんでいる。

ジャルディムで生まれ育ったキコは、村の海岸線にある岩を隅々まで知っていた。彼は獲物を地元のカフェ、タール・マールに売った。その店では、彼の捕ったタコが名物料理だった。私もよく食べた。
もう一つの名物料理はエスパーダである。沖合いで捕れる深海魚で、見かけは怪物のようだが、味はよかった。マデイラ沿岸の海底は急に深くなっているので、水の色は海岸のすぐ近くなのに、まるで深海のような濃い紺色をしていた。私は、ジャルディムの沖合いの漁場で操業している小船の動きを飽きずに眺めたものだ。風のない夜、船は沖へ出て漁をする。一面の星空のもと、暗い海面をいくつもの黄色い灯が右へ左へと動きまわった。

ポルトガルの国歌は「海の英雄《エロイス・ド・マール》」をうたっている。また、ポルトガル文学史の最高峰ともいうべき十六世紀の大叙事詩『ウズ・ルジアダス』（池上岑夫訳、白水社）は、韻律も主題も大洋に関係しており、一千節を超える八行詩でヴァスコ・ダ・ガマのインド航海を称揚している。この詩は空想にあふれ、現代人のふつうの感覚からすればいささか装飾過多ではあるが、海と船に関する表現はすばらしい。小さな部分にまで光があてられ、燦然と輝いており、まさにポルトガル帝国黄金時代の建築に共通する――これは、マヌエル一世にちなんで、マヌエル様式と呼ばれている。この時期の教会建築には、扉の周囲の石彫でさえも、細部の装飾は海にまつわるものが多い（本物そっくりの珊瑚や、驚くほど正確に表現された海草など）。エンリケ航海王子（一三九四～一四六〇年）、ジョアン二世（一四五五～一四九五年）――短期とはいえ豊かな実りのあったポルトガル・ルネッサンス、その中心には海があった。ルイス・ヴァス・デ・カモンイス（一五二五？～一五八〇年）の時代、不運な愛国者にして航海者だった彼の傑作『ウズ・ルジアダス』が書かれたころには、異端審問の嵐が吹き荒れており、帝国は末期を迎えようとしていた――すでに、ドイツの銀行家への借金で首が回らなくなっていたのだ。

ポルトガル民謡のファド――これも海をテーマにしたものが多い――にこめられた涙とノスタルジックな哀愁は、失われた栄光への嘆きから発しているのではないだろうか。私はそう思うことがたまにあった。それとも私がファドのアラブ的な根源に耳を傾けすぎただけだろうか。スペインと同じように、ポルトガルもモロッコや北アフリカのイスラム社会との境界に位置し、つねに西ヨーロッパとの架け橋の役割をはたした。

マデイラが発見されたのは、ポルトガルの大航海時代の初期、一四二〇年のことだった。島には人が住んでおらず、樹木が生い茂っていた。移住してきた人びとが樹木を切り倒し、原生林を燃やした。伝説によれば、あるとき、この火が燃えひろがって、七年間も消えなかったという。マデイラは砂糖貿易の中心となり、やがて奴隷貿易の拠点になった。ワインが代表的な輸出品になったのはもっと後のことである。すべては海を経過して到来し、また出ていった。ある意味で、この島はポルトガル以上にポルトガルらしかった。海とのつながりもマデイラのほうが強かった。今日、マデイラ経済の根幹は観光産業である。

夜、波の音がしないとき、聞こえるのは機械の音だけだ。山の中から発破の音が響いてくる――ポールへのトンネル工事の音だ。湿気の多い部屋で眠れないまま、私はアダマストールの姿を思い描く。『ウズ・ルジアダス』に出てくる海の怪物だ。「落ち窪んだ細い目で睨みつける／その肌色は血の気のない土色／灰色の髪は粘土で固まっている／真っ黒な口には黄色くなったぼろぼろの歯が生えている」

私はひどい風邪を引いた。ローザの母のセシリアも風邪にやられた。だが、セシリアによれば、その病気は彼女がある果物売りから買ったチェリモヤの実の殺虫剤がちゃんと洗い落とされていなかったせいだという。私たちはいっしょに、私の車で、カリェタの海岸にある診療所へ行くことにした。セシリアは咳きこみ、目は腫れていた。私たちの車は、大きな石油缶を紐で背中にくくりつけ、両手で杖のようなノズルをもった男たちとすれちがった。殺虫剤を撒いて歩いているのだ。セシリアは男たちをねめつけ、ぶつぶつ文句をいった。

二人とも、カーニバルまでには回復した。これは懺悔の火曜日を祝う地元の祭りで、有名なリオのカーニバルとはなんの関係もない。ジャルディムの人びとはその夜、タール・マールに集まった。ローザとセシリア、それにローザの小さな姪や甥たちもパーティ用のコスチュームを用意していた。ローザたちにいわれて、私は派手なライムグリーンのウィッグをつけ、ばかでかいディスコ風サングラスをかけた。ローザはくすくす笑い、まるでイギリス人みたいだといった。それから、みんなでカフェにくりだした。

少なくとも村の住人の半分はパーティに来ていた。ジュークボックスからは、サンバやユーロポップ、ファドなどが大音量で流れていた。ほとんどの人は仮装していた——小さな子供たちはマントをつけたスーパーヒーローやバニーの扮装をしていた。意外なことに、大人たちは、セクシーさを大げさに誇張した醜女に扮している人が多かった。胸には大きな詰め物、お尻にもクッションを詰めこんで、大きなウィッグをかぶり、顔には深い皺の入った派手な化粧のゴム製のマスクをかぶっている。そんな仮装をした人びとが芝居がかった身振りで抱きあう光景は、一種ヒステリックな雰囲気をかもしだした。それというのも、仮装の中身が男か女か、見ているだけではわからないというのが大きかった。厚化粧のご婦人たちは、ダンスをし、飲んで騒ぎ、不埒なほどにいちゃつきあったが、けっして言葉を発さないように気をつけていた。まちがいなく私は村の住民の誰よりも混乱し、仮装の正体には見当もつかなかったが、くらくらする感覚やセクシーなおふざけの気分はその場にいる全員に行きわたっていた。その夜、集団的な狂乱状態が生みだされたのは、たえず注がれるワインと、強烈なビートの音楽、波になって天井にはねかえるほどの笑い声のせいかもしれない。すばらしいパーティだった。おかしな仮装をした人たちに囲まれて、ジャルディム・ド・マールという村に隠された、いわくいいがたい暮らしの本質に、よそ者の私もほんの少しだけ近づいたような気がした。

ポール・ド・マールのろくでなしどもは広場に侵入してこなかった。翌年の冬、トンネルは立派に完成した。だが、使われることはめったにないようだった。この私もトンネルの近辺で酔っ払った通行人を見たことは一度もなかった。トンネルは長く、暗く、かび臭かった。一方で、サーファーにとって、このトンネルはすごく便利だった。ポールの波まで車でたった五分になった。トンネルのおかげで島内のどこへ行くにも近くなった。私が初めてこの島へ来たとき、ジャルディムからフンシャルへ行くには険しい山越えの道を三時間ドライブしなければならなかったが、いまでは一時間足らずで着く。もちろん、アクセスが楽になることのマイナスは承知していた。これで、もっとサーファーが増えるだろう。いまや、例のスイムウェア・メーカーがジャルディムで「ビッグウェーブ・コンテスト」を開催するようになっていた。第一回はオーストラリアのプロ・サーファーが優勝した。第二回の優勝者はタヒチ生まれのポトだった。力技のサーフィンで有名なポトは国際サーフィン界のセレブである。よくない傾向だ。一方、オルランド少年は成長してサーフィンの達人になり、ジャルディムのほかの子供たちもサーフィンを習いはじめた。オルランドはいまや一軒の小屋をもち、そこを旅行者のサーファーからもらったボードで一杯にしていた。

波はいまだに最高だった。少なくとも、それだけは変わらないだろうと私は思っていた。なんと無知だったことか。

その年――二〇〇一年の初め――政府の肝いりによってジャルディムの海岸沿いに「遊歩道」が建設されるらしいという噂が聞こえてきた。とてもまともな計画とは思えなかった。高潮のときは、波が断崖に砕け散るというのに。村の建設業者とこのことについて話をしてみた。彼はこの計画に賛成だという。それがどんなものになるか、彼にもはっきりとはわからなかった。たとえ建設できたとしても、ささやかなもの——舗装された散歩道のようなもの——だろうと彼はいった。私は、そもそも建設など不可能だといった。それに、いったい誰が利用するんだ？

その年の暮れに娘が生まれた。その冬は赤ん坊にふりまわされて、あっというまに過ぎた。それから二年間、私はマデイラへ戻れなかった。

その間に、遊歩道は車道へと変更され、私がマデイラに戻ったときは建設工事のさなかだった。このプロジェクトには反対運動もあった。マデイラ島に住みついていたカリフォルニア出身のウィル・ヘンリーというサーファーが抗議行動のリーダーだった。環境保護活動家、地質学者、生物学者、ポルトガルおよび海外からのサーファーたちがフィンシャルとジャルディムに集まって、デモ行進をした。ジャルディムのビッグウェーブを守れという声だけが争点ではなかった——新しいマリーナ建設のような無駄な事業のせいで台無しにされたサーフ・スポットはほかにもたくさんあり、さらにEUの助成金がきっかけとなって起こった建設ブームのせいで、マデイラ沿岸の生態系全般が損なわれたという声もあった。抗議活動家が暴露したところによると、この新しい大規模な建設契約によって最大の利益を得た者のなかには、この島の知事アルベルト・ジョアン・ジャルディムの娘婿が所有する会社もあったという。

ジャルディム知事はかんかんに怒った。そして、抗議活動家たちを「共産主義者」ときめつけた。地元の新聞には、サーファーなど「貧乏旅行者の見本のようなもので、マデイラでは歓迎できない。サーフィンをするなら、どこかよそでやってくれ！」と語った。さらに海の波に関する知識まで嘲った。「サーファー？　あんな連中は愚か者ぞろいで、波が陸から海に向かって押し寄せるとでも思っているにちがいない。波がここに打ち寄せようが、沖合い十五メートルのところで砕けようが、どんな違いがあるというんだ？　波はいつだって同じに決まっている」

抗議活動家はジャルディム・ド・マールでも歓迎されなかった。現行政府の多数勢力と結びついた地元の男たちはサーファーを村から追いだそうとし、食べ物を投げつけ、罵声を浴びせた。オルランドさえ逃げだした。これがヘンリーだったら、さんざんな目にあっていただろう。外国から来たよそ者のくせに、ろくに金も落とさない愚か者のくせに、マデイラの進歩を妨げるだなんて、いったい何様のつもりなんだ。建設は着々と進んだ。

私がマデイラ島に戻ったのは二〇〇三年十月だった。噂を聞いていたから、ジャルディムに滞在するのはやめた。妻と娘もいっしょだったので、山の上にある十七世紀のキンタの屋敷を改修したホテルに泊まった。このホテルには小さなプールがあり、そこから海が見えた。まだ二歳になっていなかった娘は、海を「大きなプール」と呼んだ。車にサーフボードを積んで山道を下り、ジャルディムの広場に入っていくと、村の人たちが顔をそむけるような気がした。恥ずかしさで顔が見られないのだろうかと私は考えた。それとも、もうサーファーなど大嫌いになったのだろうか。

海岸線の破壊は想像を超えていた。その情景を目の前にして立っていても信じられない思いだった。遊歩道なんてつくれっこないと、かつての私はいったものだ。しかし、想像力が足りなかった。大量の岩と泥がトラックで運びこまれ、海中に投棄されて、岬をめぐる海岸線がぐるっと埋めたてられた。工事はまだ完了していなかったが、いまでは、彼らがそう望めば、大がかりな埋めたて工事によって八車線の高速道路さえ建設できることがわかっていた。黄色の巨大なブルドーザーが騒音をあげ、埋めたてたばかりでまだ舗装もされていない土地を前後に動いていた。ジャルディムから流れでる土のせいで、海は濁って白茶けていた。建設中の道路と海をはさんで、私がこれまで見たなかで最も醜い防波堤があった——灰色の巨大なコンクリートの塊。とげとげしく無個性でありながら、見ていると胸が苦しくなる。これが新しい海岸線だった。コンクリートの塊を茶色の弱々しい波がひたひたと洗っていた。

いうまでもなく、ジャルディム知事の言葉は誤りだった。航海者の末裔なればこそ、彼がこれほど海について無知だというのはかえって印象的だった。リーフを埋めてしまったら、沖合いの波は動かない。波はただ単純に、リーフのあるところに砕けるのだ。ジャルディムの荒廃を目の当たりにしながらも、その事実を認めるのはとても辛かった。とても大きな波が来て、引き潮のときなら、もしかして……そんな、まれにみる状況なら、ここでもまだサーフィンができるかもしれない。とはいえ、ふだんから危険だったスポットは、これまで以上に、途方もなく危険になっているにちがいない。一方、海中から見たときの岸辺のうっとりするような美しさ——岬と湾のあいだにそびえる断崖、バナナや野菜、パパイヤや砂糖黍が生い茂った段々畑——は完全に破壊され、味もそっけもない工業製品の壁がとってかわった。事実を受け入れよう。偉大な波はもう来ない。ジャルディムっ子が何世代にもわたって貝類を拾いあつめた潮溜まり、オルランドがイワトビレイヨウのようにジャンプした岩場、キコが銛でタコを突いた浅瀬——それらはすべて、何千トンもの瓦礫の下に埋もれてしまった。

私は村の住民の何人かと話をした。新しい防波堤と道路の建設は必要だったと聞かされた。防波堤は村を海から守ってくれる。家のそばまで車で行かれる住民が増えたことも利点である。それに、これらは進歩の証《あかし》である——つまるところ、ほかの村にも同じような改良がなされているのだ。ツーリストが新しい道路から海を眺めて喜ぶだろうといった人さえいた。こうした意見はおずおずと口に出されるか、あるいは自己防衛的、また喧嘩腰で食ってかかられ、さもなければ上の空で語られた。ある人にとっては多少の真実があり、また別の人にはどうでもいいことだった。むきだしの真実をいえば、権力者が自分たちの要求——財政的、政治的な——にしたがってプロジェクトを決め、実行し、その間、村の住民はいっさい口をはさめなかったというのが実状だ。バーを経営するお人好しのジョアンは運命論者だった。「楽園に住んでいるつもりだったのに……」。そういって、ものいいたげに肩をすくめてみせる。そのしぐさは、まさにファドそのものだ。

ローザはもっとストレートだった。怒りもあらわに文句をいいたて、なにもかも失敗だとこきおろしては、実名をあげて非難した——儲けたのは誰か、嘘をついたのは誰か。当然ながら、下宿屋の商売はあがったりになった。ローザと話しながら、私はついに願いがかなったことに気がついた。あたりにサーファーは一人もいなかった。

それでも、まだサーフィンはできた——ジャルディムはだめでも、ポール・ド・マールやポンタ・ペケナがあった。私たちは二週間滞在し、波が来たらサーフィンをした。たった一人で。だが、ついていなかった——二週間、よい波はついに来なかった。山へハイキングに出かけ、レヴァダと呼ばれる用水路——マデイラに筋をなして走る——に沿って歩いた。このレヴァダの多くはかつて奴隷たちの手で築かれたものだったが、島の経済が農業から観光へとシフトするにつれて荒廃していった。その一方で、キンタの屋敷を改修したホテル——私たちが滞在していた——にはデンマークやドイツやフランスから来た人びとが泊まっていたが、彼らはみな、海岸沿いの工事がマデイラの魅力をすっかり殺してしまったと不平を並べていた。

クリスティアーノ・ロナウドは気にしていないようだった。ジャルディムの東にあって、さほど遠くないリベイラ・ブラヴァにある宮殿のような真新しい大邸宅を購入するかどうか検討するために見にきたところを目撃されていた。イギリスのメディアによれば、彼は「粗末なあばら家」で育ったといわれている。私はときどき、マデイラで彼に夢中になっていないのは自分だけではないかと思うことがあった。この地方の政府までが、世界ツーリズムの日を記念して、彼に功労賞を授与したほどだった。彼がイギリスのチームでプレイしているので、今後はさらにイギリス人のツーリストが増えるはずだというのが理由である。世界ツーリズムの日があるなんて私はちっとも知らなかった。

ポルトガルのサーフィン雑誌に載った、サッカー場を前景にしたポール・ド・マールの写真のことを私は覚えていた。フッチボウの人気に嫉妬するような文章が載っていた。子供のころもサッカーは身近になかったので、そういう感情はさっぱり理解できなかった。たとえ無意識のうちにさえ、一点のしみもないビッグウェーブにサーファーが群がっているところなど見たいとも思わない。サーファーは真白なキャンバスを求める。海との純粋な出会いがあれば、それだけでいい。そのうえ、波がとてつもなく大きいとき、ポール・ド・マールはとても危険だ。私の知るかぎり、サッカーでは誰も死なない。死の恐怖に立ち向かうこともまずない。

ある朝、ポールで波をチェックしたあと（波は小さく、よくなかった）、私たちの車はパレードにぶつかって立ち往生した。村ではその数日間、守護聖人の祭りが続いていた。通りに立った柱は雑な縞模様に塗られ、その柱から柱へと青い造花がかけ渡されていたが、その花飾りはすでに埃まみれで、風に吹きちぎられていた。生徒たちのブラスバンドが威勢のいい音をたてながら、ゆっくりとしたペースで船着場から教会へと行進し、道路をふさいでいた。そのあとを酔っ払った数十人の男たちがよろよろとついていった。娘の目はパレードのなかの一人、手作りのロケットをたくさん抱えた少年に釘付けだった。そのロケットは長い棒でできており、新聞紙でできたフードに先端を突っこんであった。数歩進むごとに、少年はロケットをケースから出し、口にくわえた煙草の火で導火線に点火する。そして、まるでゴミでも捨てるように無造作な態度で、自分の肩越しにミサイルを発射させ、どこへ飛んでいくかを見定めようともしない。ピーッと甲高い音をたてながら数秒間空を飛んだかと思うと、驚くほど大きな音で爆発する。その音にぎょっとして跳びあがるのは私たちくらいのものだった。これぞポール式のお祭り騒ぎだ、と私は思った。

私たちの車はやっとトンネルにさしかかった。暗闇のなかに吸いこまれ、そしてジャルディム側に出た。トンネルの出口は村よりもやや高い場所にあった。私たちはそこに車を停めた。高い場所から見るジャルディム・ド・マールは、日差しのなかでまどろんでいるようだった。海は泥のような茶色で、波はなかった。すぐ目の下にヴァスコンセロス家の館があった。その空き地は――もう何も植えられていない――海岸線の工事のための資材置き場になっていた。車輪のあとが筋となって縦横に走る広い土の上に、何台ものブルドーザーやクレーンやコンクリート・ミキサー車やダンプカーが無秩序に停めてあった。古いきれいな家族礼拝堂の裏には、防波堤用のコンクリート板が列をなして積み重ねられている。ろくでもない封建領主のヴァスコンセロス一族は、自分たちの土地がこんなふうに使われていると知ったら、どう思うだろう。それも、よそ者には理解のおよばない事柄の一つである。だが、かつての領主の館に付属した土地がいつかカンポ・デ・フッチボウになったら、いまのこの光景よりはずっとましだろう。

ウィリアム・フィネガン

一九八七年以来、『ニューヨーカー』の専属ライター。著書に“A Complicated War, Dateline Soweto, Crossing the Line: A Year in the Land of Apartheid”がある。“Crossing the Line”は八六年『ニューヨーク・タイムズ・ブックレヴュー』でノンフィクション作品のベストテンに選ばれた。九〇年と九五年にはナショナル・マガジン・アワードの最終候補に残った。ニューヨーク在住。

イタリア

Italy

ティム・パークス

Tim Parks

首都	ローマ
独立（建国）	1861年3月17日（イタリア王国の成立，イタリアの最終的な統一は1870年）
面積	301,230km^2
人口	58,103,033人
人口増加率	0.1%
年齢中位数	41.8歳
出生率	8.9人（1,000人口当たり）
人口移動率	2.1人（1,000人口当たり）
幼児死亡率	5.9人（出生児1,000人当たり）
平均寿命	79.7歳
民族	イタリア系（北部のドイツ系，フランス系，スロベニア系イタリア人，アルバニア系イタリア人，南部のギリシャ系イタリア人など少数派を含む）
宗教	主にローマカトリック，他にプロテスタント，ユダヤ教，イスラム教
言語	イタリア語（公用語），ドイツ語（トレンティーノ・アルト・アディジェ州），フランス語（ヴァッレ・ダオスタ州），スロベニア語（トリエステ、ゴリツィア地方）
識字率	98.6%
選挙権	18歳以上の全国民（ただし上院は25歳以上）
兵役	18歳以上
GDP（一人当たり）	27,700ドル
GDP実質成長率	1.3%
失業率	8.6%
物価上昇率	2.3%
国家予算	8201億ドル
軍事費	281億8280万ドル（GDP比1.8%）
第一次産業（農業）	果物，野菜，ブドウ，ばれいしょ，テンサイ，大豆，穀物，オリーブ，牛肉，酪農，魚介類
第二次・第三次産業（商工業）	観光事業，機械類，鉄および鉄鋼，化学製品，食品加工，繊維製品，自動車，衣類，靴，陶磁器
通貨	ユーロ

出典：「CIA世界年鑑」2005年11月版（人口統計2005年，経済統計2004年）

イタリア

Italy

サッカー協会	イタリア・サッカー協会
地域連盟（コンフェデレーション）	欧州サッカー連盟（UEFA）
協会設立年	1898 年
FIFA 加盟年	1905 年
愛称	アッズーリ
監督	マルチェッロ・リッピ
ホームページ	www.figc.it
スタジアム	オリンピコ

FIFA ランキング	12
ワールドカップ出場回数	15
ワールドカップ優勝回数	3

1930	不参加
1934	優勝
1938	優勝
1950	1 次リーグ敗退
1954	1 次リーグ敗退
1958	地区予選敗退
1962	1 次リーグ敗退
1966	1 次リーグ敗退
1970	準優勝
1974	1 次リーグ敗退
1978	4 位
1982	優勝
1986	決勝トーナメント敗退
1990	3 位
1994	準優勝
1998	準々決勝敗退
2002	決勝トーナメント敗退

試合数	70
勝	39
引き分け	17
負	14
得点	110
失点	67
得失点差	43
勝点	134
ワールドカップ通算成績　第 3 位	

一九九四年、ワールドカップが開催されていたとき、イタリアのアドリア海を望む海辺の町ペスカーラで、義父のアデルモが海岸沿いの低い防護壁に出現した落書きを指さした。文字の高さは一メートル近くあったので、いやらしい赤のペンキで書かれたメッセージはうねうねとかなりの長さにのびていた。

朝早く、ぼくらは子どもたちを海岸に連れていくところだった。ペスカーラで、交通量の多い海沿いの道路を渡るのは至難の業だ。横断歩道はいやと言うほどあるが、歩行者が実際に縁石から一歩踏み出さないかぎり、一台の車も停止しないし、停まるときも、いかにもいやそうにタイヤを滑らせ、ハンドルを切りながらブレーキをかける。一か八かの神頼みがここでは絶対に必要だ。「クレティーノ！（ばかやろう！）」の怒鳴り声が四六時中飛びかう。

一度、道を渡り終えてしまうと、子どもたち——ミケーレとステファーニア——はまぶしい陽光の下、どこまでも続く遊歩道を椰子の木から椰子の木へと、わが家のビーチパラソルがあるラ・メドゥーザ海水浴場まで駆けだしていった。「ちょっとあれを見ろよ」と義父は壁のほうに頭を振った。

アデルモは小柄な太った男で、斑点のある大きな禿頭を白い帽子で守っていた。それにハンカチももっている。よれよれの帽子を一インチかそこらもちあげ、ハンカチを差しこみ、汗をぬぐい、それからボーイスカート風のショートパンツのポケットにもどす。右に左にと揺れる尻の両側に、ブランド名がはいっていた。英語で「オールド・ドッグ」、年寄り犬。

「おかしいだろう？」義父はくすくすと笑った。

全体を読むために、一、二歩うしろに下がらなければならなかった。だれかがぼくらに読ませるために、ご苦労様にもスプレイ缶を使って、ひと仕事していてくれた。落書きはこうだ。

イ・ペリ・デッラ・フレーニャ・イストゥピディスカノ・ラ・ジェンテ

「フレーニャ」という言葉にはなじみがない、とぼくは笑いながら言った。きっと土地の言葉でしょう。「そのとおり」。アデルモは土地っ子、アブルッツォ生まれのアブルッツォ育ち。温かく響くがらがら声で言った。「でも、察しはつくだろう」

たしかに、察しはつく。「フレーニャ……の毛は……人びとを驚かせる」

「おれたちの頭をおかしくする」。老人は、捕虜収容所で身につけた英語でうなるように言った。おそらく義父は、後にも先にもぼくが腕を組んで歩くただひとりの男だろう。義父は男どうしの連帯を煽り立て、危うい企みへと引き込もうとする。毎日毎日、あれやこれやのやり方で、おれたちはみんな、もうひとつの性に驚かされ、頭をおかしくされていると言っているみたいだった。この落書きを自分で書いたのかもしれない。

「サッカーは言うまでもない」とぼくは言ってみた。「ラ・パッラ・ロトンダ・イストゥピディーシェ・ラ・ジェンテ!」丸いボールは人びとの頭をおかしくする。

前の晩、イタリアはノルウェーを1対0で破った。全世界の人びとがテレビにかじりつき、そのあと、ぞろぞろと町に出てきて、クラクションを鳴らし、早朝まで花火を打ちあげていた。ぼくらはよく眠れなかった。

「それと、当然ワインだ!」アデルモが続けた。

ぼくは反論した。「ひとつ違いがありますよ。ワインはサッカーやフレーニャを盛りあげてくれる。あるいはそのあと祝ったり、悲しみを鎮めたりするのを助けてくれる。でもワイン自体は心を奪うものではない。ワインの夢は見ない。ワインに取り憑かれることはない」

「わたしはそうだね」と父は抗議した。「とくに山盛りの焼き魚がいっしょに出てくるときは」

アデルモは食いしん坊で、ここアドリア海沿岸地方の食いしん坊はグラン・グリリアータ・デ・ペーシェ——焼き魚の大盛り——を快楽主義の極致として語るのを好む。ぼくにとっては朝の八時に思い浮かべるのが難しい料理だ。

ぼくらはラ・メドゥーザ海水浴場のバールのテラスにはいり、カプチーノとクロワッサンを注文して、日のあたる席に腰をおろした。ここでは世界は、めくるめく色彩と西洋夾竹桃、重たげなハイビスカス、そして輝かしい朝の張りつめた静けさのなかで、青白いアドリア海の砂浜に浮かぶように見える何列も何列もの青と白のパラソルだった。

「日光も加えましょう」とぼくは提案した。「フレーニャ、サッカー、酒、日光、ぼくらみんなを驚かせる四つの偉大な恵みだ」

「そのなかで最高なのは……」とアデルモは神をも恐れぬような口ぶりで話し始めた。その視線の先で、美人の若い母親がテラスを横切り、小さな男の子をジュークボックスのほうへ引っぱっていく。七十歳になるぼくの義理の父親が若い女に見せる関心ときたら、こちらが決まり悪くなるほどだ。

「最高なのは……」。母親はピンヒールを履き、ぴちぴちのビキニの腰のまわりに薄いクレープ地の黄色いサッシュを巻いていた。

「サッカーですね」とぼくはきっぱりと言った。『ガゼッタ』をとってきましょう」
ぼくらはとても早い時間にビーチにきていた。庶民の知恵によれば、空気とヨードが子どものからだにいい時間だからだ。それに太陽はまだ焼けつくほど熱くはない。人は呼吸し、動きまわり、考えることができる。イタリア人は乱暴な運転をし、道路や競技場では必ずしもいつも規則を守らないかもしれない。だが、その暮らしは充分に試してきた慣習にしたがい、健康には感心するほど気を遣う。子どもたちにとって空気が最高なのは早朝であり、海水浴に最高な月は六月、太陽が熱くなりすぎる前、水が汚れすぎてしまう前だ。

子どもたちが大きくなるまでずっと、ぼくにとって六月は、義理の両親が暮らすペスカーラ、日光とワインと山盛りの焼き魚とフレー……つまり妻……と、そして四年に一度は、もちろん、ワールドカップを意味した。ワールドカップは必ず六月に始まる。それが他の背景のなかで展開するところは想像できない。ぼくにとって世界最大のスポーツイベントの主催国はいつも、そしてただひとつ、海辺の町ペスカーラ、いやもっと正確に言えば、コンクリート造りのみすぼらしい四フラットの共同住宅一階の居間だった。義父が若いときに建て、ちゃんとした屋根を決してつけられなかったこの建物は、「監獄」と呼ばれている。戦争から帰ったあと、アデルモは結婚し、ビーチからようやく百ヤードしか離れていない砂だらけの荒れ地にこの醜い建物を建て、完成する前に大急ぎで外国に出かけた。発展途上の世界の果て、その辺境の地で、現場監督をしてひと財産作るつもりだった。三十年後、たいして金持ちにもならず故郷に引退したときに知ったのは、シーサイド・リゾートと六〇年代のブームのおかげで、真の富は自分の留守のあいだに、自分の裏庭のまわりに蓄積されていたことだった。いま、カリフォルニア風の屋根と高価なリモコン式のゲートをひけらかすスタッコ塗りのパラッツォに囲まれて、「監獄」はなおいっそう小さく、情けなく見える。

イタリアの教養人の多く、そして外国暮らしの経験者のほぼ全員と同じように、義父は祖国と同国人、致命的なその田舎根性、腐敗、一般的な心の狭さ、市民意識の欠如について大いなる軽蔑をこめて、わずかのチャンスがあれば明日の朝にでもアメリカの市民権を申請しそうな口調で語っていたかと思うと、その数秒後には、旅行した土地すべて、そして自分の英雄的な旅すべて——ワールドカップ出場を果たした第三世界の国には必ず、病院か織物工場か下水潅漑農場を建てていた——のなかで、イタリアほど美しい国は見たことがないと保証するだろう。イタリアでは若い母親たちとワインと焼き魚があたえる驚きはあまりにも魅力的だし、もちろんサッカーは世界最高だ。もっともぼくの知るかぎりでは、義父は試合でボールを蹴ったことはないし、生まれてこのかたイタリアの国のなかでも外でもスタジアムで観戦したことは一度もない。

ぼくらはバールの『ガゼッタ・デッロ・スポルト』紙をつかみ取り、勝利主義と義憤と負傷に対する懸念が入り混じった型どおりの記事を読んだ。そのあいだに、若い母親はジュークボックスで聴きたい曲を見つけていた。どの夏にも、ビーチの気分を決める歌が一曲ある。それが愛と熱い羨望とを歌いあげるのは、ものごとの必然だ。しゃがれた男の声が旋律を引き伸ばす——ああ、あの焼けつくように暑い地中海、きみのいない午後はなんと悲しく長いのだろう。あるいは物憂げなシニョリーナが悔恨をつぶやくように歌う。「ここにはない、ここにはない、今年、あなたの香りは」。デッキチェアーを開き、デザイナーズ・ブランドの水着に着替えながら耳を傾ける人びとが、歌の基調を奏でる心の動きを共有しているのは間違いない。それは自分は苦しむ人間だと考えることによって得られる深い自己満足の感覚であり、その満足感は、ノルウェーはほんとうに破るのが難しいチームだったと信じ込ませようとする『ガゼッタ』の記者の満足感と似ていないこともない。

ぼくらの若い母親は朝の八時十五分に、ほとんど空っぽのラ・メドゥーザのテラスで、腕をひらひらとくねらせながら、ひとり目を閉じ、ダンスを始めた。四歳になる息子はまっすぐに海まで走っていきたい。でも母親はいかせない。まだ寒すぎるわ。二十五度しかないのよ。「風邪をひくわ」。母親は踊る。そのしなやかなウエストにちらりと目をやれば、『ガゼッタ』が、選手の妻はワールドカップの合宿に同行を許されるべきではないと頑強に言い張る理由がよくわかる。フレーニャの魅力とサッカーの魅力は両立できない。

男の子はテラスの壁に向かって、腹立たしそうにボールを蹴る。ボールを追って椅子のあいだを走りまわる。ようやくマンマは危険に気づく。「アルベルト！　汗をかいてはだめよ。風邪をひくわ」。母親がふたたび深い自己陶酔にもどり、つる棚の下で目を閉じて、このみだらな歌にのってからだを動かしているあいだ、子どものほうはバールのコンピューター・ゲームのボタンを押して、いらいらと時間を無駄にするよりしかたがない。「おもしろいじゃないですか」。ぼくは義父の気を逸らせようとして言ってみた。「イタリアのサッカー選手はみんな、なにかのときに、汗をかかないよう注意された経験があると考えてみたら。どうです？　もしかしたら試合を決める重要な瞬間に、マンマの声が甦ってきて、選手たちをスローダウンさせるかもしれない」。選手たちが決めた得点のひとつひとつに欣喜雀躍するくせに、アデルモがアッズーリを甘やかされてだめになったガキ扱いしたがるのは知っていた。しかも口ではそう言いなから、自分の孫たちには、ピッツァとコカコーラと、コンピューター・ゲームのための小銭をいくらでもあたえて甘やかし、だめにする。ほら、その証拠に子どもたちがテラスに走りこんできて、注意を引こうとする。「パパ、おじいちゃん、おいでよ、遊ぼう！」

⚽

ワールドカップが観念の上では、すべての民族の平等を謳ってはいても、ぼくらが毎日恒例の砂の城作りにビーチへとおりていくとき目にする現実では、色の黒いアジア人やアフリカ人の物売りが貸しパラソルの迷路のあいだを身を縮めて歩きまわる一方で、クリームをたっぷりと塗った白人たちのほうは、わずかな日よけに法外な値段を払い、物売りの差し出す安物のタオルを指先でもてあそび、偽物のサングラスを試して、いらないわと頭を振り、子どもたちに向かって砂を投げないでと叫び、それからもう一度、議論にもどる。4―4―2と4―3―3ではどちらにどう利点があるか。バッジョは純粋にミッドフィールダーとしてプレイすべきか、それともっと前方、シニョーリの横でプレイすべきか。食前酒を飲むのに最高の海水浴場はどこか。

ぼくはこのすべてを愛す。ぼくはこのすべての怠惰に飼い慣らされたエロティシズムを愛す。厳しい天候をものともしないイギリス人の倒錯したプライドがまったく欠如していることを愛す。ペスカーラでは、海水が冷たければ、そして雲が太陽を横切ったとたんに遊泳禁止の赤旗が立てられれば、人は泳がない。もっとも旗を見るのは、理由もなく出かけるのを遅らせていたわずかの人たちだけだが。このすべてに対する厚かましいほどの満足感はあまりにも魅力的だ。

だが、ワールドカップ・イヤーには決定的な違いがひとつある。いつもなら、渚に沿って何マイルも続くパラソルと生暖かい海のあいだの幅二十ヤードの砂浜は、生身の肉体がぶらぶらといったりきたりして、すべての雑誌が健康によいヨードの濃度が最高だと主張する正確なポイントで空気を吸いこむための場所だ。さらにもっとからだにいいようにと、海水浴場四つか五つ分の長さを、水をばちゃばちゃとやりながら浅瀬を進み、とちゅうで煙草を一服する人たちさえいる。

だが、ワールドカップ・イヤーには、この人間たちの行列は、海岸づたいに繰りひろげられるサッカーの試合によって脅かされる。ぼくらは国民的勝利を模倣しなければならない。それができる唯一の場所は、アドリア海の潮の慎ましやかな干満が砂をプレイできるほど固くしているここだ。というわけで子どもたちが朝早く作った砂の城は、疾走する足によってすぐに平らにされてしまう。娘のステフィはショックを受ける。自分が突然オフサイドトラップの位置にいるとか、ヘディングシュートの軌道の先にいるとか気づく散歩者たちもだ。悲鳴や文句の声があがる。だが海水浴場の監視員たちは、いつもならするように、プレイヤーたちにやめろとは言わない。ワールドカップに酔った数週間のあいだ、試合はあらゆる心理的、物理的空間に侵入する。サッカーのために、呼吸ができない。

浅瀬で子どもたちとふざけながら気づいたのだが、おもしろいことに、海岸の試合は地方ごとのグループに分かれて戦われる。パスを出したり、ゴールを祝って金切り声をあげたりするときのアクセントからわかる。ロンバルディアの人間はロンバルディアの人間と、ヴェネトの人間はヴェネトの人間と、地元の人間は地元の人間とプレイする。イタリア人はグループ——おそらくはるか小学校のときにできたグループでバカンスに出かけるのが好きだ。そして、一度家を離れると、たがいにくっついて離れない。国家として統一されるのはふつう外国からの批判に反応して憤慨するときだけのイタリア人が、ワールドカップをめったにないポジティブな集団のプライドの瞬間として楽しむ。だが、その排他的な地方ごとのグループのなかにぬくぬくと守られながら、予行演習し、再現し、満足して眺めるものとして楽しむのである。たしかにぼくらがいるのは、人種と人種の融合を信念とするテレビ・コマーシャルからは何光年も離れた世界である。CMでは、金髪のバイキングが浅黒いトルコ人やにこにこ笑う韓国人とすばやいワンツーパスをやりとりする。だが、頭にソンブレロを五つのせて、売り物のラグの山の下で汗をかいている背の高いアフリカ人は、方向を逸れてきたボレーシュートを避けるために、首を引っ込めなければならない。アフリカ人はゴールキーパーにほほえみかける。キーパーは砂にダイブする。でも、いっしょにやろうとアフリカ人を誘ったりはしない。

ぼくたちは子どもたちと泳ぐ。砂に穴を掘り、たがいに埋め合う。昼食に帰る途中で、小さなピッツァとビールをやる。だが、実際には、その日すべてが夜の試合のための熱を帯びた長い準備期間であり、全体として見れば、続く三日間か四日間は、イタリアがふたたびピッチに立つ瞬間までの、なおいっそうじりじりと焼けつくように熱い準備期間だ。このとおり、ワールドカップ・イヤーには、あのいつものもの憂いペスカーラの日々に、ひとつの切迫した方向性があたえられる。強力な潮が流れている。他のチームのプレイを観ることは、もちろん、ただの娯楽ではすまない。そこにはつねに、ドイツかアルゼンチンかブラジルが一掃されて、もはや脅威ではなくなるという期待がある。だが、自分たちの選手のプレイを観ることは神経をさいなまれる行為だ。その瞬間は美女との初デートのように近づいてくる。賭けられているものは大きい。男たちはラ・メドゥーザで腰をおろし、じっと石のように固まって『ガゼッタ』を読みふける。女たちでさえいらいらしている。そして子どもたちはもちろんそれを感じとり、サッカーへと流れ出していく注意を自分に引きつけようとして騒ぎ立てる。

マリーアおばさんが立ち寄る。妻の親類は大勢いるが、全員がわが家のパラソルの場所を知っていて、少なくとも日に一度は顔を出す。ずんぐりむっくりのマリーアおばさんは夫を亡くしたばかりで、子どもはいない。あらゆるスポーツのあらゆるイタリア代表チームのあらゆるイタリア人選手を知っている。おばさんの長い隠退生活を試合のテレビ中継が満たす。もしビー玉やおはじきのワールドカップがあれば、マリーアおばさんはイタリア代表チームとそのゴシップすべてを知り、割れた爪や再発するバネ指症状のエキスパートになって、気をもんでいただろう。実際に、きょうはだれかの恥骨炎を心配している。メキシコとの激突の前に治るかしら? ワールドカップは奇妙なことに、試合にめったにいかない人びとや、一度もいかない人びとにこそ最大の影響をあたえるように見える。三週間にわたって、怠惰な感動が、国家共同体の概念に大量に注ぎこまれ、個人主義は世界に対して防御を固めるわれわれの所属意識のなかに埋没する。その唯一の欠点は、十のうち九は、どこかの時点で急激に酔いが醒めることだ。一九九四年、イタリアにとって、それは対メキシコ戦でほとんど終わりかけ、そのあとふたたび、なお困惑させられたことには、対ナイジェリア戦でも終わりかけた。ぼくはあの夜のことを、息子が自分のイタリア国籍に荒々しい忠誠心を初めて宣言した時として、永遠に記憶し続けるだろう。

義理の両親の陰気な客間で午後六時に中継されていたにもかかわらず、試合が実際にはマサチューセッツ州ボストンの真昼の太陽の下で戦われるという点について、メディアは多くを論じてきた。『ガゼッタ』は読者に警告した。たしかにアフリカ人には有利である。まるでイタリア人には「ソッレオーネ」、太陽が燃えるように熱い七月から八月にかけてのあの四週間が存在しないかのように。いつもどおりラ・メドゥーザで驚きの朝を過ごしたあと、ぼくらはそのときに備えてたっぷりと食べ、長い昼寝をし、そのあと焼けつくように暑い午後の一、二時間を、水鉄砲でトカゲをからかってつぶした。五時三十分、義理の父親はラベルのない安いランブルスコの二リットル瓶をすでに手にして、テレビの前にいた。マリーアおばあちゃんが大きなタンブラーをもってきた。

テレビを囲むようにして、むき出しの石の床（冷たくて気持ちいい）の上に一九五〇年代の肘掛け椅子がおかれ、一家が第三世界旅行から持ち帰ったトロフィーやトーテムが、まあ、室内を飾っていたと言ってもよいだろう。ペルーの壁掛け、でっかい男根のついた黒檀の小像、かわいらしい薔薇状石膏のセット。これまでの旅先にナイジェリアは含まれていないことが明らかになった。もっともアデルモは、二十年前、建設現場でアフリカ人に安全規則を守らせるのが難しかった話を懐かしそうにしているが。それを聞いて、マリーアおばあちゃんがアルバムを引っ張り出してくる。たいていは伝統の民族衣装で正装をするサハラの遊牧民や南米の先住民、そのほか絵になる民族の横で、にっと笑っているおばあちゃんの写真でいっぱいだ。六歳のステフィはそれを見て、「わあっ」とか、「ああっ」とか声をあげたけれど、年上のミケーレはテレビの画面を下から上へと流れていく出場選手リストを陰気な目つきでにらみつけていた。九歳にしてすでに、息子は大試合の緊張を耐えがたく感じる人びとの仲間入りをしていた。

解説者は「シンパーティチ・ニジェリアーニ、感じのいいナイジェリア選手たち」について、余裕しゃくしゃくの口調で語り始めた。イタリアにとっては勝って当たり前の試合と考えられている明白なサインである。ほかに必ず「シンパーティチ」と形容されるチームは、スコットランド、ルクセンブルク、フィンランドだ。そのあと、いつもどおり、イタリア選手はほとんど全員が国歌を歌おうとしないと言って憤慨する。まるでイタリア国家の統一はあまりにも壊れやすく、二、三人の興奮した選手が元気よく「フラテッリ・ディターリア、イタリアの兄弟たちよ」と歌うのを覚えているかどうかに完全にかかっているかのように。

こういった瞬間に部外者でいることには一種の強烈な快感がある。部外者とは、つまりぼく自身のことを言っているわけだが。まわりのだれもが大いなる不安の状態にある。ぼくが選んで自分のものとした国の欠点とパラノイアとが、目の前に完全にさらけ出される。解説者はもう、審判に文句をつけている。だが、ぼくは思う。ほんとうに賭けられているものはなんだろう？　賭けられているものなどなにもない。妻は多くの点でイタリアらしさの権化だが、たとえ一瞬だろうとわざわざこの試合に目をやろうとはしない。サッカーには奇妙に免疫があって、夕食のサラダ菜がきれいで、モッツァレッラが新鮮かどうかのほうをずっと心配している。あるいはまた、すべてが賭けられている。アッズーリがこの試合に負ければ、マリーアおばさんは苦い涙を流してすすり泣くだろう。アデルモは海岸を遠く、もしかしたら町の中心街まで、もしかしたら港まで歩き、煙草をひと箱吸いきって、血圧を限界まであげるだろう。ワールドカップでいちばん興奮するのは、地元チームが負けるのを観にスタジアムに定期的に通う人びとではない。

ペスカーラは騒がしい町だ。健康に悪いと知られているエアコンをわざわざ取りつける人はほとんどいないから、どの家の窓も開けっ放し。車の騒音が聞こえる。海水浴場の拡声器が迷子の子どもたちの名前を読みあげるのが聞こえる。つる棚の陰で、果てしなく続くお隣さんのピンポンの音が聞こえる。いま、すべては沈黙した。いやむしろ、ただひとつの悲鳴があたりの静けさを凌駕し、すべての窓から流れ出し、すべての窓に流れこむ。**ノン・ネ・ポッシービレ！**「ありえない！」と解説者は絶叫する。だが、試合開始二十八分、ナイジェリアが得点。クレティーニ！「ばかやろうども」とアデルモは宣告する。

恐ろしい一撃だ。アデルモとマリーアおばあちゃんは、これでもう三十分以上もアッズーリをだしにして、自分の子どもたち、孫たち、そしてそう、イタリア人一般、とくにいまやアデルモの「監獄」に影を落としている広いパラッツォを建てた連中について、一週間のあいだ言ってきたことをくどくどと繰り返している。だれもがどうしようもなく甘やかされている。あまりにも多くをあたえられている――もちろん多くの金をという意味だ。なにもかもが自分たちにあたえられるべきだと思っている。挑戦しようとしない。汗を流そうとしない。なんてこった！　戦後、イタリアのだれもが豊かになりすぎた。豊かになって甘やかされているあまり、いまではアフリカ人さえ負かせない。

ハーフタイムになる。ハーフタイムが終わる。ランブルスコの二リットル瓶がもう一本出てくる。ミケーレが自分のグラスに一杯注ぐ。息子が飲みすぎないように見張っていなければならない。アッズーリはまだ得点しない。許しがたいことに、ぼくはひとり浮いていて（なにしろ、この年、イングランドはワールドカップに出場もしていなかった）、ちょっとした言語学的考察で義理の家族の気を紛らそうとした。「よく聞いてごらんなさい。イタリアが怪しげなタックルをして、レフェリーが見逃すとき、解説者は必ずインテルヴェント・レゴラーレ――フェアなタックル――と言うでしょう。ナイジェリアが同じことをすると、インテルヴェント・ジュディカート・レゴラーレ――フェアと判断されたタックル――と言いますよ。ナイジェリア人がファウルをとられるとインテルヴェント・ファッローゾ――反則プレイ、イタリアがとられるとジュディカート・ファッローゾ――反則と判断されたプレイと言います。みごとに対称がとれてるじゃありませんか？　でも、言外の意味は明らかに……」

だれも聞こうとしない。だからと言って、みんなを責められるだろうか？　イタリアは相変わらず得点していないのだから。いらいらさせられる。信じられない。アッズーリが敗退する。それもナイジェリア相手に！　ミケーレはぼくに腹を立て始める。お父さんにはどうでもいいんだ。お父さんはきっと、イタリアが負ければいいと思ってるんだろう。「お父さんはイタリア人じゃないもん！」と金切り声をあげる。「でも、ぼくはイタリア人だ。ぼくはイタリア人で、イタリアに勝ってほしいんだ」。涙を浮かべている。ぼくは罪深く感じる。ミケーレがこんなに夢中になっているのは見たことがない。ぼくは強調する。いや、お父さんだってイタリアに勝ってほしいと思ってるよ、ほんとうさ。もっとも真実を言えば、自分が愛して選んだ国のなかでひとつ、身を投じるつもりがないことがあるとすれば、それはサッカー代表に対するサポートだ。おそらくは結局のところ、あまりにも意味のないことだからだろう。ぼくはこのすべてをとても滑稽に思う。

幼いステフィはミケーレよりも覚めていて、試合に興味を失い、ソファの上で逆立ちしようとしていた。たぶんかわいらしいピンクのパンツを見せたいのだと思う。そしてだいたい十秒ごとに訊ねる。「だれか点を入れた？　だれか点を入れた？」これはミケーレをさらに怒らせるだけだ。

イタリアはまだ得点していないからだ。それはまるで、毎日、海岸沿いの道路で縁石から横断歩道に一歩踏み出すとき、神さまに頼んできたにもかかわらず、ある朝、車の流れがただ停止するのを拒否したかのようだった。アフリカ選手の緑のユニフォームはただ、道を譲ろうとはしない。ぼくらのせいで、重大な事故が起きた。そのあとゾーラが投入され、たった一度のファウルで退場になる。いまやだれの目にもすっかり明らかになった。メキシコ人レフェリーは偏っている。イタリアがワールドカップで優勝することを望んでいないだれかがいる。「あのゾーラはクレティーノだ」とアデルモは怒鳴る。「クレティーノ！」たしかに悪いファウルだった。

残り時間あと五分、解説者はアッズーリのことを、「われわれ」と二人称複数ではなく、むしろ三人称で話し始める。これはひじょうに不吉な徴候だ。今度は「カポレット！」という言葉を使う。そう、一九一七年、イタリア軍が大敗を喫したこの不吉な地名。サッカーの負け試合は、何千何万もの生命を犠牲にした軍事的敗北になぞらえられる。破局、災厄、恥辱。アフリカ人に、移民に、海岸の物売りに負ける！　おじいちゃんとおばあちゃんは一点を凝視し、沈黙する。イタリア全土が沈黙する。バッジョが得点するまでは。「ゴル・ゴル！」マエストロのバッジョが得点した。いや、ちがう。「われわれ」が得点した。「イ・ノストリ・ラガッツィ」、われわれの子どもたちが得点した。「ブラヴィッシミ」、最高だ。ブラヴィッシミ・アッズーリ！　テレビが爆発する。部屋全体が爆発する。マリーアおばあちゃんは胸の前で十字を切る。ステフィもソファの上で逆立ちをしたまま十字を切る。息子はぼくに飛びつき、ぎゅっと抱きしめる。「パパ！」ぼくもハッピーになるよりほか、どうしようがある？

そのあと、ロスタイムにポストにあたってはいったペナルティでイタリアが試合に勝つと、早朝まで車のクラクションが鳴り響き、またしても花火があがり、そしてゲストルームのくたくたの古いウールのマットレスの上で、血を流すキリストの心臓に見おろされながら、ほとんど眠れぬ息苦しい夜を過ごすことになる。いつものように妻は、結局はすべての女性、そして司祭たちにはわかっているように、サッカーは周期性の魔法に過ぎないと知っていて安心しきり、騒ぎのあいだじゅう、みごとに眠りをかき乱されることがなかった。だが、ぼくは夜明けが近づいてきてもまだ、蚊が暗闇のなかでぶんぶんと音を立てるのを聞きながら、朝を、ラ・メドゥーザを、『ガゼッタ』を、海岸での新たな驚きの一日を待った。悲しいかな、これが義父と観戦する最後のワールドカップになることを、ぼくは幸いにもまだ知らずにいた。父は九八年のフランス相手のＰＫ戦も、二〇〇二年の韓国での壊滅的敗北も見ることができなかった。何年も経ったいまでもまだ、アッズーリのひとりが退場となるたびに、「クレティーノ！」と叫ぶ義父のがらがら声が聞こえないのを淋しく思う。

ティム・パークス
一九五四年、マンチェスター生まれ。八一年にイタリアに移住。"Europe" "Destiny" "Judge Savage"、最新作 "Rapids" など小説十一冊、北イタリアを題材にしたノンフィクション三冊、最新作は『狂熱のシーズン　ヴェローナFCを追いかけて』（北代美和子訳　白水社）、エッセイ集 "Adultery and Other Diversions" がある。モラヴィア、タブッキ、カルヴィーノ、カラッソなど、現代イタリア作家の翻訳多数。イタリア、ヴェローナ在住。

ガーナ

Ghana

キャリル・フィリップス

Caryl Phillips

首都	アクラ
独立（建国）	1957年3月6日（英国から）
面積	239,460km^2
人口	21,029,853人
人口増加率	1.3%
年齢中位数	20.5歳
出生率	24.0人（1,000人口当たり）
人口移動率	-0.59人（1,000人口当たり）
幼児死亡率	51.4人（出生児1,000人当たり）
平均寿命	58.5歳
民族	アフリカ系黒人98.5%（主な民族：アカン人44%，モシ・ダゴンバ人16%，エウェ人13%，ガ人8%，グルマ人3%，ヨルバ人1%），ヨーロッパ系とその他1.5%（1998年）
宗教	キリスト教63%，イスラム教16%，伝統宗教21%
言語	英語（公用語），アフリカ語（アカン語，モシ・ダゴンバ語，エウェ語，ガー語など含む）
識字率	74.8%
選挙権	18歳以上の全国民
兵役	18歳以上，義務制および志願制
GDP（一人当たり）	2,300ドル
GDP実質成長率	5.4%
失業率	20%（1997年推定）
物価上昇率	13.0%
国家予算	不詳
軍事費	4920万ドル（GDP比0.6%）
第一次産業（農業）	ココア，米，コーヒー，キャッサバ（タピオカノキ），ラッカセイ，トウモロコシ，シアナッツ，バナナ，木材
第二次・第三次産業（商工業）	鉱業，製材，軽工業，アルミニウム，食品加工，セメント，商業用小型船舶の製造
通貨	セディ

出典：「CIA世界年鑑」2005年11月版（人口統計2005年，経済統計2004年）

ガーナ
Ghana

サッカー協会	ガーナ・サッカー協会
地域連盟（コンフェデレーション）	アフリカ・サッカー連盟（CAF）
協会設立年	1957 年
FIFA 加盟年	1958 年
愛称	ブラック・スターズ
監督	ラトミール・デュイコヴィッチ
ホームページ	www.ghanafa.org
スタジアム	アクラ・スタジアム

FIFA ランキング	50
ワールドカップ出場回数	0
ワールドカップ優勝回数	0

1930	—
1934	—
1938	—
1950	—
1954	—
1958	—
1962	地区予選敗退
1966	地区予選敗退
1970	地区予選敗退
1974	地区予選敗退
1978	地区予選敗退
1982	棄権
1986	地区予選敗退
1990	地区予選敗退
1994	地区予選敗退
1998	地区予選敗退
2002	地区予選敗退

試合数	0
勝	0
引き分け	0
負	0
得点	0
失点	0
得失点差	0
勝点	0
ワールドカップ初出場	

二〇〇五年八月、ぼくはロンドンからガーナの首都アクラに向かうブリティッシュ・エアウェイズ機に乗っていた。ぼくを囲むようにサッカーのガーナ代表チーム「ブラック・スターズ」の選手とコーチが座っており、彼らは前の晩にロンドンのブレントフォード・フットボールクラブで行なわれたセネガルとの親善試合を1対1で引き分けていた。選手たちは礼儀正しく、比較的静かで、マナーも行動もきちんとしており、それはイギリスの同じような選手集団にはけっして期待できない種類のものだった。離陸から一時間、ひとりの選手がぼくの肩を軽く叩き、そのiPodを貸してもらえないだろうかと礼儀正しくたずね、もうひとりの選手は、新聞をじっと見つめて、ぼくが半分にたたんで差し出すまで待っていた。どうやらこの若者たちは、ものを所有することにあまり縁がないようだった。実際、高校チームでも、身なりや用具がもっと立派なところを見たことがある。ガーナの選手たちの見たところ質素なライフスタイルに対し、彼らのチームメイトであるマイケル・エシエンは、つい最近、四千万ドルでリヨンからチェルシーに移籍して週に七万五千ドル稼いでおり、そのことに気づいてぼくは茫然とした。おそらくエシエンがスポーツジムでストレッチ講座を三十分指導すれば、チームメイト全員にiPodを買える額を稼げるだろう。もちろん、エシエンはこの便には乗っていなかった。彼はロンドンに残っていたわけだが、ぼくは自意識過剰ぎみに音楽を聴きながら、先進国と第三世界の価値観がこれほどむきだしで衝突する選手集団に、団結したチームスピリットなど、いったいどんな形で可能なのだろうと思った。

三か月後、ガーナは史上初のワールドカップ出場資格を獲得した。二〇〇五年十月初めのある週末、驚いたことに、アフリカのサッカーの伝統的な強豪国であるナイジェリア、カメルーン、南アフリカが――どの国も、程度の差こそあれ、まとまりがなく、行きあたりばったりで、いささか自信過剰だった――敗退し、どちらかというと弱小国のトーゴ、コートジボワール、ガーナが、二〇〇六年ドイツ大会への出場を決めたのである。これらの初出場国のなかで、ガーナの血筋はずばぬけて優秀だ。ガーナはこれまでにアフリカ・ネーションズ・カップで四度優勝し、U17世界選手権で二度優勝し、ワールドユース選手権で二度準優勝しており、才能は明らかで、能力は証明されているにもかかわらず、サッカー最大のトーナメントの最終ステージでその才能を示す機会は一度もなかった。

ぼくが初めてガーナを訪れたのは、一九九〇年のワールドカップの最中で、そこにはサッカーに熱狂する国民がいた。つづけざまに驚異的な成功を収めていた近国のカメルーンがフィールドに登場するたびに、国中がきしんで止まるように感じられた。ぼくは所属するガーナ大学の学部長の家で準々決勝のカメルーン対イングランド戦を観戦した。イングランドで筋金入りのサッカーファンとして育ったぼくは、自国の代表チームの応援にかけては非の打ちどころのない忠誠心があると思っていた。ところが、キックオフの数分後には、ぼくはアフリカ・サッカーのヒステリーに感化され、両チームの技に反応して騒がしくわめいていた。イングランドには勝ってほしかったが、カメルーンのあふれんばかりの活力には驚くばかりだった。すぐにぼくは、派手に披露され、チームワークよりも高く評価される個人技を楽しむようになり、ゴールのよろこびをアクロバットのように表現するやりかたにも――サーカスのテントの外であんなことができるとは思わなかった――すっかりなじんだ。

二〇〇六年ワールドカップのアフリカからの初出場国のなかで、草の根の基盤とサッカーに対する熱意にかけてはガーナがもっともすぐれている。国のスポーツ助成は高い水準を保っており、リーグのシステムはよく組織され、資金提供は——国からも民間からも——潤沢だ。試合には大勢の観客が集まり、地方チーム同士のライバル争いも盛んだ。現在の大統領は、第二の都市クマシのクラブチームの総裁も務めている。対照的に、近国のシエラレオネは状況が少々異なる。というのも、近年の内戦によって国の財源の大半が尽きてしまい、深刻な状況にあるからだ。緊急の投資が必要な抜き差しならない領域がほかにあり、スポーツに金を使うなどまだ思いもよらない段階だ。先日、ぼくはシエラレオネを訪れ、複雑な気持ちになった。以前は地元の試合に関心が集まっていたのに、あっというまに状況が変わって、大勢の若者が、イングランドのプレミア・リーグを衛星放送で見られるかもしれないと期待して、週末になると酒場とは呼べないような粗末な店に詰めかけるようになっていたからだ。ガーナでもイングランドの試合に対する関心は強いが、地元のチームのライバル争いへの関心にはとうてい及ばない。

八〇年代の終わりに、ぼくの地元のクラブチーム、リーズ・ユナイテッドが、ガーナのトニー・イエボアと契約した。当時、彼はヨーロッパで最も怖れられていたストライカーのひとりだった。ドイツのアイントラハト・フランクフルトのキャプテンだったイエボアは、たちまちリーズの本拠地、エランド・ロード・スタジアムで熱狂的な人気を集めるようになった。ガーナを訪れたとき、男たちが大人も子どもも背中に「イエボア」の名前が入ったリーズ・ユナイテッドのユニフォームを着ているのを見て、ぼくはうれしくてたまらなかった。けれども、イエボアは自分の価値に揺るぎない自信を持っていたから、軽んじられたと思えば黙っていなかった。リーズ・ユナイテッドの監督との意見の相違から、彼は最終的には契約終了前にクラブを去ることになり、さらにはガーナ代表レベルでも問題があった。トニー・イエボアは、当時のもうひとりのガーナのスター選手だったアベディ・ペレ・ヤウとそりが合わなかった。ペレはフランスのクラブに在籍し、九〇年代初めにはアフリカ年間最優秀選手に三度選ばれている。出身部族が異なり、気質も異なるふたりは、自分こそがガーナ代表のリーダーだと考え、九〇年代は、彼らの言い争いと内輪もめが、国際的に成功できたであろうと（少なくともデータ的には）思われるチームの、ほぼ慢性的な成績不振の一因になった。

二〇〇六年ワールドカップの予選が始まったとき、ブラック・スターズはこの同じ気質の問題にふたたび屈するのではないかと思われた。ブラック・スターズにはヨーロッパで活躍する選手が数名いるが、そのなかのひとり、イタリアのセリエAのローマのディフェンダー、サミー・クフォーが、自分の要求のほうが代表チームの要求よりも重要だと判断したのだ。ガーナのファンは、勝てる可能性のある戦いが食い違いと言い争いに乗っ取られてしまうのをふたたび目撃することになるのかと怖れた。近年、アフリカ諸国の代表チームのほとんどは、海外のクラブに所属するエリート選手と（莫大な報酬を得ており、わがままな要求を出すことが多い）、控えめな報酬しか得ていない地元の選手との調整問題に苦労している。どの場合も、この問題を解決する鍵は監督の強いリーダーシップにあるが、それには国の運営組織のバックアップが必要だ。二〇〇四年十一月、ガーナ・サッカー協会はセルビア人のラトミール・ドゥイコヴィッチを代表チームの監督に迎え、彼の最初の仕事は、「スーパースター」のクフォーを出場停止処分にして、チームプレイをしたくないならローマに残れと告げることだった。この厳しい手法は全員に歓迎されたわけではなかったが、新監督は、ブラック・スターズには初のワールドカップ本大会に進む力があると確信していた。ただしそれは、チームとして練習し、プレイし、考えられるようになって初めて可能だった。二〇〇五年十月八日、ガーナはワールドカップ予選の最終戦でカーボベルデ共和国と対戦し、ドゥイコヴィッチが正しかったことが証明された。ガーナは4対0で勝ってグループ第一位となり、二〇〇六年ドイツ大会への出場を決めたのである。

その三か月前、ぼくの乗った飛行機がアクラのコトコ空港に向かって高度を下げはじめると、先ほどの選手が新聞を返そうと身を乗りだしてきた。「ワールドカップに出場できると思うかい」とぼくはきいた。彼はほほえみ、不安げな声で笑った。「仲間割れしなければ」と彼は言った。「仲間割れしなければ、どんなことだってできるさ」。正直に言うと、ぼくは疑わしいと思っていた。マイケル・エシエンは所属するチェルシーの本拠地、ロンドンに残っていたし、ぼくらが話していたそのときも、キャプテンのステファン・アピアーは、ユヴェントスから一千万ドルで移籍した所属先のフェネルバフチェでプレイするため、トルコに向かっていた。さらに気がかりなのは、「未来」を代表すべき若いガーナ人、首都アクラから二十マイルほど離れた漁港テマで生まれたフレデュア・コランテング・アドゥが、今ではフレディ・アドゥとして世界に知られていることだ。彼はアメリカ市民権とナイキとの高額な契約を得ており、おそらく今後、生まれた国の代表として戦うことはないだろう。けれども三か月後には、ぼくに新聞を返してくれた選手が、彼のチームの監督同様、正しかったことが証明された。

アフリカ育ちの逸材を海外に輸出しつづける傾向は――それらの国々は、彼らを資金が潤沢で報酬が高額な自国のリーグ・システムに迎え入れるだけでなく、フレディ・アドゥの例に見られるように、彼らを自国の代表チームに吸収することさえある――アフリカの国が実際にワールドカップで優勝する機会をおそらくなくしてしまうだろう。かつてペレは、二十一世紀の最初の十年のあいだに、アフリカの国がワールドカップを制するだろうと断言した。けれども、アフリカ諸国が明確な目標を持つ団結した代表チームを育成しようとしても、市場の現実と、柔軟性を増す国籍の移動が、その可能性に有害な影響を与えつづけることだろう。たしかにガーナのブラック・スターズはドゥイコヴィッチ監督の下でついにそれを成し遂げたが、二〇一〇年にはサッカーは金とスポンサーの影響をさらに強く受けるようになっているだろうし、アフリカのトップ選手は——世界各地の優れた選手と同様に——金を稼ぐ有名人と大差ない存在でありつづけるだろう。団結したガーナ代表にとって、二〇〇六年ドイツ大会は、彼らがこれまでの二十年間姿を隠していたことを世界に示す、最初の、そしておそらく最高の機会になるだろう。遅れに遅れた登場だが、ついにダイナミックなブラック・スターズは、サッカー最大の舞台で輝くチャンスを手にしたのである。

キャリル・フィリップス

西インド諸島東部のセントキッツ島に生まれ、イギリスで育つ。テレビ、ラジオ、芝居、映画の脚本を手がけ、ノンフィクション三作、小説八作の著書がある。長編小説“Crossing the River”は一九九三年のブッカー賞の最終候補作に選ばれた。現在、王立文学協会フェロー。マーティン・ルーサー・キング記念賞、コモンウェルス賞、ジェームズ・テイト・ブラック記念賞を受賞し、グッゲンハイム財団フェローシップ、ラナン・フェローシップを獲得している。九二年には『タイムズ』日曜版の今年の若手作家に選出され、また、九三年には文芸誌『グランタ』の最優秀イギリス若手作家のひとりに選ばれている。現在、ニューヨーク在住。

アメリカ

United States

デイヴ・エガーズ

Dave Eggers

首都	ワシントン DC
独立（建国）	1776 年 7 月 4 日（イギリスから）
面積	9,631,418km²
人口	295,734,134 人
人口増加率	0.9%
年齢中位数	36.3 歳
出生率	14.1 人（1,000 人口当たり）
人口移動率	3.31 人（1,000 人口当たり）
幼児死亡率	6.5 人（出生児 1,000 人当たり）
平均寿命	77.7 歳
民族	白人 81.7%，黒人 12.9%，アジア系 4.2%，北米先住民とアラスカ先住民 1%，ハワイ人とその他のポリネシア人 0.2%（2003 年の統計）
宗教	プロテスタント 52%，ローマカトリック 24%，モルモン教 2%，ユダヤ教 1%，イスラム教 1%，その他 10%，無宗教 10%（2002 年推定）
言語	英語 82.1%，スペイン語 10.7%，その他のインド・ヨーロッパ語 3.8%，アジア語および南ポリネシア語 2.7%，その他 0.7%（2000 年の国勢調査）
識字率	97.0%
選挙権	18 歳以上の全国民
兵役	18 歳以上
GDP（一人当たり）	40,100 ドル
GDP 実質成長率	4.4%
失業率	5.5%
物価上昇率	2.5%
国家予算	2 兆 3380 億ドル
軍事費	3707 億ドル（GDP 比 3.3%）
第一次産業（農業）	小麦，トウモロコシ，その他の穀物，果物，野菜，綿花，牛肉，豚肉，家禽，酪農，林産品，魚介類
第二次・第三次産業（商工業）	世界一の工業先進国 石油，鉄鋼業，自動車，航空宇宙産業，電気通信業，化学製品，電子機器，食品加工，消費財，材木，鉱業
通貨	US ドル

出典：「CIA 世界年鑑」2005 年 11 月版（人口統計 2005 年，経済統計 2004 年）

アメリカ

United States

サッカー協会	アメリカ・サッカー協会
地域連盟（コンフェデレーション）	北中米カリブ海サッカー連盟（CONCACAF）
協会設立年	1913 年
FIFA 加盟年	1913 年
愛称	サムズ・アーミー
監督	ブルース・アリーナ
ホームページ	www.ussoccer.com
スタジアム	ローズ・ボウル・スタジアム

FIFA ランキング	8
ワールドカップ出場回数	7
ワールドカップ優勝回数	0

試合数	22
勝	6
引き分け	2
負	14
得点	25
失点	45
得失点差	-20
勝点	20
ワールドカップ通算成績　第 25 位	

1930	3 位
1934	トーナメント敗退
1938	棄権
1950	1 次リーグ敗退
1954	地区予選敗退
1958	地区予選敗退
1962	地区予選敗退
1966	地区予選敗退
1970	地区予選敗退
1974	地区予選敗退
1978	地区予選敗退
1982	地区予選敗退
1986	地区予選敗退
1990	予選グループ敗退
1994	決勝トーナメント敗退
1998	予選グループ敗退
2002	準々決勝敗退

アメリカの幼い子どもたちは、世界で一番人気のあるスポーツはサッカーだと信じている。なぜかといえば、アメリカの子どもはひとり残らずサッカーをするからだ。サッカーをするのは決まりであり、その決まりは古めかしい書類に記されてすべての州都に掲げてあり、その同じ書類には――いやはやまったく、見るも怖ろしい習慣だけれど――六歳児は国旗に忠誠を誓うことと、年に一度、綿の口ひげをつけて小さなピルグリム・ファーザーズの格好をすることがあわせて定められている。

土曜日になると、アメリカの大陸部の平らな緑の空き地にはぴかぴかのユニフォームを着た小さな人が大勢現われ、パッチワークのボールを追ってグラウンドを行ったり来たり走って親たちを喜ばせたり驚かせたりするが、ほとんどの親はなにがどうなっているのかまったくわかっていない。このすべてを背後から操っている中心が、アメリカ・ユース・サッカー協会（AYSO）だ。AYSOは、一九七〇年代にアメリカの若者のあいだにサッカー人気を高めるために結成され、驚くほど有能にその仕事をやってのけた。数年のうちに、各地の親がこぞって子どもにサッカーをやらせるようになり、とりわけわが子は運動能力が皆無ではないかと危ぶむ親ほど、その傾向が強かった。

幼い子たちにとってサッカーがすばらしいのは、ほとんど技術がなくてもゲームのまねごとができることだ。これほど能力のなさに耐えられるスポーツはほかにない。サッカーなら、二十二人の子どもが走り回っていれば、ほとんどはわけがわかっていなかったり、サイドラインで草をむしっていたり、これといった理由もなく泣いていたりしても、全体的には本物のサッカーの試合をやっているように見える。不規則に動く二十二体のなかに、適切な動きを身につけたのが三、四人いれば、本物のドリブルが見られたり、ルールに沿ったスローインが二、三度あったり、ボールがネットの奥をぐーんと引きのばすことも二度ほどあったりするだろう。多少なりともサッカーになるはずだ。

みんながプレイしているから、ほとんどのアメリカの子どもたちは、一生ずっとサッカーが人生の一部でありつづけるにちがいないと思っている。ぼくは八歳のとき、無敗を誇る「ストライカーズ」のセンターミッドフィールダーで（コーチは比類なきミスター・クーパーだった）、ずっと――たとえば死ぬときまで――センターミッドフィールダーとしてプレイしつづける以外の人生を思い描けなかった。これが少しでも変わることがあろうとは思いもしなかった。

けれども、十歳ぐらいになるとアメリカの子どもにはなにかが起きる。すべての若者の約八八パーセントが、簡単に、なんのためらいもなく、サッカーを捨てる。五、六、七歳とサッカーをしていた同じ子が、野球やフットボールやバスケットボールやアイスホッケーやフィールドホッケーを――悲しいことにはゴルフも――するようになる。それからまもなく彼らは競技をやめ、それらのスポーツを――悲しいことにはゴルフも――テレビで観戦するようになる。

サッカーを捨てるのは、ひとつには、アメリカの指導者層が、長いあいだサッカーは共産主義御用達のスポーツだと考えていたせいでもある。ぼくが十三歳のとき――ベルリンの壁の崩壊どころか、グラスノスチもはるか遠い一九八三年のことだ――体育教師がいて（ここではおばかのマクチービーと呼んでおこう）サッカーと鉄のカーテンを築いた人々とのつながりに関して非常に説得力のある説を述べた。あるときぼくは、どうして先生の授業にはサッカーの日がないのかたずねたことを覚えている。先生の顔は暗くなった。先生はぼくを脇に呼んだ。先生は震える怒りをほとんどむきだしにして、自分は立派で正直なアメリカのスポーツ、ちゃんと手を使うスポーツが好きなのだと言った。手を使わないスポーツは、ソ連やポーランドやドイツなど共産主義国の連中がやる共産主義のスポーツだ。スポーツで手を使うのはアメリカ的であり、足を使うのはマルクスとレーニンを支持する連中のやることだ。たしかマクチービーは、この問題についてさらに範囲を広げて講義しつづけたと思う。

アメリカ国民がワールドカップと呼ばれるものを意識するようになったのは、おそらく一九八六年だろう。試合はアメリカでは放映されなかったが、海外特派員からの単発のレポートは届いた。ぼくらはそのレポートに怯え、ドミノ効果を心配し、ケルンかマルセイユに相当数の軍事顧問を置けば、その流れを止められるだろうかと話したりした。ワールドカップがアメリカで放映されたのはようやく九〇年になってからのことで、それでもなお深夜零時を回った時間帯で、それでもなおスペイン語による放送だった。

同じころ、シカゴ郊外では高校サッカー人気が急に高まっていたが、その主な理由は外国から交換留学生がどっとやってきたからだった。

ぼくの高校のチームは、当時としては笑ってしまうほど優秀で、というのも、よそから来た非凡な選手が大勢いたからだ。ぼくは今でも、たしかローマから来たフォワードの名前を覚えている。アレッサンドロ・ダッツァだ。彼はチームのトップで、僅差でつづく二番手が、スペインから迎えたミッドフィールダーのカルロス・グティエレス（仮名）だった。チーム一のディフェンダーは、ヴェトナム系アメリカ人のテュアン。ほかには典型的なアングロサクソン系白人中産階級だらけのわが町出身の選手もいたが、ポール・ボープレというフランス風の名前だった。ぼくらは州大会での優勝を期待されていたけれど、とてもそこまでいかなかった。うわさによると、ホームウッド・フロスモア高校にはブラジル出身のふたごがいたらしい。

その後まもなく、インドアサッカーのプロリーグの発展と、アウトドア・リーグに向けたいくつかの漠然とした試みを経て、ぼくらは世界に、アメリカはサッカーに真剣であることを、あるいはある程度真剣であることを示し、そして一九九四年、ワールドカップがアメリカにやってきた。少なくとも四、五パーセントの国民がこのことを耳にして、そのうちの同じくらいの割合の人間が試合を観にいった。それだけで十分スタジアムは埋まり、実験は成功したと考えられた。アメリカ大会以後、他のアウトドア系スポーツ・リーグは地盤固めに苦労しており、今のところサッカー・リーグは多少なりとも生き残っていけそうだ。ただし、試合の記事は新聞のスポーツ欄のどのコーナーにも載っておらず、車の広告とバイアスロンの結果のそばにあることが多い。

世界中で崇拝されているスポーツに対するぼくらの無関心は、大きくふたつに分けて簡単に説明できる。第一は、ぼくらは頭はいかれていても決意は固い発明家の国民であり、自分たちで考えだしたものを好むことだ。アメリカでもっとも人気のあるスポーツは、フットボールや野球やバスケットボールのように、ぼくら自身が考えだして発展させたものだ。テニスのように、一部でも自分たちの手柄を主張できれば、よろこんで受身の関心を示す(ラジオもそのひとつだ)。だが、サッカーはぼくらが発明したものではないから、今ひとつ信用できないのだ。

ワールドカップとプロ・サッカー全般が人気を集めるうえで、第二の、そしてとてつもなく大きな障害は、いわゆるダイヴィングだ。アメリカ人は一般に傲慢だが、ぼくはこの件については――つまり、いんちきな演技でペナルティを稼ごうとする人間を猛烈に嫌うことについては――支持する。アメリカのスポーツのなかで、大げさなアピールがゲームの一部になっているものはほとんどないし、ましてサッカーのようにそれが容認されているものはない。フットボールはあまりに複雑で危険だからたいしたことはできない。野球はどうかって？　できるはずがない——打球が当たったまねはできないし、キャッチしたふりをするのも無理だ。三大スポーツのなかで、唯一大げさなアピールの要素があるのはバスケットボールだ。選手は自分に対するファウルを大げさにアピールできるし、実際、ときどきやっているが、この事実を知ってほしい——NBA最大の大げさ野郎は、だれがなんと言おうとアメリカ人ではない。アルゼンチン人なのだ（マヌ・ジノビリは、空前絶後のいんちき野郎だが、それを除けば非常によい選手だ）。

だが、サッカーにおけるダイヴィングは問題だ。ダイヴィングは基本的に演技と嘘と懇願といんちきの組み合わせであり、この四つの行動は魅力に欠ける混合物を生む。ダイヴィングのわざとらしさは不愉快だし、スローモーションのように言いわけがつづくのもいやらしい。最初はなにか偶然の接触があり、そのあとで長い間があって——きみが洗車を済ませて戻ってこられるくらいの間だ——やがていんちき野郎がダイヴィングをしようと決心する。きみが洗車から戻って、ミニベーグルのチーズ・ホットサンドを作るころには、いんちき野郎は前に飛び、なにかをほおばろうとするように口を丸く開け、下の地面との接触に備えて覚悟を決めている。だが、これはほんの始まりにすぎない。きみが食料品の買いだしに行って、銀行で投資口座を新規開設して戻ってきても、いんちき野郎はあいかわらず地面に座ってすねを抱きかかえ、頭をそらせて痛そうなふりをしていることだろう。なにもかもがうんざりだが、なによりもいやなのは、このいんちきの一部始終をもっともらしく演じるにはたっぷりの時間とメロドラマが必要なのに、次のステップは特別なカメラでなければ捉えられないほどすばやいことだ。われらがいんちき王にペナルティを与えるかどうか審判が判断したとたんに、彼は飛び起き、突然、劇的に無傷となって——おみごと！——チームメイトにボールをパスして動きつづける。

アメリカのスポーツは、よかれ悪しかれ、透明性と——あるいは見た目の透明性と——努力に努力を重ねる勤労倫理の上に成り立っている。シルヴェスタ・スタローンが、アメリカの歴史上最大の人気サッカー選手なのはそのためだ。実際、スタローンは、アメリカのサッカーにおける偉大な瞬間に二度も関わっている。ひとつは『勝利への脱出』という昔の映画で、捕虜収容所の連合国サッカーチームがナチスを相手にオールスター戦をする話だ。この映画でスタローンはアメリカ兵を演じ、どういうわけか――こういうことはだれも覚えていないものだ――捕虜チームのゴールキーパーの代役を務めるはめになる。当然、スタローンはサッカーについてなにも知らず、キーパーはどういうことをするのか学ばなければならない（どこかでおばかのマクチービーが勝ち誇ったように笑っている）。スタローンはみごとにそれをやってのけ、連合国チームは勝ち（たぶん）、彼らは大勢の人に囲まれ、上着やファンの陰に隠れて、ひそかに自由へと脱出する。

ふたつ目の重要な瞬間は、一九九四年にワールドカップがアメリカにやってきたときのことだ。報道によれば、スタローンはある試合を観戦し、楽しんでいたようだという。

アメリカ代表チームが年々向上していることを考えれば、ぼくらがいつの日かワールドカップの準決勝まで勝ち進むのは必然であり、近い将来には優勝するだろうと思われる。なんといっても、アメリカは無限の富と三億の国民を有する国であり、適切な資源を投入すれば、プロジェクトを成し遂げられるからだ（ヴェトナム、レバノン、イラクがその例だ）。けれども、ぼくらがワールドカップに優勝するまでは――今回はまったく見こみがない、というのも、死のグループに放りこまれたからで、きっとたちまち完璧にやられてしまうだろう――一般大衆にとって、サッカーは、そういうものもあるとしぶしぶ認めるものにすぎないだろう。ところで、ぼくらは本当にサッカーが広く人気を集め、尊敬さえされるアメリカを求めているのだろうか（あるいは、そんなアメリカを考えることすら可能だろうか）。きみがサッカーだったら、ブッシュとチェイニーを一度ならず二度も選んだ国民からお世辞を言われたいと思うかい？　そうは思わないだろう。それよりは、共産主義者であろうとなかろうと、原点に戻って、足でファシズムと戦いたいと思うことだろう。

デイヴ・エガーズ
文芸誌『マクスウィーニーズ』編集長。著書に長編ノンフィクション『驚くべき天才の胸もはりさけんばかりの奮闘記』（中野恵津子訳、文藝春秋）などがある。サンフランシスコ在住。

チェコ

Czech Republic

ティム・アダムズ

Tim Adams

首都	プラハ
独立（建国）	1993年1月1日（チェコスロバキアがチェコ共和国とスロバキアに分離）
面積	78,866km^2
人口	10,241,138人
人口増加率	-0.1%
年齢中位数	39.0歳
出生率	9.1人（1,000人口当たり）
人口移動率	1.0人（1,000人口当たり）
幼児死亡率	3.9人（出生児1,000人当たり）
平均寿命	76.0歳
民族	チェコ人90.4%，モラヴィア人3.7%，スロバキア人1.9%，その他4%
宗教	ローマカトリック26.8%，プロテスタント2.1%，その他3.3%，不特定8.8%，無信仰59%
言語	チェコ語
識字率	99.9%
選挙権	18歳以上の全国民
兵役	18～50歳の志願者 現在，職業軍人化への移行中で，志願者による徴兵制度を2004年1月以降は廃止し，2007年までに職業軍人化を完了させる予定
GDP（一人当たり）	16,800ドル
GDP実質成長率	3.7%
失業率	10.6%
物価上昇率	3.2%
国家予算	458億ドル
軍事費	21億7000万ドル（GDP比1.8%）
第一次産業（農業）	小麦，ばれいしょ，テンサイ，ホップ，果物，養豚，家禽
第二次・第三次産業（商工業）	冶金，機械類および機械機器，自動車，ガラス，軍事兵器
通貨	チェコ・コルナ

出典：「CIA世界年鑑」2005年11月版（人口統計2005年，経済統計2004年）

チェコ

Czech Republic

サッカー協会	チェコ・サッカー協会
地域連盟（コンフェデレーション）	欧州サッカー連盟（UEFA）
協会設立年	1901 年
FIFA 加盟年	1907 年
愛称	ロコモーティヴ
監督	カレル・ブリュックナー
ホームページ	www.fotbal.cz
スタジアム	エヴジェナ・ロシツケーホ

FIFA ランキング	2
ワールドカップ出場回数	8
ワールドカップ優勝回数	0

1930	不参加
1934	準優勝
1938	トーナメント敗退
1950	不参加
1954	1 次リーグ敗退
1958	1 次リーグ敗退
1962	準優勝
1966	地区予選敗退
1970	1 次リーグ敗退
1974	地区予選敗退
1978	地区予選敗退
1982	1 次リーグ敗退
1986	地区予選敗退
1990	準々決勝敗退
1994	地区予選敗退
1998	地区予選敗退
2002	地区予選敗退

試合数	30
勝	11
引き分け	5
負	14
得点	44
失点	45
得失点差	-1
勝点	38
ワールドカップ通算成績　第 18 位	

注記：1998 年まではチェコスロバキアとして出場

その地に立つよりはるか前から、頭のなかで大きな存在をしめている国がある。名前を聞いただけで、そのイメージが浮かんでくる国。私にとってチェコという国は未来へと広がる可能性を意味し、すべてのイメージがそこから発している。そんなチェコのイメージは、ある晩、ファックス機がかたかたと音をたててタイプされた書類を送ってきたときから形作られていった。その日は長い一日で、深夜をすぎてから、まるで一行ずつ指を走らせ一語一語読み上げているかのように、じれったいほどぎごちなくファックス機は紙を吐き出していった。

ファックス機そのものがまだ私には目がくらむほどのハイテク機器に思えたころだ。eメールが普及するはるか以前のことで、コンピューターを持っている人は少なくなかったけれど、タイプライターがわりに文書を作成するためだけに使っている人がほとんどだった。一九八九年十一月のことだ。ケンブリッジにある美容院の上階に間借りしていた、『グランタ』という文芸誌の編集部で働きだしてから一年あまりたったときのことだった。オフィスのなかは吐く息が白く見えるほど寒く、部屋には誰もいなかったが、私はそれに気づきもしなかった。二十三歳だった私は、自分自身のことより重要に思えるほどのはるかかなたで起こっている出来事に、自分も参加しているという興奮を、生まれてはじめて味わっていた。ファックスはときどき止まったりしながらも、一枚また一枚とプラハのマジックランタンという劇場で起こった革命についてのニュースを送ってきた。

私はチェコの首都で起こった一連の出来事がビロード革命と呼ばれていることはまだ知らなかったが、

すでにその呼び名にふさわしい光景が頭のなかに浮かんでいた。ビロード革命というのは、作家や反体制派の人たちが穏密に政治的な力を蓄え、武器をとらずに立ち上がったことから名づけられた。だが『グランタ』の編集室でファックス機の前に立っていた私の頭に浮かんだのは、マジックランタン劇場の座席に張られたビロード地のほうだ。深紅のビロード地の座席が並ぶ薄暗い劇場の明るい舞台の上で、その夜書きなおされたヨーロッパの未来が上演されている、という光景が見えるようだった。

深夜から送られはじめたファックスは、翌日も終日送られつづけてきた。その日から、編集長のビルをはじめウルスラ、アンガスと私からなる編集部員たちは、ファックスに書かれた誰一人さっぱり読めない言葉に翻弄された。ふだんの私たちではありえないことだったが――そしてそんなことはあとにも先にもなかったが――私たちは興奮に胸を躍らせ、冷静さをかなぐり捨てた。翻訳者を何人も呼び集め、植字工はスラブ語の文字を扱えるだろうかと心配し、締切を計算してあたふたし、オフィスにあるトランジスタラジオから流れてくるニュースに耳を傾け、時々刻々と変わる情報にあわせて何回も記事を書きなおした。小さな雑誌社には興奮に血が沸くような瞬間はめったになく、一年に四回あれば当たり年といっていい。だがビロード革命が起こった数日間は、そんな興奮が連続する濃密な時間が飛ぶように過ぎていった。

最初はベルリンとワルシャワに、その後はブダペストとブカレストとプラハに情報をくれとつぎつぎ手紙と電話攻勢をかけ、それに応えてファックスが送られてきた。手紙に記した質問は実に単純である。外国の通信社から息つくひまもなくニュースが送られ、つぎに何が起こるか予想もできなかったその月、私たちが思いつくのは単純な質問しかなかった。「そちらはどんな様子か?」「それで、いまの気持ちは?」「インタビューさせてもらえる時間はあるだろうか?（今日か、とにかくできるだけ早くお願いしたい。

ファックスで一〇〇〇ワードくらいの記事を送ってもらえないだろうか?)」

ビル、ウルスラ、アンガス、そして私の編集部全員が、長すぎるか短すぎるとしか思えない住所に情報を懇願する手紙を矢継ぎ早に送り、ひそかに存在すら疑っていた作家たちにファックスで質問を送信した。私たちが質問状を送った大半は、投獄されていた作家たちや、これまでの人生のほとんどを当局の監視下に置かれていた詩人たちや、亡命するか、または夜間警備員や道路清掃人や牛乳配達人や墓掘り人として働いていた短編小説家たちだった。返事が返ってくることはほとんど期待していなかったが、結果的に、多くの返事が返ってきた。そしてベルリンの壁が崩壊し、一、二週間のうちに、何十年にもわたって独裁的強権をしいてきた東欧諸国の政権がつぎつぎ消滅した。

あの夜のプラハは、まちがいなくすばらしい時代の幕開けだった。憲法の草案が書かれ、権力が移譲され、希望が生まれ、祝杯があげられた。そんなたいへんな夜だったというのに、その場に居合わせて出来事をつぶさに目撃していたばかりか、その下準備を整えていた人たちが、美容院の二階で待っていた私たちに返事を書く時間をとってくれた。そのとき寝ずの番でファックス機を見張っていた私は自分にいい聞かせた。彼らこそが本物の作家だ、と。(そんな野心を口にしたことはなかったけれど、当時の私は本物の作家は何をなすべきかを必死に知ろうとしていて、ぜひ自分も歴史的瞬間に立ち会って、それを書いてみたいと思っていた。)

ヨーロッパが東西に二分されていた時代に、東西どちらにいても、相手側についてほとんど何も知ることができないし、行き来もできないことを、当時の私はとりたてておかしいと感じていなかった。一九六五年に英国に生まれた私は、その状況が変わることさえ想像できなかった。分割された欧州は、子どもの目からは親たちや信じられないほどの年寄りがまるで昨日のことのように語る第二次世界大戦と同じく、どこか遠い話でしかなかった。

しかし分断された状態は人々の心理に影響を与えていた。それは非常に不合理で、永久に変わらないと信じられていた。車で一時間もあれば行ける国々が、グリーンランドやシベリアくらいに遠方の冷え冷えとしたところに思えた。東欧四か国のポーランド、ハンガリー、ユーゴスラヴィア、チェコスロヴァキアについて、私は簡単にひとまとめにして勉強した。ベッドサイドのテーブルにのっている地球儀では、四か国はブルー一色で塗りつぶされていた。

東欧諸国のサッカー選手はみな、膝と肘の関節が太くいかつく、兵士のように見えた。英国チームの長髪の選手たちが彼らと対戦する試合をテレビで観ると、スタジアムにいる青白い顔の観客たちは分厚いコートを着て帽子をかぶっていて、いっせいに手袋をはめた手を叩いてもほとんど音が聞こえてこなかった。スタジアムの警備をする警察官たちは犬を連れていた。観客たちの吐く息が凍てつくような空気の中に、白い雲となって流れていた。当時の私は、問題集の裏に欧州のカップ戦の模擬対戦表を作り、サイコロとちびた鉛筆と臨機応変に変えられるルールで試合をシミュレーションして遊ぶことに、ひまな時間のほとんどを費やしていた。なんとかオレグという名前やミランの舌をかみそうな選手たちの名前をメンバー表から苦労して書きうつし、それからスパルタク・モスクワやパルティザン・ベオグラードやロコモチフ・モスクワがさっさと姿を消すように試合を組んだ。

チェコという国は当時の私にとって、その国のサッカーチーム以上の印象を与えなかった。よくいってもせいぜいおもしろみがない国。悪くいえば退屈で陰険。サッカー選手たちは「鉄のカーテン」の向こうからやってくると聞かされた。「鉄のカーテン」と聞くと、幼い子どもだったころもいまも、私の頭には旧式なエレベーターの手で開閉する蛇腹式の扉が浮かんでくる。デパートや病院でそういうエレベーターに乗るときには、よほど注意しないと降りそびれ、見知らぬ階に連れていかれてママやパパとはぐれて迷子になってしまう。そんな恐怖が呼び覚まされるのだ。

チェコに対するそんな印象が変わりはじめたのは、十代のときだ。鉄製の蛇腹式扉の向こうで、自由を奪われることを覚悟のうえで、ささやき、叫び、笑う作家たちの声が聞こえる本を読むようになり、彼らが生きているところが冷え冷えとした荒野でないと気づいた。問題は場所ではなく、すべてを検閲し、戦車と秘密警察を組織し、支配下にある人民が本を発刊したり、詩を書いたり、演劇を上演したり、冗談をいったり、恋愛したりすることを望まない人間のほうだと知った。

そういう権力の支配下で、いや、支配下にあるにもかかわらず、チェコの作家たちは、本や詩を書いたり恋愛したりといったこと――代表的作家であるヴァーツラフ・ハヴェルがいう「真実を生きる」こと――なしに人は生きていくことができないし、それはどんなリスクをかけてもやる価値があることだ、と著作を通してささやくような、しかし胸に響く声で伝えていた。それに弾圧下だからこそ生まれる作品の機知、不条理さ、セックスやファンタジーは、英国の郊外で育った人間が出会うものより、はるかに現実感をともなって迫ってきた。

当時の友人たちの多くにならって、私はチェコの作品を新しいものからさかのぼって読むことにし、まず亡命作家であるミラン・クンデラの笑いと忘却の物語や、「詩人がありあまっている」母国を舞台にしたすばらしい恋愛喜劇から始めた。それからイヴァン・クリマの、旧ソヴィエト連邦のルールに支配された社会で生きる人たちのさむざむとした生活を喜劇的に描いた作品や、牢獄につながれていたハヴェルがこっそりと人に託して妻のオルガに送ったすばらしい手紙の数々を読んだ。チェコ文学のイロハを卒業した私は、文豪ブハミル・フラバルのプラハを舞台にした数々の歴史小説を何回となく読み返し、まるで閉店前にもれ聞くざわめきのようなとりとめもない物語（フラバルは実際にしばしばそうやって話を取材していた）を堪能した。そしてフラバルがチェコの英雄と考える人物をモデルにした小説『兵士シュヴェイクの冒険』までたどりつき、そこで一九八四年というカフカ生誕百年にあたる年に、なぜ偉大な作家の生国でそれを祝うことができないのかを知った。そしてカフカはきっと祝ってもらいたいだろうに、と思わないではいられなかった。

思うに、そんな経験から私のなかでチェコという国の、とくにプラハという街のイメージが形作られ、それはあまりにもあざやかで、実際に通りを歩きまわったのと同じくらい自分はプラハを知っていると自負していた。そのころには私は、信仰の対象を言葉にすると決めていて、世界は批評の技法によって理解可能であると確信していた。少なくとも外から見れば、チェコ社会で一番重要なのは詩人であり、そこでは言葉が何よりも重視され、文学の技巧であるアイロニーによって支配者を倒すことができる、と私ははじめに思っていた。（そのころの私はシェイクスピアにはまっていたのだ。）

私は革命前のチェコに一度だけ行ったことがある。大学を出たばかりで、トラベルライターもどきをやっていたときのことだ。その仕事は私が想像していた文学的なものではなく、あるときドナウ川を十九世紀の安酒場のような平底船でクルージングするという一風変わったプレスツアーに招待された。立派な船は私たちを乗せてウィーンを出発し、現在はスロヴァキアの首都になっているブラスティスラヴァに停泊した。街とその周辺を二日間にわたって若いカップルがガイドすることになり、彼らが調達した前世紀の遺物のようなバスに乗せられた。運転するのが男性、しゃべるのが女性だ。女性ガイドははいているジーンズをとても自慢していたが、いったん個人的なことに質問が向くと貝のように口を閉ざし、盗聴されているのを恐れるようにバスの周辺をうかがった。いっしょに食事をしているときにも、私たちが少しでも彼女の国について批判的なことをいったりすると、たちまち態度がこわばり、神経質に部屋を見まわした。私たちの出発の日、彼女の顔には厄介払いができてやれやれという安堵と、やりきれない別れの寂しさの両方が浮かんでいた。

私はそういう話は書かなかった。記事はホテルとレストランの紹介だけにとどめ、私はすぐにトラベルライターの仕事をやめてしまった。のちに『グランタ』で仕事するようになってから、私はガイドが見せた類の恐怖心をおしてでも作品を書く作家たちと自分は、共通の動機をもって仕事をしていると少なくとも半分は自負していた。だから私は、クンデラ、ハヴェルやクリマといった作家たちの作品を雑誌に掲載した。こっそりガリ版刷りで出版されていたチェコの作家たちの物語やエッセイや詩を、文字通り切り貼りしながらまとめ、検閲や弾圧される恐れがない英国で地下出版の気分を味わった。一九八九年に革命が起こるまで、私はこういった作家たちの言葉をひと言もらさず聞き取ろうとしていた。

もちろん私が信じていたものや、予測していたことがすべて実現したわけではない。ハヴェルが革命のドラマチックな大団円で（シェイクスピアの『お気に召すまま』で復位する公爵のように）大統領になり、セーターとジーンズ姿でカフカの『城』の廊下を走りまわるようになって一年あまりたったとき、ある会議で、地下出版をしていた編集者や作家たちに会う機会があった。その会議は、いまや出版の目的を喪失し、掲載作品の方向性も見失った小出版社をこれからどうやって維持していけばいいのか、その方策を考える目的で、ユダヤ人投資家のジョージ・ソロスが主催した。自分たちの人生をかける思いでガリ版刷りの小冊子を発刊してきた人たちは、失業してしまった。そのとき彼らに『グランタ』を継続していくために私たちがやっているメーリングリストの作成、予約購読のシステムや連載契約といった方策を話した記憶がある。新しいチェコでは真実を書くだけでは十分ではなく、出版事業で一番に考えることがマーケティングになったことが、まだ彼らには理解できていないようだった。だが、少なくともそんな状況にアイロニーは見ていた。

ロンドン西部にあるおしゃれなレストランでイヴァン・クリマと昼食をともにしたのは、その会議のすぐあとだ。ロールパンとスープを少しだけでいい、とクリマは主張し、私が彼の作品の重要性について語り、さぞかし勝利感を味わっているでしょう、とか、自由になってどんな気分ですか、などとたて続けに質問する一方で、クリマは失われた多くの命と耐え忍んできた犠牲について暗い調子で話した。たとえばミラン・クンデラがパリに居を移したように多くのチェコ作家たちは母国を去ったが、そういう作家たちと国にとどまった作家たちとを同列に置くわけにはいかないと断言し、自分たちがどれほどのものを失ったか、またそれはもはや取り返しがつかないのだ、といらだたしげに語った。手に入らなかったときには誰もが読みたがった自分の本を、いまでは読みたがる人などいるのか、とまでいった。

ようやくプラハを訪れる機会がめぐってきたとき、まるで生涯文通してきた相手にはじめて会うようなものだと自分にいい聞かせて旅立った。当時働いていた新聞社（私はまだ本物の作家になろう、もしくは書く価値のあるテーマを見つけようとしていたが、同時にそんな重要なテーマにはそう簡単に出会えないし、人生のすべてが言葉で書き表わされるわけではないことに気づいていた。）で文学的にプラハをガイドする記事を書くことになり、二週間の予定で派遣されたのだ。ハヴェルが妻のオルガを口説いたスラヴィア・カフェから街めぐりを開始し、野太い声で笑う生真面目なチェコ人たちや、安っぽい帽子をかぶってスカーフを巻いた老女たちや、午後のデート中の恋人たちや、話に熱中している学生たちの間に座った。（昔からそのカフェでは変わらぬ光景だったろうが、ただひとつ、隣に座って盗み聞きしながらメモをとっているのが私ひとりだというところがちがった。）

頭のなかにあったチェコとプラハを探して、それから数日間街をぐるぐる歩きまわり、街角に座って物語を語るブハミル・フラバルの姿がふと垣間見えたりするのではないかと期待した。プラハは、週末だけ訪れる観光客や、アメリカの学生たちや、独身最後のバカ騒ぎをする英国人男性たちの集団に占拠されていることにすぐに気づいた。一月でじっとしていられないほど寒く、酒場の二軒に一軒はストリッパーたちがいて、それが獲得した自由の証明だといわんばかりにポールを握りながら身体をくねらせていた。私は文句のつけようのないピルスナービールをしこたま痛飲し、カフカは二日酔いの話を書かせたら最高だったことにいまごろ気づいた。「ある朝、グレゴール・ザムザは悪夢にうなされて目が覚め、自分がベッドのなかで巨大な毒虫に変身していることを知った……」

私にとってプラハは文学の街であり、ビロード革命のあとで、作家をはじめとする文化人たちがもう一度もとの文学の香りが漂う街にしたにちがいない、と革命後数年間は自分に信じこませようとしていた。私はカフカが描くプラハを、自分のなかによみがえらせようと最大限努力した。「聖人たちの像が並ぶ暗い橋をロウソクのとぼしい灯りを頼りに人々が渡り／灰色の空を走る雲は、暮れなずむ教会の塔を越えていく」。夜にプラハ城を歩く間、凍てつくほどの灰色の通路で、守衛以外ほとんど誰にも会わなかった。しかしその最初の滞在中、毎日私はカレル橋を散歩し、橋の両側に立ち並ぶ聖人の彫像のかたわらで恋人たちがキスをし、プラハ城の影に隠れるようにたたずむカフカの小さな古い家の上に、街を見下ろしながら星がまたたきはじめるのを眺めた。

⚽

もちろんチェコの魔法はとけていってしまった部分もある。その後何回となくプラハを訪れた私は、生真面目さと茶目っ気が同居するチェコ人気質を、いまでは年老いた男性と若い女性たちのなかに見出したと思っている。チェコのサッカーにもそんな二面性がよく出ているのではないか。チェコ人のサッカーはドラマチックで、試合は一瞬たりとも目が離せないスペクタクルである。チェコが生んだもっともすぐれたサッカー選手であるパヴェル・ネドベドが、革命が起こった一九八九年に十七歳でプロを志し、選手たちが兵士のように見えなくなったスパルタ・プラハに入った最初の世代だったという事実がとても気に入っている。ネドベドは長髪だった。プロになって以来、彼はつねにチェコ代表チームでも、所属するユベントスでも、ビロード革命の精神で戦っているように私には思える。ネドベドのプレイは技巧的で力強く、茶目っ気があって、静かなパワーにあふれている。

ユーロ'96で若きカレル・ポボルスキー、パトリック・ベルガーやネドベドたちが活躍し、チェコが決勝まで残ったときには、チェコらしい雰囲気の古いバーも新しくできたスターバックスも、チェコ代表チームのすばらしいプレイや強さを語る男たちであふれていた。サッカーの話をしている間は、ハヴェルときたらいつまで居座るつもりか、だの、あいつは夢ばっかり追っている、だの、チェコ共和国はもう近代ヨーロッパの一国で、一九八九年以前には戻ることはできないのだ、だのという不満は聞こえなかった。

ハヴェルは先頭に立って国づくりを進めていく一方で、舞台を演出するかのごとく政事《まつりごと》を行なうことを決して忘れなかった人のように私には思える。二〇〇四年に政権の座から降りてプラハ城を去る直前に、ブッシュ大統領とドナルド・ラムズフェルド国防長官を北大西洋条約機構の首長会議の席でもてなしたときのエピソードが私は好きだ。ある夜の出し物として、ロココ時代の舞踏（かつらをかぶった宮廷人たちとセックスを模した踊り）だけでなく、『ラ・マルセイエーズ』とジョン・レノンの『パワー・トゥ・ザ・ピープル』のラップバージョンを大音量で演奏させた。（「ラムズフェルド氏をはじめとする何人かの方々が、耐えられるぎりぎりの線だったろうね」と彼はのちに認めた。）

退任のスピーチで、ハヴェルは波瀾万丈の自分の人生に起きた出来事と革命を振り返り、一九八九年十一月に私たちが送ったファックスに書いた質問のまさに答えとなることをいっている。「革命のとき、もっとも深い核のところにあったのは、不条理の衝撃でした。永遠に巨岩を運び上げつづけなくてはならない宿命にあるシジフォスが、もしある晴れた日に岩の動きが止まり、丘のてっぺんから転がり落ちてこなくなったことを知ったときに感じること——あの革命が起こった夜に私が感じたのはそれです」。ビロード革命はもう歴史上の出来事となったが、これまで作家になりたいと思った人なら——もしくはチェコ共和国で暮らしたことがある人なら——あらゆることが可能に思えたときの、または言葉がひと言も書かれていない真っ白なページを広げられて、そこに自由になんでも書けると知ったそのときの、まるで地面が揺れるほどの感動はそう簡単には忘れられないことが想像できるだろう。

ティム・アダムス

一九八八〜九三年まで英国の文芸誌『グランタ』の副編集長。現在は英国『オブザーバー』の専属ライター。著書に“Being John McEnroe”ロンドン在住。

ブラジル

Brazil

ジョン・ランチェスター

John Lanchester

首都	ブラジリア
独立（建国）	1822年9月7日（ポルトガルから）
面積	8,511,965km^2
人口	186,112,794人
人口増加率	1.1%
年齢中位数	27.8歳
出生率	16.83人（1,000人口当たり）
人口移動率	-0.03人（1,000人口当たり）（2005年推定）
幼児死亡率	29.61人（出生児1,000人当たり）
平均寿命	71.7歳
民族	白人53.7%，ムラトー（白人と黒人の混血）38.5%，黒人6.2%，その他（日系，アラブ系，アメリカインディアンを含む）0.9%，不特定0.7%
宗教	ローマカトリック（名目）73.6%，プロテスタント15.4%，精霊信仰1.3%，バントゥー教およびヴードゥー教0.3%，その他1.8%，不特定0.2%，無宗教7.4%
言語	ポルトガル語（公用語），スペイン語，英語，フランス語
識字率	86.4%
選挙権	16～18歳と70歳以上の希望者，18歳以上70歳以下は義務
兵役	不詳
GDP（一人当たり）	8,100ドル
GDP実質成長率	5.1%
失業率	11.5%
物価上昇率	7.6%
国家予算	1724億ドル
軍事費	110億ドル（GDP比1.8%）
第一次産業（農業）	コーヒー，大豆，小麦，米，トウモロコシ，サトウキビ，ココア，柑橘類，牛肉
第二次・第三次産業（商工業）	繊維製品，靴，化学製品，セメント，材木，鉄鉱石，錫，鉄鋼，航空機，自動車および自動車機器，その他の機械製品および機械機器
通貨	レアル

出典：「CIA世界年鑑」2005年11月版（人口統計2005年，経済統計2004年）

ブラジル

Brazil

サッカー協会	ブラジル・サッカー協会
地域連盟（コンフェデレーション）	南米サッカー連盟（CONMEBOL）
協会設立年	1914 年
FIFA 加盟年	1923 年
愛称	カナリア軍団，セレソン
監督	カルロス・アウベルト・パレイラ
ホームページ	www.cbfnews.bol.com.br
スタジアム	マラカナン・スタジアム

FIFA ランキング	1
ワールドカップ出場回数	17
ワールドカップ優勝回数	5

1930	1 次リーグ敗退
1934	トーナメント敗退
1938	3 位
1950	準優勝
1954	準々決勝敗退
1958	優勝
1962	優勝
1966	1 次リーグ敗退
1970	優勝
1974	4 位
1978	3 位
1982	2 次リーグ敗退
1986	準々決勝敗退
1990	決勝トーナメント敗退
1994	優勝
1998	準優勝
2002	優勝

試合数	87
勝	60
引き分け	14
負	13
得点	191
失点	82
得失点差	109
勝点	194
ワールドカップ通算成績　第 1 位	

「ということは、きみはペレのプレイをじかに見たことあるの？」

だれかこの質問をぼくにしてくれないかと待ちつづけて三十年。だれも訊いてくれそうにないので、どうやら自分で自分に問いかけるしかなさそうだ。答えは「イエス」。一九七四年だったと思う。ペレが十八年間プレイしたクラブ・チーム、サントスが極東ツアーをしたときだ。このあとすぐに、この偉大なるプレイヤーはチームを退団し、引退までニューヨークのコスモスでプレイした。当時ぼくは十二歳で香港に住んでいた。まさにそのとき、この眼で、ハッピー・バレーのサッカー場でプレイする、サッカーの王様を――試合の前半だけとはいえ――見たのだった。試合の経過や結果などはまったく覚えていない。ただしかし、ペレの見せた、無理のない、まったく無駄一つない身のこなしは脳裏に深く刻まれている。その姿は、できるだけ長い時間ピッチ上で散歩でもしてやろうとペレ自身が決め込んでいるかのようだった。そして、懸命に走り回っている選手をよそに、散歩しているペレのほうがはるかにその存在感を示し、才能を見せつけ、観客の心を捉えていた。

ワールドカップにおいて輝かしい得点シーンが数々あるが、そのなかのベスト・ゴールの一つは、一九七〇年大会の決勝でブラジルが挙げたものだ。4対1でイタリアに大勝したときの最後の四点目である。右のサイドバックでキャプテンのカルロス・アルベルトがオーバーラップして、切り裂くようなシュートで決めた一点だ――とはいえ、この得点を演出したのはペレだ。ペナルティ・エリアの端でボール・キープしたペレは、相手バックから見れば明らかに警戒しなければならず、否が応にも引きつけられてしまう存在だった。それゆえ、ペレからすれば、守備陣をその場に棒立ちにさせるためには、ただその場に立ってボール・キープしているだけでよかった。その間にアルベルトがペレの右後ろから猛然と駆け上がる。足の止まった守備陣を引きつけているペレが、アルベルトのシューティング・レンジに軽くパスを出す――あくまでも、やさしく、優雅なパス。明確な意図がある、演出されたパス。それを受けたアルベルトのシュートなど、ペレの思い描いたイメージ図を完結させる最後のほんの一筆でしかないかのようだった。

ぼくにとってペレは、いまだにサッカー史上最高のプレイヤーである。おそらくこれに疑義をはさむ余地はないと思うが、反論の論拠があるとすれば、当時の試合が現在よりもスピーディでなく、考えながらモタモタやっているという一点につきるだろう。つまり、忙《せわ》しない現代サッカーでは、選手たちは大まかに言って昔の倍は動きまわっているのだから、そのなかでペレがプレイすれば、かつてのように落ち着いてボール・キープする時間的余裕も与えられず、スペースも限られてしまうだろうという主張だ。しかし、ぼくはその点はペレにはあまり関係ないと思う。ペレは常に自分が必要なだけの時間的余裕をもつことができた。試合の速度やペースは関係なかったし、どんなにタイトにマークされても結果は同じだった。一般的なサッカー選手というよりも、むしろペレはダンサーに似た身のこなしで、みずからのスペースを作り出していたように思う。

ペレが最高のサッカー選手だとすれば、その偉大さを最大に発揮できたチームは、一九七〇年のブラジル代表こそ史上最高のチームである。これは格別うがった見方ではなく、よく言われることではあるが、ぼく自身は信念のごとくそう思っている。ぼくは、一九五八年と六二年の代表チームを見たことはない。

両チームとも栄光のブラジル・サッカーへの道を切り拓いたことは確かだし、だれもが「両チームとも、これまたすばらしいチームだった」と口を揃えるが、とはいえ、それにつづけて「やはり七〇年のほうが上だ」と認めるのだ。七〇年、ぼくは八歳だったが、すでにサッカーに夢中になっていた。いまは父親になっている自分が、知り合いの父親たちに訊いてみて確かめたところでは、どうやら八歳という年齢は、きっかけがあると何かに夢中になる年頃のようだ。それゆえ、八歳がサッカーを始めるのにふさわしい年齢ということになるのだろう。八歳ともなれば、技術的にも体力的にもレベルが上がり、単に走り回り、ボールを蹴り合っている状態から、ちょっとしたミニ・ゲームができるようになるし、また精神的な面でも、試合での失敗や敗北に対しての心構えができている。サッカーでも他のスポーツでもそうだが、「負ける」あるいは「失敗」に対して、ある程度の心の対処ができなければ、試合はできない。試合に負けたり、試合中に、例えば、タックルをミスったり、から空きのゴールなのに得点できなかったり、オウン・ゴールをしてしまうときなどがあるが、八歳であれば、こうしたときに精神的な対処が可能だろう。同時にこの年齢あたりから、サッカーの試合を観戦する忍耐力やスタミナもつき始め、またこのために、「負け」を甘受できるようになる。いずれにしても、八歳であればサッカー観戦はできるだろうが、観る時間よりも、勝った負けたといいながら、サッカーを生き抜く時間のほうが多いはずだ。『ニューヨーカー』誌のアダム・ゴプニックがかつて指摘したように、サッカーの試合は観るスポーツではなく、むしろ体験するものなのだ。これまでぼくが体験した最高の試合、すばらしいゲームを、とりわけ熱狂的なワールドカップから選べば、八六年のブラジル対イタリア戦、九〇年のイングランド対ドイツ戦、八二年と九八年のイングランド対アルゼンチン戦、あるいは七八年のアルゼンチン対オランダ戦となるが、いずれの試合も映画を観たときのような、観客として見た記憶ではなく、むしろそうした試合を自分が生き抜いたという感覚があり、身の上に起こった同時体験として感じている。かくいうわけで、八歳ともなれば、サッカーの試合ができるし、試合も観戦でき、準備OKということだ。そして、その年齢のぼくの目の前に七〇年のブラジル・チームが訪れたのだった。

なぜ、ぼくたちはサッカーに夢中になってしまうのだろう？　なにが起きるのか？　サッカー・ファンであることに関するエッセイなどのほとんどは、グループ体験あるいは集団的体験について書かれている。つまり、自分のチームを熱心に応援する集団・群集の一人になる過程を描いている。これは『ぼくのプレミア・ライフ』（森田義信訳、新潮社）の中で見事に描かれている。つまり、サッカーの試合が個々人のストーリーをすくい上げて、それをより大きな集団的ストーリーに変え、個々人がばらばらではなく、全体の一部になっているかのような気持ちになる姿を描いている。サッカーについて書かれたものは、書き方の違いは多少あるとはいえ、たいていこの体験を書いている。サッカーにまつわる文章を手当たり次第読んでみたが、ほとんどどれもこれも、サッカーの試合という現象ではなく、サッカー・ファンであるという付随現象に関して書かれている。不思議なことだが、事実である。ゴルフについて書いてあるものは、ゴルフのプレイについて書かれている。クリケットに関する文章はクリケットについて、野球に関するものは野球について書かれている。なのに、サッカーはたいていがファンであることについて書かれている。

思うにこの理由は、サッカーは書きにくい、描きづらいという点にある。文章は分かりづらくなるし、ことばをいくら尽くしても、試合の優雅さやすばらしさを描き切れない。なぜそうなってしまうのかよく分からないが、どうもどこか深いところで美意識と結びついているように思う。サッカーを正面から捉えられないのは、サッカーについて書くのが難しくなっているのは、つまりピッチ上で起こっていることを直截的に描きづらいのは、美意識と関連があるのではないかと思うのだ。いいサッカーは美しい。だが、それは微妙で不思議な美しさであり、自分でサッカーの試合をするようになってから分かり始める一つの美しさなのである。ボールを蹴っても、思ったところに行かない場合のほう多い。蹴ったボールが強すぎたり、弱すぎたり、転がりすぎてしまったり、あるいは思ったところに蹴ったと思いきや、そこに相手がいたり。はたまたうまくチームメイトの足元にと思ったら、その選手が見ていなかったり、パスを受けるはずの地点から動いてしまっていたり、受けたはいいがトラップ・ミスをしたり、タックルされたり、転んだり、あるいはあっという間に相手ボールになったりと。（相手選手のことは忘れることにしよう。ジャン＝ポール・サルトルではないが、「サッカーにおいては、相手チームの存在によってすべてが複雑化する」のだから。）適切なパスを出すことに比べれば、弱すぎ、強すぎ、長すぎ、短すぎ、あさっての方向すぎるパスを出すことは簡単、いや超簡単である。精確なボール・コントロールより、まったくコントロールしないことのほうが簡単だし、ヘディングについて言えば、正確なヘディングを決めるより、失神するほど顔面にあててオウン・ゴールするほうが簡単だし、なんとかボールに当てて、かなりかっこ悪い当たり損ねのヘディング——イングランドのディヴィジョン4のセミ・アマの選手なら目をつぶっていても、これくらいは容易くできるだろうが——になってしまうとしても、こんなヘディングよりも、掠《かす》りもしない完全なヘディングミスをするほうが簡単だ。

　サッカーをやり始め、サッカーを観戦するようになるとすぐに、以上のようなことを理解するようになり、サッカーは難しいと悟る。それと同時にサッカーの美しさを知る。そして難しさと美しさとが結びついていると了解する――チームがパスを回し、オープン・スペースに蹴りこむ。二秒後、突如一人の選手が猛然とそのスペースに走りこみ、蹴る方向に顔も向けずに、いとも簡単に戻し気味のパスをする。このとき、当然ながら味方選手を確認したうえでパスを出したのではない。ノールック・パス。戻されたボールを、これまた猛然と走ってきた、もう一人の選手が、これまたいとも簡単にクロス・ボールを上げる。なんと、時速百キロほどのクロス・ボールだ。このボールに対して、七十メートルをダッシュしてきたつぎの選手が冷静に目測をはかり、ジャンプしてヘディングする。ジャンプ・ヘッドの難しさは体験したものならすぐに分かると思うが、ヘディングされたボールは、信じられない勢いと正確さでゴールの隅に飛んでゆく。まさにそこにゴールキーパーの手が立ちはだかる。キーパーは複雑な物理学を駆使して、飛んでくるボールのコースを予測する。脳を使った計算ではなく、筋肉と記憶から瞬時に計算し、つまり身体で覚えていることから答えを出し、反射的に反応する。そして、こうして、すべての優雅さとスピードと筋肉と運動能力と細部へのこだわりと力と精度への情熱は水泡に帰す。一連のプレイはスコアブックにも対戦記録にも記載されず、一日も経てば試合を観戦したすべての人の記憶から消え去ってしまう。実際に試合に出た選手の記憶からも消えてしまうだろう――これこそがサッカーの美しさであり、不思議な弱さでも、はかなさでもある。

ブラジルほど美しいサッカーを執拗に追求している国はない。それゆえにこそ、一言でいえば、ブラジル・チームはそれほど愛されるのだ。当然ながら、一つ一つの国がスポーツの超大国である南米で愛されているとは言いがたいが、それ以外の世界中のほとんどすべての人々から愛されていると言ってもいいだろう。実際、ぼくの知る限り、ブラジルはスポーツの世界では特異な存在で、つまり超〈勝ち組〉なのに愛されている。一般的に言って、スポーツのファンは、とりわけサッカー・ファンは〈勝ち組〉を毛嫌いする（例えば、アメリカではヤンキース、スペインのレアル・マドリード、イタリアのユベントス、イングランドのマンチェスター・ユナイテッドとチェルシー）。しかしながら、ブラジルは、ワールドカップで五度の優勝を果たしている唯一の国で、南米大陸の優勝杯を（二度）奪っているただ一つの国であるのに、愛されている。それはブラジルがいい試合、効率的な試合だけに全力を傾けているだけでなく、同時に美しい試合をしようと全力を傾けているからである。これはイデオロギーと関係がある。だから、多くのサッカー・ファンには、国家レベルの話では、自国チームが二つあることになる。母国のチームとブラジル・チームだ。ブラジル・チームは、愛される唯一の優勝候補チームなのだ。

こうは言っても、実際上ブラジル・サッカーがいつでも常に美しいというわけではない。つぎに述べるように、ある意味でブラジルの志向性とドラマ性の針は一方向的に美しさだけを指していたわけではなく、美しさと醜さと効率と敗北という四つの方向のなかで揺れ動いている。実際、四方向の図を描けるほどだ。七〇年のチームは美しさと効率性が絶頂点にあった。八二年は二次リーグでイタリアに3対2で敗退してしまうが、この試合は緊迫した名勝負だった。チームを引っ張ったのはヘビースモーカーのドクター・ソクラテスで、このチームは美しさが際立っていたが、効率性という点では（ブラジルとしては）かなり低いと言える。（個人的な意見を言わせてもらえば、このイタリア戦こそ、ぼくの観たサッカーの試合のなかでベスト・ワンである。）ソクラテスという名前もかなりいかした響きがあるが、ソクラテスも含め、こうしたブラジルの人名の不思議にロマンティックな部分はすべて、いやそのほとんどは、本名があまりに複雑で長たらしいせいで、加えて親しみをこめた呼称を作りたいという強い思いも働いて、ニックネームに変えられる傾向にあるためだ。ブラジル人の人名の末尾の接尾辞に注意してみよう。例え

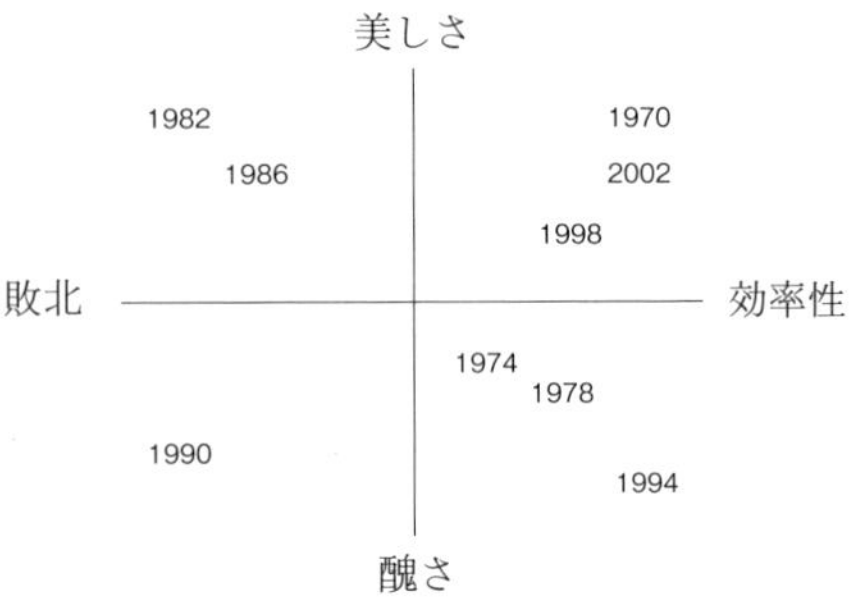

ば、二〇〇二年の優勝監督フェリポン・スコラーリ（Philao Scolari）の“ao”という接尾辞は「大きい」を意味している。だから、Philaoは「大きなフェリペ」と訳すことができる。“inho”（イーニョ）は「小さい」という意味。アレックス・ベロスが名著『フッチボウ』（フットボール）で指摘しているように、現在のロナウドはかつてロナウジーニョと呼ばれていた。というのも、同じチームにもう一人ロナウドという名前の選手がいたからで、おまけに大ロナウド、つまりロナウダン（Ronaldão）もいたからだ。いまのロナウジーニョが登場したとき、ブラジル・チームのピッチ上には、ロナウデオとロナウドとロナウジーニョとロナウジーニョジーニョがいる可能性もあった。つまり、大きなロナウドと普通の大きさのロナウド、小さなロナウドとさらに小さなロナウドの四人だ。実際には、かつてのロナウドが代表落ちし、新しいロナウドが（生地にちなんで）ロナウジーニョ・ガウーショになり、かつてのロナウジーニョが格上げされてロナウドになり、まだその〈肩書き〉をいまも保持しているのだ。たぶん、こうした名前に関することで最も奇妙奇天烈なのは、かつてのイングランド・チームだ。トレヴァー・スティーヴンという選手がいる一方で、ゲアリー・スティーヴンという名前の選手が二人いたのだから（このおかげで、不滅の詠唱歌《チャント》『ガンタナメラ』――「二人のゲアリー・スティーヴン……ゲアリー・スティーヴンは二人だけ……」）が産まれた）。

閑話休題。二〇〇二年のチームは確かにワールド・チャンピオンになる潜在的能力《ポテンシャル》を持っていた――実際にワールドカップを制し、世界に君臨したチームについてうんぬんするのはおかしなことではあるのだが、とはいえ口に出すのを差し控えていたことやチーム内だけの秘密がごとき話があり、たとえばロナウドやロベルト・カルロスというすばらしい選手たちがいたが、かれらはあふれんばかりのその才能を十二分に発揮しなかったのではないか、という見方がある。たぶんこれは監督のフェリポン・スコラーリの采配に関係する問題であろうし、あるいは九八年大会での敗北の反動と考えられるだろう。理由はどうであれ、ブラジルの魔術的サッカーがあまり現出しなかったという感は否めない。

また巧妙なうえに、痛々しいほど消極的で用心深いブラジル代表チームも過去には存在した。これはこれでまた愛すべきブラジル・チームなのだが、退屈なサッカーをするという理由だけで、母国ではいつも侃侃諤諤《かんかんがくがく》の議論を呼び、物議を醸していた。この典型例は、九四年のワールド・チャンピオン・チームだ。監督はカルロス・アルベルト・パレイラで、二〇〇六年も再び代表監督の指揮をとる。九四年のキャプテンは敵も味方も恐れる鬼軍曹ドゥンガ。あちこち動き回るミッドフィルダーだ。ぼくは、常に密やかにだが、ドゥンガをかなり気に入っていた。とはいっても、それはときとして西部劇のならず者を最後には応援してしまうという意味合いではあるのだけども。また、このチームには面白いわき筋《サブプロット》もあった。スター選手でストライカーのロマーリオが、もう一人のストライカーのベベトをあからさまに毛嫌いしていたというエピソードだ。ロマーリオは貧しい家に生まれ、対してベベトは裕福な家で育った。それゆえ、ロマーリオにしてみれば、金持ちのお坊ちゃんにパスを出すなど耐えられないといったように見えるときがあり、この二人のコンビネーションでゴールを決め、歓喜の瞬間が訪れても、どこかぎこちなくわざとらしい空気が漂っていた。

二〇〇六年のチームはどうか？　まあ、頂点を極める潜在的能力《ポテンシャル》を持っている。それは間違いない。ロナウド、ロナウジーニョ、ロベルト・カルロスにカカにロビーニョ、そして「皇帝」アドリアーノ。二〇〇二年と少なくともタレント的に互角だ。このチームは、ブラジル・チームがときとして荒波に襲われる予選リーグを乗り越えてきた。偉大なチームというものは、当然といえば当然だが、最悪の事態のために最大の力を保持しているものだ。監督は、不屈の九四年チームでワールドカップを一度制している点で一日の長があるし、過去四年間、固定的に代表監督の職を継続できた点でもさらに一歩リードといえる。パレイラ監督自身、もう一度ワールドカップを制したいという思いがあるだろうが、今回は批評・論評の声は前回に比べ、はるかに好意的だ。〈怪物〉ロナウドという驚異的ゴール・ゲッターが、再び調子を上げてきたこともある。優勝もあり得る状況だ。

　可能性は？　五分五分。プレッシャー――強烈で、思いもよらないプレッシャーに対してチームがどのように反応するかは、ワールド・カップが開幕してみなければ分からない。五〇年にウルグアイに負けたときに、自殺者まで出た国（事実そのうち二人は、試合後のスタジアムで自殺を図ったのだ）では、底知れぬプレッシャーは改めて述べるような現象ではないが、チームに与えるプレッシャーは経済状況と同じく、以前にも増して悪化しており、マスコミ側からの圧力もよりいっそう強くなってきている。九八年にはそうしたプレッシャーからロナウドが、フランスとの決勝戦直前にいまだに謎の不可思議な体調不良に陥ってしまったのに、それにもかかわらず、別の種類のプレッシャーがブラジル・サッカー協会に、あるいはどこかのだれかに加わり、そのままのロナウドをピッチに立たせてしまう結果となった。おそらく、そうしたプレッシャーはいまはさらに大きくなっているために――煎じ詰めれば、がっかりすることだが、単に金にいきつく理由からそうなってしまっているのだが——どのチームであろうとも、七〇年のブラジル・チームが見せた、天衣無縫の冒険心あふれるプレイをするのは不可能だろう。

そうならないことを期待しよう。人生を賭けたように死に物狂いで必死でやることと、それと同時に美しくやること、あたかも美しさだけが意味を持つかのごとくやること、この二つは普通、両立しえない全くの別物である。しかし、かつてのブラジル・チームは、ときとしてこの二つが同一ではないかと錯覚させるようなプレイをしていた。ドイツでもう一度これを見ることができたら最高だろう。ぼくたちはだれもが、サッカーの可能性を、未来のサッカーを予感したいのだから。

ジョン・ランチェスター

一九六二年ハンブルク生まれ。小説家。作品として、ウィットブレッド・ファースト・ノヴェル賞、ベティ・トラスク賞、ホーソーンデン賞、またフード・ライティングとしてジュリア・チャイルド賞を受賞した『最後の晩餐の作り方』（小梨直訳、新潮社）や『フィリップス氏の普通の一日』（高儀進訳　白水社）や“Fragrant Harbour”がある。また、『ロンドン・レヴュー・オブ・ブックス』の編集部門の一員であり、『グランタ』や『ニューヨーカー』、『デイリー・テレグラフ』や『オブザーバー』などいくつかの新聞や雑誌に定期的に寄稿している。『オブザーバー』紙上では、レストラン批評を手がけている。ロンドン在住。

クロアチア

Croatia

コートニー・アンジェラ・ブルキッチ

Courtney Angela Brkic

首都	ザグレブ
独立（建国）	1991年6月25日（ユーゴスラビアから）
面積	56,542km^2
人口	4,495,904人
人口増加率	0.0%
年齢中位数	40.0歳
出生率	9.6人（1,000人口当たり）
人口移動率	1.6人（1,000人口当たり）
幼児死亡率	6.8人（出生児1,000人当たり）
平均寿命	74.5歳
民族	クロアチア人89.6%，セルビア人4.5%，その他5.9%（ボシュニャク人，ハンガリー人，スロベニア人，チェコ人，ルーマニア人を含む）
宗教	ローマカトリック87.8%，東方正教4.4%，その他のキリスト教0.4%，イスラム教1.3%，その他および不特定0.9%，無宗教5.2%
言語	クロアチア語96.1%，セルビア語1%，その他および不特定2.9%（イタリア語，ハンガリー語，チェコ語，スロバキア語，ドイツ語などを含む）
識字率	98.5%
選挙権	18歳以上の全国民（被雇用者の場合は16歳以上）
兵役	18歳以上は兵役義務6ヶ月，16歳以上の承諾を得た志願者 クロアチア特殊警察は2005年に徴兵制廃止を計画
GDP（一人当たり）	11,200ドル
GDP実質成長率	3.7%
失業率	13.8%
物価上昇率	2.5%
国家予算	156億5000万ドル
軍事費	6億2000万ドル（GDP比2.4%）
第一次産業（農業）	小麦，トウモロコシ，テンサイ，ヒマワリの種，大麦，ムラサキウマゴヤシ，クローバー，オリーブ，柑橘類，ブドウ，大豆，ばれいしょ，家畜，酪農
第二次・第三次産業（商工業）	化学製品、プラスチック製品，機械機器，金属製品，電子機器，銑鉄および圧延鉄鋼製品，アルミニウム，製紙，木製品，建設資材，繊維製品，造船，石油および製油，食料および飲料，観光事業
通貨	クナ

出典：「CIA世界年鑑」2005年11月版（人口統計2005年，経済統計2004年）

クロアチア

Croatia

サッカー協会	クロアチア・サッカー協会
地域連盟（コンフェデレーション）	欧州サッカー連盟（UEFA）
協会設立年	1912年
FIFA加盟年	1992年
愛称	ヴァトレニ
監督	ズラトコ・クラニチャル
ホームページ	www.hns-cff.hr
スタジアム	—

FIFAランキング	20
ワールドカップ出場回数	2
ワールドカップ優勝回数	0

1930	—
1934	—
1938	—
1950	—
1954	—
1958	—
1962	—
1966	—
1970	—
1974	—
1978	—
1982	—
1986	—
1990	—
1994	不参加
1998	3位
2002	グループリーグ敗退

試合数	10
勝	6
引き分け	0
負	4
得点	13
失点	8
得失点差	5
勝点	18
ワールドカップ通算成績　第28位	

ユーゴ紛争の終結から数年、クロアチアの観光省は同国の地勢と気風をひとことで表現するスローガンを探していた。「小さな国のすばらしい休日」は覚えやすいが漠然としていた。「クロアチア――地上の楽園」は自画自賛すぎて、経済活性化に欠かせない観光客の反感を買う危険性があった。「昔のままの地中海」では海岸部だけを取り上げて、北や東の地域を完全に無視しているように聞こえた。ひとつのスローガンに決めるのは、想像以上に難しかった。

地中海の他の地域では、一般に大衆向けの如才ない観光が主流だが、クロアチアはそれらとは違う荒削りな味わいを誇りにしている――早口で果物を売る露天商、道路沿いのレストランで時間をかけてローストされる串刺しの子羊、海辺の遊歩道でブランディを売る男たち。年配の世代はあまり英語を話せないことが多く、外国人がどこかに宿泊する場合は、今も地元の警察に届け出なければならない。そこにクロアチアの多様性をひとことで要約するという難題が課されたわけだ。北東部では、スラヴォニアの豊かな平原にヒマワリやトウモロコシや小麦の広大な畑が広がる。秋になると、どの村でも醸造するプラム・ブランディの香りが空気を甘く満たす。西に向かうと、ザガリエ地方の山地を川や小川が縦横に流れ、首都ザグレブ周辺には何百もの絵のように美しい村がある。西のイストラ半島はアドリア海最大の半島で、その風景はイタリアのトスカーナ地方にたとえられる。丘の上には村や石造りの農家が多く、ここのトリュフは世界的に有名だ。南のダルマチア地方では、石灰岩が緑碧色のアドリア海に鮮やかに映え、海には数百の島が点々と散らばっている。国の最南端には、城郭に囲まれたドゥブロヴニクがある。バイロン卿に

「アドリア海の真珠」と評され、ジョージ・バーナード・ショウが「地上の楽園を求める者たち」の場所と呼んだ都市だ。このように変化に富んだ国を、ひとことでどう表わせばいいのだろう。

長年、サッカーは地元の誇りの表現手段だった。現在、クロアチアで一番のライバル関係にあるのがスプリトのハイデュクとザグレブのディナモで、両者が対戦するとそれぞれの土地の共通点よりも違いのほうが際だって感じられる。言葉も違えば（ザグレブのカイ方言は一部ドイツ語の単語を用い、スプリトのチャ方言は一部イタリア語の単語を用いる）、食べものも違う（ザグレブ料理は中欧風で、スプリトは典型的な地中海料理だ）。両チームのサポーターは、昔ながらの、それゆえ正しいとはいえない、相手の文化の紋切り型のイメージを利用する――ザグレブのサポーター「青い悪ガキ《バッド・ブルー・ボーイズ》」は「なまけもののスプリト人」と叫び、スプリトのサポーター「トルシーダ」は「女々しいザグレブ人」と怒鳴る。

クロアチアがユーゴスラヴィア連邦に属していたころは、主に共和国同士がライバルだった。サッカーは民族や政治的立場や自分自身を表現する場だった。クロアチア独立戦争の引き金を引いたのは、一九九〇年のディナモ・ザグレブとレッドスター・ベオグラードの試合だったといわれている。試合開始後まもなく、両チームのサポーターがスタンドとフィールドで衝突した。セルビア人を中心とした警察はクロアチアのサポーターを殴り、セルビア人サポーターを好き放題に暴れさせた。選手も無関係ではいられなかった。世界的に有名なミッドフィールダー、ズヴォニミール・ボバンは、警官が倒れたディナモのサポーターを殴るのを見て飛びかかり、カラテ・キックを食らわせて、盛りあがりつつある独立運動の英雄になった。

その後の戦争は長く残虐だった。一九九一年から九五年のあいだに一万人以上が殺され、今も千人以上が行方不明だ。「アドリア海の真珠」と謳われた古都ドゥブロヴニクは、軍事戦略的価値はまったくないにもかかわらず、二千発の砲弾を受けた。ユーゴスラヴィア人民軍と民兵は、村や町をつぎつぎに破壊した。一時はクロアチア領の三分の一が占領され、期待されていた市場経済への速やかな転換は、対立がつづくあいだは遅々として進まなかった。当然ながら、アドリア海を訪れる観光客は途絶え、このあたりを語るときは、苦難の地として取り上げられることがほとんどだった。この四年間は、破壊とおびただしい犠牲者に苦しんだだけでなく、恐るべき静止状態にも苦しみ、その状態は紛争終結後も数年にわたってつづいた。豊かな可能性を持ち、独立国として新たなことを成し遂げようと燃えていた国にとって、たんに「紛争地域」や「旧ユーゴ連邦」と片づけられてしまうのは、打撃だった。

クロアチアの独立は一九九二年に承認されたが、同国が紛争と苦難だけの国ではないとようやく広く認識されたのは、九八年のワールドカップのことだった。準々決勝でクロアチアがドイツに勝つと、国じゅうが大変な騒ぎになった。だれもが「信じられるかい」と声をかけあっているように感じられ、みなその楽天的な気分を抑えきれず、わたしの二十四歳の弟も八十一歳の大おばもすっかり酔っていた。試合のあと、バルニというロックバンドがこんな歌詞で始まる歌を作った。「小さな国だけど、今ではみんなが知っている……ブラジルはもう過去のもの、今はクロアチアさ」。そして「おあいにくさま、クロアチアが世界のチャンピオンさ」というコーラスがつづく。クロアチアは準決勝でフランスに敗れ、優勝の夢は砕かれたが、歌は国じゅうで大流行した。それから何か月ものあいだ、酒場や婚礼や大小のスポーツの試合で、繰り返し演奏され、歌われた。

そのころわたしはザグレブで働いていた。大型スクリーンが町の広場に設置され、人々はそこに集まってクロアチア対オランダの三位決定戦を大騒ぎで観戦していた。土曜日で、わたしは自分のアパートで友人と一緒に観戦していたが、ときどきバルコニーに出ては、階下の六階分の部屋とカフェから響く興奮した話し声や怒鳴り声を聞いた。クロアチアがゴールを決めると大歓声が響いた。まるで町全体が巨大なリビングルームになって、全員でひとつのテレビを見ているようだった。車の流れはほとんど止まり、わたしのアパートの下の通りにはだれもいなかった。クロアチアの勝利で試合が終わると、人々は通りにあふれ出た。そこには、その昔、布を詰めたボールを通りで蹴った記憶のある父の世代の男たちから、親がFIFA公認のサッカー用品だけを選んで買い与える新しい世代の子どもたちまでいた。とてつもない数の人が紅白の碁盤縞のクロアチア代表のユニフォームを着ており、通りは赤と白の波に揺れた。その夜、彼らは中央広場に集まって朝まで騒ぎ、酔っぱらったうれしそうな歌声がわたしたちの耳にも届いた。

紛争終結からわずか三年後のこのできごとは、若い国の歴史における感激の瞬間であり、どの町でもよろこびにあふれた人々が外に繰り出した。その夜、テレビではこらえきれずにむせび泣く大の男たちがレポーターの取材を受けていた。クロアチアがこれほど団結した祝賀ムードに包まれたのは独立宣言以来であり、これでクロアチアが地図上に存在することをだれも否定できないぞという思いが国民のあいだに広がった。

その年の十二月、友人夫妻がレケニクのSOS子ども村でセント・ニコラスのパーティを開き、バルニが出演した。オーストリアで設立されたSOSは、一九九六年にレケニクに子ども村を作り、紛争で両親が死んだり行方不明になった子どもの世話に当たっている。子どもたちは乳児から十代までおり、クロアチアとボスニア＝ヘルツェゴヴィナから来ていた。幸せだった幼いころに家族でセント・ニコラスのお祝いをしたことのある子もいれば、そうでない子どももいた。両親も親戚もみな死んで、だれも世話してくれる人がいないというお決まりのケースもあった。そうでない場合は、両親が行方不明だったり、移送中だったり、紛争のために子どもと別れ別れになったりしていた。

セント・ニコラスは中欧版のサンタクロースで、よい子のところには十二月六日にやってきて、靴のなかに果物やナッツを詰め、その横にプレゼントを置いていく。悪い子のところには恐いクランプスがやってくる。この悪魔は鎖を振りまわし、あとには石炭と鞭だけを置いていくのだが、どんなに悪い子でも、これからはよい子にしますと約束すれば、たいていは逃れることができる。このような祝日は、家族と離れて暮らす子どもたちにとって特別な意味があった。幼い子たちは、住んでいた家や村からこんなに離れたところにいるのに、どうしてセント・ニコラスは自分たちを見つけられるのだろうと不思議がった。年上の子どもたち、靴にオレンジやクルミを詰めてくれたのは両親だったことをちゃんとわかっている子どもたちは、お祝いの行事と静かに向き合った。

わたしは設立から数か月後にこの村を訪れたことがあり、この組織の率直で徹底した手法に感銘を受けた。保護施設や孤児院などの施設の職員とは異なり、SOSマザーは、実際の家庭で数人の子どもの世話をする（マザーとなる女性は、その資質と、緊密なコミュニティに確実に長期的に関われるかについて審査を受けている）。きょうだいは一緒に暮らす。ここは未来の養子候補の収容所ではなく、国の孤児院や標準的な里親制度の実際的な代案なのである。ここの目標は可能なかぎり普通の生活を提供することで、マザーは子どもたちの日常のあらゆる面の――食事や掃除から宿題の手助けまで――世話をする。

ワールドカップで三位になったことは、SOS村に住む子どもを含む多くの人々にとって、時代は変わりつつあり、戦争は――けっして忘れられはしないが――終わり、クロアチアがよい方向に向かっている証拠だった。なによりも重要なのは、クロアチアの国境の外にいる人々もその事実を実感しはじめたことだった。すでにアドリア海沿岸には観光客が戻りはじめ、年々、その数は増えていた。雑誌はクロアチアの海の手つかずの美しさや、ハイキングやダイビングのガイドや、ドゥブロヴニク・サマーフェスティバルやモトヴン映画祭やザグレブのアニメ・フェスティバルなどの文化行事を紹介するようになった。バルニの別の歌にこんな一節がある。「彼らの持ってきた空の魚網をおれたちはいっぱいにしてやった」。言いかえれば「おれたちはあらゆる予想を裏切った」のである。

レケニクのセント・ニコラスのパーティに集まった家族には、さまざまな年齢の子どもたちがいた。バルニは予定の曲目を演奏しおわると、観客からリクエストを募った。「クロアチアは世界チャンピオン」をはじめ、人気の曲はすでに演奏していた。一曲終わるたびに、子どもたちはお気に入りの曲を口々に叫んだ。大人たちは、たまにはほかの曲をリクエストするよう言いきかせた。けれども子どもたちはかたくなだった。彼らはひたすら「クロアチアは世界チャンピオン」を何度も繰り返し聞きたがったのである。

コートニー・アンジェラ・ブルキッチ
法考古学者としてボスニア＝ヘルツェゴビナおよび国連ハーグ戦争犯罪法廷で調査に当たる。フルブライト奨学金および『ニューヨーク・タイムズ』研究助成金を得てクロアチアの女性戦争被害者を調査。ニューヨーク、クイーンズ区のニューカマーズ高校およびニューヨーク大学、クーパーユニオン大学で作文・創作教室を指導し、短編小説集“Stillness”、ボスニアでの体験を綴ったノンフィクション“The Stone Fields”の著書がある。現在、オハイオ州ケニヨン・カレッジで教職に就いている。

オーストラリア

Australia

ベン・ライス

Ben Rice

首都	キャンベラ
独立（建国）	1901年1月1日（英国植民地の豪州連邦として）
面積	7,686,850km^2
人口	20,090,437人
人口増加率	0.9%
年齢中位数	36.56歳
出生率	12.26人（1,000人口当たり）
人口移動率	3.91人（1,000人口当たり）
幼児死亡率	4.69人（出生児1,000人当たり）
平均寿命	80.4歳
民族	コーカサス系92%，アジア系7%，オーストラリア先住民とその他1%
宗教	カトリック26.4%，英国国教会20.5%，その他のキリスト教20.5%，仏教1.9%，イスラム教1.5%，その他1.2%，不特定12.7%，無宗教15.3%
言語	英語79.1%，中国語2.1%，イタリア語1.9%，その他11.1%，不特定5.8%
識字率	100.0%
選挙権	18歳以上の全国民，義務制
兵役	不詳
GDP（一人当たり）	30,700ドル
GDP実質成長率	3.5%
失業率	5.1%
物価上昇率	2.3%
国家予算	2217億ドル
軍事費	166億5000万ドル（GDP比2.7%）
第一次産業（農業）	小麦，大麦，サトウキビ，果物，畜牛，牧羊，家禽
第二次・第三次産業（商工業）	鉱業，産業機器および輸送用機械機器，食品加工，化学製品，鉄鋼
通貨	オーストラリア・ドル

出典：「CIA世界年鑑」2005年11月版（人口統計2005年，経済統計2004年）

オーストラリア

Australia

サッカー協会	オーストラリア・サッカー協会
地域連盟（コンフェデレーション）	アジア・サッカー連盟（AFC）
協会設立年	1961 年
FIFA 加盟年	1963 年
愛称	サッカールーズ
監督	フース・ヒディンク
ホームページ	www.footballaustralia.com.au
スタジアム	テルストラ・スタジアム , オージー・スタジアム

FIFA ランキング	48
ワールドカップ出場回数	1
ワールドカップ優勝回数	0

1930	—
1934	—
1938	—
1950	—
1954	—
1958	—
1962	—
1966	地区予選敗退
1970	地区予選敗退
1974	1 次リーグ敗退
1978	地区予選敗退
1982	地区予選敗退
1986	地区予選敗退
1990	地区予選敗退
1994	地区予選敗退
1998	地区予選敗退
2002	地区予選敗退

試合数	3
勝	0
引き分け	1
負	2
得点	0
失点	5
得失点差	-5
勝点	1
ワールドカップ通算成績　第 56 位	

ぼくたちは移民してきた。妻はイングランドで十年以上過ごしたあと、はてしなく暗く陰鬱なイギリスの冬にほとほといやけがさし、ホームシックになって故国へ帰りたいといいだした。そこで、ぼくらはまだ幼い二人の子をつれて、地球の反対側へ移り住むことに決めた——オーストラリアだ。

ぼくは、ときたまノスタルジアにかられる。いささか早すぎるホームシックで、自分でも驚いている。イングランドにまつわる懐かしいこと、ここオーストラリアで手に入らないことを数えあげてリストにしてみた。暗い午後に焚き火を囲んで集まること、夏にぼうぼうと伸びた草のあいだに横たわって、蛇の心配をしないですむこと、靴をつっかけて履くこと、好きなところで泳げること。

だが、どちらかといえば、この引っ越しに関しては、わくわくすることのほうが多い。ぼくの処女作である『ポビーとディンガン』はニュー・サウス・ウェールズにあるオパール鉱山の町、ライトニング・リッジへ旅したことがきっかけで生まれた。いま書いている本は、オーストラリアのゴルフコースのそば、裕福なシー・チェインジャー（都会からストレスのない海辺に移り住んだ人びと）のコミュニティに住んだ経験をもとにしている。グリーンではカンガルーが草を食み、ちゃっかりコースに入りこんだアボリジニの子供たちが、ゴルフカートを乗っ取ってレースごっこをし、盗んだフラッグをもって走りまわる。夜になると、フェアウェイのあちこちに生えたメラレウカの梢が風に揺れてキーキーと鳴り、稲光を浴びてゴーストのように枝をばたばたとはためかす。

オーストラリアで最も強烈なのは、その極端さだ。まず第一に、ここに到着するまでに極端に長い旅があり、到着したあとは極端な時差ぼけと方向感覚の麻痺があった。文化の香りがする都会の進んだ暮らしぶりと、荒々しい自然に囲まれたアウトバックの無造作な暮らしぶりも極端な対比をなしている。風景も極端だ。保守的な人びとと進歩的な人びとが肩をすりあわせて生きているのも極端だ。気候も極端、言語も極端――オーストラリア人の話し方は、オーストラリアに関するすべてのなかで、ぼくがいちばん好ましく思うものである。

　オーストラリア人にはこういわれるかもしれない。「おまえなんかにオーストラリアのことがこれっぽっちもわかってたまるか」と。たしかにそのとおり。ぼくにはオーストラリアがリアルな国だとはとても思えない。ほとんど空想上の場所、ぼくの頭のなかにしかない国のように思える。ぼくが小説の舞台に設定した国は、オーストラリアを極端に大げさにした一つのバージョンであり、魔術的な土地、誇張された場所だ――オーストランジェリアとか、オーストラリクストリームと呼んだほうがふさわしいかもしれない。だが、本物のオーストラリアも、ぼくが知るかぎり、きわめて誇張されたバージョンではある。とりわけサッカーがそうだ。

　サッカー？

　そう、サッカー。いうまでもなく、この国のサッカーは世界中のどこととも違う。観客も違えば、立場も違う。オーストラリアには、オーストラリア人の興味を引く別のスポーツがある。「オージールール（オーストラリア式フットボール）」だ。ものすごくスピーディなゲームで、選手たちは奇妙なベストを着て、試合の最中は何をしても許される。跳んだりはねたり、キックもあれば、スローもあり――必要なら殺しもあり――そうして、二本のポストのあいだにボールを入れようとする。オーストラリアにはラグビーのリーグ（「エッグボール」と呼ぶ人もいる）もあり、クリケットもある。さらに、もっと風変わりなオーストラリア式スポーツもある。たとえば、ぼくはアウトバックのコースでゴルフをしたことがある。そこではグリーンでなく、それどころか芝さえもなくて、そのかわり、コースは赤い砂と岩でできている。プレイヤーはティーショットのための小さな芝生の塊をたずさえて歩かなければいけないのだ。前にオージーへ来たとき、ぼくは釣りをし、サーフィンをし、イルカといっしょに泳ぎ、自動車道路に沿ったビーチでくるぶしまで波に洗わせながら、ジョギングをした。そんなとき、心のなかにサッカーのことなどほとんど思い浮かばない。

だが、最近のオーストラリア人はサッカーに夢中だ。この十年間、オーストラリアにサッカーを定着させようと懸命の努力が重ねられ、そのかいあって、サッカーはしだいに人気を高めてきた。数年前、ライトニング・リッジにいたとき、ぼくはオパール鉱夫の一人と、この美しいゲームについて話したことがある。彼はサッカーのことを「ワグボール」といいつづけ（オーストラリアで「ワグ」といえば、非白人を指す侮蔑的なスラングだ）、サッカーに関連するすべてがドラッグの売買やマフィアの抗争と切っても切れないというような話しぶりだった。

ぼくたちはボウリング・クラブでビリヤードをしていた。彼は大ジョッキサイズのラムの水割りを少なくとも二、三杯以上は空けていた。「軟弱なやつらが増えたもんだよな」と彼はつぶやいた。そばに寄ると、ぷんと酒臭い。口を開けると前歯が何本か欠けているのが見える。「ろくでもない連中さね、陰気くさくて、むさくるしい」

この鉱夫はポーランド生まれだが、父親は「かなり上品」だったので、息子には子供のころからオーストラリアのスポーツをやらせてくれた。そのことを彼はとても感謝している。さもなければ、いまごろはマフィアのちんぴらとつるんで、ワグボールの試合のあとで暴れまわり、トラブルを起こす連中の仲間になっていただろう。あの汚れと腐敗の溜まり場――シドニー――で。

最初のうち、こんな言い草は人里離れた町でほとんどの時間を地下に潜って過ごしている偏屈な飲んだくれのたわごとでしかないと聞き流していた。だが、オーストラリアでは、大都会でさえ、サッカーに対する人種差別的、ないし人種差別もどきの中傷はちっとも珍しいことではなく、ワグボールとエッグボールがおたがいをライバル視する裏側には根強い偏見があるようだった。オージールールのファンが、外国生まれのゲームに悪口を浴びせかけるのは、いまでも日常茶飯事だ。彼らは自分たちのスポーツの人気がよそに取られるのが心配なのだ。元サッカルー（サッカルーとはオーストラリア代表サッカー選手の愛称）で、ニュースキャスターとして有名なジョン・マレー（サッカーに対する偏見をなくそうと長いあいだ運動をくりひろげ、またオセアニア・リーグの選抜方式に反対の声をあげつづけてきた）は、自分の回想録をこんなタイトルにした。『ワグ、シーラ、そしてプーフターたち』（シーラは女、プーフターはなよなよした男のこと）。

だが、ぼくがライトニング・リッジへ旅してからの数年のあいだに、サッカーはオーストラリアの学校で人気ナンバーワンのスポーツになった。そして、いまサッカルーが二〇〇六年ドイツ大会への出場を決め、いよいよサッカーはオージーに根づいた。この夏が来て（というか、南半球では冬が来て）、ワールドカップが始まったら、オーストラリアは外の広い世界をより身近に感じるだろう。

ぼくたちが二〇〇二年に移住してきたのだったら、事情は大きく違っていたはずだ。サッカー、とくに国際サッカーはまだ認知されていなかった。オーストラリアはまだオセアニア・サッカー連盟の一員だったので、ナショナル・チームの国際試合の相手もそのメンバーに限られていた。そのグループは、南太平洋に浮かんだちっぽけな島嶼国――トンガ、サモア、タヒチ、ソロモン諸島など――からなり、彼らは（ニュージーランドをのぞいて）サッカルーにくらべたらとんでもなくへたっぴいで、プロフェッショナルとはほど遠く、いわばマジック・リアリズム小説のページから抜けだしてきたようなチームばかりだった。滑稽なほど力量の差がある相手との試合で、オーストラリアが十点以上もゴールをあげることはしょっちゅうだった。それのどこが悲しいのかと思うかもしれないが、考えてもみてほしい。そんな試合に慣れたサッカルーは、もっと実力のあるほかのリーグのライバルとぶつかってワールドカップへの出場権を争うとき、完膚なきまでにやっつけられ、初めて自分たちのサッカーがいかに甘いかを思い知らされるのだ。過去三十二年間、オーストラリアはワールドカップ出場を果たせなかった。この国は、孤立したまま、別の世界に生きてきた。

オセアニア予選で最も印象的に残った試合、オセアニア・リーグにおけるオーストラリアの突出した立場をこれ以上ないほど雄弁にものがたった実例は、二〇〇一年四月に起こった。このとき、サッカルーは国際試合における最多得点の世界記録を更新した――31対0である。

この驚くべき世界記録を作った哀れな対戦相手は、アメリカ領サモアだった。ハワイの南西およそ二千キロ、アメリカ本土から四千五百キロ、オーストラリアからは四千キロの距離に位置する小さな群島である。グーグルで「アメリカ領サモア」を検索すると、この群島の地理や政治の情報より先に出てくるのは、ニュー・サウス・ウェールズのコフス・ハーバーでアメリカ領サモアがサッカルーにいかに大差で負けたかという冷酷な事実なのだ。

オセアニア予選ではいたるところでアンバランスが目についた。その数日前には、オーストラリアがトンガを22対0でくだしていた。いくらなんでもサッカー界の強豪とは呼べないトンガだが、アメリカ領サモアにくらべればかなり実力のあるチームだった。そのアメリカ領サモアは、現在のFIFAランキングで二百五位、つまり世界で最下位なのだ。それでも、このての試合ではたいてい、負け犬やランク外のチームや弱小国がひょっとしたら強い相手をひっくり返すかもしれないという期待がもたれる。そして実際、最初の数分間、この南太平洋の小さな島国は、ゲームに競りあうとまではいかないにしても、せめて一点でも入れて屈辱的なゼロ負けだけは回避できるのではないかという期待を抱かせた。

だが、やがて前半十分、オーストラリア人の多才なミッドフィールダー、コン・ブツィアニスが最初のゴールを叩きこんだ。彼は、サッカーの能力よりも、メルボルンのレストランが武装した強盗の一味に襲われたとき、その逃亡用の車を運転していたことで有名になった（強盗事件があったのは一九九八年で、彼は有罪判決を受けたものの、実刑はまぬがれ、その後も試合に出ている）。それを皮切りに、勢いづいたオーストラリア・チームは数分おきにゴールを奪った。ハーフタイムまでに試合の趨勢は決まっており、オーストラリア・チームでは何人もの選手がハットトリックを達成していた。最後のホイッスルと同時に、オーストラリアのストライカー、アーチー・トムソンが世界記録となる一試合十三点目のゴールを奪った。このあと、オーストラリアの最終的な得点をめぐって——三十一点か、それとも三十二点かで——激しい議論が巻き起こった。だが、アメリカ領サモアの得点については、疑問の余地はなかった。オーストラリア人にいわせれば、「ぼろ負け」というところだろうか。

これほどの大差は、もちろん両チームの力量の差からくるものだったが、それ以外にも、試合前にアメリカ領サモアが抱えこんだハンディキャップという要因があった。先発するはずだったアメリカ領サモアの選手たちはパスポートの不備のため、試合に出られなかったのだ。このため、ぎりぎりになって、アメリカ領サモアは急遽、試合を成立させるための人数を集めなければならず、ティーンエイジャーの控え選手まで駆りだすはめになった。このハンディに加え、アメリカ領サモアのチームがアイススケートを習いはじめた子供のようにおぼつかなく見えたのは（サッカーシューズをはいてプレイできるようになったのはつい最近だったのだ）、この二国間に経済および政治の面で大きな差があるからだった。そうして見ると、サッカルーがなぜ国際試合でこれほどの大量得点をとるにいたったのかがわかってくる。

もちろん、試合はオーストラリアが支配していたが、島国の選手たちもときには果敢にゴールを狙った。一度など、オーストラリアのキーパー、マイケル・ペトコヴィッチがダイビング・キャッチを余儀なくされることさえあった。一方、アメリカ領サモアのキーパー、ニッキー・サラプはすばらしいセーブを連発して、オーストラリアのゴール数が四十を越えるのを断固阻止した。翌日の『シドニー・モーニング・ヘラルド』にはこんな記事が載った。サラプには「明るい将来が待っているだろう……ただし、昨夜の〈拷問〉がトラウマになって残らなければの話だが」。

たしかに、あれは拷問だったにちがいない。想像力を働かせ、アメリカ領サモアのティーンエイジャーになりきってみよう。足には安っぽいナイキのスニーカーをはいている。きみは家にいて、宿題をしている。あるいは、毛布にくるまって、ポルノ雑誌を眺めているかもしれない。そこへ、思いがけない電話がかかってくる。パゴパゴ空港からだ。いらついたナショナル・チームの監督（きみの叔父さんかもしれない）が、いますぐ旅行鞄の用意をしろという。なんとなれば、祖国代表としてオーストラリア戦に出ることになったからだ。これは、まさしくティーンエイジャーが思い描きそうな夢物語だ。その夜、きみは興奮のあまり一睡もできない。頭のなかは妄想でいっぱいだ。オーストラリア相手に値千金の勝ち越しゴールをあげる――目のさめるようなヘディングやバイシクルキックで。こうして、アメリカ領サモアの歴史上初の、国際サッカー・マッチにおける勝利を祖国にもたらす。その結果、たちまち学校一の人気者の座につくばかりか、国民的英雄としていちやく有名になる。早手回しに、試合後のパーティや得意満面の帰国便、パゴパゴ空港での歓迎式典のようすまで思い描くかもしれない。伝統衣装に身を包んだ美女たちがずらりと並んで出迎え、その全員がきみの初体験の相手になろうと手ぐすねひいている。やがて、きみはプレミアリーグのチームと契約し、ちっぽけな島の生活に別れをつげて、国際的なセレブの世界へと旅立つ。

そんな夢物語は、すぐにほころびを見せたかと思うと、あっというまに砕かれ、きみの顔に唾を吐きかける。三十一点のゴールを決められ、帰国したあとは、クラスメートに面と向かって笑われる。インターネットに世界最悪の負け犬という記録がいつまでも残ること、そして祖国をそんな屈辱的な目にあわせた試合の一端をきみが担ったことは、早くもクラス中に知れわたっている。感じやすい年頃の少年にとっては、耐えがたい屈辱とだけいっておこう。

ところが、アメリカ領サモアの選手は気概を失わなかった。思春期の子供のように、すねてフィールドから逃げだしたりはしなかった。九十分間をフルに戦った。とはいえ、試合が終わったあとは、いささか茫然自失の状態だった。「あの連中［オーストラリア人］ときたら、まるでオートバイに乗っているみたいだった」と選手の一人はあるインタビューで語った。試合終了の笛が鳴っても、彼らはスタジアムに当り散らしたり、泣きわめいたり、相手ゴールに汚物を撒き散らしたり、逃走用の自動車で（たぶん、こんな屈辱を味わわせたオーストラリア人の車を拝借して）走り去ったりはしなかった。アメリカ領サモアの人びとは寛大にも、伝統舞踊を披露した――オーストラリア人のあるジャーナリストにいわせれば、そのダンスは「チームが31対0で負けたことからすれば当然かもしれないが、いかにも弱々しかった」。もっと思いやりのあるオーストラリアの報道関係者は、監督のトニー・ラングキルドがこの屈辱的な経験にもかかわらず、「めげていない」ことを称賛した。「なにごとも経験だ」と監督はいった。「われわれはＦＩＦＡのれっきとしたメンバーで、試合に出る権利がある。ここに来られただけで満足だし、ここからスタートできることを喜んでいる。われわれはけっしてあきらめない。まだまだこれからだ」

私がこのインタビューを読んだのは、家族ぐるみでつきあっている親しい友人を病院に見舞った直後だった。がんの治療のために入院していたのだ。彼女の精神力の強さと勇気に感銘を受けたばかりの私は、「われわれはけっしてあきらめない」という言葉に胸が詰まった。

アメリカ領サモアの精神力の強さが賞賛すべきものだとしたら、私の第二の故郷であるオーストリアの選手たちが不運な相手からこれほど大量のゴールを奪った貪欲さと非情さには多少の反感を覚えるかもしれない。だが、近年のオーストラリアの試合をかえりみて、その意味を深く掘りさげると、サッカルーたち自身もこれまで長いあいだ、辺境ゆえの疎外感に苦しんできたことがわかる。

オーストラリアは何年も前から、国際サッカーにおける自分たちの実力を認めてほしいとＦＩＦＡに訴えてきた。そして、オセアニア・リーグで実力のかけ離れた島国のチームばかりと対戦しなければならない現状を改善してくれと要求してきた。孤立感、はるかに格下のチームと戦うことのむなしさ、それに三十二年間ワールドカップ出場を果たせなかった失望、故国の人びとに彼らの実力を理解してもらえない焦燥感——そんな心情を思えば、三十一本（または三十二本）のゴールは非情さや貪欲さのあらわれではなく、むしろ救いを求めるせっぱつまった声であることがわかる。

そこで、安っぽいナイキのスニーカーを脱いで、こんどはサッカルーが愛用するディアドラのサッカーシューズに履き替えよう。一千ドルもする手作りの靴は、インナーソールさえも爽やかなラヴェンダーの香りがする。

きみはアメリカ領サモアを完膚なきまでにやっつけた。ハーフタイムまでに六つのゴールを稼いだが、それはクラブチームでセリエAを相手に戦うときのシリーズ全得点よりも多い。そうしようと思ったら、このピッチにバーベキューコンロをもちこみ、エビを何匹か焼いて、ビールを数本あけ、きれいな女性とメイクラブしたあとでも、さらに何点かゴールできるだろう。それでも、きみはこのゲームを楽しめない。ホームゲームはたしかにうれしい。そりゃ、いいにきまってる。だが、これで国際サッカーのゴール記録がどれほど更新されようと、気分は最悪だ。こんなの茶番じゃないか。ファンはすでに相手チームを応援しはじめている。帰ろうとして席を立つ人もいる。監督はベンチで居眠りをしている。おまけに、いやでも気づかずにいられない。アメリカ領サモアの選手の一人はきみの子供といってもいいくらいのガキだ。

イタリアにいるクラブチームの同僚たちは、オーストラリアではサッカーの得点方式が違うのだと思うだろう。きみはけっしてまともに扱われないだろう。審判に、こっちはゴールキーパーなしにすると提案してみようかと、きみは思う。目かくしをするとか、ピッチ上の選手を半分にへらすとか。それとも、試合をおもしろくするため、最初から相手に二十点を計上しておいたら……だが、何をやってもむだだということはわかっている。どうしたって、この試合のへぼさを強調するだけだ。やがて、きみは思いいたる──きみたちの苦境をＦＩＦＡの理事たちにわかってもらうには、まるで喜劇のような大量得点を見せつけるしかない。とほうもない得点をとれば、オーストラリアのスポーツ界におけるサッカーの立場を正当なものにするべきだというメッセージが伝わるかもしれない。

「アメリカ領サモアは来年の本大会に出られるとは思えない」と、オーストラリアのあるジャーナリストは31対0の翌朝にそう書いた。そのとおり、アメリカ領サモアは本大会には出られなかった。だが、その点ではサッカルーだって同じだ。オセアニア予選をトップで通過したオーストラリアは、ワールドカップ出場をかけたプレイオフでウルグアイと対戦し、二試合の合計得点3対1で敗れた——こうして、またもや長い待ち時間に入った。オージーの大半のサッカー・ファンにはもはや我慢も限界だった。エッグボール・ファンの同僚たちに嘲笑されることを恐れたサッカルー・サポーターたちは仕事を休み、家にこもってインターネットにアクセスしては、過激派の秘密組織のようにこそこそと自分たちの落胆をオンラインで嘆きあった。試合の翌日、あるブロガーはこんなふうに書いた。「オーストラリア・サッカーの自然な状態といえば、欲求不満と血圧の上昇だ」。別の一人は「これからまた四年間、目的もなく、仲間外れのまま、待ちぼうけになるのか」と書いた。「これは［伏せ字］うんざりするほど［伏せ字］だ。このまま縮こまって、死んでしまいたい」と三人目。

次にオセアニア・サッカー連盟の会合が開かれたとき、これ以上、ばかばかしいほどの大量得点が出ないように、プレイオフ方式の改良が決まった。オセアニアの弱小チームを二つのリーグに分け、圧倒的に強い二か国——オーストラリアとニュージーランド——は自動的にセカンドラウンドに進出することになった。これで、オージーが世界記録を更新する見込みは潰えたわけだ。

二〇〇六年ドイツ・ワールドカップの予選最終ステージで、オーストラリアは二リーグ制を勝ち抜いたソロモン諸島と対戦した。ソロモン諸島はつい最近、ニュージーランドを敗退させていた。第一戦の前に、オーストラリア・サッカー連盟は長年監督を務めたフランク・ファリーナに代えて、戦術家として定評のあるオランダ人のフース・ヒディンクを起用した。ヒディンクは一九九八年のワールドカップでオランダを準決勝へ、二〇〇二年には韓国を同じく準決勝まで進めた実績がある。ソロモン諸島を破った――合計9対1――オーストラリアを見て、ヒディンクはこのチームが攻撃しかできないことに気づいた。これまで、守備をする必要がほとんどなかったからだろう。そこで、さっそくディフェンスのいろはを教えはじめた。数か月後、オーストラリアはおずおずと大陸間プレイオフにのぞんだ。対戦相手はまたしてもウルグアイである。モンテビデオで開かれた第一戦、オーストラリアは最初のうち慎重になりすぎて、ボール・コントロールではまさったものの、試合には1対0で負けた。ホームでの試合はなんとしても二点を取らなければならない。四日後、シドニーのテルストラ・スタジアムには八万三千人のファンが集まった。さらに何百万もの人びとがテレビ観戦した。この試合には、アンバランスや滑稽なところはまったくなかった。サッカー評論家の一人がいうように、「オーストラリア本土で行なわれたサッカーの試合のなかで、最もわくわくさせられるもの」だった。最初から飛ばして前半だけで燃え尽きるというこれまでのパターンを破って、オーストラリアは攻撃的ながらも冷静な試合運びをし、アルバロ・レコバの波状攻撃をなんとかかわして、カウンター攻撃のチャンスを待った。チャンスは三十四分にやってきた。ハリー・キューウェルがシュートをミスキックしたが、幸いにも、こぼれ球がマルコ・ブレシアーノの足元に来た。彼はそれを蹴りあげ、ボールはキーパーのガードをすりぬけた。これで1対0。二試合合計では

1対1である。観客はじりじりして見守った。試合はPK戦にもつれこんだ。オーストラリアのキーパー、マーク・シュワルツァーは（ヒディンクの冷静さを受けついで）二本のすばらしいセーブを見せた。ジョン・アロイジが進みでて、勝ち越しのシュートをネットに叩きこむと、すでに黄色い旗一色に染まっていたテルストラ・スタジアムに歌が湧きあがった――「聞こえるか？　あの雷鳴が聞こえるか？」とファンは叫んだ。ドイツでオーストラリアの敵となるライバルたちに警告を発するかのようだった。
「もっと走れ！　急いで守備に戻れ！」

少数派のスポーツ？　もうそうはいわせない。ワグボールといって侮られる日々も終わりに近づいたことを示す明らかな証拠は、アロイジがペナルティ・シュートを決めた場所の芝生が切りとられ、冷凍処理のうえ――まるでコンテストで賞を取ったバラムンダ（オーストラリアの川に生息する食用魚）の剥製のように――ガラスケースに収められたことである。ついにワールドカップ出場を決めた日の夜、オージーのサッカーファンは三十二年分のパーティをこの一晩に詰めこんだ。シドニーの街路では何千人ものファンたちが踊りくるった。翌朝の新聞は派手な大見出しで飾られた。ジャーナリストたちは、過去のデーモンからついに逃れた、呪いが解けたのだと断言した。サッカルーたちもやっとマジック・リアリズム的なサッカーの世界から脱けだしたのだ。

さて、こんどは未来へ飛んで、二〇〇六年六月十七日の夜、ミュンヘンの四つ星ホテルの一室にいるオーストラリアのゴールキーパー、マーク・シュワルツァーになってみよう。ベテランのキーパーであるきみは、イギリス・プレミアリーグの先発メンバーであり、ナショナル・チームではウルグアイを相手にすばらしいセーブをやってのけた。大試合には慣れっこだし、激しい攻撃に耐えて、踏みとどまるすべも知っている。だが、この夜、ブラジルとの対戦を前にして、きみは眠れない。ホテルの部屋をうろうろと歩きまわり、神経をなだめようと少しばかりストレッチをしてみる。明日は、人生でいちばんのビッグゲームになるだろう。ワールドカップという大舞台で、世界チャンピオンとぶつかるのだ。オーストラリア・チームはＦＩＦＡのランキングでは低い位置（四十八位）にいるが、そんなことはどうでもいい。きみはいまここにいる。地球上で最大のスポーツイベントに参加している。そして、どんな試合も０―０から始まる。ようやく眠りにおちたきみは夢をみる。ブラジルをこてんぱんにやっつける夢、すばらしいセーブを決めたあと、すぐに姿勢を立てなおし、ボールをニールに向けてキックする。ニールはヘディングでビドゥカに送り、ビドゥカがそれをヘッドでとらえて敵のゴールに叩きこむ。あるいは、キーパーみずから、ピッチを端から端まで駆けぬけ、地球上で最高のプレイヤーたち――ロナウジーニョ、ロビーニョ、ロナウド、ロベルト・カルロス――を振りきって、フリオ・セザールの股のあいだを抜き、まっすぐネットを揺らす。サッカー史上でも例を見ない華麗なゴール……

キーパーなら誰でもきっとそんな夢を見る。だが、そんな具合にはいかないかもしれない。開始後十分、ロナウドからロビーニョにパスが渡り、ロビーニョはダブルシザーズのフェイントでロナウジーニョにボールを送り、ロナウジーニョの蹴ったボールはきみの股のあいだをすり抜ける。便器の前の子供のように呆然と立っているきみをしり目に、ロナウジーニョは大喜びでピッチに駆けもどり、宙返りを決める。きみはがっくりとうなだれ、ネットにからまったボールを取りにゆく。そのとき、ゴール裏の観客席の誰かが、きみに向かって大声で叫ぶ。「あきらめるな！　まだまだこれからだ！」

それはきっと十九歳のガキだ。安っぽいナイキのスニーカーをはいているにちがいない。その若者の言葉がきみのやる気を奮いたたせる。きみは若者にむかってにやっと笑い、ボールを思い切りピッチに投げかえす。

ベン・ライス

一九七二年イギリス、デヴォン生まれ。ニューカッスル大学とオックスフォード大学で英語学を学んだのち、イーストアングリア大学の創作科で教える。オーストラリア奥地のオパール鉱山の村を舞台にした小説『ポビーとディンガン』（雨海弘美訳、アーティストハウス）は二〇〇一年の『メール・オン・サンデー』主催のジョン・ルウェリン・リース賞の最終候補、二〇〇〇年のサマセット・モーム賞受賞。『グランタ』が選ぶ「ベスト・オブ・ヤング・ブリティッシュ・ノヴェリスト」二十人の一人に選ばれている。ロンドン在住。

日本
Japan

ジム・フレデリック
Jim Frederick

首都	東京
独立（建国）	紀元前660年（神武紀元）
面積	377,835km^2
人口	127,417,244人
人口増加率	0.1%
年齢中位数	42.6歳
出生率	9.5人（1,000人口当たり）
人口移動率	0人（1,000人口当たり）
幼児死亡率	3.3人（出生児1,000人当たり）
平均寿命	81.2歳
民族	日本人99%，その他1%（韓国系511,262人，中国系244,241人，ブラジル系182,232人，フィリピン系89,851人，その他237,914人）
宗教	神道／仏教84%，その他16%（うちキリスト教0.7%）
言語	日本語
識字率	99.0%
選挙権	20歳以上の全国民
兵役	18歳以上の志願者
GDP（一人当たり）	29,400ドル
GDP実質成長率	2.9%
失業率	4.7%
物価上昇率	-0.1%
国家予算	1兆7480億ドル
軍事費	458億4100万ドル（GDP比1.0%）
第一次産業（農業）	米，テンサイ，野菜，果物，豚肉，家禽，酪農，卵，魚介類
第二次・第三次産業（商工業）	世界有数の工業先進国 自動車，電子機器，工作機械，鋼鉄，非鉄金属，造船，化学製品，繊維製品，加工食品
通貨	円

出典：「CIA世界年鑑」2005年11月版（人口統計2005年，経済統計2004年）

日本

Japan

サッカー協会	日本サッカー協会
地域連盟（コンフェデレーション）	アジア・サッカー連盟（AFC）
協会設立年	1921 年
FIFA 加盟年	1929 年
愛称	ブルース
監督	ジーコ
ホームページ	www.jfa.or.jp
スタジアム	国立競技場

FIFA ランキング	15
ワールドカップ出場回数	2
ワールドカップ優勝回数	0

1930	不参加
1934	不参加
1938	棄権
1950	不参加
1954	地区予選敗退
1958	不参加
1962	地区予選敗退
1966	不参加
1970	地区予選敗退
1974	地区予選敗退
1978	地区予選敗退
1982	地区予選敗退
1986	地区予選敗退
1990	地区予選敗退
1994	地区予選敗退
1998	予選グループ敗退
2002	決勝トーナメント敗退

試合数	7
勝	2
引き分け	1
負	4
得点	6
失点	7
得失点差	-1
勝点	7
ワールドカップ通算成績　第 42 位	

日本にはタラコとウニをトッピングしたピザや抹茶ラテがあり、ご近所のハンバーガー屋ではシュリンプ・バーガーを食べられる。民主主義国家なので有権者は定期的に投票に行くが、権力を握るのはつねに同じ党である（自由民主党という名前だが、別に自由主義的というわけでもなく、格別民主的だというわけでもない）。伝統的な和式便所はほぼ絶滅したが、それにとってかわった洋式の椅子型トイレはただの水洗式ではなく、温水の噴流でお尻をきれいに洗ったうえに温風を吹きかけて乾かしてくれる（一度でもこのトイレを使ってみれば、それが革命的飛躍なのだとわかってもらえるだろう）。現代日本史は海外からの影響を自分なりに消化してきた過程とも言える。つねにちょっぴりヤマトダマシイ――「日本精神」――を味付けに。

これこそが、日本サッカーをとてつもなく楽しくしている、とてつもなく混沌たる文化的サンプリングなのである。ここでは世界中のさまざまな伝統、スタイル、慣習が狂ったごった煮になっている。たとえば一九九三年に創設された日本のプロ・サッカーリーグ、Jリーグのチーム名である。あまり知られていない地方名産品としばしば誤用された外国語をつなぎ合わせ、二重、三重の意味をしのばせたチーム名は折り鶴や盆栽にも負けぬほど独創的なものだ。たとえばリーグ・チャンピオンのガンバ大阪はイタリア語の「脚」にちなんで名付けられているが、同時に日本語の動詞「頑張る」とも同音である。サンフレッチェ広島は日本語の「三」とイタリア語の「矢」を組み合わせたものだ。これは十六世紀にこの土地を治めていた大名、毛利元就が、力を合わせ協力するようにとの意志をこめて、三人の息子に矢を与えたとする故事にちなんだものである。一本の矢は簡単に折れるが、三本の矢を束ねれば誰にも折れない。京都パープルサンガは英語にした日本の皇室の色（この都市がかつて帝都だったため）に、サンスクリット語で「集団」を（日本の精神・宗教的中心たる京都にふさわしい仏教色）、日本語で「山河」を（京都にはいずれもたっぷりある）意味する「サンガ」を加えたものである。

世界のカルチャー・ビュッフェからなんでも好き放題に――サッカーであれ海老バーガーであれ――つまみ取って和風に味付けする日本人独特の行動は少なくとも六世紀にまで遡る。聖徳太子が、中国から伝来した仏教は、日本古来の神道信仰を否定するように見えたとしても……実際にはそれを補完するものなのだ、と宣言したときだ。素人丸出しの折衷主義は今日まで続いている。たいていの日本人は、生まれると神道式の祝福を受け、キリスト教徒のように結婚し、仏教徒として葬られる。日本の近代西洋文明への魅惑は一八五三年、アメリカ海軍のマシュー・ペリー提督が黒塗りの軍艦四艘を率いて東京湾に入港し、幕府に開国を要求したときにはじまる。将軍幕府は二世紀以上にわたってほぼ完全な孤立を続けていた日本の指導者だったが（長いあいだ、国を離れようと試みるだけでも死罪に値した）、ペリーの勝れた火力を前に頭を垂れざるを得なかった。

一度ドアが開いたあとは、もう二度と閉じられなかった。一八六八年、先駆的官僚集団が十七世紀から日本を支配していた将軍幕府を転覆し、天皇を日本の最高指導者の地位に据え直した。近代日本の創設者たちは天皇の名の元に国を支配したが、列強の征服を免れるために思い切った手段を取らなければならないと信じていた。彼らは西洋に追いつくための一大作戦を開始した。ヨーロッパと北米に大使と調査団を送り込んで、その最良の統治、教育、商業、産業システムを持ち帰らせたのだ。プロイセンからは、日本は法体系、企業形態、軍と教育システムをいただいた――今日でも、日本の私立学校に通う生徒たちは十九世紀のドイツの士官候補生たちと同じ、ハイ・カラーの青いジャケットに金色のボタンの制服を着ている。英国からは議会制度と海軍をもらった。フランスからは強力な官僚制度を、アメリカからは銀行制度と、国債と政府収支の（そのものよりは）制度のみを学んだ。

だがそこでは「和魂洋才！」――「日本の精神に西洋の学問！」が叫ばれつづけた。何をやるにあたっても、日本人は武士道的な厳密さと徹底した天皇崇拝、それに海外のテクノロジーでさえもよりよき日本人となるために利用できるという信念に固執しつづけた。一九三〇年代に発表された古典的研究『鏡、刀、勾玉』において、東京帝国大学の経済学教授だったドイツ人クルト・ジンガーは、「可塑性」と「耐久性」の組み合わせこそが日本の特徴であり、おかげで海外の影響を吸収しながら内奥は無傷のまま守られるのだ、と指摘している。

⚽

つい最近まで日本でもっとも人気のある輸入スポーツは野球だった――日本がいかに文化吸収に長けているかを示す完璧なサンプルである。日本人は一八七三年から野球をはじめたが、一九三六年にはプロ・リーグが開設され、第二次世界大戦後にアメリカの占領を受けてからは他を圧して一番人気のスポーツとなった。アメリカ発祥のスポーツだったかもしれないが、日本人は完全に野球を自分たちのものにしてしまった。一九八七年、ヤクルト・スワローズでプレイしたあと、アメリカ人ボブ・ホーナーはこう言っている。「日本のシステムがいいか悪いかはわからない。いずれにしても、俺には理解できないものだ」。ホーナーら日本でプレイした西洋人はみな基本的なところで断絶を味わった。つまり、日本においてはスポーツは楽しむためのものではないのだ。それはつねに教育と文化的啓発の道具だった。二十世紀初頭の日本野球の名付け親、飛田穂洲によれば「野球は単なるゲームではない。それは永遠の価値だ。野球を通じて、選手は日本の美しく高貴な精神を学ぶことができる」。日本野球はけだるい夏の午後の娯楽ではありえない。それは忍耐や克己心など国民の学ぶべき価値を知り、表現する手段なのである。

第二次大戦後、軍国主義が非合法化されると、野球は戦後日本の再建にとって重要な存在になった。野球は若者に武士道――戦士の生き方――を伝えるのにもっともふさわしい手段となったのだ。練習においては監督は選手たちに忠誠と自己犠牲、服従と年長者への尊敬、克己と禁欲という侍の価値観を教えこむ。高校野球、二軍、さらには日本の最高レベルのプロ野球チームさえもが懲罰的な練習を組み、極端な苦痛を経なくては力は得られないという信念を奉じている。

「軍国主義を実現するもうひとつの手段」である野球は、日本の経済的奇跡を担う、スーツにネクタイ姿の企業戦士予備軍の若者たちにとっての理想的な訓練手段だった。使命感に衝き動かされ、戦後日本の一流大学卒業生たちは官僚に、大銀行に、輸出産業にと進み、日本の経済的再建に身を捧げる戦士となった。そのために払った犠牲はおそるべきものである。毎日毎日、経済産業省や三菱重工業、住友商事、その他数知れぬ同業他社の中間管理職たちは、夜明けとともに郊外の狭苦しい家で目を覚まし、一時間も一時間半も電車に揺られて出勤する。会社に着くと社歌をうたい、全員で体操をして、壁から壁までずらりとデスクが並ぶ蛍光灯に煌々と照らされたオフィスで十時間から十二時間ぶっ続けで働く。終業後は同僚たちと夜遅くまで飲み、終電に乗って夜中に家に帰り、数時間だけ眠るとまた夜明けに起きて同じことをくりかえす。そのおかえしに、鼠色のスーツを着た「さらりーまん」は生涯雇用と年功序列の賃金、快適に暮らせる年金と地上にあらわれた最高率経済エンジンの歯車になるという名誉ある地位を受け取った。

そして長いあいだ、お返しはそれだけで充分だった。

週末や夜にはサラリーマン連中は十二あるプロ野球チームのどれかを応援する決まりだった。歓声をあげるチームの「オウエンダン」に加わる者もいる。外から見るかぎり「応援団」の無軌道なまでの熱狂と、よく統一されたかけ声、歌、桟敷席での踊りは大いに印象的である。だが同時にそれは馬鹿馬鹿しいほどがっちり組織化されてもいる。リーダーと下士官がおり、座席は階級と年功序列で決められており、同じ制服を身にまとい、さぼれば罰を受ける。その一方で、サラリーマンが声援を送っている相手も自分たちとほとんど変わらぬ人々だ。日本の野球選手はサラリーマンのようなものである。日本の野球チームは巨大企業の所有物だが、それ自体は世界中どこへ行こうと変わらない。ただし日本では野球チームは最初から金を稼ぐことを期待されていない。求められているのはもっぱら広告と宣伝のみだ。そのために、たとえばジャイアンツはホームタウン（この場合、東京）ではなく、親会社（日本最大の新聞社、読売新聞）の名前で呼ばれている。他にはオリックス・バッファローズ（金融業）、阪神タイガース（鉄道）、ヤクルト・スワローズ（飲料製造業）、日本ハムファイターズ（精肉業）などがある。

その一方で、日本の野球選手は、会社からメジャーリーグのスポーツ選手では考えられないようなレベルで干渉される。サラリーは低く抑えられ、フリーエージェントも仲裁制度の利用も生意気で恩知らずな行為だと眉をひそめられがちだ。選手たちは懲罰的特訓と監督の罵倒だけでなく、服装制限、夜間外出禁止、髪型の規定、飲酒の禁止、広告あるいはタイアップ宣伝契約に対する制限を受け入れなければならない。

だが二十一世紀のグローバル経済へと向かう過程で、日本に何か恐ろしいことが起こった。世界成長の最前線を数十年間走りつづけていた日本の経済エンジンは九〇年代初頭にエンストを起こした。株価は急降下し、不動産価値は凹んだ。日本のバブルはただはじけて消えただけではない。この国は二度と元通りにはならなかった。日本経済はほぼ十五年にわたって後退局面を続け、GDPはほとんど増えず、株価は最高値の半分以下にまで下がり、国債の信用度はボツワナをも下回り、日本人生得の権利だったはずの終身雇用は日常的なレイオフと慢性的失業に置き換わった。

よりによってこんなときに新しいプロスポーツの、それもこの国に真のルーツを持たないスポーツのリーグを創設するなど、まるで愚行のようにも思われた。だが、日本の最悪の時期にJリーグをスタートさせたのは絶妙のタイミングというべきだった。サッカーは若返ったダイナミックな日本を象徴するものになった──野球がますます老いてくたびれた日本株式会社のシンボルになりつつあったのに対し、新しさを訴えるものに──不確実性と不安に満ちていたが、同時にはるかに自由な、より創造的で楽しい日本の象徴に。

⚽

九〇年代はじめ、日本にはトップレベルのサッカーは存在しないも同然だった。社会人のアマチュア・リーグがあり、一九六八年のメキシコ五輪で銅メダルを取った英雄たちの伝説がおぼろに伝えられていたが、ほぼその程度だった。少年サッカーこそ盛んだったが、大人の選手には目標となるものがなく、日本代表はいまだワールドカップに出場したことがなかった。そんな中、六〇年代に日本代表選手だった川渕三郎はドイツでトレーニング・キャンプを張ったときの光景を覚えていた。日本サッカーの歴史を記したセバスチャン・モフェットの『日本式サッカー革命』(玉木正之訳、集英社インターナショナル)によれば、川渕はドイツ・サッカーが地域社会とひとつになっていることに深く感銘を受けたのだという。親は子供のチームをコーチし、仕事が終わると成人チームでプレイし、週末ともなれば、三世代、四世代の家族が連れだってスタジアムに出かけ、あるいはテレビのまわりに集まってプロの試合を観戦する。サッカーはただの単なる息抜きではなく、若者の教育だけでも、エンターテインメントだというだけでもない——その三つを併せたものであり、ドイツ人の生活の欠かせぬ一部だ。日本では、スポーツは会社の歯車となるための一要素だ。ドイツでは、スポーツは人間であることの一部である。

何年も苦闘を続けたのち、九〇年代初頭、川渕はついにプロ・リーグ立ち上げのタイミングをつかんだ。日本が韓国に抱いていたライバル意識が（八〇年代、韓国代表は世界的にも有望チームと見なされつつあった）助けになったのは疑いない。そしてまた、日本はグローバリズムとはアメリカと仲良くするだけのことではないし、国際的スポーツでの活躍は国のステータスをも高めると気づきはじめていた。金が集まり、ゴーサインが出ると、Ｊリーグの創設者たちは、こうした状況下でこれまで日本人がやってきたことをやった。世界中に視察団を送り出して最高のやり方を見つけ出し、それを寄せ集めてまるっきり日本的なものを作りあげたのだ。

まずはヨーロッパと南米諸国から基本的なリーグ構造をいただいてきた。国際オリンピック委員会からは企業スポンサーの集め方を学んだ。アメリカン・フットボールとバスケットボール・リーグにはマーケティング、テレビ放映権料販売、レプリカ・ユニフォームなどチーム関係のマーチャンダイジングを教わった。当時の流行に乗って、多くのチームはブラジル式、あるいはドイツ風のプレイをした。日本生まれのスターはまだいなかったので、Ｊリーグは盛りをわずかに過ぎた伝説のプレイヤーを輸入した——ブラジルのジーコ、イングランドのゲイリー・リネカー、ドイツのピエール・リトバルスキー——切符を何枚か余計に売り、フィールド上の興奮を高め、非公式の選手兼任監督の役回りを務めさせるために。

当然かもしれないが、当初、Jリーグのレベルは悲惨なものだった。一九九四年、ジュビロ磐田でプレイしたサルバトーレ・スキラッチはイタリアの新聞のインタビューに答えて「日本人選手は俺のドリブルについてこられない。セリエAほど疲れないが、低いレベルに合わせてプレイしなきゃならないのは精神的に疲れるな」と語っている。だがしかし、これまで日本人の決意と意志の力について言われてきたことはここでもやはり正しく、日本サッカーはたちまち長足の進歩を遂げた。まだヨーロッパや南米のリーグに追いついてはいないかもしれないが、プレイ全体のレベルはなかなかのものであり、さらに日々進歩しつづけている。野球が一番人気であることに変わりはないが、それは下り坂にあり、一方Jリーグ試合の平均観客数は現在一万八千人に達し（一九九六年には一万一千人）、毎年四百試合以上がテレビ放映され、日本代表チームはワールドカップに三大会連続で出場権を得ている。

だが、何か新しいことが起きている証拠が欲しければ、実際に試合を観に行かなければならない。日本野球の抑圧的雰囲気とは対照的に、日本サッカーは自由奔放で、軽快で、快楽的ですらある。プレイは自由で、感情がこもり、開けっぴろげだ。動いては止まる型にはまった野球よりサッカーははるかに流動的なので、監督は選手を促して、自分自身で決断を下させ、応用し即興させ、創造性と個性を発揮させた。練習は楽ではなかったが、通常、「苦痛を通じて成長する」というサムライ的なお題目（前途有望な野球選手たちを助けるよりも害することの方が多かった）は免れている。結果、日本人選手は自動機械のようなプロ野球選手とは、まるで異星人のようにかけ離れた存在になった。長い髪をなびかせたスター選手は審判に口答えし、無邪気に喜び、トレードマークとなるゴール・パフォーマンスを編みだし、ミスをしたら毒づく。日本の生み出した最高のサッカー選手、中田英寿こそこうした流行を象徴する存在だ。中田は敵選手と味方選手、ボールと自分の位置関係を一瞬で判断する能力を持ちあわせた有能なミッドフィールダーである。つねに頭の中にゲームの鳥瞰図を浮かべながらプレイしているという。精力的で独立心に富み（だがマスコミを信用しない）中田は、日本人スポーツ選手としては珍しく、嫌ならやめとけと言わんばかりの傲岸不遜を誇示する。日本社会の硬直性を非難するのもいつものことだ。「日本は縦社会だ」と中田は語る。「つねに先輩に敬意を払っていなければならない。俺は子供のころからそんな風には感じていなかった。そんなことに縛られてはいなかった」。さらに中村俊輔と小野伸二が加わって構成される中盤こそ、日本代表のワールドカップでの大いなる希望である。小野は忍耐強い戦略家で、きわめて正確な組み立てをし、ロング・パスと長いクロスには定評がある。その一方、中村は物静かで内省的な芸術家である。有名な曲がるフリーキックを放つ前には、外の世界のことなど忘れ去り、内なる世界に没入しきっているようにも見える。

それを見守る日本人のサッカーファンは自由で情熱的だ。野球と同じように、サッカーでも公式の応援席は観客席から分けられている。だがサッカーの方がはるかに自発的だ。日本人のファンは決して真のフーリガンにはなるまいが、サッカー場では他の場所では考えられないほどのいけない行為も平気だ。選手にブーイングする。ときには応援しているはずの選手にまでブーイングする。日本においては限度を越えた暴挙と言うべきだろう。日本人のサッカーファンはあきらかに世界中のサッカーファンの行動を研究しており、声援と応援歌に関しては笑ってしまうほど国際的だ。チームの名前などおかまいなく、ジャンプして沸き立つ熱狂的なファンたちはリヴァプールのアンセム「ユール・ネヴァー・ウォーク・アローン」を歌い、スペイン語圏チーム風に「カンピオーネ、カンピオーネ！　オレ、オレ、オレ！」と叫び、古典的な日本の声援を「ガン・バッ・テ！」とおくるのだ。

ジム・フレデリック
『タイム』日本支局の上席編集者。東京在住。

フランス

France

アレクサンダル・ヘモン

Aleksandar Hemon

首都	パリ
独立（建国）	486 年（フランク王クローヴィスによる統一）
面積	547,030km^2
人口	60,656,178 人
人口増加率	0.4%
年齢中位数	38.9 歳
出生率	12.2 人（1,000 人口当たり）
人口移動率	0.7 人（1,000 人口当たり）
幼児死亡率	4.3 人（出生児 1,000 人当たり）
平均寿命	79.6 歳
民族	ケルト人とラテン系，およびチュートン系，スラヴ系，北アフリカ系，インドネシア系，バスク人などの少数派
宗教	ローマカトリック 83 ～ 88%，プロテスタント 2%，ユダヤ教 1%，イスラム教 5 ～ 10%，無信仰 4%
言語	フランス語 100%， 地方語（プロヴァンス語，ブルトン語，アルザス語，コルシカ語，カタルーニャ語，バスク語，フランドル語など）は急速に衰退している
識字率	99.0%
選挙権	18 歳以上，全国民
兵役	17 歳以上の承諾を得た志願者
GDP（一人当たり）	28,700 ドル
GDP 実質成長率	2.1%
失業率	10.1%
物価上昇率	2.3%
国家予算	1 兆 800 億ドル
軍事費	450 億ドル，2006 年会計予算より（GDP 比 2.6%）
第一次産業（農業）	小麦，穀物，テンサイ，ばれいしょ，葡萄酒用ブドウ，牛肉，酪農，魚介類
第二次・第三次産業（商工業）	機械類，化学製品，自動車，冶金，航空機，電子機器，繊維製品，食品加工，観光事業
通貨	ユーロ

出典：「CIA 世界年鑑」2005 年 11 月版（人口統計 2005 年，経済統計 2004 年）

フランス

France

サッカー協会	フランス・サッカー協会
地域連盟（コンフェデレーション）	欧州サッカー連盟（UEFA）
協会設立年	1919 年
FIFA 加盟年	1904 年
愛称	レ・ブルー
監督	レイモン・ドメネク
ホームページ	www.fff.fr
スタジアム	スタッド・ドゥ・フランス（フランス・スタジアム）

FIFA ランキング	5
ワールドカップ出場回数	11
ワールドカップ優勝回数	1

1930	1 次リーグ敗退
1934	トーナメント敗退
1938	トーナメント敗退
1950	出場辞退
1954	1 次リーグ敗退
1958	3 位
1962	地区予選敗退
1966	1 次リーグ敗退
1970	地区予選敗退
1974	地区予選敗退
1978	1 次リーグ敗退
1982	4 位
1986	3 位
1990	地区予選敗退
1994	地区予選敗退
1998	優勝
2002	グループリーグ敗退

試合数	44
勝	22
引き分け	7
負	16
得点	86
失点	61
得失点差	25
勝点	73
ワールドカップ通算成績　第 6 位	

一九八二年のワールドカップの期間中、ぼくは恋に落ちていた。つまり、好奇心のつらい衝突に悩んだというわけだ。ぼくは高校の最上級生で、望んだわけではないが童貞だった。ぼくのガールフレンドは──ここではレナータとしておこう──高校を卒業したばかりで、医学部の入試に備えて勉強していた。彼女は父親と統合失調症の兄と一緒に暮らしていた。彼女の部屋で、ぼくは彼女の家に入りびたった。勉強の手伝いを口実に、ぼくは主として生物に関するニセのテスト問題を読みあげ、やがてぼくらは、徐々に、ホットに、青年期生物学の理論から実践的問題へと移っていった──この頭のなかの熱はどこから来るのか？　ホルモンに突き動かされたこの熱しやすい体をどうすべきか？　生物の教科書は投げ捨てられ、部屋に入ってきて目撃しろと彼女の父や兄を挑発するかのように、ぼくらは野性むきだしで抱きあい、生物の研究に没頭し、きわめてヘヴィーなペッティングにいそしんだ。ときに部屋には息苦しいほどの興奮がこもり、窓を開けてサラエヴォの小鳥やミツバチと分かちあわなければならないほどだった。

セックスとサッカーの両立は難しい。夕方、レナータの父と兄が長い散歩に出かけると、ぼくらはふたりきりになり、ありとあらゆるすばらしい可能性が開けたのだが、ぼくは好きでたまらないサッカーと生物学とのバランスをとる必要に迫られた。残念なことに、見逃した試合もいくつかあった。頭の半分だけで観た試合もあった──もう半分は生物学の研究に没頭していた。準々決勝になって、ようやくぼくは勇気を出し、ホルモンをコントロールしてヘヴィーペッティングを慎み、童貞喪失が永遠に延期される危険を覚悟のうえで、静かに観戦したいと主張した──生物学の実験はやめてほしいんだ。レナータは教科書と鉛筆をかたづけ、ぼくらは居間のテレビの前のソファに横になった。彼女の父と兄は外出中で、テレビではフランス対西ドイツ戦をやっており、厳しい試合になることが予想された。

ぼくはフランスを応援していた。一九七八年のアルゼンチン大会では、フランスは笑ってしまうほど凡庸だったが、八二年のチームは好きだった。フランス代表、青の軍団「レ・ブルー」は、一次リーグは出足が遅かったが（イングランドに破れ、チェコスロバキアと引き分け、ようやくクウェートに勝った）、その後の決勝トーナメントでは調子を上げた。フランスはジャンジニのみごとなフリーキックでオーストリアを破り、北アイルランドを容赦なくやっつけた。プラティニは敵のディフェンスを踊るようにすべて突破してジレスにボールをパスし、ジレスは最初のゴールを決めた。ロシュトーはハーフラインからボールとともに走り、ゴールポストの前に立つパット・ジェニングスに勝った。ジレスとロシュトーはさらにもう一ゴールずつ決めた。みごとな試合ぶりだったが、粋にやすやすとやってのけたような印象があり、どことなくパリのカフェのくつろいだ雰囲気を連想させた。八二年のプラティニを思うと、詩人のランボーのような、くしを入れていないもさもさの髪と、下品なほど短いショーツと、満面の笑顔が目に浮かぶ――ぼくの「仲間」がとことん楽しんでいるように感じられた。

プラティニやティガナが、ほかの子と一緒に通りで空気の抜けたボールを蹴って――やがて世界の目をくらませる魔法の練習だ――こちらに向かってくる姿が想像できるだろう。彼らのプレイには程度の差こそあれ、ゆとりと洗練が感じられ、それはぼくが友だちとやるサッカーにはない種類のものだった――フランスの試合には、ブラジルの試合と同じように、プレイするよろこびが感じられ、それはストリート・サッカーの純粋さに根ざしている。対照的に、楽しそうにプレイしているドイツ人を責めようと思っても見つけられないし、そもそも彼らが通りでサッカーをしているところすら想像できないだろう――彼らはつねに仕事に励んでいるのであり、楽しんだりしたら勤労倫理に反してしまう。ぼくがサッカーをしていた駐車場では、だれかをコンクリートの地面に倒すやつや、ボールの扱いがへたくそでひたすら走り回るだけのやつが「ドイツ」と呼ばれた。サッカーにおける勝利は、けっして懸命に働いた結果であってはならないとぼくは信じていた――むしろ、ある種の啓示というか、学ぶことも説明することもできない至高の魔法であるべきだと思っていた。だからぼくはドイツのサッカーが昔から嫌いなのだ。機械的な規律と、決してあきらめないという、魔法とはほど遠い腹立たしい能力ゆえに、古典的なドイツ・サッカー哲学は、ぼくのイデオロギー上の仇敵になった。つまり、一九八二年の準決勝は、勤労と魔法が、（紋切り型の）ゲルマン的合理主義と、（同じく紋切り型の）フランス的情熱が対決する哲学上の大戦争だった。大試合にならないはずがなかった。

たしかにすごい試合だった。観戦は容易ではなかったが――というのも、生物学の理論という足かせから解放されたレナータが、観戦させてくれると約束したにもかかわらずぼくに触りまくり、告白すると、ぼくのほうもなすすべもなく反応してしまったからだ。欲情に燃えるうぶな坊やのコレクションに励む彼女の肩越しに、ぼくは懸命に試合を盗み見た。興奮した解説者の声を聞こうとするぼくの耳に彼女はささやき、舌で触れた。ぼくは熱い抱擁から飛びだして、繰り返しリプレイされるゴールを見た（ドイツのリトバルスキーと、ペナルティキックを決めたフランスのプラティニのゴールだ）。ぼくはハーフタイムのあいだに交わりを成就させようと急いだが、うまくいかなかった。そして開始から六十分、ハラルト・シューマッハーといういかにもゲルマン的な名を持つ野蛮なゴールキーパーが、ぼくの勃起をしぼませた。シューマッハーはもの静かなパトリック・バティストンに体当たり食らわせ、病院に運ばれるほどの怪我を負わせたのに、ファウルにもイエローカードにもならなかった。オランダ人の審判がシューマッハーの懸命の働きをほめたように見え、おなじみの哲学的不公平感にぼくは圧倒された。1対1で規定時間が終わり、延長戦に入ったとき、ぼくは別れの可能性を受け入れて、フランス対西ドイツの戦いだけに集中した。

この時点で、レナータはぼくの記憶から消える。たぶん彼女は勤勉に仕事に励みすぎて、プラティニと仲間たちが与えてくれる興奮と魔法に太刀打ちできなかったのだと思う。こんなことを言うのはひどすぎるのは十分わかっているし、だから、女性の愛を拒絶してサッカーの試合を取るような男は馬鹿であり、馬鹿以外の何者でもないと、ぼくはここに認める。

だが、なんというすばらしい試合だったのだろう。延長戦でフランスはすばらしい活躍を見せ、すばやく二度のゴールを決めた。トレゾールのゴージャスなボレーキックと、ペナルティエリアの端からのジレスのキック。これで決勝戦進出は決まったかと思われた。ところが、負傷していたカール＝ハインツ・ルンメニゲが交替で出場すると、最初のキックでゴールを決め、ここでもまた、勤勉な仕事ぶりが報われて、ドイツが劣勢を跳ね返すであろうことがぼくにはわかった。合理性と規律が魔法と情熱に勝つだろう。そしてその通りになった。ルベッシュのヘディングを受けたフィッシャーがオーヴァーヘッドキックを放ち、PK戦になったのである。マクシム・ボッシのシュートは阻まれ、サドンデスでフランスは負けた。レナータはかんかんに怒っていた。ぼくは哲学的にはファックされた——つまり、脳みそがぐちゃぐちゃになった——けれど、生物学的には未遂に終わった。ぼくはあいかわらず童貞のままで、それを失うことになるのはさらに数か月先のことだった。

この長い数か月の途中、ぼくは半月ほどアフリカに滞在した。ザイールのキンシャサで働いていた父のところに、ぼくら（母と姉とぼく）が出かけていったのだ。サッカーと、レナータの腕のなかで過ごす夏の美しい夕べを犠牲にしなければならないことをぼくは悔いたが、その思いは、たまたまキンシャサの町を歩いていて見つけたフランス文化センターに毎日通うことで埋め合わされた。暗い、エアコンの効いた部屋で、ワールドカップのフランス戦の録画が放映されており、なかでも対西ドイツ戦はしょっちゅう流れていて、ぼくはあの大試合を体験しなおした。ファウルに野次を飛ばし、無駄にしたチャンスを嘆き、レナータを思い、そのときだけ臨時のフランス人になった。被害者意識ほど愛国心をかきたてるものはない。ぼくは仲間のフランス人と立ち上がり、ドイツをののしった。彼らと一緒に一九四〇年のナチスによるフランス侵攻を思い出し、そのほかのぼくにはわからない不正を数かぎりなく思い出した。ぼくはフランス語が話せなかったが、その煙たい部屋にはフランスっぽさが充満しており、ぼくはすぐに溶けこんだ。ひとりひとりの顔は思い出せないが、不思議なことに、想像のなかではジレスも一緒にいて、画面に向かって怒鳴っていたような気がしている。ぼくは彼から（あるいは、そこに実際にいただれかから）、ぼくの最初の——そして最後の——フランス語を学んだ。メルド！（クソッ！）ピュタン！（売女！）

だから、一九八六年のワールドカップ・メキシコ大会でぼくがフランスを応援したのは当然といえば当然だった。お気に入りのチームはいくつかあったが、フランス代表はまちがいなくそのひとつだった。チームは天才プラティニを中心に美しくまとまり、欧州選手権を制していた。プラティニは絶好調で、三年連続で欧州年間最優秀選手に選ばれ、一九八四年、八五年には世界年間最優秀選手に選ばれた。だからフランス代表は一次リーグを難なく勝ちすすんだ。世界チャンピオンのイタリアを軽々と負かし、準々決勝に進んで、やはりぼくのひいきチームのブラジルと対戦した。ブラジルは、それまでの四試合でゴールを一度も許していなかった。この試合のときは、幸か不幸か、ぼくの注意を奪おうとする恋人はいなかった。

ペレが、一九八六年ワールドカップのグアダラハラで行なわれた準々決勝のブラジル対フランス戦は、これまでに見た最高の試合だったと言ったというのは有名な話だ。たしかに、ぼくが見たなかでも最高の試合のひとつだった。やせっぽちでチェインスモーカーの天才ソクラテスは、選手生活を通じて有数のみごとな活躍ぶりで、ブラジルの中盤を巧みに指揮し、すべてを楽しんでいるのが見ていてわかった。ぼくの古い仲間、ジレスとプラティニは、フランスのプレイを意のままに動かした。パスは流れ、ボールはペナルティエリアからペナルティエリアにすばやく移り、シュートはゴールポストから跳ねかえり、どの瞬間もゴールの予感に満ちていた。けれども、延長時間が終わっても、ゴールが決まったのは二度だけだった。スコアは1対1。フランスは再びPK戦を迎え、西ドイツ戦の失敗の影がレ・ブルーに暗くのしかかった――そしてプラティニがボールをクロスバーの上に飛ばし、その影はいっそう暗くなった。けれどもフランスの他の選手はすべてゴールを決め、ブラジルは二度失敗した（ソクラテスとフリオ・セザール）。フランスは準決勝に進み、ふたたび西ドイツと対戦することになった。

ワールドカップは二大会連続で一九四〇年と八二年が再現されることになった――ぼくの臨時フランス人としての愛国心にふたたび火がついた。だが、西ドイツ代表は典型的な分析的手法でわがフランス代表を片づけた。フランスのゴールキーパー、バツは、序盤でブレーメのシュートの防御に失敗し、ドイツ代表は腹立たしいほどの規律に貫かれた守備を見せ、ロスタイムに入ってからさらにもう一点追加した。フランスにもチャンスはあったが、ことごとく失敗した。ボッシは（スペイン大会ではペナルティキックを決めた）ぽっかり開いたゴールを前に二度も得点に失敗した。これがプラティニを筆頭とする偉大な世代のフランス代表にとって最後のワールドカップの試合となった。決勝戦で、マラドーナのアルゼンチンと――彼はメキシコ大会で、それまでの、そしてその後のだれとも違うプレイを見せた――対戦したのが、ヴォルフガング・ロルフという名の勤勉なドイツ人ではなく、プラティニの魔法だったらと思っただけで、得られなかったよろこびに体が震えてくるだろう。

その後、フランスはワールドカップ出場を二大会連続で逃したが、どちらも予選で決定的な試合に負けたためだった。一九九〇年は下位のキプロスに勝てず、ユーゴスラヴィアとスコットランドにも負けた。九四年のアメリカ大会も、ホームでイスラエルとブルガリアに負けて出場できなかった。けれども九八年に彼らは戻ってきた。プラティニの時代とは大きく異なる、まったく新しい世代が台頭していた。八二年、八六年の、国内リーグの選手を中心とするチームとは違い、九八年のフランス代表は、ジダン、アンリ、デシャンなど、ヨーロッパ最高のクラブチームで活躍する国際的なスター選手が揃っていた。彼らは半ば寝ぼけた状態で第一ラウンドを勝ち進み、不屈のパラグアイにゴールデンゴールで勝ち、イタリアの攻撃に耐えてＰＫ戦で打ち勝ち、血気盛んなクロアチアを払いのけ、決勝戦でブラジルを圧倒し、わずか七か国しかないワールドカップ優勝国のひとつに加わった。

これはチームの多様性に負うところが大きかった。そこには右翼の人種差別的愛国者の悪夢であるフランスが反映されていた――フランス生まれの選手と、旧植民地で生まれた選手が団結し、白いフランス人と黒いフランス人がひとつになって戦ったのである。彼らはけっしてプレッシャーに動じることなく、サッカー狂の国民の国をあげての応援に鼓舞され、国民は共和国のエキサイティングな未来をそこに見て、その国を象徴するサッカーチームを讃えた。

フランスは、二〇〇〇年には驚異的な決勝戦でイタリアに勝って欧州選手権に優勝した。けれども、二〇〇二年のワールドカップでは、セネガルとの開幕戦で負け——セネガルの先発は、みなフランス・リーグでプレイする選手だった——一次リーグを通過できなかっただけでなく、一点も獲得できなかった。選手の顔ぶれは、一九九八年のワールドカップと二〇〇〇年の欧州選手権でみごとな活躍を示したチームとほとんど同じだった——だからこの失墜は、偉大な伝統にとって、このうえなく不名誉で説明のつかない、ふさわしくないものだった。そのときぼくは結婚していて、離婚に向かっているところだったから、情けない試合をすべてひとりで観戦した。

二〇〇六年ドイツ大会で、フランスがどんな戦いをするか予想するのは難しい。彼らはなんの問題もなく地区予選を勝ち抜き、アンリ、ヴィエラ、トレゼゲ、マケレレといった、経験のある優秀な選手も十分にいる。けれどもみな欧州のトップチームに所属しているため、長く厳しいシーズンを戦ったあとで大会に臨むことになるだろう。うれしいことに、フランスは準決勝までドイツと対戦することはない。いざ対戦すれば、二〇〇六年のワールドカップは、ぼくらが——ぼくとフランスが——ともに逃した数々のチャンスを思い出すよい機会になることだろう。

アレクサンダル・ヘモン

一九六四年、旧ユーゴスラヴィア、サラエヴォ生まれ。九二年にシカゴに移り、九五年から英語で執筆を始める。作品は雑誌『ニューヨーカー』『グランタ』等に掲載され、九九年と二〇〇〇年の『アメリカ短編小説傑作選』に選ばれた。著書に短編集“The Question of Bruno”、長編小説『ノーホエア・マン』(岩本正恵訳、白水社)がある。現在、シカゴ在住。

スイス

Switzerland

ペーター・シュタム

Peter Stamm

首都	ベルン
独立（建国）	1291 年 8 月 1 日（スイス連邦の建国）
面積	41,290km^2
人口	7,489,370 人
人口増加率	0.5%
年齢中位数	39.8 歳
出生率	9.8 人（1,000 人口当たり）
人口移動率	3.6 人（1,000 人口当たり）
幼児死亡率	4.4 人（出生児 1,000 人当たり）
平均寿命	80.4 歳
民族	ドイツ系 65%，フランス系 18%，イタリア系 10%，ロマンシュ系 1%，その他 6%
宗教	ローマカトリック 41.8%，プロテスタント 35.3%，東方正教 1.8%，その他キリスト教 0.4%，イスラム教 4.3%，その他 1%，不特定 4.3%，無宗教 11.1%（2000 年の国勢調査）
言語	ドイツ語（公用語）63.7%，フランス語（公用語）20.4%，イタリア語（公用語）6.5%，セルビア・クロアチア語 1.5%，アルバニア語 1.3%，ポルトガル語 1.2%，スペイン語 1.1%，英語 1%，ロマンシュ語 0.5%，その他 2.8%（2000 年の国勢調査）
識字率	99.0%
選挙権	18 歳以上の全国民
兵役	スイス連邦は「スイスのすべて男性は兵役の義務がある」と公布しているため，最低 260 日の徴兵義務がある
	19 歳以上は義務制，17 歳以上の志願者
GDP（一人当たり）	33,800 ドル
GDP 実質成長率	1.8%
失業率	3.4%
物価上昇率	0.9%
国家予算	1404 億ドル
軍事費	25 億 4800 万ドル（GDP 比 1.0%）
第一次産業（農業）	穀物，果物，野菜，食肉，卵
第二次・第三次産（商工業）	機械類，化学製品，時計，繊維製品，精密機器
通貨	スイス・フラン

出典：「CIA 世界年鑑」2005 年 11 月版（人口統計 2005 年，経済統計 2004 年）

スイス
Switzerland

サッカー協会	スイス・サッカー協会
地域連盟（コンフェデレーション）	欧州サッカー連盟（UEFA）
協会設立年	1895 年
FIFA 加盟年	1904 年
愛称	—
監督	コービ・クーン
ホームページ	www.football.ch
スタジアム	—

FIFA ランキング	36
ワールドカップ出場回数	7
ワールドカップ優勝回数	0

1930	不参加
1934	トーナメント敗退
1938	トーナメント敗退
1950	1 次リーグ敗退
1954	準々決勝敗退
1958	地区予選敗退
1962	1 次リーグ敗退
1966	1 次リーグ敗退
1970	地区予選敗退
1974	地区予選敗退
1978	地区予選敗退
1982	地区予選敗退
1986	地区予選敗退
1990	地区予選敗退
1994	決勝トーナメント敗退
1998	地区予選敗退
2002	地区予選敗退

試合数	22
勝	6
引き分け	3
負	13
得点	33
失点	51
得失点差	-18
勝点	21
ワールドカップ通算成績　第 23 位	

記憶に間違いがなければ、わたしはこれまでサッカーの試合を始めから終わりまでじっくりと腰を据えて観戦したのは一度しかない。それは一九八六年のワールドカップ決勝戦、西ドイツ対アルゼンチン戦である。エキサイティングな試合で、すぐさまサッカー狂になってしまってもおかしくないような一戦だった。しかしながら、以来今日まで二十年間のわたしの毎日は多忙の一言で、結局、決勝戦のあの一夜以来、サッカー観戦はすっかりご無沙汰になってしまっていた。

こうした〈ご無沙汰状態〉を変えなくてはと特に思っていたわけではないが、数か月前、ワールドカップ予選のプレイオフ、スイス対トルコの一戦がたまたま行なわれていた。キックオフのホイッスルが鳴ったとき、わたしたちはスイスにある自宅の食卓につき、ちょうど夕食をとり始めていた。ラジオを聴きながら、台所で食べ終わった皿を洗っていると、トルコが3対1でリードしているというニュースが耳に入ってきた。トルコにもう一点取られると、スイスのワールドカップ出場の夢は潰《つい》えてしまうという状況だった。わたしは慌てず騒がず、まったくあたふたすることもなく、居間へ行き、テレビのスイッチをつけた。

数日間、新聞はほとんどこの一戦のことで一色だった。次の日も、またその次の日も、話題はこの試合と試合後の暴力沙汰を取り上げていた。人口の六分の一強の百二十万人のスイス人が、テレビで試合を観戦していたという。わたしは一瞬この数字に驚いたが、同時に、では残りの六分の五のスイス人は当の水曜日の晩に一体何をしていたのだろうかと訝しく思った。高視聴率だったという話があるにもかかわらず、実際にはテレビを見ていない率のほうがはるかに高い。つまり非‐視聴者のほうが大の付く多数派なのであり、世界一決定戦であろうと王女の葬儀であろうと、テレビを観ない人は観ないのだ。マスコミがスイスはワールドカップ熱に浮かされていると報じたとしても、実際に熱があったのはスイス国民のごく僅かな少数派にすぎない。それ以外の、困り果てるほどの大多数派は、平熱のままだった。

これは選挙における多数派と同じである。つまり、相変わらず、少数派の中の多数派が投票するのだ。本当の多数派は投票しない——選挙権がなくて投票できないのか、選挙権は不要と思っているのか、いずれにせよ多数派は投票しない。この「本当の多数派」の存在が、幼い頃から頭にこびりついて離れなかった。夏の午後はよく、自分が育った、スイスの閑散とした村を歩き回ったものだ。酒場やディスコに立ち寄ったりしていると、「この国に住み、この国で働き、この国に子孫を残しているといわれる人たちは、みんないったいどこにいるんだろう」という疑問がいつも心に浮かんできた。わたしは大群衆や野外コンサートの只中にいても、混み合ったゲレンデにいても、そこには不在の、どこにいるか分からない何百万もの人たちのことが気になってならなかった。国中のあちこち散り散りになっている同胞のスイス人を思い浮かべてみた——家でくつろぐ人、庭いじりをする人、森を散策する人、そして、こちらがそちらをほとんど知らないように、こちらをほとんど知らないそちらの人々を、思い描いてみた。大学生活最後の日、同級生に別れを告げたとき、わたしは、自分の頭の中の世界が爆発しだしたと、すべてがばらばらに崩れ、二度と再び元通りにならないだろうと、感じた。

国家というものは、たいてい人工的な作り物であり、程度の差こそあれ恣意的に区切られた、人間が居住する空間であり、多くの場合、その国をまとめているのは他国との国境線でしかないのであるが、その一方で得てして国民は別の方向を向いてしまっているものだ。以上の点はとりわけスイスにあてはまる。

スイスの国境はいわゆる自然が作った国境線であり、河や山や湖の形に沿っているが、山でも河や湖でも、人々を分断した例《ためし》はないし、またそうしたものによって、動きたいという人間の生来の衝動が抑え込まれてしまうこともない。国土全般を見ると、スイスは境界線に向かって傾斜しており、それゆえ重力の影響を受けるすべてのものがスイスの外へと出て行ってしまうのだ。ヨーロッパの大河の多く――ライン川、ローヌ川、ドナウ川とポー川の主流――は、スイスに水源があるが、結局のところ瞬く間にスイスの外へただただ流れ出てしまう。物理学の法則が仇になっている。流されて、行方知らずにならないためには、互いにしっかりとまとまっていなければならないのだ。スイスを一つにまとめるものは、意志の力と共通の興味や関心だけである。わたしたちの国家的統一、国としてのまとまりは頭の中にしか存在しない。しかも、いつもそこに存在するとも限らない。

大国間の緩衝国と見なされ、大目にみられてきたスイスは、国家的な存亡をかけてもがいてきたというよりも、むしろ国家的アイデンティティを獲得しようともがいてきた。スイスは「顔」のない国、特徴のない国家であり、その事実の隠蔽のためにありとあらゆる努力をしてきた。一九九二年、国家成立七百周年を祝った国家祝賀行事が催された一年後、全国的規模の大騒動が起こった。ベンという芸術家が、「スイスは存在しない（La Suisse n'existe pas）」という一文を記したポスターをセビリャ万国博覧会で貼り出したのが発端である。これほどの論議、これほどの騒動をこの国で巻き起こした芸術作品を他にはちょっと思いつかない。ベンのメッセージで衝撃的だったのは、それが真実をついていたという点であり、基本的にこの事実を知らない人は誰一人いなかったという点である。たしかに「スイス」と呼ばれる国家は存在し、スイス人だと主張する国民に対してパスポートを発券し、国民が使う紙幣を印刷し、政府を持ち、軍隊を保有し、サッカーのナショナル・チームを抱えている。しかしながら、どのように明確に国境線が引かれようと、この国家は依然として寄せ集め《コラージュ》のままであり、さまざまな時期にやってきては、ここに留まった多様な人々が作り出すカオス的国家に変わりはない。スイスはつかの間の国家なのだ。昔も今もそれは変わらない。特徴的だと言えるのは、言語の点である。スイスには〈スイス語〉はない。四つの公用語（ドイツ語、フランス語、イタリア語、ロマンシュ語）以外にも多くの言語が使われている。ルクセンブルクとともに、スイスは居住外国人の割合がヨーロッパの中でも最高水準に達しており、人口の約二〇パーセントにも及ぶ。四つの公用語以外に、六つの言語も使われており、四番目の「公用語」のロマンシュ語――ゆっくりと滅亡しつつある言語であるが――よりも、それら六つの言語、すなわちセルビア・クロアチア語、アルバニア語、ポルトガル語、スペイン語、英語そしてトルコ語のほうがより広く使用されている。スイス国民は、よく言われているような多言語使用者ではない。それぞれの言語の使用地域はほぼ完全に単一言語の同質的社会となっている。例えば、ドイツ語中心の地域では、フランス語使用者の割合は〇から二パーセントであり、州にもよるが、フランス語中心のところでは、その反対にドイツ語の使用者の割合が若干の誤差があるとはいえ、ほぼ同じ程度である。現実にどの言語を使用しているかということになれば、いまの数字はもう少し小さくなるだろう。ドイツ語とフランス語の二言語を使用する中核的地域でも、それぞれの言語使用者が重なり合って共存的に生活するのではなく、住み分けて並存的に生活する傾向にある。スイスにおいては、多言語使用者と言えるのは、主として外国人なのだ。

スイス人は、旅行者の国民、移住者の国民である。人口のほぼ一割となる六十万人以上のスイス人が、地球上に散らばって海外生活を送っている。にもかかわらず、国境線の内側、国内では人々は移動を好まない。連邦主義と各州のほぼ完全な自治があるせいで、ばらばらの税制度が生まれ、数マイルごとに変わるような学校制度となっているのだが、ことはそれだけに留まらず、さらにはその帰結として、国家に対してではなく、自分の住む地域に対して忠誠心をもつような傾向にもなっている。海外にいるとスイス人だと自覚するかもしれないが、国内にいると、バーゼルの人間だとか、チューリッヒの人間だとか、ヴァレー出身、ティチーノの出身という意識になってしまう。わたしの家族はほとんどが、人生のいずれかの段階で海外で仕事をした経験があるが、現在は全員がコンスタンス湖（スイス、オーストリア、ドイツの国境にある観光保養地）の周辺、半径四十マイルの中に住んでいる。そこは、一転して、国境フェンスの反対側を見ても、ほとんどフェンスのこちら側と違いのない地域である。

わたしが生まれたとき、コンスタンス湖は全面凍結しており、ドイツへ歩いて渡れた。産声をあげた病院は湖畔にあったので、この国のものでわたしが最初に目にしたものは、凍結したこの湖、突如通行可能となった国境だった。当時、人々は次々と途切れることなくこの湖を渡っていったようだ。徒歩で渡る人、スケート靴を履いて渡る人、荷馬車で渡る者、自動車で渡る人さえもいたという。しかしながら、湖が全面凍結していないときでさえ、わたしたちはスイス南部や西部よりも、ドイツ南部のほうをずっと身近に感じていた。最寄りの町はコンスタンスで、そこに買い物に出かけたり、映画や演劇を観に行ったりしたものだ。そこで目にする郵便ポストやパトカーは、自分たちのものと違っていたように思うが、文化的には今も昔も、区別をつけようと思えば、どうにかつけられるといった程度の、ほとんど違いのない地域である。使われている言語でさえ、国境の内側と外側で違いがあるといえばあるといった程度である。唯一確かに存在する違いといえば、それはパスポートであり、ドイツ人はドイツ人であることを、スイス人はスイス人であることを証明している。おそらくこうした事情のために、スイス人は、イタリア人やドイツ人、あるいはオーストリア人やフランス人と間違えられる危険に絶えず晒されることになり、それゆえ、どうしても自分たちのイメージにひどくこだわる結果となるのだ。国民も風景もどちらもまとまりがないスイスにおいては、国をまとめておくためには一つの神話が生み出されなければならない。その神話とは生粋のスイス人の神話である。勇猛果敢ではあるが、えこ贔屓《ひいき》せず、勤勉だが謙虚な人生を送るスイス人の神話だ。かれらは、切り立ったアルプス山脈の斜面を切り拓き、チーズやチョコレートを造り、高級時計を製作するのだ。こうしたイメージあるいは神話が疑問視されると、スイス人は当惑する。最近の露見した新事実や論争の的となっている問題は、その典型例である。例えば、第二次世界大戦中のスイス人の役割、アパルトヘイト時代および通商禁止期間中の南アフリカと関係を維持していたこと、奴隷貿易におけるスイスの役割などがあり、さらには再三再四取り上げられる、スイス銀行と魑魅魍魎《ちみもうりょう》の国際的犯罪組織との金銭的な結びつきの問題がある。

スイスが、過去において、他のヨーロッパ諸国よりもとりわけ悪事を働いたわけではない。いずこも同じだ。それでもなお、自分に厳しいスイス人は、スイスは特殊な国だと言って譲らない。世界で最高の国なのか、世界で最低の国なのか、いまだ決められないと言い張る。他国と同じスイス、多くの国よりも面積は少し小さいが、経済的にはより豊かな国スイス、こうしたスイス像は多くのスイス人にとっては受け容れがたいものなのだ。スイス人が持っている自己イメージは、外国人がスイス人に対して持っているイメージと大体同じで単純明快である。フランス人ならルソーやル・コルビュジエやゴダールを自慢するだろうが、スイス人ならその代わりに、ハイジやウィリアム・テルを自慢する。まあ、ハイジもウィリアム・テルも架空の人物ではあるが……。スイス人は人並みはずれた特別な人間を自慢するのではなく、先の二人のような、ありふれた普通の人間像を誇りに感じる。現代的、全世界的規模の工業・サービス国家である現実のスイス像には目をそむけ、山岳農民的民主主義国家のイメージを育む。とはいえ、スイスのトレードマークのアルプス山脈にはほとんど人は住んでおらず、スキーやハイキング以外には利用されないと言ってもいいくらいなのだ。人口の大半は平坦な市街地に住んでいる。労働者人口の七〇パーセント強は、サービス業に従事している。農業従事者はわずか四パーセントにすぎない。（失業者もそれとほぼ同数である。）奇妙なことに、自己イメージと現実がこのように露骨なまでに喰いちがい、対立しているのに、当のスイス人はどうも困惑を覚えていないようで、またその不一致にほとんど気づいていないようにさえ見える。イメージだけが一人歩きし、もはやいかなる現実も反映していない。スイスで四本の指に入る富裕な資産家の一人など、〈権力の回廊〉（権力が存在するとされる政府高官などの上部階層）でワイシャツ姿の小作農を演じているほどだ。都会的で知的だと思われたら、スイスの政治家はおしまいなのだ。知識人でさえ、アクセントのない高地ドイツ語を話さないように注意している。とはいえ、スイスは間違いなく進んだ現代国家である。見てもらいたい、一年前に国民投票が通過し、同性間のパートナーシップが合法化されたではないか。それだけではない、EUに新たに加入した国に対して、労働市場を開放している。第二次世界大戦以降、スイス国境のフェンスは加速度的に低くなり、門戸を開放してきた。こうした事実がなによりの証拠だ。確かに、スイスはまだEUの正式な一員ではないかもしれないが、一連の双方的合意のおかげで、その国家的共同体にしっかりと統合されている。現時点まで、こうしたことによって、スイスの地域的特殊性、国民の特殊性に対して悪い影響は出ていない。

　自分を曇りなく見るのは、決して簡単なことではない。深くしみ込んでいるものを、意識し、客観視するのはとても大変なことである。慣れ親しんだものよりも、珍しい未知のものを理解するほうがはるかに簡単なのだ。先日、ドイツ人女性の友人の一人が、子ども時代のスイスでの思い出を記したものを送ってくれた。友人は、スイスでひっきりなしに挨拶をしなければならなかった点や、必ず事前に電話連絡してからでないとよその家を訪問しなかったことなどを書いてくれた。

「六時が夕食の時間なので、その時間にお互いの家を訪問したり、されたりすることは絶対にありません。実際のところ、昼食でも夕食でも、スイス人はみんなきっかり同じ時刻に食べるのです。それから、スイス人が第二次世界大戦に積極的に関与しなかったことを思い起こさせるような言動をしてはいけません。してしまった場合には、バーゼルにおちた一、二発の爆弾の話を、まるで自慢話のように、聞かされるはめになるでしょう。女性は買い物に行く前には必ずお化粧をします。派手な〈しっかりメーク〉ではなく、きちんとした〈ナチュラル・メーク〉です。もしスポーツをするなら、それなりの道具を揃えることが大切です。スイスの人はかなりスポーツをしますし、スポーツをたいへん真剣に考えます。もしだれか他の人のショッピング・カートがスーパーの通路をふさいでいたとして、それをあなたが邪魔だからどかしたとしましょう。そのとき、あなたは周りから冷たい視線を浴びるでしょう。その行為はよいことではないのです。他人のことに干渉してはならないのです。けれども、風景に関するかぎり、スイスはそれは、それはとても美しいところです」

わたし自身、幾度となくスイスを外側から眺めてみた。海外に住んでいるとき、スイスを時おり恋しく思った。とはいえ、恋しく思ったのはスイスの中立性ではないし、時計産業でも、サッカー・チームでもなかった。会いたいと、懐かしいと思ったのは、スイスの人々、つまり自分の家族や友人や近所の人たちだった。スイス人の実用主義《プラグマティズム》、すなわち、まどろっこしくない直截的な人間関係や人としての頼もしさも懐かしくなった。そして、とりわけそれは、それはとても美しい景観が恋しくなった。

自分の好きな本や絵画の場合、わたしは常日頃から、作家や芸術家の出身国を必ずといっていいほど押さえる。しかしながら、出身国がどこだから好きだとか嫌いだとかということはほとんどない。一方わたしは、海外で朗読会をするとき、聞きにきてくれた人たちに自分がスイス出身だといつも話すのだが、それによって自作の評判が少しでもよくなったり、作品が一冊でも多く売れたりすることはないように思う。国籍はだんだんと重要な問題ではなくなってきており、わたしはこれに拍手を送りたい。スイスの国家的アイデンティティの最後の砦は、軍隊とスポーツである。スキー選手がメダルを獲るのは、自分の州や生まれ故郷のためではない。スイスという国全体のためだ。ナショナル・チームは、その名称があるからこそ、かれらがスイス国民のために戦っているという事実が明るみに出るのだ——《サッカー国家代表チーム（Fussballnationalmanschaft）》。

わたしがトルコ対スイス戦をその結末まで腰を据えて観戦したのは、わたしの中で愛国心的なものが働いたからではなく、むしろその一戦がいい試合で、サッカーのレベルが高かったからである。わたしは、いつも匠《たくみ》の技や職人芸に感動するように、ただただサッカー選手たちの技術と敏捷さに魅了されたからだ。ファウルの多ささえ気にならなかった。八十四分、スイスが二点目を決め3対2となり、点差が一点となったとき、思わずわたしの口から、「よしッー！」という一言が出てしまった。いっしょに坐って試合を観ていた恋人が、多少の驚きと皮肉のまじった笑いを浮かべて、わたしの顔を見た。スイスは4対2で負けたが、予選を通過するには十分だった。もしも次の日に新聞で試合結果をあれこれ読んだとしたら、肩をすくめただけだったろう。結果は、試合の流れを無視しては意味がない。試合を観ていた三十分ほどの間、わたしは一人のスイス人だった、スイス人のふりをしていた。

同じように、八月一日の国民の祝日、建国記念日に国歌が流れると、わたしは一時的にスイス人になる。わたしの愛国心がつづくのは、国歌の一番の間だけだ。わたしは二番を知らないが、知っている国民はほとんどいないだろう。祝典の主催者はそのことを先刻承知している。だから、現在では、多くの行事において、プログラムの裏面に国歌の歌詞が印刷されるようになっている。とはいえ、祝典のクライマックスは、お歴々のスピーチでも、かなり認知度が低い国歌を斉唱することでもない。クライマックスは、山々の頂上に点される火なのだ。その火がスイスの真の国境を示している。見えるのは、ただ故郷《ホーム》のみ。

（英訳＝ミヒャエル・ホフマン）

ペーター・シュタム
一九六三年スイス生まれ。フリーランスのライター、ジャーナリスト。『新チューリッヒ新聞』や『ターゲス－アンツァイガー』、『ヴェルト・ヴォーケ』に寄稿するほか、風刺雑誌『ネーベルシュパルター』にも寄稿している。最近の著作として、小説“Agnes”があるが、その他にも小説や短編集を発表している。また、ラジオ番組や舞台演劇の脚本も手がけている。チューリッヒ在住。

韓国

South Korea

ピーター・ホー・デイヴィーズ

Peter Ho Davies

首都	ソウル
独立（建国）	1945年8月15日（日本から）
面積	98,480km2
人口	48,422,644人
人口増加率	0.4%
年齢中位数	34.5歳
出生率	10.1人（1,000人口当たり）
人口移動率	0人（1,000人口当たり）
幼児死亡率	7.1人（出生児1,000人当たり）
平均寿命	76.9歳
民族	韓民族（約20,000人中国系を除く）
宗教	無信仰46%，キリスト教26%，仏教26%，儒教1%，その他1%
言語	朝鮮語，英語は中学･高等学校で広く教育されている
識字率	97.9%
選挙権	20歳以上の全国民
兵役	20～30歳は義務徴兵制24～28ヶ月（軍によって異なる），および18歳以上の志願者，また，約4,000人の女性が士官および下士官として兵役中
GDP（一人当たり）	19,200ドル
GDP実質成長率	4.6%
失業率	3.6%
物価上昇率	3.6%
国家予算	1558億ドル
軍事費	200億ドル（GDP比2.5%）
第一次産業（農業）	米，根菜類，大麦，野菜，果物，畜牛，養豚，養鶏，乳製品，卵，魚介類
第二次・第三次産業（商工業）	電子機器，電気通信業，自動車生産，化学製品，造船，鉄鋼
通貨	韓国・ウォン

出典：「CIA世界年鑑」2005年11月版（人口統計2005年，経済統計2004年）

韓 国

South Korea

サッカー協会	大韓サッカー協会
地域連盟（コンフェデレーション）	アジア・サッカー連盟（AFC）
協会設立年	1928 年，1945 年
FIFA 加盟年	1948 年
愛称	太極戦士
監督	ディック・アドフォカート
ホームページ	www.kfa.or.kr
スタジアム	ソウル・ワールドカップ・スタジアム

FIFA ランキング	29
ワールドカップ出場回数	6
ワールドカップ優勝回数	0

1930	—
1934	—
1938	—
1950	—
1954	1 次リーグ敗退
1958	出場申請不受理
1962	地区予選敗退
1966	棄権
1970	地区予選敗退
1974	地区予選敗退
1978	地区予選敗退
1982	地区予選敗退
1986	1 次リーグ敗退
1990	予選グループ敗退
1994	予選グループ敗退
1998	予選グループ敗退
2002	4 位

試合数	21
勝	3
引き分け	6
負	12
得点	19
失点	49
得失点差	-30
勝点	15
ワールドカップ通算成績　第 31 位	

各国の代表チームに関する議論は、必ずどこかで国家的・人種的ステレオタイプにまつわる議論に堕してしまう。それがワールドカップの不愉快な現実だ。ドイツ人は効率的、イタリア人はオペラチック、フランス人は洗練され、スペイン人は気分屋、ブラジル人は華麗、そしてイングランドは……猪突猛進。なぜこうなのか、さまざまな理由が考えられる。サッカーが世界的スポーツとなった大きな原因のひとつ、過去の植民地主義が根っこにあるのかもしれない。あるいはまた、サッカーのチームは――そう、たとえばオリンピックのどんな競技よりも――国家的な特徴をあらわにするのかもしれない。だが、わたしとしては、こうした考え方に関してもっとも責められるべきは……BBCが誇るサッカー評論家たちの「フットボール・パネル」であると申し上げたい。かの発音間違いと一般化された片言隻句の温床こそ、国家や民族にまつわる個人的偏見を勝手に周知の知識に格上げしてしまう元凶なのだ。だが、ステレオタイプは相手を矮小化し、見下し、上位者ぶり、暗黙裏に自己言及的であるとはいえ、ステレオタイプ化される方がステレオタイプ化されないよりはまだましだ。ステレオタイプは、他者がわれわれを見るときと同様、われわれが自分自身を見るときにも役立つ。われわれは、他者が自分たちに押しつけるステレオタイプに抗って、自分自身が抱くステレオタイプに応じて自分を定義する。そしてある種の国家イメージが長きにわたって生きのびるのは、部分的には、それがステレオタイプを抱く者とステレオタイプ化される者とのあいだに共有されているからだ。ワールドカップで示される類の国の性格がどこまで正確で確実なのかはともかく、他国に対する最初の印象が作られるのは、まずそうしたイベントからである。われわれはサッカー選手を通じてお互い同士を認識し合う。外国人とのはじめての、ときには唯一の出会いだ。だとすれば、アジア人のステレオタイプに対してはなんとすべきだろう……サッカーが下手だというステレオタイプがあるときには。

わたしが子供だったころ、一九七〇年代のイングランドでは、アジア人は絶対にパスをもらえなかった。プレイする機会があったとしてもディフェンダーをやらされた（これはデブっちょとメガネ、ウスノロとのろまと弱虫がディフェンスに追いやられていたころの話だ）。ずっとベンチ（交代なし）の方がもっと頻繁だった。

それだけでも子供にとっては暗い気分になる話だ。だが、同級生の中によりにもよってジェイミー・ヒル、有名なテレビのサッカー・コメンテーターにして、一説では、かのフットボール・パネルの発明者でもあったというジミー・ヒルの息子がいたとなるとさらに酷いことになる。ヒル（父）は今では少々アイロニックな存在であり、その魅力も少々レトロなものと思われがちだが、一九七〇年時点ではBBCサッカーの顔だった。彼が司会する『マッチ・オブ・ザ・デイ』こそそのもっとも重要な番組であり、英国のテレビにおいて定期的にサッカー試合を（ハイライトのみではあったが）見せてくれる唯一の存在だった——サッカーを観るまさしく唯一の機会だという場合もあった。わたしの保護者のように、肌の色のせいで、子供にはスタジアムは危険だと考える親もいたのである。

シーズンのあいだ、毎週土曜の夜十時になると、軽快なファンファーレとともに『マッチ・オブ・ザ・

デイ』がはじまる。タイトル・シークェンスの中に、スタジアムに集まった数千人の小学生が紙を掲げて巨大なジミーの顔の人文字を作るカットがあった（人文字の優に半分を、普通の人の肘ほどに尖って目立つ顎が占めていたが、後にジミーは過激の度を増してゆく蝶ネクタイでその顎をことさらに強調するようになる）。『マッチ・オブ・ザ・デイ』からわが人生がいかに深く影響されたかを語るには、夜更かしして見るのを許された最初のテレビ番組がこれだったというだけで充分だろう。ジミー・ヒルは、巨大な顎をぶらさげて、イースター島の巨像のようにわが週末に君臨していた。

ジェイミーのことはその半分も知らなかった。クラスも違っていたし、廊下ですれ違ったり、サッカーのフィールドで見かけたときは、クールで近づきがたく見えた。ジェイミーにも友達はいたはずだ。けれどわたしには、まるでご学友が王子様であるかのように、みな敬して距離を置いていたみたいに思われた。それでも、彼がわれわれのあいだにいるだけで夢のような可能性が生まれた。ある日父親があらわれ、四時に息子を迎えに来て、運動会に父兄参観し、フェンスにもたれてわれわれがサッカーをプレイするのを見てくれるかもしれない。契約、練習生、スカウトへの推薦の一言、せめてスタジオへの招待くらいは、とわたしたちは考えていた。だが、誰からもパスをもらえないのなら無理というものだ。有象無象と一緒にディフェンスに押し込められていたなら、いや、さらに悪いことに、ラインズマンの旗を持ってタッチラインに立っていたなら、決してありえない話である（ジミーがラインズマンをどう思っているかはみな知っていた。美しい試合にとっては必要悪でしかないケチな小役人だ）。

わたしの問題は、もしもサッカー選手らしく見えなかったなら——一九七五年ごろの英国の基準で——サッカー選手にはなれないということだった。サッカーをプレイする楽しみの半分はごっこ遊び、なったふりの楽しみである。子供たちにとってはボールを蹴るよりも、自分たちのヒーローのプレイを——ケヴィン・キーガンであれジョン・トシャックであれ、ビリー・ブレムナーであれピーター・ロリマーであれ（共にスコットランド代表）、グレアム・スーネスであれイアン・ラッシュであれ——息を切らしながら実況する方が忙しかったりするものだ。スポーツと同じくらい演技も重要だ。レプリカのジャージを身にまとうのは、タオルを首に巻いてスーパーマンのふりをするようなものである。けれど、もしもあなたがアジア人だったなら、ケヴィン・キーガンになるよりは、空を飛べると信じる方がずっとたやすい。そして母親が突発的にオリンピックで中国の卓球選手やマレーシアのバドミントン選手に熱狂するのも、まったく慰めにはなってくれなかった。

わが子供時代を通じて、イングランド・リーグにはアジア人選手はただの一人もいなかった——黒人選手すらいまだ珍しく（良くて見下され、最悪の場合はバナナを投げられた）、海外からの輸入自体稀だった。ヨーロッパのカップ戦以外では海外の選手、とりわけ非白人選手の姿はワールドカップでしか見られなかった。だが一九六六年、北朝鮮がイングランド大会でベスト8に残ってから、八六年、韓国がメキシコ大会に出場するまで、ワールドカップ本大会にはアジアの国は出場できなかった。六六年の夏にはまだ母のお腹の中にいたので、わたしが——いや、イングランドで成長した同世代全員が——怒りに燃えてボールを蹴るアジア人の姿を観たのは二十歳を過ぎてからだった。

一九八六年、わたしはマンチェスターの大学におり、マンチェスター・ユナイテッドの盛衰につきあっていたものの（ユナイテッドはいまだ九〇年代の強豪にはなっておらず、そのころはスターを散りばめた昼メロのようにお粗末だった）、すでにウェールズ代表マーク・ヒューズよりも桂冠詩人テッド・ヒューズになることを夢見はじめていた。今では、八六年ワールドカップについて記憶されているのはもっぱらマラドーナ、とりわけイングランドとの準々決勝で決めた二つのゴール、ひとつの魔法とひとつの巧みな手品のことである。だがわたしの記憶にあるのは韓国がイタリアと対戦した一次リーグの試合の方だ。

その夏、わたしは一人暮らしをしていた。ルームメイトは夏休みで帰郷していたので、一人で教育一般証明試験の普通級と上級の採点を確認していた。まったくつまらぬ仕事だった――ラッキーなどこかの誰かはエッセイを読み、美術テストの水彩やデッサンを鑑賞していたのだろうが、わたしは択一式の科学の試験に縛りつけられていた。本質的には、わたしはコンピュータの出した結果を再チェックしていただけだ。ありえないほど低い点、すべてを当てずっぽうで答えたよりもなお低い点の解答があったとしたら、それはマークシートの塗りまちがいかもしれない。たとえば正しくＨＢの鉛筆を使わずに、間違ってインクで解答したとか。わたしは――退屈を紛らわそうとして――自分の努力で可哀相な子供を救い出せるかもしれない、といささか過大な期待を抱いていた。だがたいていの場合、チェックで判明したのは、愚鈍でなおかつ不運な受験者たちが見せる目が眩むほどの無知蒙昧ばかりだった。

その年のワールドカップは――当然ながら――わが夏のハイライトであり（どこかで読んでほっとしたが、八六年のイングランド代表チーム内で普通級は一ダース未満だった）わたしは観られる試合は全部観た。イングランドの試合は親友とそのガールフレンドが住むアパートで。残りは自分一人で、安アパートの自室にある小さな白黒テレビの画面で（これはあらゆるパブに大型スクリーンのテレビが据え付けられる以前の話である）。

韓国の初戦は優勝するアルゼンチン相手で、立ち上がりはおぼつかなかった。最初の二十分で2対0になり、ハーフタイムから一分後には3対0となり、最終的には3対1で敗れた。わたしは沈み込むような感覚とともに、だからこれまでアジアのチームは決勝大会に出場できなかったんだ、と思った。カメラがスタジオに戻ると、ジミーは親切にも、韓国にとっては大いに進歩であり、前回、五四年のスイス大会ではハンガリーとトルコ相手にそれぞれ9対0、7対0で敗北したのだ、と教えてくれた。これまでサッカーではありえないと教えられてきたスコアだったが、それは間違いない事実だった（ただし五四年大会の韓国が最初の試合を戦ったのは飛行機を降りて十時間後だったし、そもそも決勝大会にたどりつくだけで大成功だった、というのを心に留めておく必要がある。本大会出場のためには韓国は日本――旧宗主国――を、韓国政府が日本代表の韓国への入国を認めなかったために、二度相手のホームで打ち負かさなければならなかったのだ）。

アルゼンチン戦はあまりに予想通りだったし、韓国はほとんど無抵抗だったので、次の試合が始まって十分後、韓国がブルガリアにゴールを許したとき、あたかも歴史はくりかえすかに思われた。そのとき、誓って言うが、誰かがこう言ったのだ――まちがいなくジミーではない。これは大一番ではなかったから、解説陣も二軍メンバーが起用されていたはずだ――冷たく舌打ちして「負け犬は打たれっぱなしだね」。

今となっては自分でもそんな言葉は信じられないし、なかばは記憶違いであってほしいと願い、パブで漏れ聞いた無関係な皮肉か何かと混同したのではないかとも思っている。だがいつのことであれ、誰が言ったのであれ、その言葉はわが心の中ではその瞬間、韓国代表チームが今にも崩れ落ちると見えた瞬間に結びついている。だがそのとき、どうしたわけか、まるでその言葉が聞こえたかのように、韓国チームは倒れるのを拒み、ピッチの中を、滑稽なほどエネルギーを浪費しながら走りまわりはじめた――死にものぐるいで濃い黒髪を振り乱し、絶対に届かないロングボールに飛びつき、スライディング・タックルした――滑稽というにはあまりに必死だった。

このゲームにわたしの心はとらえられた。わたしは韓国人ではないし、それまでも、それからも韓国に行ったことはない。だがわたしは彼らと同じ髪型をしていたし、さらに重要なことに、彼らと同じように必死だった。試合は1対1で終わった。同点弾は意志の力だけでゴールラインを割ったようにも見えた。その一点で韓国は次の試合、イタリア戦まで首がつながった。そこで勝利すれば、数字的には一応準々決勝に進む可能性が残ったのだ。

もちろん、それはかなわぬ夢だった。だがまたしても早々に先制点を献上したあと(この監督は試合前のミーティングでいったい何を話してるんだ?)、またしても韓国は奮起し、後半なかばに同点ゴールをあげた。沸きかえった十分のあいだは今にも勝つところだと思うことすら許された。そこでアレッサンドロ・アルトベリが勝ち越しゴールをあげ、すぐに続いて決定的なオウンゴールが入ったが、なおも韓国は遅れて一点入れ、さらに最後の数分間必死であがきつづけた。それは敗北だった。だが雄々しい敗北だった。傲岸たる敗北だった。そこからステレオタイプが生まれてくるような敗北だった。

「勇敢だ」と試合後、パネルの誰かが言った。「決して諦めない」ともう一人が言った。「きっとまた戻ってくる」と三人目が言ったが、これはフットボール・パネルには似つかわしくない正確な予言となった。というのも韓国はそれからワールドカップの常連となり、最近では二〇〇二年大会で準決勝まで進出し、その途中でイタリアに復讐も果たしたからである。だがこれまでは想像もできなかった成功さえも（韓国人選手朴智星《パク・チソン》のマンチェスター・ユナイテッドとの契約も含む）、あのメキシコでのゲームの前には影が薄い。

わたしの記憶に今もっとも鮮やかに残っているのは、韓国の一点目を崔淳鎬《チェ・スンホ》が決めたとき、解説者かスタジオにいた誰だかがいかにもやりそうな、つまらない間違いをして名前を取り違え、得点者をチェではなくホー選手と呼んでいたことだ。誰だったのかはわからないのだが、わたしの記憶の中では、もちろんそれはジミー・ヒルだ。ジミー・ヒルが、たとえ間違いだったとしても、わたしの名前を呼んでいる。ジミー・ヒルが「このホーって若いのは使えそうだ、このホーって子はなかなかいける」と言っている。ニコニコ笑ってうなずくのが目に浮かぶ。大きな顎を派手な蝶ネクタイでプレゼント用にラッピングしたジミー・ヒルが。

ピーター・ホー・デイヴィーズ

一九六六年、ウェールズ人と中国人の両親の元にイングランドで生まれた。これまでに“The Ugliest House in the World”（ジョン・ルウェリン・リース賞およびPEN／マクミラン賞受賞）と“Equal Love”（『ロサンジェルス・タイムズ』ブック・アワード最終候補）の二冊の短編集を発表し、『グランタ』選定の優秀若手英国作家に選ばれている。ミシガン大学で大学院生に創作を教えている。アン・アーバー在住。

トーゴ

Togo

ビニャバンガ・ワイナイナ

Binyavanga Wainaina

首都	ロメ
独立（建国）	1960年4月27日（フランス政府による国連信託統治から）
面積	56,785km^2
人口	5,681,519人
人口増加率	2.2%
年齢中位数	17.8歳
出生率	33.5人（1,000人口当たり）
人口移動率	0人（1,000人口当たり）
幼児死亡率	66.6人（出生児1,000人当たり）
平均寿命	57.0歳
民族	アフリカ先住民（37民族，主な民族はエウェ人，ミナ人，カブレ人など）99%，ヨーロッパ系とシリア・レバノン人は1%以下
宗教	伝統宗教51%，キリスト教29%，イスラム教20%
言語	フランス語（公用語と商用語），エウェ語およびミナ語（南部の二大アフリカ語），カバイル語およびダゴンバ語（北部の二大アフリカ語）
識字率	60.9%
選挙権	該当年齢なし，成人全員
兵役	18歳以上，志願制および義務制
GDP（一人当たり）	1,600ドル
GDP実質成長率	3.0%
失業率	不詳
物価上昇率	1.0%
国家予算	2億7330万ドル
軍事費	3550万ドル（GDP比1.9%）
第一次産業（農業）	コーヒー，ココア，綿花，ヤムイモ，キャッサバ（タピオカノキ），トウモロコシ，豆，米，雑穀（キビ），サトウモロコシ，家畜，魚介類
第二次・第三次産業（商工業）	燐鉱石，農産加工品，セメント，工芸品，繊維製品，飲料
通貨	アフリカ金融共同体（CFA）フラン（XOF） 西アフリカ諸国中央銀行（BCAEO）が西アフリカ経済通貨同盟（UEMOA）8カ国の中央銀行の役割を担う

出典：「CIA世界年鑑」2005年11月版（人口統計2005年，経済統計2004年）

トーゴ
Togo

サッカー協会	トーゴ・サッカー協会
地域連盟（コンフェデレーション）	アフリカ・サッカー連盟（CAF）
協会設立年	1960 年
FIFA 加盟年	1962 年
愛称	レ・エペルヴィエル
監督	オットー・フィスター
ホームページ	www.ftf-enligne.tg
スタジアム	スタッド・ジェネラル・エヤデマ

FIFA ランキング	56
ワールドカップ出場回数	0
ワールドカップ優勝回数	0

1930	—
1934	—
1938	—
1950	—
1954	—
1958	—
1962	—
1966	不参加
1970	不参加
1974	地区予選敗退
1978	地区予選敗退
1982	地区予選敗退
1986	不参加
1990	棄権
1994	地区予選敗退
1998	地区予選敗退
2002	地区予選敗退

試合数	0
勝	0
引き分け	0
負	0
得点	0
失点	0
得失点差	0
勝点	0
ワールドカップ初出場	

一九六〇年にフランスから独立して以降、ワールドカップ出場を目指すトーゴの挑戦は、絶望的なまでにことごとく失敗に終わってきた。一九六二年から七〇年までは不参加。七四年から八二年、予選敗退。八六年、棄権。九〇年、棄権。九四年、予選敗退（勝ち点0）。九八年、予選敗退（グループリーグ最下位）。二〇〇二年、予選敗退（グループリーグで下から二位）。二〇〇六年大会の予選が始まった時、トーゴは世界第九十六位にランクされていた。

予選は順当に滑り出した。トーゴはさらにランキングが下の赤道ギニアに負けると、続いて行なわれたザンビア戦にも敗れる。しかしここから七試合連続で負けなしと調子を上げていく。あのセネガルにも一勝一分けという結果を残した（セネガルといえば、二〇〇二年大会のオープニング・ゲームで前回覇者のフランスを破り、そのままの勢いで決勝トーナメントにまで進出したチームだ）。トーゴは地区予選最終試合でコンゴを3対2で破り、一位通過を果たす。スーパー・ストライカーのエマヌエル・シェイ・アデバヨールが十二試合で十一得点を挙げ、アフリカ予選で得点王に輝くというオマケまでついてきた（アデバヨールはフランスのASモナコでの二年間の活躍が認められ、二〇〇六年一月にアーセナルと契約している）。西アフリカの強国にとってはショッキングな出来事だった。トーゴの人々は何日も通りに出て踊り明かし、黄色のユニフォームは首都ロメでも新しい国旗かと見まごうばかりにはためいていたという。

ケニアの自宅でその様子を見ていて、現地に行ってみたくなった。

十二月に入り、わたしはガーナの国境を越えてすぐのところにあるアクラ経由で、トーゴに向けて出発した。通訳はアクラで手配することができた。ヒューバートと名乗る二十一歳のトーゴ人で、自らもサッカー選手だった。体のどこにも脂肪などついていなくて、大胸筋が大きく発達し、がっしりした身体をトラックスーツで包み、トーゴとガーナの国境沿いで仲間たちと一緒に座っていた。人々は自由に国境線を行き来していた。ガーナに住む多くの人がトーゴ人で、トーゴに住む多くの人がガーナ人だった。今回は両国ともにワールドカップ出場を決めている。トーゴ代表に選出された選手でガーナ代表に選ばれなかった選手はどれぐらいいるのだろうかと考えたりしてみた。

ヒューバートも彼のチームメイトたちもビーチで精力的にトレーニングを行ない、プールでクールダウンをしてシャワーを浴びた後だったので、疲れきっている様子だった。ヒューバートはチームメイトたちと比べると背は低いのだが主力選手として活躍していて、南アフリカに行ってメジャーなクラブの入団テストを受けることになっていた。監督も彼には大きな期待を寄せているようだ。

「大柄なガーナの選手たちと一緒にプレイするのは怖くないですか?」とわたしは隣りにいるチームメイトたちについて訊ねてみた。ヒューバートは笑っていた。さすが海外からもオファーが絶えない選手だ。

わたしたちはアフラオで国境を越え、乾いて埃っぽいロメの町を目指した。町の人たちは見たところ元気がなく、塩っ気を含んだ海からの風と太陽と過酷だった時代のせいで建物も錆びつき、ペンキは剥がれ、色褪せて見えた。ヒューバートは観光客向けのホテルを指差した。もう何年も営業していないような雰囲気だったが、ここの気候はあらゆるものの劣化を促進する。営業をしていないとしても数か月といったところだろう。二〇〇五年に入って民主主義を求める暴動が起き、観光産業は急速に衰えていた。ヒューバートはわたしのバッグを取ると、台湾製のきらびやかなアクセサリーや農作物を運ぶ人の群れを掻き分けながら、先を歩いた。

ガーナでもトーゴでも最大民族であるエウェ族は、十七世紀初頭にロメ近辺に定住するようになった。この辺りには香りが芳醇で噛めば健康にも良いと言われている枝をつける木が群生していて、地元の人たちは歯ブラシ代わりによく噛んでいる。この一帯が「噛む枝の中」という意味を持つ「アロメ」と呼ばれているのはそのためのようだ。二百年にわたって、沿岸地域では奴隷を求めてヨーロッパからの侵略者が絶えなかった。ヨーロッパの人間にとって、今のトーゴは「奴隷海岸」として知られていた場所なのだ。

わたしたちはタクシーで町に入り、ドルをCFAフランに両替してくれる案内所を探して回った。やっと見つけたところは閉まっていた。次に見つけたところは愛想のない官庁といった感じのところで、湿ったダンボールの臭いがした。両替には一時間かかると言われた。

町の中心地にある建物はどれも立派で、よそ者を寄せ付けない雰囲気があり、非実用的だった。ペンキは色褪せ、プラスチック製の建具類は頼りなかった。このような建物は以前にも見たことがあった。南アフリカの黒人居住地区や、チャドや、ブダペストなど、「モダン」であることを世界に示す必要のある国が国際的な建築業者に造らせるのだ。「超モダン」と呼ばれることもある。新築の間は大統領付きのシークレットサービスが着用するミラーサングラスのようにキラキラと輝いているのだが、数か月もすれば錆びつき、剝がれ落ち、倒壊寸前となるのだ。

アクラでは、看板に書かれている文句もユーモアがあって温かかった。「毎日が喜びの日の店」「わたしの生活、わたしの毎日」「社交辞令的ヘアカット」などなど。ロメではこんな看板は見当たらない。「郵便センター」とか「国際専門家養成センター」といった看板ばかりだ。特別重要な協会の国際支局や、さらに特別重要な団体の国際事務局などもある。「〇〇開発」という看板を掲げている建物が十四棟もあった。

昼近く、ヒューバートが三方をコンクリートの壁に囲まれた小さな区画に連れて行ってくれた。一方の壁の付近では、女性が何人かで大きな鍋をかき混ぜている。その向かい側には間に合わせで作った藁葺きの休憩所があって、ソファとテレビが置いてある。ここのオーナーらしき太った男性が、衛星放送で『007オクトパシー』を見ていた。壁には顔を上に向けてぎこちなくワルツを踊る人の絵が描かれているのだが、色褪せている。手書きの矢印がバイオリン奏者を指していて、もう一つの矢印はシャンパンのボトルを指していた。ホテルの広告だ——「オテル・クリモン、十二室、全室エアコン完備、フランス語は中学生レベルまでOK」。

もう一方の壁には、このレストランの広告が描かれている。

見事な胸をしたトップレスの女性が、大皿に乗せた串焼きや大きな魚を客に出している。艶々した頬のシェフが、わたしたちにニヤリと笑いかけてきた。誰もが食べて、飲んで、笑っている。笑っていないのはヒューバートだけだ。アスリートである彼は、食べるものにうるさいのだ。わたしは魚料理を注文した。

わたしたちはそこを後にして、タクシーを探した。走っている車は自家用車よりもタクシーの方が多い。ヒューバートはいきなりタクシーの運転手と値段について激しく口論を始め、わたしたちはそのタクシーに乗ることを諦めた。ヒューバートは怒っていた。わたしは黙っていた——ヒューバートが持ちかけた金額は妥当なように思えたが、タクシー料金が法外に高いナイロビの感覚に慣れたわたしには判断が難しかった。

「あなたが外国人だからということで、ふっかけてきたんです」

タクシーの運転手が怒っていたのは、おそらくヒューバートが同じ市民でありながら自分と共謀してわたしから金を巻き上げようとしなかったからだろう。わたしたちは別のタクシーを拾って、ひどく不穏な雰囲気の建物が立ち並ぶ町を通り抜けた。至るところに警告があった。「○○禁止」「△△厳禁」……。

女性が色々と客に奉仕している手書きの広告もたくさんあった。みなトップレスで、豊かな胸をひけらかしている。全て同じ人の手によるものだろうか？　ガーナで手書きの広告と言えば、ほとんどが散髪屋かヘアサロンだった。トーゴでは、トップレスの胸だ。これはフランス的なものの一つなのだろうか？わたしの知る限り、イギリスの旧植民地で裸の胸を公の場で見られる可能性は万に一つもない。

大きな別荘や各国大使館などが続く郊外を抜ける。この辺りになると中央分離帯のある幹線道路が続く。地味な濃灰色の道路だが、これまでに見たどの道路よりも立派だ。茂みや庭園を貫いて、見えなくなるほど遠くまで続いている。かつての独裁者ニャシンベ・エヤデマが住んでいた大統領官邸に続く道だ。両側には緑の茂った庭園が広がっている。

「敷地内には動物園もあるんです」とヒューバートが教えてくれた。

他は全て、打ちひしがれて見えた。援助資金を申し出る人や観光客が紛争のせいで寄りつかなくなって以来、新しい建物が建てられることもなく、古くなる一方の建物ばかりが目立ってきているのだ。わずかばかりのペンキに、エリート政治家が乗る磨きぬかれた自動車、通りではためく旗、大統領官邸の壁、ピンクやブルーの観光客用ホテルに、ビーチでピンクやブルーのカクテルを飲むピンクやブルーのビキニ姿の女性たち。発展という幻想を抱き続ける必要は、もうないのだ。そんなものを必要としていた独裁者はもういない。

独裁者は自分が全能だという神話を世間に広めようとする。ザイールの伝説的独裁者だったモブツは、支配していた国の至るところに宮殿を建てていた。どれも大きく、蛇口は金、古美術なども展示されていて、宝石が散りばめられ、見たところヨーロッパ随一の職人たちによる技の結晶のようだった。しかし政権が崩壊すると、蛇口はクロムめっきを施していただけということが判明、壺も全てプラスチック製の安物だった。何もかもが偽物だったのだ。モブツは裕福だという神話を人々が信じ込んでいる間は、ザイールで限りない権力を保っていられた。銀行口座に金など入っていなかったという事実、記念建造物が張りぼてだったという事実、軍隊は統率も取れておらず、国を守ることなど到底不可能だったということが知れたのは、その死後のことだった。

トーゴのニャシンベ・エヤデマの場合も全く同じだった。アフリカの独裁者の中でも最も長期の政権を維持したエヤデマは、一九六七年から二〇〇五年に最期を迎えるまでトーゴを支配していた。一九五〇年代にはフランス外人部隊に籍を置き、六三年と六七年にはトーゴにおける軍事クーデターに参加している。これだけ長きにわたって権力の座に就いていられたのは、エヤデマの好き放題に目をつぶり、軍事支援を続けたフランスの存在があったからだ。

アフリカでのアメリカの所業については多くの人が語っているところだが、アメリカ以上にかつての植民地で攻撃的なまでに不当政権を支え、国家機関を弱体化させたのはフランスだ。特に、フランス製の贅沢品を愛し、フランスの軍用基地に配慮する厳格な独裁者はフランスのお気に入りだった――オマール・ボンゴはフランスからガボンに城を輸入した。中央アフリカ共和国のボカサ皇帝は、ルイ十四世にこそ相応しいというような戴冠式を行ない、最期もフランスで迎えた。セネガルのレオポルド・サンゴールもフランスで埋葬された。コートジボワールのフェリックス・ウフェボワニは、故郷に世界最大のカトリック聖堂を建設している。

ニャシンベ・エヤデマは、中でも長寿を全うした独裁者だ。彼はトーゴで二番目に大きな民族グループであるカビエ族に属していた。二十世紀前半、カビエ族の多くの若者はカラ地域北部にある山に囲まれて不毛な祖国を離れ、南部のエウェ族の農場で小作人として働くことを選んだ。裕福だったエウェ族はカビエ族を見下していたが、労働力としては欠かせない存在だった。エヤデマは権力の座に就くと、政府を忠実に支持するカビエ族で軍を構成することに着手、「親族による軍隊」と呼ばれ、武器等はフランスから調達した。

そういう経緯もあって、エヤデマはカビエ族の忠誠を集めることに成功した。周囲からの脅威を感じた時に二つのグループの扱いに大きな差異を設けることも厭わなかった。一九九〇年代に入っても、反抗するエウェ族の者たちは監禁されるなど、迫害は続いていた。カビエ族でも大統領と直接の親族関係にない者は、ほとんど恩恵を被ることがなかった。それでもエヤデマは恐怖心から、彼らを人質として利用した。ケニアの前大統領ダニエル・アラップ・モイと同じで、エヤデマも長年にわたってあまりに多くの国民の反感を買ってきたため、カビエ族の者たちはもしエヤデマによる支配が終焉を迎えた時には自分たちの立場も危うくなるのではないかと怯えてしまっている。

彼が自らの名前をエティエンヌからニャシンベ・エデヤマとアフリカ風に改名したのは一九七四年のことだった。暗殺を企まれたことも何度かあるが全て生き延び、「強力なクスリ」を持っていると噂されていた。

ワニのいる川に政敵を投げ込んだ。

子供が百人以上いる。

ロメに彼の名に因んだサッカー場がある。

西洋医学より代替療法を好む。

彼には重要な地位に就く息子が四人いる。

一人は長男のアーネストで、軍人、父の「用心棒」だった息子だ。グリーンベレーの指揮官、軍の駐屯地でも司令官を務めた経歴を持つ。父親が病気になるまでは、後継者として本命と目されていた。

そしてフォール・ニャシンベ、三十八歳。亡くなった父親に一番似ていて、「落ち着いた」性格として知られる。ワシントンDCのジョージ・ワシントン大学でMBAを取得した後、帰国、父のビジネスを手伝い、トーゴの主要産業であるリン鉱石業を家族で営む。

三番目のロックは反抗的だった。父に歯向かい、政治の世界には近づこうとしなかった。トーゴ・サッカー協会の元会長。

四番目のクパチャは、輸出入に関する検査を監督する国営機関SAZOFの元会長。

エヤデマの死後、軍はフォールを大統領に据え、クパチャは国防大臣に就任する。通りで暴動が起き、逮捕者や死傷者が出た。他の州やECOWAS（西アフリカ諸国経済共同体）はフォールの政権を認めようとしなかった。しかし亡きエヤデマが遺した政治手続きに則った選挙を行なった結果、フォール・ニャシンベが勝利する。フォールには運も味方した。社会に不安が蔓延する中、弟のロックがかつてない朗報を発表したのだ。ワールドカップへの出場である。フォール・ニャシンベは大統領職に留まり、ロック・ニャシンベは上級勲爵士の称号を授与される。

ロメにある大きな病院の前を通り過ぎる時、ようやくそれなりの商行為が行なわれているところを見かけた。病院の壁に沿って、大きなステレオ・スピーカーやドラム・セット、バナナ、「国際電話」の看板を店先に掲げた小さなキオスク、犬用の鎖、芝刈り機、犬用の鎖、スクリーンの大きなテレビが五、六台、そしてまた犬用の鎖、松葉杖、スチーム・アイロンが何台か、色褪せた東洋的なカーペットなど、中古の輸入品が並んでいた。

一時間後、ロメの市場に到着した。久しぶりに機能的で活気のある町だった。車の窓越しに両替業者が声をかけてくる──交渉はあっという間で、現金は持ち主を変える。わたしたちは車を降り、迷路のように露店が立ち並ぶ地域に足を踏み入れた。その広さに驚かされた。至るところをうじゃうじゃと人が歩き回り、場所を見つけては地面に商品を広げ、おんぼろの小さなテントを立てて露店を構えている。ストーブや電化製品を扱う店があり、西アフリカの各地域からやって来て両替を専門にしている人がいて、仕立て屋があり、靴の修理屋があり、仲介屋や修理工がいて、飲食店がある。トーゴは自由貿易地域として西アフリカの貿易商人に商売のチャンスを与え、収益を上げてきた。

西アフリカではこうした市場が何世紀にもわたって存続している。ロメにあるものは全て、有名な「ママ・ベンツ」さんたちによる運営だ。ママ・ベンツとは、運転手つきのメルセデス・ベンツに乗って、リッチな商売をする奥様方のことを指す。最近では長年の景気低迷を受け、ママ・オペルと呼ばれているようだ。

ほとんどの露店には、生地が山積みされている。よく分からない模様をあしらったものや、大胆な形状のもの、アースブラウンの生地にホットピンクの柄、ピンストライプなど、これほどたくさんの生地を一度に見たのは初めてだ。硬貨ぐらいの大きさの花柄を無数に刺繡したものもあれば、いかにも裕福な人向けといったものもある。ある露店のオーナーが、トーゴの硬貨をあしらった奇抜なデザインの生地と、その生地を使った華美なシャツを見せてくれた。身体にぴったり張りつくような素材のものや、肩にかけて使うもの、怒り肩用のもの、襟首部分に使用する柔らかいもの、結婚式用のもの、中にはすぐに破れてしまいそうな安っぽいものもあった。

風に揺られて耳元をくすぐったり、はためいたり、顔にかかる生地を払いのけながら歩く。

世界では基本的に、生地は二次的なものだ。ファッションに違いを生むのは、最終的なデザインである。しかしロメでは、何より生地なのだ。買った生地でドレスを作ったりシャツを作ったり、外出用のヘッドバンドを作ったり、スカートとトップスになったり、追加料金なしで様々に仕立ててもらえる。全ては生地次第なのだ。シルクや綿があり、オランダや中国からの輸入ものがあり、マリのボゴロンと呼ばれる泥布素材や、トーゴ北部でケンテと呼ばれている手織りの布もある。

ブラジャーを売っている店があって、わたしは足を止めた。小さな露店で、店先の小さなテーブルの上にブラジャーを積み上げ、テントからぶら下げ、あらゆるところにブラジャーを置いている。何年か前に、ケニアにやって来たセネガル人の通訳をアルバイトでやったことがある。年上の女性二人組みで、二人とも非常にふくよかで、ブラジャーを買いに行きたいので連れて行ってくれと言われたのだった。わたしたちはナイロビで一番大きなショッピングモールに行って、何軒もハシゴした。二人は手にとっては広げて見たり、ため息をついたり、大きな声を出したり、わたしはそれを若くてオシャレな店員さんにいちいち通訳するのだが、この二人のような年齢でよくブラジャーの実用面に全く関係のないことに関して臆面もなく質問できるなと驚いていたことを思い出す。最新の工学技術と正しい美的センスを融合させたサリットセンターで、わたしにはもう何時間とも思われる時間を店から店へと歩き回り、それでも旧仏領出身の二人はブラジャー一つ買えなかった。二十五歳以上であればどんな体型でも着用できるように設計された愛想のないブラジャーを勧めてくる旧英領の店員さんたちの意図が理解できなかったのだ。

わたしの国にある露店のブラジャー屋では、機能的で実用的な白いブラジャーを売っている。全てが中古品である。ここは違った。周囲を黒のレースでオシャレに飾ったストラップのない赤いブラジャーや、縫い目に沿って緑色の葉っぱがあしらってある鮮やかな黄色のブラジャー、授乳用のブラジャーのコーナーにはこれまで見たこともないぐらい大きなものもぶら下がっていた——白くて、妙で、不気味で、空気を送り込んで大きさを自由に変えられるようになっていたり、斜めにも一本か二本のワイヤーが入っていたりする。乳首の大きさに穴があいていて、その周りに黒い突起物がついた赤いブラジャーもある。その隣りには、上品なアイボリー色のコルセット。未だにコルセットを着用する人がいるなんて知らなかった。

女性の団体が急に笑い出したのは、わたしが口を開けてブラジャーに見入っていたからだろう。英語圏からの団体だ。失礼な。

ヒューバートとわたしは、一時間かけて百メートルほどしか進んでいなかった。どこを向いても商品を差し出され、ちょっと見てみろ、手にとってみろ、と言われる。ヒューバートは厳しい表情をしていた。わたしも彼の真似をした。俯いて、前に進むことだけを考えた。ようやくわたしは求めていたものを見つけた。トーゴのサッカーチームのユニフォームを専門に扱っている店だ。黄色の長袖や、半袖、ノースリーブもある。子供用のものもあって、背中には全て同じ名前が書いてあった——エマヌエル・シェイ・

アデバヨール。

　わたしは一式を選び、ヒューバートが値段の交渉をしてくれている間、近くの店を覗いたりしていた。ピンクのひらひらした服を着て上品そうな女性が、上品な笑顔を向けてきた。その女性の店は他と比べてもオシャレで、清潔なイメージがあった。彼女は衣類がはためく店にわたしを招きいれ、若い男性に冷たいミネラル・ウォーターを買ってこさせた。わたしはその店にあった一枚のシャツに目を奪われていた――「少し小さいですね」と女性は言った。しかしどうしてもそのシャツが欲しかった。彼女は気乗りしない様子だったが、「分かりました。何とかしましょう。いつご出発予定ですか？」と言ってくれた。明日ですと答えると、「仕立て屋がありますから、そこで生地を見繕って、ちょうどいいサイズに仕立てましょう」ということになった。

　その時はここに落ち着くのもいいなと思った――色々と見て回り、興味を示し、欲しいと思ったものを仕立ててもらうことができたのだ。わたしはさらに目に付いた生地を指差した。彼女は顔をしかめ、「それはどうでしょう、これは襟なしの方が生地が映えるんです。シンプルなのをお仕立てしましょう」と提案してくれた。フランス語で話す彼女の意見には、従いたくなるような力があった。気がつけばわたしはシャツを六着もオーダーしていた。皮製品を扱う人たちが、蛇やクロコダイルを使った手作りのサンダルを並べている。ありとあらゆる色が揃っていた。彼女は柔らかそうな茶色のサンダルに目をつけた。手に取って丸めたり試していたが、頷いたのは底も上等だということなのだろう。

　店の人に向かって目を細めると、「おいくら？」と訊いた。

　返ってきた答えに彼女は肩をすくめてしまった――もう興味はないようだった。値段だけの価値はなかったのだ。値段は何度か下げられ、ようやく彼女も頷き、わたしはそのサンダルを購入した。彼女はガーナ人の靴屋を呼ぶと、縫い目の部分をにかわで補強するよう頼んでくれた。そして何か含みを持たせたような目でわたしを見ている。「どなたか愛してらっしゃる方にはよろしいんですか？」ええ、そういうのはちょっと……、と言いかけると、彼女が憂うような表情になった。女性用の服！　襟に紫色のファーが付いた紫色のトップスが目に留まった。手縫いの刺繍が施されたスカートに、白い綿のトップス。わたしには妹が二人いるのだが、こういう服を着ればきっと見違えるだろうと思った。二人に二着ずつ買った。ここの安さは驚きだ。姪っ子たちへのクリスマス・プレゼントも買おうか？　弟のジムにはどうしよう？　甥っ子たちは？　ジムの奥さんにも。わたしの人生に現れた女性たち――彼女たちもこのピンクのひらひらした服を来た彼女のように、上品で強くて、そしてカッコいい女性になれるだろう。女王や王妃のように、セクシーに。わたしは彼女の店に四時間いた――そして使ったのは二百ドルほどだった。

⚽

ガーナでは、ハイウェイと併走する形でビーチが続いている。何百台ものスクーター・タクシーがわれわれを追い抜いていく。だいたい一台に五人の客が乗っていて、そのほとんどが女性なのだが、みんな実に快適そうだ。一人の女性などは、横に取りつけられたサドルに乗っていた。赤ん坊を抱いたうえでさらに買い物袋を担ぎ、髪はくくって布切れの中に丸め込んでいる。トーゴでもこういう髪型をよく見かけた。二輪の危険性など、微塵も気にしていないようだ。ビーチに行って壊れかけたプラスチックの椅子に腰を下ろし、折角の夕日を台無しにするようなギターを弾いている若者にやめるよう注意した後で、わたしたちはビールを注文した。

「あそこ――」とヒューバートは漁師たちが集まっているところを指差した。「網を引き上げているんです」長い長い網を一つ引き上げるのに、五十人以上の人が力を合わせている。

「毎日夕方になるとこれをやるのです――自宅用だったり市場に出すためだったり、もうすぐ魚を買いにたくさんの人がやってきますよ」

網を引き上げるのに、少なくとも半時間はかかっていた。何百人もの人が魚を買いに集まってきた。ギターを抱えた若者がまたやって来たが、今度はわたしたちの隣りに座っていたシエラレオネ人の集団に「帰れ！」と言われて退散していた。

ヒューバートとわたしはビーチのバーに向かった。

彼の家に戻る途中、道ばたに立っている古い看板が目に入った。以前は何か広告だったようだが、それは色褪せてほとんど消えかけ、そこに誰かが「トーゴ3―コンゴ2」とペンキでデカデカと書いていた。

ビニャバンガ・ワイナイナ

一九七一年ケニア生まれ。アフリカの作家に贈られる文学賞、ケイン賞を二〇〇二年に受賞。文芸誌『カニ？』の創始編集者。ナイロビ在住。

スペイン

Spain

ロバート・クーヴァー

Robert Coover

首都	マドリッド
独立（建国）	1492 年（統一）
面積	504,782km^2
Population	40,341,462
人口増加率	0.2%
年齢中位数	39.5 歳
出生率	10.1 人（1,000 人口当たり）
人口移動率	1.0 人（1,000 人口当たり）
幼児死亡率	4.4 人（出生児 1,000 人当たり）
平均寿命	79.5 歳
民族	南欧系および北欧系
宗教	ローマカトリック 94%，その他 6%
言語	カスティーリャ語（スペイン語）74%，カタルーニャ語 17%，ガリシア語 7%，バスク語 2% ガリシア語は全国共通の公用語で，他の言語は地域のみの公用語
識字率	97.9%
選挙権	18 歳以上の全国民
兵役	20 歳以上
GDP（一人当たり）	23,300 ドル
GDP 実質成長率	2.6%
失業率	10.4%
物価上昇率	3.2%
国家予算	3864 億ドル
軍事費	99 億 650 万ドル（GDP 比 1.2%）
第一次産業（農業）	穀物，野菜，オリーブ，葡萄酒用ブドウ，テンサイ，柑橘類，牛肉，豚肉，家禽，酪農，魚介類
第二次・第三次産業（商工業）	繊維製品およびアパレル（靴を含む），食料品および飲料，金属および金属製品，化学製品，造船，自動車，工作機械，観光事業，土石製品および耐火製品，靴，医薬品，医療機器
通貨	ユーロ

出典：「CIA 世界年鑑」2005 年 11 月版（人口統計 2005 年，経済統計 2004 年）

スペイン

Spain

サッカー協会	スペイン・サッカー協会
地域連盟（コンフェデレーション）	欧州サッカー連盟（UEFA）
協会設立年	1913 年
FIFA 加盟年	1904 年
愛称	フリア・ロハ
監督	ルイス・アラゴネス
ホームページ	www.futvol.com
スタジアム	—

FIFA ランキング	6
ワールドカップ出場回数	11
ワールドカップ優勝回数	0

1930	不参加
1934	トーナメント敗退
1938	出場申請不受理
1950	4 位
1954	地区予選敗退
1958	地区予選敗退
1962	1 次リーグ敗退
1966	1 次リーグ敗退
1970	地区予選敗退
1974	地区予選敗退
1978	1 次リーグ敗退
1982	2 次リーグ敗退
1986	準々決勝敗退
1990	決勝トーナメント敗退
1994	準々決勝敗退
1998	予選グループ敗退
2002	準々決勝敗退

試合数	45
勝	19
引き分け	12
負	14
得点	71
失点	53
得失点差	18
勝点	69
ワールドカップ通算成績　第 7 位	

スペイン、二十世紀最大の暑さに見舞われた一九八二年の夏。バルセロナの上空をおおうスモッグはまるで圧力鍋のふたみたいになり、屈折した陽光が赤々と燃えていた。小さなサリア・スタジアム（人々には「ボンボネーラ」と呼ばれ、キャンディー箱を意味する）は最上階席でも一人分のスペースに十人分のチケットを売っているかのようなすし詰め状態だった。私たちは、とりあえずスタジアムにもぐりこもうとして、一時間半前に行っていた。座る場所はおろか、飲みものを買いにいくこともできない始末で、試合が始まる頃には息をすることもできなかった。私の十代の息子は、試合が終わるまで、出口の上の階段のてすりにぶらさがっていた。ここに来るたびに、私たちは、もしムチャクチャ面白い試合じゃなかったら、近くの酒場に行って観戦しよう。こんなの馬鹿げている、といっていた。でも、私たちはいつもスタジアムにとどまった。

私たちは以前にもここに来たことがあった。一九七七年のことだ。雨が降っていた。夜で、寒かった。そのときも、私たちはスタジアムにとどまった。一番上の席で、強風が吹く照明灯の下で、ひとつの傘の下で身を寄せていた。そこが唯一手にいれることができる席だったので、降りしきる雨の中でも、うれしかった。その夜、晩秋のスペインリーグの一戦、FCバルセロナ対レアル・クラブ・デポルティーボ・エスパニョールという、この市のライバルチーム同士の戦いを観にきたのだ。ホームチームは後者で、この試合はただのサッカーの試合ではなかった。

話を八二年に戻すと、ワールドカップは二次リーグに突入していて、当地ではイタリア、ブラジル、アルゼンチンと、すべて優勝経験のある国が、準決勝進出をかけて総当りのミニリーグ（アルゼンチン対イタリア、アルゼンチン対ブラジル、ブラジル対イタリアという順番で）を行なうことになっていた。これらの対戦は、戦争が机上の議論を超越するといわれるように、日常の出来事を超越していた。

ときに私には、戦争とサッカーこそが、人類にとって唯一の普遍的なゲームではないか、と思えることがある。それらが一緒になって見られるのは、ごく少数の例外的で辺鄙なサブカルチャーにおいてだけだが（たとえば、メラネシアとか、北米のあちこちで）、つねにそれらは国民的体験の核心である。戦争のほうが、たぶんファンタジーの領域に近く、サッカーのほうがリアルの領域に近いかもしれないが、両者とも、あたかも根源的で直感的で集団的なリビドーが産みの母であるかのように、偏在性と中心性とを有している。ひょっとしたら、ふたつは同じゲームなのかもしれない。戦争もサッカーも同じプレイヤーと同じピッチを――つまり、ある部族の男性全員と、大自然のすべてを――使っていた人類の「夢の時代」からの闘争行為を、現代の、産業時代にふさわしいように儀式化したもの。いまなお、両者はしばしば互いの中に溶けこむことがある。サッカーの監督が「宣戦布告」をしたり、将軍が戦場でサッカーの戦略や用語を使ったり、戦争に似た暴力がサッカーのピッチ上に侵入し、そこからスタンドに、地域社会にひろがったりする（国境の緊張とワールドカップの出場資格を争う情熱が重なって、一九六九年のホンデュラスとエルサルバドルのあいだの試合は、悪名高い流血の「サッカー戦争」へと発展した――皮肉にも、この二チームは八二年の出場決定戦を行なうことになったが、ふたたび、というか、まだ銃撃戦を繰りひろげていた）。兵士たちは褒美のようにチームカラーを身につけて戦場に向かうか、それとも一時休戦中の無人地帯で、敵の役をつとめるかするし、ファンクラブはよく「軍隊」と呼ばれる。

ピッチ上の戦いと、現実の戦争や反乱が分かちがたく絡みあうなか、二〇〇六年のワールドカップでは、イラン対アメリカあるいはイングランド、セルビア対クロアチアといった宿敵同士の試合が見られるかもしれないが、一九八二年夏に戦争といえば、それぞれがマルビナス諸島、フォークランド諸島と呼んでいる不毛のピッチをめぐって、アルゼンチンとイングランドが繰りひろげた戦闘が思い出される。両者はワールドカップにも出場していた。この戦争のせいで、前回大会の覇者であるアルゼンチンの前に暗雲がたちこめていた。ファンは国に足止めになり、資源は底をつき、死傷者の数はうなぎのぼりだった。代表チームも国家も士気は下がりっぱなし、なんとかメンツを保つことができる結末への希望も萎みがちだった。しかしながら、ワールドカップの開幕試合アルゼンチン対ベルギーの前夜に、アルゼンチン政府は、差し迫った壊滅的な敗北を目前にして、戦争をもう一日引き延ばすことにした。なんとしても、この試合をテレビの生放送で島を死守する自国の軍隊に送り届けようとして、奇跡を願うのだった。しかし、アルゼンチンはさらに数名の同胞を失うだけで、世界にかれらの悲しみを共有させただけだった。アルゼンチン代表は、その日勇気をもって戦ったが銃弾はもっていなかった。そのガチガチの、慎重を期した、いくぶんな退屈な試合で、唯一ゴールを挙げたのはベルギーだった。その数時間後に、アルゼンチンはイングランドに降伏し、アルゼンチンの兵隊はテレビのスイッチを切って、意気消沈したファンよろしく島をあとにした（若干の市民が抗議行動を行なったが、すぐに姿を消した）。暫定政府のリーダー、レオポルド・ガルティエリ将軍は「辞任」して、それは多くのナショナル・チームの監督の運命を予感させた。ロンドン『タイムズ』紙は、笑いを抑えたシリアスな口調でこう報道した。フォークランド戦争を指揮した上官の中で、ジュリアン・トンプソン准将が「マン・オブ・ザ・マッチ」に推された、と。

開幕試合で恥ずかしい思いをしたあと、アルゼンチンはつづく二試合で勝利をおさめ、二回戦にコマを進めることができ、面目を保つことができた。ブラジルは二次リーグのこのグループの本命で――現に、八二年のワールドカップではダントツの優勝候補だった——伝統のライバル同士の一戦は、「ラテンアメリカン・ファイナル（南米決戦）」と喧伝されていた。勝ったチームがそのままトロフィーを獲得してしまうだろう、と。イタリアはそれほどぱっとしないチーム相手に三試合連続の引き分けで、二次リーグに進出してきて期待薄だったが、鉄壁な守備をほこり、つねに番狂わせを起こしかねなかった。まさしくそれが第一試合で起こった。アルゼンチンがイタリアに2対1で敗れ、屈強な男たちへの信頼、美を凌駕する技術、「消極的な」サッカーの勝利などと称された。マスコミはその後、イタリアの情け容赦ない乱暴なプレイを非難した。「アンチ＝サッカー」と、マスコミは呼んだ。「守備なのか殺人なのか、区別がつかない」と。もっとも、あとになってマスコミの記憶はもっと寛容になるのだが（人生と同じように、過去には結末がない）。明らかに、灼熱の太陽の下で、イタリアの選手の粘り強い、気持ちの入ったプレーはすばらしく、アルゼンチン人のプライドはこなごなに打ち砕かれた。

たぶん、この気持ちの入ったプレイが、サッカーチームの戦績を国益に結びつけようとする普遍的な傾向と相まって、雨と風の中の、あの夜の試合を思いださせたのだ。クレスこと、バルセロナの「デカ尻」（そう呼ばれるのは、その昔、ファンが後方にフェンスのない自由席に座り、通行人たちにファンの尻ばかりが見える光景を提供し、それが何世代にもわたって漫画家たちによって描かれてきたからだ）と、エスパニョールの「インコ」との世紀の一戦だ。それは、一九七七年のことだった——新しいカタルーニャ暦によれば、ＡＦ《アフター・フランコ》（フランコ体制後）一年ともいえたが、「デスタペ」（コルクがポンと開くこと、物事の始まり）の多幸症めいた年で、全国規模でフランコ体制の瞬時の解体、政治犯の大赦、共産党の合法化、自由な労働組合、爆発的な出版状況と「ポルノ革命」、共和国以来久しぶりの一般選挙があり、カタルーニャでは新しい文化ルネサンス、路上のサルダーナ踊り、「ヘネラリタート」こと、カタルーニャ自治議会の復活などを見た。執行部は、市民戦争の終結後、外国に亡命していたが、七七年の秋のハイライトは大統領ジョゼップ・タラデリャスがほぼ四十年におよぶ亡命に終止符を打ち帰国したことだった。それはバルセロナの空港や路上や広場で始まり（まるでかれらの集団的な記憶からカスティーリャ人によるつまり、外国人による屈辱を払拭するかのように、フランコ独裁以前のカタルーニャの名前が復活するの——だが）、そして最後に、FCバルセロナのカンプ・ノウで起こった。そこは、この市の「カタルーニャ教」の聖なる寺院であり、信者がフランコ時代を通じて隔週の日曜日ごとに集まり、象徴的な、そして騒がしい抵抗をしめす場所だった。

「メス・ケ・ウン・クルブ」、すわなち「ただの一クラブ以上の存在」が、バルサのモットーであり、ぎゅう詰のスタジアムに立っていれば、その意味は容易に理解できる（サポーターがオーナーである、世界で二番目に大きいクラブで、会費を払う十二万人の会員のほかに、何年も待っている会員候補者たちが大勢いる。八二年のワールドカップ直後に行なわれたその年のチーム撮影だけで、約五万人——古びて小さなエスパニョールのスタジアムだったら、とても入りきれない——が撮影を見にきた）。その日、それまで無法者でならしてきたカタルーニャの「セニエレス」の赤と黄色のストライプがはためき、そこに赤紫と青のストライプのバルサの旗が織り重なり、タラデリャスが大統領席に入り、ほとんど泣きださんばかりの理事会のメンバーと長い抱擁を交わすと、耳をつんざくような喚声がわきおこった。それから、感情に訴えるような熱い紹介があったあとで、タラデリャスは震える声で、かれ自身一バルサファンとして過ごした二十代、三十代の頃の思い出を語った。そして、喉に詰まった声で、「ビスカ・エル・バルサ！ビスカ・カタルーニャ！（バルセロナ・サッカー・クラブ万歳！カタルーニャ万歳！）」と、締めくくったのだった。そこで、皆が一斉に立ちあがって、長く禁止されていたカタルーニャ賛歌「エルス・セガドールス」を歌った。タラデリャスはクラブから招待を受けていて、もしクラブがその日、カナリア諸島のラス・パルマスとの試合で勝つと約束してくれるなら、観にいくといっていたのだった。最初の四十五分、試合は0対0のこう着状態で、まるでタラデリャスを失望させるかのようなゲーム展開だったが、後半十五分になって、まるで居眠りしかけていた老人というべき、バルセロナは、ペナルティキックをひとつならず、ふたつ連続で与えられてびっくり仰天。そして、そのまま士気の落ちたラス・パルマスを5対0で撃破したのだった。ベンビングト（ようこそ）、大統領！

私はFCバルセロナのちょっとしたファンだった。義理の父が下部リーグ、タラゴナのヒムナスティクのチーム・ドクターで、しかも熱心なバルサ・サポーターでもあり、五〇年代後半に私はよく試合に連れていってもらった。実をいうと、最初、私の興味をひいたのは、サッカーの試合というより、毎年、バルセロナとレアル・マドリードとの政治的な試合が生みだす驚くべき感情の強度だった。左翼の人間は、しばしばサッカー（実際、観客のいるあらゆるスポーツ）に反対する。ブルジョワが労働者階級を操作し搾取するだけでなく、自由と正義への戦いといった外部に向かうべき情熱を、贔屓のチームへの応援という内部に向かうにせの戦いと満足感に向けてしまうからだ。いわば、情熱をリアルなものから、人工的で、ただのシンボリックなものにそらし、その間に小銭が動くという按配だ。確かにそれは正しい意見かもしれないが、実は、フランコ独裁時代に、ひそかに地下の社会党や共産党に入党していた若者は全員、筋金入りの狂信的バルサ・ファンだった。ファンの立場からの解放はない。だから、それはかれらが生きていくうえで学ばねばならなかった逆説だった。

「不思議なことだけど」と、そんな共産主義者である作家仲間がランチをとりながらいった。アルゼンチン対ブラジルの試合の二時間前のことだった。「どれもこれも混ざり合って。あらゆる壮大な思想が、われわれがそれからリアリティを得ようとすると、両義性を帯びてくるんだ。フランコ政権下じゃ、もっと明快だった。フランコに反対すれば、気持ちよく暮らせた。おそらく、いま世界はずっと壊れやすくなっているようだし、この宇宙はずっと身近なものになってきているようだけど、ずっと敵対的でもあって。きみのところの宇宙飛行士だって、月でゴルフをしたとき、自分が何をしてるのか、わからなかったみたいだし。そんなとき、きみが絶えず舞い戻るのは、きみの家族だったり、きみの村だったり、きみの文化だったりする。それと、きみのサッカー・クラブだったり」

「それと、ワールドカップかな?」と、私は訊いた。「これまで、すばらしかったんじゃないのかね?」

「スペインにとっちゃ」と、友人は肩をすくめた。「まったくの災難さ。スペイン人は子供同然なんだ。われわれは、世界がわざわざ向こうからやってきて金をめぐんでくれる億万長者でいっぱいだと思っている。たとえ他人から金を盗んだり他人を騙したりしても、それでもわれわれは愛してもらえると思っている。われわれはいまだに神秘主義者なんだ。奇跡を期待するし、いまだに罰を受けることをうれしがる」。

友人はそこで腕時計にちらりと目をやった。「キックオフ二時間前だ」と、悲しそうな笑みを浮かべた。そう、すでに出かける時刻になっていた。さもないと、チケットがあろうがなかろうが、試合を観戦できなくなってしまう。蒸し暑い戸外に出て、渋滞が始まる前にバスに乗り込み、サリア・スタジアムの周囲にぎっしり詰めかけた観衆の中にもぐりこむのだ。

ラ・ボンボネーラは、バルサのカンプ・ノウとは雲泥の差だ。カンプ・ノウでは、ベルギー、ロシア、ポーランドが準決勝進出をめぐって戦うことになっていた。十二万人を収容する巨大スタジアムには、慎重に選別された八百十九人のポーランドのファンのために有り余るスペースがあり（その半数がすでにスペインとポーランドの間のどこかで離脱していた）、同じくらいの数のベルギーのファンがいて、そして私の知るかぎり、ロシア人は一人もいなかった。何年も後のバルセロナ・オリンピック後に、エスパニョールはそのオリンピック・スタジアムを引き継ぐことになっていた。でも、八二年には「キャンディ箱」がかれらのスタジアムだった。もちろん、本拠地の移動という案を実現するには、計り知れない反対意見が世界にも地元にもあった。ファンに希望のチケットを与えるという気前のいい側面はいうまでもなく、チケットの売上げは少なくとも三倍になるはずだった。しかし、エスパニョールはプライドが高すぎた。クラブ史上これほど重大な局面はなかったし、クラブも政府のいいなりになるつもりはなかったのである。おまけに、理事の一人がたまたまスペイン・サッカー協会の会長でもあった。だから、それは最初から絶望的な案だった。

いままで述べてきた二つのチームの歴史的差異を把握するのは重要なことだ。バルセロナはつねにスペインの商業と産業の中心地であったが、「アペルトゥラ」（開始）——フランコ時代の弱々しい終幕の十年間に、スペインをこじ開けようとした新しいテクノクラートたちによる活動——という好景気の主たる受益者だった。観光、産業、銀行、ビジネスのすべてがバルセロナに目を向けた。この都市は豊かになればなるほど、大きくなっていった。一九七七年までには、人口は二百万人近くに膨れあがり、住民の全収入額でいうと、スペインの五十州の中でトップであった。もちろん、新参者はカタルーニャ人ではなかった。移民がより貧しい南の地方から新たな富の欠けらを得ようとやってきた。建築業で働く非熟練工として。かれらはここにやってきたとき、あまり歓迎されている気がしなかった。「シャルネゴス」と呼ばれ軽蔑された。社会の最下層階級を形成し、そこに暮らして、貧民からプチブルへと階段を昇っていった。新参者は、カタルーニャ人がこの土地の言葉（新参者には、粗雑な遠吠えに聞こえる）を自分たちを攻撃する武器として、秘密の暗号として使う傾向があるのに気づいた。FCバルセロナの試合にもぐりこむのは難しかった。たとえもぐりこめたとしても、よそ者意識を味わうだけだった。おまけに、チケットは値がはった。そこで、エスパニョールに流れていった。そちらのクラブはわかりやすい名前をもっていたし、だれでも受け入れた。優しい言葉をかけてくれた。ファンはクラブを「エース・パン・ニョー」と呼び、そうすることで人々の心を和せた。クラブ経営は中道的で、反カタルーニャ的だといわれた。いまより小さなスタジアムで、ちょっとみすぼらしく壊れかけていたが、迷子になることはなかった。しかも、チケットの値段はずっと安かった。

かくして、カタルーニャのふたつのライバルチームの関係に、新しい次元が加わった。バルセロナはカタルーニャ主義、知識人、エリート、金持ち階級を代表するクラブとなり、一方、エスパニョールはナショナリズム、伝統的なヒエラルキー、労働者階級、移民、貧民を代表するクラブとなった。盛りあがりを見せた一九七七年の秋のシーズンで、この二チームによるカタルーニャ・ダービーは、タラデリャスの帰還の二週間後に組まれており、見逃せない一戦だった。

⚽

七〇年代のふたつの偉大な南米チームによる、八二年のセンセーショナルなマッチアップを上回る試合は他にない。小さなスタジアムなのに、チケットは異常なほどの売れ行きだった。私たちがもっている入場券は、路上で数百ドルで売られているといわれた。私たちは、チケットを高く買ってやるというダフ屋の呼びかけにも耳をかさずに、明るく印刷されたその宝ものを手にして、わくわくしながらゲートを抜けていった。その頃、自国のナショナルチームが屈辱的に消えていくなか、スペイン人のほとんどがブラジルファンとなっていた。サリア・スタジアムはブラジルの黄金と緑の色に染まっていた。バスケットボールのコートぐらい大きな旗が、フィールドの一角を占めていて、凧が飛び、風船があがり、無数の太鼓が休みなくサンバのリズムを刻んでいた。ブラジルにとってはホームゲームのようだった。五四年の決勝でハンガリーが人気を独り占めして以来久しぶりのことだった。それというのも、ブラジルが完璧な成績を残して勝ち残ってきた唯一のチームだからではなく、ただ美しいサッカーをやるからだった。ブラジルが一回戦でソヴィエト連邦を下す前に、ペルーの作家、マリオ・バルガス・リョサがスペインの日刊紙のコラムで、サッカーのピッチを（私の誤解だろうか。ひょっとしたら、人類にとってふたつしかない普遍的なゲームとは、セックスとサッカーかもしれない）「そそられる緑の柔毛《にこげ》」が生えた巨大な恥部に喩え、ゴールを「選手やチーム、スタジアム、国、人類のすべてが一気にその活力を放出するオルガスム」に喩えていた。リョサはさらに考察をふかめ、もし各国が「その得意の性技にしたがってプレイを」すれば、ブラジルは「急がず、あちこちをちょこちょこ刺激して、蹴る前にボールをやさしく抱擁する。ボールと自分を切り離しがたく、ボールをゴールに蹴りこむ代わりに、ボールと一緒にゴールの中になだれ込むことを好む。対照的に、ロシアの選手は悲しげでメランコリックで乱暴で、予測できない自己矛盾の感情に身をゆだね、ロシア人とボールの関係といえば、スラブの詩の中で歌われたスラブ人とその恋人との関係をほうふつとさせ、別れを嘆くさいに、つねに弾丸《シュート》の音がついてくる」と、述べた。

ブラジルの試合前のウォームアップを見ているだけでも、わくわくしてきた。甘い感覚の世界に潜っていく感じだった。素晴らしい、休むことを知らない「カルナバル」、お祭りだった。私たちもその一部に加わりたかった。カナリア色のシャツを着て、シルキーの旗をもって、ドラムを打ち鳴らしたかった。なによりも、私たちはジュニオール、エデル、ファルカン、ジーコなどと一緒にフィールドを駆けまわりたかった。実に簡単そうだった。ボールは選手たちの足もとをささやきかけながら、滑らかに流れてゆく。まるで交霊術のウージャ盤のマーカーよろしくそれ自体の霊を宿しているかのように、チーム全体の超絶的な意識（これは、並外れて大きいキャプテンのソクラテスの黒い毛むくじゃらの頭から放出されているように思えた。かれは中盤を穏やかに動きまわり、まわりの選手より頭ひとつ、ふたつ抜きでていた）によって、興奮させられたり導かれたりして、ときどきインスピレーションを得た走りや即興的で空想的な飛躍を行なう選手のもとに送られる。アルゼンチンは気持ちを入れて自分たちのショーを繰りひろげて、こうしたブラジルの魔術に対抗したが、無駄だった。ゴールはジーコ、セルジーニョ、ジュニオールが記録したが、すべて共同作業だったので、ゴールキーパーにもその栄誉を与えたいほどだった。ラモン・ディアスがアルゼンチンのためにゴールをあげたが、焼け石に水だった。ブラジルのお祭りはそこから路上へ、世界中に広がっていった。ブラジル本国では、ちょっとやりすぎたようで、二人の死者と六千人のけが人が朝までつづくお祝いの最中に出てしまった。

かくして、イタリアとブラジルは互いにアルゼンチンに勝利して、決定戦へと進んだが、ブラジルのほうがゴール数の差で有利に立っていた。ブラジルが準決勝に進出するには、引き分けでよかった。圧倒的な有利に立っていたものの、ブラジルはもはやスタジアムを独り占めできなかった。イタリアのサポーターが国境を越えて、海岸をくだって、この小さな丘陵地帯になだれ込んできた。ひどい過密状態を引っ掻きまわし、狭い穴にもう一人天使の入りこむ余地がつねにあるということを、もう一度証明しようとしていた。ある者は仕事を辞め、またある者は商売を切りあげて、家族で休暇をとってきていた。かれらにいわせれば、どうせイタリアじゃ何も動いちゃいない。ジョヴァンニ・スパドリーニ首相の政府は、天災のような三試合連続の引き分けの最中、崩壊の危機にあったが、たぶんその地位を脅かす者がいなかったせいか、このたびの朗報で、なんとか持ち直したように思えた。

いざ試合が始まってみると、イタリアがパオロ・ロッシのシュートで最初のゴールを決めて、首相はシーザーのような英雄にさえなれたかもしれなかった。だが、ブラジルは以前の試合でも先に相手に得点を決められていて――一回戦でロシアとスコットランドの両方に――それでも、最後には勝っていた。それがほとんどブラジルのパターンになっていた。あまりに思いやり深くて、相手から挑発されないと敵のプライバシーを侵せないと思っているかのようだった。まさに敵に挑発されて、ソクラテスがセルジーニョに二、三度絶好のチャンスをお膳立てしたが、この図体のでかいフォワードは他のチームメートのレベルに追いつけず、無残にもシュートを外した。とうとう、ロッシのゴールから約五分後に、長身でひげのキャプテンは、事態を自分の手中に収めようとした、いや自分の足で収めるか。あたかも夕方の散歩に出かけるかのように、すたすたと中盤から中に入り込んでいき、ジーコと巧みなパス交換をして、それでイタリアのディフェンダー、クラウディオ・(「黒いケダモノ」)・ジェンティーレはまごついた。ソクラテスの放ったシュートは、横に飛んだキーパーの伸ばした手とニアポストのあいだに見事に吸い込まれて、同点となった。それから試合は、中盤でボールが行ったり来たりして、激しいボールの奪い合いになった。ある場面は大向こうを唸らせたりしたが、別の場面は(ジェンティーレはクレバーなジーコの足を狙ってリベンジをはたし、反則をとられた)そうではなかった。それから、前半もなかば過ぎるころ、ブラジルのディフェンダーの一人が、明らかにロッシを見失っていたようで、何気なく他のディフェンダーにロングパスを送った。それをロッシがインターセプトして、ペナルティエリアの端からブラジルのゴールキーパーを抜くシュートを放った。これはロッシを八二年のワールドカップの得点王に押しあげ、この試合のベストプレイヤーにしそうなゴールだったが、皮肉にも（皮肉はサッカーの底流にあるものなので、悪いものではない）そのとき私に思えたのは、ロッシがゴールの近くに残っていたのは、体調が悪いからじゃないかということだった。気温が高く、かれは二年も試合から遠ざかっていた（この有名な「バンビーノ・ドゥロ（金のバンビーノ）」は、賄賂と八百長試合をめぐるスキャンダルで逮捕され、数週間前まで刑務所に入っていた）。いきなり三日おきに試合があるタフな連戦に参加して、あまりにへとへとで、動けなくなっていた。もしブラジルの守備陣がちょっとだけ押しあげていれば、簡単にかれをオフサイドにすることができただろう。イタリアの監督はロッシを引っこめる決断をくだしてもよかったが、逆にロッシがイタリアの新しい国民的英雄になってしまった。前半が終わって、イタリアが2対1でリード。有利なはずのブラジルはあぶなくなった。

私たちのまわりには、恍惚となったイタリア人サポーターが午後の盛りの熱気を浴びて上半身裸で、短パンひとつの格好になり、赤と白と緑の国旗をトーガ風に体に巻き、スカーフや可笑しな帽子をかぶり、叫んだり、歌ったり、咆えたりして、一見あの世へ運ばれてしまったかのようだった。確かに筋金入りのサッカーファンには、どこか不思議なあの世の雰囲気がある。自分の贔屓のチームのカラーか、ナショナル・カラーを身につけ、エアホーンやホイッスル、トランペット、ドラム、クラッカーで奇妙で攻撃的な騒音を出しつづけ、聖なる名前を（「イー・ターリ・ヤー！　イー・ターリ・ヤー！」）叫び、礼拝の歌を繰り返したり、歴史的時間と地理的空間から脱けでて、無時間的で求心的なある種の祝祭のトランス状態に入りこんでいた。観客というより、ある聖餐式への列席者のように見えた（サッカーと宗教か？　それとも、戦争とセックスと宗教の三つだけが普遍的なゲームで、サッカーがちょっとだけシリアスなのか?)。現に、かれらは絶望かそれともエクスタシーにひたる中で、しばしば目でゲームを見るのではなく、盲目的で非合理的で奥深く無垢なレベルで試合を経験する。技術や哲学や、敵の長所、試合の特長などには、ほとんど興味がない。ここにやってきたのは、あれこれ思案したり観戦したり楽しむためではなく、参加してひれ伏したり苦しい修行をするためなのだ(真のサポーターがいうように、信仰を守りぬくには苦痛が伴うのだ。「サッカーは楽しい」と、だれかがいった。「試合がなければ、だけど」)。儀式を自分の中に取り込み、それを内なる対立として体験し、肉体の健康や病気を実感するみたいに、両チームの動きを、変化しつづけるパターンを実感し、試合と、ピッチと、選手たちと一体となる。

サッカーの神秘的な力、世紀の一戦をめぐる恍惚状態、他のスポーツを圧倒する世界的な普及などについてなされた専門的な説明は数限りなくあり、あるものは、サッカーの中に先史時代の儀礼的狩猟の再演を見たり、またあるものは母権制の夢を、成人の儀式を、失われた黄金時代の牧歌的な夢を見いだしたりしている。これらに若干似ているが、サッカーには内在的な演劇性も存在する——アメリカの大げさなハーフタイムショーではなく、罪と報いをめぐる内なるドラマ、美徳の試練、展開や結束の追求、逆説的な力同士のぶつかり合いなどだ。サッカーはよくギリシア悲劇に喩えられたり、結末のない道徳劇に喩えられたりする。得点を挙げることの難しさ(したがって、明らかに実力の違いがあるチーム同士でも、勝利の確率の低さや、幸運の神が突然向きを変える危険性が生じる)が、サッカーの演劇性を高め、つねに最後のホイッスルが鳴るまで、大団円が——あるいは集団的カタルシスが訪れるのを妨げる。と同時に、最後のホイッスルが鳴るまで、休みなく流れる時間の暴君から解放されることもない。いったん試合に入り込んだら、出られないのだ。選手はその時間の流れとともに生き、リズムを刻み、アドバンテージを追い求め、自分の技術を披露する。精神は変化する展開パターンの中に閉じ込められ、観客も選手ほど精力的ではないが、この経験を共有する。

それゆえに、サッカーに夢のような特性が、非歴史性が生まれる。人の心に最後に焼きつくのはデータではなく、動く肉体たちの印象的なイメージである。試合について、コーナーキック、シュート、ゴール、セーブなどを除けば、重要なものは統計的な数字で表すことができない（公式記録を残すというアメリカ人の努力は賞賛に値するが、だれがゴールを挙げたかというのは、テレビのリプレイをもってしても、ときにまったくの謎なのだ）。数字ではサッカーそのものについて何も語ることができない。試合に勝つ選手とは、フィールドの反対側のスペースに動く選手であり、ディフェンダーをひきつけ、相手の守備陣に新しい陣形を強いて、それまで不可能であったゴールをほとんど不可避なものに変え、しかもそのことにだれも――本人自身ですら、気づかない。すべては語りであり、ゆえに主観的なのだ。試合の記事でふたつと同じものはない。ゴールの記事でさえ、しばしば新聞によってまちまちだ。それぞれが物語であり、両義的な隠喩の連続であり、個人的な啓示が信仰の言葉で表現される。私の知るスポーツで、サッカーほど「パターン」や「リズム」や「ヴィジョン」や「理解」のような無形の流れを表わす言葉で語られるものはない。それらはみな幻かもしれないのに。と同時に、サッカーはとてもシンプルなスポーツである。夢のように、子供じみていて……。

一九七七年の秋の夜、寒く強風が吹いていた。照明に映る雨は滝のように落ちてくる。暗闇がもうひとつの傘のように私たちの上に降りてきていた。だが、とてつもない興奮を感じているのは私たちだけではなかった。小さなスタジアムは満員に膨れあがり、エスパニョールの青と白の旗でいっぱいだったが、カタルーニャの旗「セニエレス」もいっぱいあった。「セニョール・タラデリャス！　われわれもカタルーニャ人だ！」という巨大な垂れ幕が片方の端に飾られ、そのメッセージが試合の始まる前にスピーカーから、ずっと流暢に何度も流れてきていた。それまで当地の人々の心が傷つけられてきたのは、明らかだった。ついちょっと前にカスティーリャの占領軍によって、その後、南からの移民たちによって贔屓にされたエスパニョールは、もともと一九〇〇年、FCバルセロナが創設されてからほんの数か月後に、カタルーニャの学生たちによって創設されたクラブだった。この国のサッカーの草創期において、他のほとんどのチームは、サッカーをスペインにもたらした外国人たちで成り立っていたが、エスパニョールはカタルーニャ人を含む、最初のナショナルチームだった。

いま両チームは同等ではなかった。FCバルセロナは、オランダ人の高額の傭兵ヨハン・ニースケンスと世界的に有名なヨハン・クライフを擁し、首位を走る宿敵レアル・マドリードを3ポイント差で追いかけていた。一方、エスパニョールは最下位で、二部への降格を免れようと必死だった。敵の領土でも、FCバルセロナはポイントが欲しかった――必要としていた。エスパニョールも同じだった。FCバルセロナにとって、栄光を手に入れるチャンスだった。エスパニョールにとっては、生きるか死ぬかの瀬戸際だった。主審のペス・ペレスは若く、人々のいう「ニューウェーヴ」の一人で、レフェリー業をプロ化すべく活動している社会主義者だった。

ペス・ペレスはこの試合に自分の刻印を押すのに片時も無駄にしなかった。エスパニョールには、ジェレミアスという名のブラジル生まれの黒人フォワードがいて、かれのプレイには卑怯なところがあった。

いた。ペス・ペレスは現場を見つけ、反則を与えたが、バルセロナのディフェンダーで宿敵のファンホは、堪忍袋の緒がきれて、ブラジル人にキックを浴びせてしまった。ペス・ペレスは即座にかれを退場処分にした。試合が始まってまだ十分もたっていなかった。みなの頭に血がのぼり始めた。エスパニョールのファンは、傷つき苦しんでいたが、突然生き血を味わったヴァンパイヤーみたいになった。生き血は甘かった。革命だ！　観客は立ち上がっていた。敵が一人足りなかったのに、エスパニョールは攻撃する自信を欠いているように見えた。昔ながらの習い性か。それとも、ひょっとしたら、危機意識が強すぎたのかもしれない。二部への降格は死を意味する。そうした恐怖が一瞬選手たちを凍りつかせたように思えた。それに対し、ゲームを支配したのはクライフだった。ヨハン大王。かれの中盤での動きは大雨にもかかわらず、優雅で明晰で驚異的だった。絶好調で、観ていて見事というしかない。これはたぶんこのシーズンで、かれのベストゲームだった。エスパニョールのディフェンダーたちはかれに追いつけず、押し倒すしか手はなく、ペス・ペレスに反則をとられた。そのうちの一人が、試合が始まって三十分あたりで二度目の反則をとられ、フィールドを去らねばならなくなった。そこで、両チームは十人同士になった。クライフは、むろん、それまで以上に自由なスペースを見いだした。バルセロナはいまやボールを圧倒的に支配し、エスパニョールはゴールキーパーの見事なプレイのおかげで、ようやくハーフタイムまで無得点で凌ぐことができた。

ハーフタイム以降、嵐はひどくなった。一番上の席からだと、ピッチはときどきほとんど見えなくなった。だが、私たちはとどまった。大勢のファンもとどまった。興奮に包まれた。それは怒りに似たものだった。「カサ・ラビア」、すなわち怒りの館というのは、このスタジアムにつけられたもう一つの愛称であり、だんだんその正体があらわになってきた。そうした中で、時が、冷たく雨を含んだ風みたいに過去から立ちのぼってきた。フィールドでは、主審のホイッスルにもかかわらず、いまだに押したり蹴ったりが引きも切らず、群集からはカタルーニャ人の報復心をこめて、シャルネゴ方言で大きなヤジが飛び、選手をけしかけていた。「売女どもをおし倒せ！　お前のブーツをあいつの口に入れてやれ！」地面は重たく、選手の軽妙な動きを難しくしていた。多くの選手は足を取られ、うつ伏せに倒れていたが、クライフだけは例外で——後半に入って二分と立たぬうちに、ディフェンダーを振り切り（敵が膝まで泥に浸かっているのに、かれは泥の中をすいすい進んでいくように見えた）、弾丸のようなシュートを放ったが、ゴールキーパーの見事なセーブがエスパニョールを救った。試合が終わるまでに、クライフはそのようなシュートをさらに十本以上放ち（だれかが説明してくれたことがある。雨の試合だとゴールキーパーが有利だ、と——雨がボールのスピードを減じさせるのだ）、エスパニョールには不安を、バルセロナには苛立ちを募らせた。ジェレミアスは敵を肘でついたり陰でこずいたりして、ニースケンスや他の選手が報復に出たが、残念ながら、ペス・ペレスは後ろに目はついていなかった。それでも、たくさんのラフプレイを目撃し、いつも以上の反則を——この試合では全部で十個も、与えていた。バルサの選手がある動きを見せると、「暗殺者たち！」と群集が悲鳴をあげた。「豚野郎！　けだもの！」と。ついに、終了十五分前ごろに、バルセロナのニースケンスが降りしきる雨の中をノーマークで駆けあがり、ゴールエリアの端からヘディングで強烈なゴールを決めて、0対0の均衡を破った。「デカ尻」ことバルセロナのファンは、一斉に「ビスカ・エル・バルサ！（バルサ万歳！）」の喚声をあげたが、すぐにホームのファン、血を求めてクォクォと鳴き叫ぶずぶぬれの怒りくるった「インコ」の声によってかき消されてしまった。クライフが、反則をおかして自分のパンツを脱がしたエスパニョールのディフェンダーを後ろから打ちのめした

（両者とも反則を与えられた）とき、「インコ」は、「その汚《きたね》ー奴を殺せ！　奴の脚が欲しい！　クライフの脚をよこせ！」と、叫んだ。終了四分前に、ニースケンスが自陣のペナルティエリアの近くで、ラフプレイの反則をおかした。スタンドからは厳罰を要求する声があがり、フィールドでは一瞬乱闘になりかけた。エスパニョールの選手たちは、明らかにニースケンスに腹を立てていた――だが、主審のペス・ペレスは事態をうまく収拾。エスパニョールにフリーキックが与えられ、バルセロナのゴールキーパーがパンチングで防いだが、エスパニョールのストライカーがこぼれ球をハーフボレーで叩き、1対1の同点にした。スタンドはにわかに騒然となった。観客は総立ちになり、葉巻きを空中に投げたり、奇跡を願ったり、まるで空気ポンプ仕掛けで動いているみたいに傘が上下した。両チームの選手は決勝ゴールをあげようと入り乱れた。とりわけ、バルセロナは試合を圧倒的に支配してきたのに、いままでは盗難にあったような気分だった。選手たちは全身泥だらけで、ずぶぬれで、切り傷だらけ打撲だらけだったが、プレイをやめなかった。あたかも自分の命がこの試合にかかっているかのようだった。群集も喚声でそのとおりだ、とほのめかした。ニースケンスは骨の見えるごつごつした肘を突き出して、ゴールに向かって泥の中を突き進み、エスパニョールの選手の一人がファンの喚声をまともに受け取ってタックルに行き、かれの脚を骨折させたのだった――それから、ニースケンスがプレイを止めて、サイドラインの付近で痛みにのたうちまわっているところに、ジェレミアスが追い打ちをかけた。これはやりすぎだった。試合開始直後に退場させられていたバルセロナの選手、ファンホは控え室に戻らずこっそりベンチに隠れていたが、ベンチから飛び出てジェレミアスに飛びかかった。ただちに両チームの選手が、トレーナーから何まで加わって、正真正銘の乱闘になった。大雨の中だったので、まるで泥レスリングのようだった。ファンはスタンドとピッチを隔てる金網をよじ登って、乱闘に加わろうとした。それは見るからに愉快な光景だった。それがようやく終わると、ペス・ペレスはこれまでに十分反則カードを切ってきたと思ったか、この乱闘を見逃した。「見てなかった」と、主審はにやっと笑い、ゲームを進行させた。それから二分後に、試合は1対1の引き分けで終了した。フィールドから選手がいなくなるまで、ほとんどだれも席を立たなかった。試合が終了したなんて、信じられなかった。まるで、すばらしい夢から目覚めたかのようだった。

⚽

フィールドを見ると、すでにハーフタイムの休憩をとったブラジル、イタリアの両チームが姿をあらわしていた。すでになじみの黄金と青のふたつの陣形が、陽光を浴びたピッチの上できらきら輝き、移動していた。まるで緑の黒板の上で図形を描くように、ボールは唯一の可能なつながりをチョークで描いていた。イタリアは先端のロッシへのなめらかなくさびを使い、他の選手は波線型の壁へと引いていた。ひとつに溶け込み有機的で、実に安定していた。唯一、ときどき逃げた粒子のように、ウィングが一か八かで走ったりした。ブラジルはボールという生物を大事に抱きしめ、幾つもの攻撃パターンを試み、後方に撤退しては、まるで何か忘れ物をしたみたいにフィールドじゅうを満遍なく探していた。ファンはいらいらしていたものの、ハーフタイムのあいだも、かれらのサンバは鳴りやまなかった。儀式的で、執拗で、しかしなぜか心和む音だった。チームを鼓舞するための音というより、選手に絶えずファンがついているということを知らせるもののように思えた。愛のささやきであり、それが途切れることだけが怖かったようだ。その愛のささやきに応えるように、ブラジルはイタリアのディフェンスを突き破るための工夫を次から次へと編み出した。その多くは見事に功を奏したが、四十一歳のイタリア人ゴールキーパー、ディノ・

ゾフが同じくらい見事にシュートをことごとく防いでいた。それでも、ついに後半のなかばぐらいに、ブラジルのマン・オブ・ザ・マッチで八二年のワールドカップの最優秀選手の一人であるファルカンの、個人技によるゴールが決まった。もちろん、2対2の引き分けでも、ブラジルはポーランドとの準決勝に進むことができた。だが、消極的な守りの態勢に引きこもらないで（ソクラテスだけは一歩か二歩引き下がったがそれだけで十分のように思えた）、ブラジルはイタリアのゴールに迫りつづけた。そうでなければ、つまらない試合になっていただろう。その結果、終了十五分前に、ブラジルはふたたびイタリアのカウンターの餌食になり、こんどはコーナーキックを与えてしまう。それはイタリアの（これこそが統計の数字の驚くべきところだが）この試合で唯一のコーナーキックだった。イタリアは最大限にそれを利用した。二、三人がボールに触れ、こぼれ球がゴール前にいたロッシのもとにやってきて、ロッシはそれを巧みに方向を変えてねじ込んで、ハットトリックを達成した。ブラジルはそこから総攻撃にかかった。ソクラテスがゴール前に張りつき、ジュニオールが中盤に移ったが、その甲斐もなかった。パーティは終了した。その後、イタリアはポーランドと西ドイツを破り、八二年のワールドカップで優勝を飾った。ブルジルでは自殺者がでて、監督の肖像が埋められ、悲嘆が広がり、選手の妻には脅しのメッセージが届けられた。だが、最後にはだれもが許された。ブラジルこそが八二年のワールドカップで最高のチームだったからであり、皆そのことを知っていた。人は悲劇とともに生きなければならないのだ。

ロバート・クーヴァー

一九三二年生まれの小説家。作品に『ユニヴァーサル野球協会』(越川芳明訳、新潮社)、『ジェラルドのパーティ』(越川芳明訳、講談社)、『女中の臀(メイドのおいど)』(佐藤良明訳、思潮社)などがある。現在、ブラウン大学の創作科で、電脳創作教室を主催している。

ウクライナ

Ukraine

ベンジャミン・パウカー

Benjamin Pauker

首都	キエフ
独立（建国）	1991年8月24日（ソ連から）
面積	603,700km^2
人口	47,425,336人
人口増加率	-0.6%
年齢中位数	38.2歳
出生率	10.5人（1,000人口当たり）
人口移動率	-0.38人（1,000人口当たり）
幼児死亡率	20.3人（出生児1,000人当たり）
平均寿命	69.7歳
民族	ウクライナ人77.8%，ロシア人17.3%，ベラルーシ人0.6%，モルドヴァ人0.5%，クリミアタタール人0.5%，ブルガリア人0.4%，ハンガリー人0.3%，ルーマニア人0.3%，ポーランド人0.3%，ユダヤ人0.2%，その他1.8%（2001の国勢調査）
宗教	ウクライナ正教 - キエフ主教19%，東方正教（特定の主教庁なし）16%，ウクライナ正教 - モスクワ主教9%，ウクライナ・ギリシアカトリック教6%，ウクライナ自治独立正教1.7%，プロテスタント，ユダヤ教，無宗教38%
言語	ウクライナ語（公用語）67%，ロシア語24%，ほか少数派：ルーマニア語，ポーランド語，ハンガリー語
識字率	99.7%
選挙権	18歳以上の全国民
兵役	18～27歳，志願制および義務徴兵制，陸軍と空軍に18ヶ月，海軍に24ヶ月
GDP（一人当たり）	6,300ドル
GDP実質成長率	12.0%
失業率	3.5%
物価上昇率	12.0%
国家予算	122億6000万ドル
軍事費	6億1790万ドル（GDP比1.4%）
第一次産業（農業）	穀物，テンサイ，ヒマワリの種，野菜，牛肉，乳製品
第二次・第三次産業（商工業）	石炭，電力，鉄金属および非鉄金属，機械機器および輸送用機器，化学製品，食品加工（特に砂糖）
通貨	グリブナ

出典：「CIA世界年鑑」2005年11月版（人口統計2005年，経済統計2004年）

ウクライナ
Ukraine

サッカー協会	ウクライナ・サッカー協会
地域連盟（コンフェデレーション）	欧州サッカー連盟（UEFA）
協会設立年	1991 年
FIFA 加盟年	1992 年
愛称	ズビルナ
監督	オレグ・ブロヒン
ホームページ	www.ffu.org.ua
スタジアム	セントラル・リパブリカン

FIFA ランキング	40
ワールドカップ出場回数	0
ワールドカップ優勝回数	0

1930	—
1934	—
1938	—
1950	—
1954	—
1958	—
1962	—
1966	—
1970	—
1974	—
1978	—
1982	—
1986	—
1990	—
1994	不参加
1998	地区予選敗退
2002	地区予選敗退

試合数	0
勝	0
引き分け	0
負	0
得点	0
失点	0
得失点差	0
勝点	0
ワールドカップ初出場	

私が初めてウクライナに興味をもったのは、雨がそぼ降るミラノの寒い夜だった。UEFAカップの準決勝第二戦、ACミランの対戦相手は西ドイツから来た強豪チーム、ボルシア・ドルトムントである。ドルトムントとの第一戦、ACミランは4対0で完敗していた。ピンク色の紙面で知られるイタリアの日刊紙『コリエーレ・デッロ・スポルト』は、この第二戦を「ミッショーネ・インポッシビーレ」という見出しで報じた。ドルトムント・カラーの黒と黄に身を包んだ数千人のドイツ人サポーターが、この試合のためにイタリアへやってきた。悪天候のうえに、ぱっとしない結果が予測できたため、地元ファンは巨大なサンシーロ・スタジアムにほとんど来なかった。ただ、ウルトラと呼ばれる連中だけが私の席の近く（というか、私もその一員なのかも）に陣取って、ハシッシを吸い、発炎筒に火をつけ、機内用のグラッパの空き壜をピッチに投げこんでいた。

一か月間の負傷休場のあと、久しぶりにミラノへ戻ってきたアンドリー・シェフチェンコ――愛称シェヴァ――は、ヨーロッパ一のストライカーの名に恥じない活躍を見せた。開始後およそ十分、彼はドイツのディフェンスを突破し、すばらしいパスを左サイドに送り、ブラジル人のセルジーニョがすかさずクロスを上げ、それをインザーギがヘッドで合わせて見事ゴールを決めた。その晩、シェヴァは得点こそあげなかったが、彼のプレイはほかの誰よりも印象に残った。彼はたえず走りまわった――頭脳的な動きでスペースの隙間を作り、アシストに徹してミッドフィールドをカバーするかと思うと、ディフェンダーの隙をついてすばやく裏に走りこむ――汗とスピードで、彼をとりまく同僚全員の潜在能力をフルに引きだした。それはまさに一編の詩だった。

私はニューヨークに戻ってからも、シェフチェンコとミランを追いかけるようになった。日曜の朝、ヨーロッパ風のライフスタイルにかぶれた私は、スカーフをひょいと首に巻いてイタリアン・バーへくりだし、カプチーノとワインをちびちびやりながら、シェヴァが先頭に立ってミランをイタリアのリーグ優勝《スクデット》に導き、欧州チャンピオンズ・リーグのタイトルを獲得するのを眺めた。シェヴァがその才能を認められて、二〇〇四年の欧州最優秀選手に選ばれ、「バロンドール」を手にするのを見た。

私がシェヴァのファンになるのも当然だ――私が好きなのは、チャンピオン、名門、けっして破れない記録、英雄、つねに強さを見せつける存在、常勝チームや選手だから。ブラジルが弱い国を木っ端微塵にするのを見て快哉を叫び、セネガル対フランスだったらフランスを、フェロー諸島をダブルスコアで打ち負かすイングランドを応援してきた。誰にも止められない勢いのフェラーリF1チーム、マイケル・ジョーダンのいるシカゴ・ブルズ、ニューヨーク・ヤンキースのファンになった。シェヴァもその仲間だ。正直にいって、私は根性のあるファンなら耐えるであろう連戦連敗にはとても耐えられない。わがヒーローがマイナーリーグの二番手だなんて見ていられない。シーズン勝率五割以下、十年間も優勝に見放されるなんて。そんな私が、シェフチェンコのせいで思いがけない道に踏みこむことになった。

ある日、イーストヴィレッジを歩いていると、目立たない小さなタウンハウスの正面扉にシェヴァの写真がテープで貼ってあるのに気づいた。そこはセカンド・アヴェニューとセント・マークス・プレースの角で、その昔、故国を脱してニューヨークへ集団移民してきたウクライナ人たちの居住区の中心だった。ここはウクライナン・スポーツ・クラブで、頭文字をとってYCK——発音はウウスク——と呼ばれていた。私はドアを開け、なかに入ってみた。埃っぽいトロフィー・ケースと無人のカード・テーブルを横目に見てずっと奥まで行くと、そこにはさびれたバーがあった。メンバーらしき二人が頭をめぐらせてこっちを見たが、それきりでまた自分たちのビールに戻っていった。バーの後ろに置かれたテレビの一台はAＣミランのハイライトを流していた。別のテレビでは、キエフの独立広場からの最近のニュース映像が映っていた。平和のうちに民主化革命を成功させたことを祝って、一万人のウクライナ国民が広場に集まっている情景である。そのことについては新聞で少しだけ読んでいたが、最初に私の興味を引いたのはシェフチェンコとの関連だった。

二〇〇四年十二月、ウクライナ国民は、大統領選の結果が不正だとして抗議行動に立ちあがった。ウクライナ大統領を長く歴任し、クレムリンの傀儡といわれたレオニード・クチマが後継者として指名していたヴィクトル・ヤヌコヴィッチ——二度、投獄されている——が当選したのである。西欧寄りの改革推進派で人気の高いヴィクトル・ユシュチェンコ——ダイオキシンの毒を盛られたために、顔がひどく歪み、健康状態が損なわれたことで話題になった——は決選投票で大統領の座を逃した。ウクライナの独立から十三年が過ぎていたにもかかわらず、モスクワの影はいまだに黒々と落ちていた。ウクライナ人はいまもスターリンを許していない。一九三〇年代初め、スターリンはウクライナにわざと飢饉をもたらし（農業の集団化を拒んだせいだ）、七百万の同胞を見殺しにしたのだ。ロシア語の使用を強制されたこと、何百万ものウクライナ人がシベリア送りになったこと、モスクワ支配のもとで何十年も独裁下におかれたことをけっして許さない。シェヴァのファンは一九九四年のワールドカップ出場という栄誉がウクライナの手からすり抜けたことを苦々しく思いだす。この年、ロシアは独立国家共同体の代表をロシアのナショナル・チームだけにすると決めたのだった。二〇〇四年十二月、ウクライナ人の多くは、この大統領選の不正行為にロシアの秘密諜報部が――全面的にとはいわないまでも――少なからず関与していたのではないかと疑った。一万人の市民がユシュチェンコの政党の色であるオレンジを身につけて路上に集まり、抗議の声をあげた。厳寒のなかで抗議行動は何日も続き、ついに新しい政権を樹立することに成功した。

ユシュチェンコの勝利は国がひっくり返るほどの大事件であり、めったにない夢物語となった。ウクライナにとって、もう一つの夢物語がシェヴァだ――キエフ育ちのごく平凡な子供が、国際サッカーの世界でスターになった。彼のことを「世界で最も危険なアタッカー」と評するのは、ブラジル・チームとバルセロナのフォワードを務め、二〇〇五年のFIFA世界年間最優秀選手に選ばれたロナウジーニョである。シェヴァはもう負け犬ではない。そして、その成功ゆえに、ウクライナの革命が成功したとき、シェヴァは歴史のまちがった側に立ってしまったのだろう。

決選投票が迫ったある日、シェヴァはテレビに出演し、現政府の推すヤヌコヴィッチ支持のキャンペーンに協力した。国営放送チャンネル1＋1の画面で、彼は手にした紙切れに目を落としながら、準備されたメッセージを読みあげたのだ。ファンは愕然とした。その直後、チャンピオンズ・リーグのある試合で、ウクライナのクラブ・チーム、シャフタール・ドネツクと対戦することになったとき（二〇〇四年十一月）、サポーターはこんな横断幕を掲げた。「恥を知れ、シェフチェンコ、おまえの選択は同胞を泣かせた」。これ以上、試合に政治をもちこみたくなかったシャフタールは――このチームの名前は、ウクライナの伝説的な炭坑夫にちなむ――チームカラーのオレンジを避けて、白の縞模様のユニフォームを着ることにした。三日後、シェヴァは謝罪した。「私はつねに政治の外に身を置こうとしてきた。政治とは、人びとによって選ばれたプロフェッショナルの世界である。今後も私はその立場を貫くつもりだ。たしかに、私はイタリアに住み、イタリアでプレイしている。だが、つねに故国は身近にある。ウクライナの運命、わが同胞の将来に無関心ではいられない。私を応援してくれるファンを地域や政治によって分け隔てすることはけっしてない」

シェヴァのファンの一人として、私も失望した。私は彼にウクライナのヨハン・クライフになってほしかった。獣のようにゴールを奪いつつも、何かを象徴する存在であり、困窮した国のモラルの指針になる人物。だが、革命とはむしろ地の塩のようなものだ。熱烈なファンのあいだではすぐに許されたとはいえ、シェフチェンコは革命の一端を担うことはできなかった。

私はイタリアン・カフェに行くのをやめ、YCKの常連になった。さびれたバーは私に――大物好きのこの私に――似合いの場所だった。そこは暖かく、静かで、まったく気取りがなく、週末にはちょっとしたつまみもあり、酒は安かった――ニューヨークではじつに得がたい場所だ。そこにはお年寄りの常連もいて、彼らは故国のことを熱心に語ってくれた。私がウクライナ・サッカーの二つの強豪クラブ、ディナモ・キエフとシャフタール・ドネツクの話をすると、彼らは喜んだが、やがて私の知らないことを教えてくれた。「あれらはオリガルヒ（後ろ暗い金儲けで成りあがった新興のロシア財閥）が経営している」と、このクラブの主《ぬし》であり、またゴッドファーザー的存在でもあるジャロスラフ・〈ジェリー〉・クロヴツキーはいう。そして、バーの上の緑と白のスカーフを指さす。西側の人間にはなじみのないカルパティアのチーム、カルパティ・リボフ（スカーフはこのチームのものだ）こそ、独立運動の中心となったウクライナ西部最大の都市が擁する伝説のチームである。「それがなんとまあ、いまや二部リーグだ」

ＹＣＫで受ける教育はスポーツに留まらなかった。ある冬の日の午後、私がハーフタイムに本を引っぱりだすと、あるメンバーが私に向かって訊ねた。「シェフチェンコを知ってるかい？」

「もちろん。彼はすごいよね。一度、生でプレイを見たことがある」

「違うよ」と相手は頭を振った。「別のシェフチェンコだ」

タラス・シェフチェンコ――ウクライナの詩人で、およそ百五十年前に死んでいるが、大勢のウクライナ人にとって、シェヴァと同じように、いまも心のなかに生きている。このマンハッタンでさえ、ＹＣＫから一ブロックも行かないところに、その名をとった通りがある。二〇〇三年の世論調査で、ウクライナ人は祖国の最も有名な人物としてタラス・シェフチェンコを選んだのだ。アメリカ人がトム・クルーズよりもウォルト・ホイットマンを選んだのと同じである（シェヴァは七位という立派な成績だった）。

タラス・シェフチェンコの詩は、プーシキンの詩情にトマス・ペインの愛国精神を少々混ぜたようなものである。十九世紀半ばの民族主義的な趣にあふれた彼の詩は、騎馬のコサックや農奴のくびきをうたっていて、国家のアイデンティティを刺激した。彼の詩は近代ウクライナ語を復活させ、いまでもウクライナの小学生に暗唱されている。ここにあげた例でもわかるとおり（英訳はジョン・ウィアーによる）、詩人の感情は深く沈むかと思うと、誇らしげに舞いあがる（このとき、詩人はペテルブルクにいた）。

棘《とげ》のような私の詩《うた》、ひりひりと痛む詩よ
おまえが私にもたらすのは悲哀のみ！
なぜおまえはこの紙の上にまで
こんなに悲しく列をなすのだろう？……
草原を舞う埃のように
風に吹き散らされてしまえばよかったのに
不運という胸にやさしく抱かれて
眠らせてもらえばよかったのに

私の詩《うた》、憂いに満ちた詩よ
私の子供たち、やさしい芽たちよ！
私はおまえたちを育み、成長させた……そしていま
私はおまえたちに何をしてやれるのか？……
行け、ウクライナへ、わが家なき子たちよ！
おまえたちの道はウクライナへと続く
漂泊の旅人のように道をたどれ
だが、私はここに留まる定め

かの地で、おまえたちは真の心を見つけるだろう
そして暖かい歓迎の言葉を
かの地で、おまえたちはきっと見つける
誠実さと見せかけのない真実と、そして栄光さえも……
だから、彼らを歓迎してくれ、わが母なる国よ
ウクライナ、おまえたちの故郷へ！
悪意のない無邪気なわが子たちを受け入れて
そして、彼らを永遠に祖国のものにしておくれ！

農奴として生まれた詩人シェフチェンコは、投獄の苦しみをなめ、故国の解放を見ることなく、亡命の地で死んだ。「これこそ、わが栄光、わが悲しみ、わが嘆き／わが祖国ウクライナの栄光！」

ウクライナはけっして運のよい国ではない。樹木の生い茂った平野はユーラシアの十字路にあたり、その歴史は征服と悲劇の千年だった。モンゴルの略奪のあとは、改宗を迫るリトアニア、それからルテニア人、ポーランド人、タタール人。やがてロシア、農奴、ソビエト、飢饉、そして、そう、チェルノブイリ（シェヴァの個人ウェブサイトによれば、この大事故のせいで、彼は危険な地区の外の学校に移らなければならず、授業が一時中断されたという）。今日、原子炉をコンクリートで固めた石棺のような建物と近所のゴーストタウンを見物する観光ツアーがある。たぶん森や湖は豊かな緑を取りもどしているだろうが、地元の人は湖でとれた魚は食べるなという。共産主義の崩壊からおよそ十年が過ぎ、事態はかなり改善されている。だが、この国でおもに外貨を稼いでいるのは労働力の輸出と錆びた鉄の塊なのだ。

最近のシェフチェンコ――アンドリーのほう――は、恵まれた暮らしをしている。コモ湖畔に家をもち、アメリカ人のすばらしい美人モデルを妻にし、イタリアのシルヴィオ・ベルルスコーニ首相が子供の名付け親だ。いまのシェヴァは同じ名前をもつ詩人と正反対の場所にいる。この名前は、ウクライナ人にとって苦悩と農奴と涙だけでなく、いまや最新式の車、ユーロ、チャンピオンシップを連想させる。想像してみてほしい。イングランドのデイヴィッド・ベッカムが、たとえばデイヴィッド・ワーズワースという名前だったら――だが、詩など屁とも思わない国ではどうしようもない。

YCKでうろちょろする私の姿を見慣れると、クラブの会長のウィリーは、ウクライナ代表チームがワールドカップの予選を戦ったときの試合のビデオテープを貸してくれた。ウクライナで、ナショナル・チームは親しみをこめて、ズビルナ――オールスター――と呼ばれている。このズビルナは初めてヨーロッパ予選に加わり、ドイツ行きの切符を争った。監督のオレグ・ブロヒンは元ストライカーで、一九七〇年代から八〇年代にかけてソヴィエト・チームの英雄だった。彼はいっとき大きすぎるほど自信を膨らませたが、その後、一転して弱気になった。ウクライナがトルコ（二〇〇二年のワールドカップで三位）に勝ってグループ2のトップに立つと、ブロヒンは大胆にも、このままドイツまで行って優勝カップを手にするだろうと予言した。メディアに慣れたシェヴァは報道陣を牽制した。「もちろん、監督の話は冗談だよ。まだ予選の段階でワールドカップに優勝するなんてね」。そのとたんブロヒンは悲観主義に陥った。「このチームには屋台骨が必要だ。いくらシェフチェンコでも、できるのは最後のタッチだけだ。あまりにも選手の層が薄すぎる……いまのところ、とてもワールドカップに勝てる状態ではない」

だが、予選のビデオを見ているうちに私は、シェヴァが一人でスーパースターの働きをするよりも、むしろアシストに専念しているのがよくわかって、強い感銘を受けた。代表チームの二人のストライカー、強豪バイエル・レーバークーゼンのアンドレイ・ボロニンとシャフタール・ドネツクのアンドリー・ボロベイは実力のある有名選手だ。ミッドフィールダーのオレグ・グセフやアナトリー・ティモシチュク、ルスラン・ロタンはまだ若いが技術は高く、ロタンが予選で放った二ゴールは決勝点となった。アピールの機会さえあれば、彼らはすぐにでもウクライナのクラブからヨーロッパの大チームへ移籍できるだろう。ウクライナは守備も堅い。十試合で四ゴールしか奪われず、その結果、ワールドカップへの出場権を確保したのだ。ウクライナ一の有名人と同じように、ブロヒンもこの国の伝統ともいうべき厭世的な実利主義と、ウクライナならではの堂々たる存在感を身に備えているのだろう。とにかく抜け目のなさにかけては異論の余地がない――なにしろオレンジ革命に反対の立場だったにもかかわらず、まんまと議会の席を確保したのだから。「私の詩《うた》、憂いに満ちた詩よ……」

去年の十二月、キエフの政治はふたたび暗礁に乗りあげた。政治スキャンダルと汚職騒ぎのなかで、ユシュチェンコは内閣を解散し、ユリア・ティモシェンコ首相を解任した。燃料輸入をめぐるモスクワとの外交問題のこじれから、新政府のトップに悪評高いヤヌコヴィッチがつきそうな勢いにもなった。どこかでブロヒンがほくそえんでいた。やがて、ワールドカップのウクライナ代表チームのキャンプ地がポツダムに決まったというニュースが伝わった――元東側ブロックの都市を選んだのはこの一か国だけだ。一年前の革命の興奮からすれば、ショッキングなどんでん返しである。

みんなさぞかし落ち込んでいるだろうから、慰めの言葉の一つもかけようと思って、私はクラブに立ち寄った。だが、誰も気にしているようすはない。「成長期につきものの痛みさ」とウィリーはテーブルの仲間にひとわたりビールをおごりながらいう。「少なくとも、組み合わせの抽選はいいのを引いたよ。スペイン、チュニジア、サウジアラビアと同組だ。われわれにとっちゃ、これで十分さ。ねえ、そうだろ?」

ベンジャミン・パウカー
『ニューヨーク』の編集者・ライター。その他、『ハーパーズ』、『シカゴ・トリビューン』、『ワールド・ポリシー・ジャーナル』などに寄稿。

チュニジア

Tunisia

ウェンデル・スティーヴンソン

Wendell Steavenson

首都	チュニス
独立（建国）	1956年3月20日（フランスから）
面積	163,610km^2
人口	10,074,951人
人口増加率	1.0%
年齢中位数	27.3歳
出生率	15.5人（1,000人口当たり）
人口移動率	-0.54人（1,000人口当たり）
幼児死亡率	24.8人（出生児1,000人当たり）
平均寿命	74.9歳
民族	アラブ系98%，ヨーロッパ系1%，ユダヤ系およびその他1%
宗教	イスラム教98%，キリスト教1%，ユダヤ教その他1%
言語	アラビア語（公用語および商用語），フランス語（商用語）
識字率	74.3%
選挙権	20歳以上の全国民
兵役	20歳以上，義務徴兵制12ヶ月，および18歳以上の志願者
GDP（一人当たり）	7,100ドル
GDP実質成長率	5.1%
失業率	13.8%
物価上昇率	4.1%
国家予算	75億7300万ドル
軍事費	3億5600万ドル（GDP比1.5%）
第一次産業（農業）	オリーブ，オリーブ油，穀物，酪農，トマト，柑橘類果物，牛肉，テンサイ，ナツメヤシ，アーモンド
第二次・第三次産業（商工業）	石油，鉱業（特に燐鉱石と鉄鉱石），観光事業，繊維製品，靴，農業関連産業，飲料
通貨	チュニジア・ディナール

出典：「CIA世界年鑑」2005年11月版（人口統計2005年，経済統計2004年）

チュニジア

Tunisia

サッカー協会	チュニジア・サッカー協会
地域連盟（コンフェデレーション）	アフリカ・サッカー連盟（CAF）
協会設立年	1956 年
FIFA 加盟年	1960 年
愛称	イーグルス・オブ・カルタジェ
監督	ロジェ・ルメール
ホームページ	www.ftf.org.tn
スタジアム	スタッド・セッティエム・ノヴァンブル

FIFA ランキング	28
ワールドカップ出場回数	3
ワールドカップ優勝回数	0

1930	—
1934	—
1938	—
1950	—
1954	—
1958	—
1962	地区予選敗退
1966	棄権
1970	地区予選敗退
1974	地区予選敗退
1978	1 次リーグ敗退
1982	地区予選敗退
1986	地区予選敗退
1990	地区予選敗退
1994	地区予選敗退
1998	予選グループ敗退
2002	グループリーグ敗退

試合数	9
勝	1
引き分け	3
負	5
得点	5
失点	11
得失点差	-6
勝点	6
ワールドカップ通算成績　第 45 位	

ムーラド・テイブはほっそりとスマートで、身のこなしはしなやか、十年間を噂話と締め切りに追われてきた結果、顔には深いしわが刻まれていた。ムーラドはチュニスで、フランス紙『ル・タン』のスポーツ記者をしている。毎朝早く起きて、記事を書く。冬期にはサッカーのチュニジア・リーグ立役者の四チームは、工業都市を本拠地とするスファックス、観光ブームで沸き立つ太陽と海と地中海の砂の町スースのエトワール、そして厳しい争いを繰りひろげてきた古いライバルどうしの二チーム、首都チュニスのエスペランスとクラブ・アフリカン。夏期には移籍の噂と二年に一度のクラブ会長「選挙」がある。このときには、どのサッカー・チームも経営のトップをクラブの会員――ファン――の総会で「選ばねばならない」。もっとも実際には、政府の役人、クラブの長老（元会長と理事）と既得権者（スポンサー、寄付者、こそ泥、脱税者）があらかじめ集まって、ただひとりの候補者を決めておく。

ムーラドとわたしは、チュニスのフランス地区の中心、ブルギバ大通りのカフェにすわっていた。二十世紀初めに建造された白塗りのエレガントなビル、空色のシャッターと鋳鉄のバルコニー、ケーキの香りが漂い、広い並木通りを路面電車が走る。テクノロジーとインターネットのグローバルな未来を語り合う国際会議開催を祝って（人権サイトはチュニジアのサーバーに必ずブロックされてしまうけど、まあ、いいじゃない）、そこいらじゅうに、愛国的色彩の強い旗飾りが数珠つなぎに立てられていた。赤と白、三日月と星のついた小さなチュニジア国旗が、ベン・アリ大統領の肖像画と並んではためく。大統領の肖像は二種類あった。ひとつはスーツ姿で、片腕を未来に向かって伸ばしている。もうひとつはお伽の国の王子さまみたいな夜会服。白のタイ、紫のサッシュ、そしてさまざまなメダルや星がはじける勲章がびっしり。どちらの肖像でも、髪は豊かで黒い。ベン・アリは一九三八年生まれ。肖像画では四十歳ぐらいに見える。

ムーラドは、影響力をもつクラブ会長と理事の地位をめぐって競い合う、エリート家族と政治家と実業家の相関図を説明しようとしていた。わたしが名前をメモすると、イニシャルを使えと言った。「きみのノートは調べられるかもしれない。そうしたら、知られてしまう」。わたしはひとつの名前、ベン・アリ大統領夫人の家族の名前を書いた。「それは消したほうがいい」とムーラドは背後をうかがいながら言った。

シュートとゴール、レッドカード、ペナルティ、そしてサッカー会議室における政治工作は、チュニジアの日常生活を演じるソープオペラで桁外れに大きな割合を占める。新聞では、紙面の三分の一までがサッカー記事で埋まることもある。チュニジア航空のパイロットでクラブ・アフリカンの元副会長ズハイル・ハマミはわたしに語った。「サッカー。第一に、それはおもしろいスポーツだ。そして安い。テレビ観戦したあと、一週間、試合の話ができる。第二に、サッカーでは夢が見られる。だれもが監督だ。チュニジアには一千万人の監督がいる。われわれが議論の対象にして、意見を述べられるのはサッカーだけだ」。チュニスでは多くの人が苦笑いしながら認めるが、サッカーは政治だ。なぜならばここには政治がないからだ――前回の選挙において、共和国大統領ベン・アリはほぼ百パーセントの得票率で当選した。ほとんどの新聞が大統領の前日の動向を必ず一面に掲載する。ベン・アリ大統領は会見……ベン・アリ大統領は授与……ベン・アリ大統領は興味を示した……ベン・アリ大統領は議長を務めた……ときには、サッカーがこの国におけるすべての意志の表明の総計に見える。もうひとり、いっしょにコーヒーを飲んでいたムーラドの友人の記者は言った。「チュニジアで表現の自由を最大に享受しているのはスポーツ・ジャーナリズムだ」。ムーラドはそれほど楽観的ではない。「それでもまだ、自己検閲があるな。越えてはいけない一線がある」

無能な審判、移籍交渉での二重会計、クラブの職員とつながったチケットのブラックマーケットについて、ムーラドは多くを知る——だが、そのほとんどは書くことができない。某記者は、外国の雑誌に審判の腐敗を暴露した。掲載号はチュニジアでは発売禁止になり、記者は諜報機関に呼び出されて、取り調べを受けた。記者は怒鳴りつけられた。「この野郎！　チュニジアじゃ、こんなことは起こらない！　どこに証拠がある？」

チュニジアのサッカー・クラブにオーナーはいない。それは長老や実業家、政府から補助を受けると同時に搾取もされて、奇妙なチュニジアのエーテル混合物のなかに浮かび、ふわふわと漂っているように見える。わたしは、できるだけのことを知ろうとした。一週間のあいだ、カフェとサッカー場に腰をおろし、スポーツ記者、ファン、選手、監督、会長、元会長、連盟役員、スカウト、チーム・ドクター、ラジオ解説者と話し——何度もすべてを手中に握ったと思った。「そう、サッカー・クラブの会長になりたがる人たちは、ビジネス上のさらなる利益を得るため、自分の名声のため、そして権力と影響力を産み出すために、この地位を望むんです」

「最終的には、クラブの会長は政府によって承認されます。したがって最終的には政府がすべてをコントロールしてると言っていい……」

「でも、ファンが方程式のなかでもっとも重要な部分だと主張することもできる。ファンは群衆の潜在力を代表しているからです。ファンは大衆を代表する。政府はその潜在力を恐れる。だからクラブの会長を、ファンをコントロールするのに利用するんです」

二〇〇四年十一月、在職十七年のスリム・チブブを会長にいただくエスペランスが、チュニスで開催されたアフリカ・チャンピオンズ・カップの準決勝にPKで負けた。チブブはベン・アリ大統領の女婿だ。怒りのシュプレヒコールがチブブに向かって炸裂した。「貴様も貴様の義理の親父も糞食らえ!」群衆は恐れず、試合はアラブ世界全域に放映されていた。チブブは面目を失ったように見え、一週間後に辞任した。


しかしながら、どんな単純な理論にも複雑なところはある。サッカー・クラブの頂点で権力を握る人びとは、リベートをとって現金をかき集められる地位にいるかもしれない。だが、その同じ人びとが、自ら資金を提供し、裕福なサポーターから寄付を募るように期待もされている。実業家はサッカー・クラブを使って、男をあげたがる。だが、その同じ人びとが自分を公の目にさらして、細かいチェックを受け、もし結果が満足いかなければ嘲りの対象になる。政府は、サッカー・クラブ会長の任命権を掌握し続けているように見える。だが、その同じ政府が、ただ試合をスムーズに運んでくれる有能な人びとを手の内に入れておくことだけに関心をもつようにも見える。結局のところ、チュニジアは北アフリカの安定した国家で、きちんと教育を受けた厚い中産階級層をもち、そのサッカーは一定の勝利をおさめる代表チームと競争力のあるリーグを生みだし、そこにはヨーロッパのクラブが定期的に才能をすくいあげにくる――これは隣国――アルジェリアやリビア――が自慢できることではない。

わたしはチュニジアのサッカーは政治の代用品だという考えに抵抗しようとした。だが、それはあまりにも魅力的だった。チュニジア航空のパイロット、ズハイルはわたしに、イラク戦争の前、クラブ・アフリカン対スファックス戦に出かけたときの話をしてくれた。ズハイルは、ヨーロッパと北アメリカの都市で、反戦を表明する何千何百もの人びとがやるのをまねて、横断幕を掲げた。「金のための戦争はごめんだ」。カメラマン全員がズハイルの写真を撮った。警察がやってきて、横断幕をとりあげ、ズハイルを投獄すべきかどうか指示を得るため、電話のやりとりに三十分を費やした。結局、放免されたが、写真はどの新聞にも掲載されなかった。まだ自分の運命がどうなるかわからなかったとき、ズハイルは警官に説明した。「ただ自分の意見を表明しただけです、戦争のことではだれもがこの気持ちを共有していると思います」。警官は言った。「チュニジアでは、意見を表明するのには命令がいる」。ズハイルは言いかえした。「まず意見を表明してみて、そのあと大統領に好きな措置をとらせればいいじゃないか」

二〇〇三年三月、アメリカがイラクを爆撃する前の短い最後通告の期間、観衆四万人を集めて、クラブ・アフリカン対モナコ戦——チュニジア当局が中止できなかった試合——が行なわれた。それは引退したクラブ・アフリカンの選手、ロトゥフィ・マイシのための記念試合だった。マイシは相手を肘で押しのける闘争的なディフェンダーとして知られていた。試合中、ファンは称讃と皮肉半々でこう連呼したものだ。「ロトゥフィ・マイシ——サダム・フセイン！」対モナコ戦では、観衆は試合のあいだじゅうサダム・フセインの名前を連呼していた。モナコ選手は怖じ気づき、結局、試合はドローに終わった。そのあと、モナコの監督ディディエ・デシャンはムーラドに語った。「これは、サッカーが戦時においてはひとつの意見の表明、あるいは回答になりうるという証拠だ」

チュニスのカフェにはコーヒーを飲み、水パイプを吸う男たちがあふれ、そのうしろではいつもテレビが試合を流す。フラム対ミドルズブラ戦、スペイン・リーグの試合。開いたドアから湿った十一月の空気が流れこみ、水パイプ係が炭のおきを用心深く運んでいく。チュニスでは、多くの住民が冬の間中、ぶらぶらとカフェに腰をおろして、サッカーの話をする。「チュニスにカフェがなかったら、内戦が起こるだろう！」とムーラドは笑いながら言った。

木曜日の午後、雨が降っていて、わたしたちはハッサン・ラアビディという名前の男がやっているカフェにいった。ラアビディは非の打ち所のないテーラード・スーツを着て、たいていいつもキャッシュ・レジスターのうしろ、額にはいった写真の前に立っている。引き伸ばした写真に写るのはクラブ・アフリカンの前会長とハッサンだ。壁のあちこちに赤と白の縞のユニフォームを着たクラブ・アフリカン歴代チームの写真がかかっていた。ハッサンは話が大げさで愉快な男、肩をすくめたりとか、腕をひらひらさせたりとか、眉間にしわを寄せたりとか、フランス風の身振りをすべて取りそろえている。

前夜、死に体になりながらも会長を続けているシェリフ・ベッラミンに抗議するために、クラブ・アフリカンのファンにデモが呼びかけられた。だが警察が察知し、クラブ本部周辺の道路をすべて封鎖した。それでもなお、あっちでもこっちでも、ベッラミンは辞めるべきだという話でもちきりだった。その夏、ベッラミンは総会の開催を怠った。報酬が支払われず、選手たちはストライキをすると言って脅している。ある試合では腕に喪章を巻いて登場した。

ハッサンはバーのうしろから厚い写真の束をとりだして、わたしに一枚一枚見せ始めた——幸せなサッカー時代の総計、異なった年のスナップ写真がごちゃごちゃになっている。ムーラドは写真の上にかがみこみ、言葉をはさみ、写っている人物がだれか説明する。「これはクラブ・アフリカンの元会長の息子だ……この男は警察の幹部――でも、これは書くなよ……こいつは二日前に辞職した役員のひとりだ……これはチュニジアでコカコーラを所有している男の息子……これはチュニジアの伝説的ゴールキーパー――知ってるだろう。アットゥーガだ！……そう、この男はクラブ・アフリカンの元副会長で、いまでは大臣だ――でも、みんなから嫌われている」。一九八七年、現在のベン・アリ大統領が無血クーデターで前大統領と入れ替わった年に撮影された写真には、ひとりの選手がスローガンの書かれたクラブ・アフリカンのユニフォームを着て写る。「チュニジアの幸福のため、われわれはベン・アリとともにある」。清潔なカフェの経営者として区長から表彰されるハッサン、観光大臣とポーズをとるハッサン、スポーツ大臣、あちこちのクラブの会長、サッカー界のお偉方、チュニジア・サッカー連盟会長、有名なチュニジア人歌手、ヤセル・アラファトと撮った写真まであった。アラファトはエルサレムのアル・アクサ・モスクの模型を握りしめている。

ハッサンはクラブ・アフリカンを愛している。「こういう大物みんなを知ってるのはクラブ・アフリカンのおかげだ」。ハッサンは両手をこすり合わせた。「そう、見ててごらん！」とハッサンはわたしにベッラミンの退任を予告しながら、上機嫌で言った。「大革命が起こるだろう！」ムーラドは説明した。クラブ・アフリカンのファンのあいだには、自分たちのクラブがともかくも民主的に運営されているという感覚、大げさな自負心がある。「そう、そのとおり。クラブ・アフリカンはチュニジアの最大野党だ！」テーブルのまわりにすわっていたクラブの会員が冗談を言った。「うちのクラブは人民のクラブだ。言いたいことを言える！」別のひとりが言った。「もちろん、クラブの会長たちは大臣よりも力があるさ。自分たちのうしろには国民の半分がいるんだから！」

テレビでは八時のニュースが、バシール・マヌービの死を報じていた。チュニジアで、もっとも偉大なサッカー専門のカメラマンにして、ファン。マヌービは何十年ものあいだチュニジア代表に同行してワールドカップに出かけ、巨大なソンブレロと、バッジやチュニジア国旗を何列にも飾ったパッチワークのジャケットで有名だった。国家の文化的偶像として、ベン・アリ大統領から勲章をあたえられたこともある。

政府の大臣よりも力がある？　わたしたちはクラブ・アフリカンの長老、マフムード・メスティィリに会いにいった。敬うべき八十代だが、柔らかな薄い肌をして弱々しく見える。スリッパとバスローブ姿で、バスケットボールをテレビ観戦していた。テーブルの上には、ベン・アリ大統領とコリン・パウエルと並ぶ自分の写真。メスティィリは高名な外交官だった——国連やワシントンに赴任、ベルギー、ドイツ、エジプト、ソ連の大使を務めた。チュニジア名門の出身で、本人が忠告するようにウインクしながら言うことには、その一族は「クラブ・アフリカンを所有していると信じているが、ほんとうは所有などしていない！」伯父のひとりは理事長だったし、別のひとりは総書記だった。メスティィリ自身も八〇年代の終わりには会長だった。「たしかに」とメスティィリは笑った。あまりにも年をとっているから、だれに聞かれようと、もう気にしない。「クラブの会長は大臣よりも強力だ。大統領は大臣を半年ごとに入れ替えるからね。わたしは八か月間、外務大臣だった。だから、どんなものかよくわかっているよ！」この一週間、さんざん電話がかかってきて、だれがベッラミンに代わるべきかと訊ねられた。メスティィリとムーラドは、さまざまなファクターと人物の組合せを細かく論じ始めた。

「実際に、クラブは庶民のものだ。だれも所有はしていない。そしていつの日か、その庶民が革命を起こすだろう」

メスティリは興奮して手を振った。「庶民はしばしばクラブのなかでインティファーダ（イスラエル占領に対するパレスチナ人の抵抗運動）を行なう。基底となるファンは数百万だ。一種の民衆運動のようなものだな」

「でも、ただのサッカーです――」

「そう」とメスティリはため息をついた。政府にいたとき、建国記念日の祝賀や街頭での大統領の演説のために、サッカー・ファンを動員しようとした。「でも、一度もうまくいかなかった」。メスティリは骨折り損を笑いながら言った。

ムーラドはうれしそうに大声をあげた。「それは民主主義だ。そうでしょう？」

「完全な民主主義だよ！」


金曜日、伝説の元北アイルランド代表ジョージ・ベストが死に、バシール・マヌービが埋葬された。土曜日、腰をおろしてオレンジジュースを飲んでいたとき、ムーラドがわたしに言った。一夜にして明らかになったよ。カメル・イディールという名の男がベッラミンのあとを継いでクラブ・アフリカンの会長になる。イディールはすでに副会長の地位にあり、道理をわきまえた穏当なテクノクラートで、政界にきちんとした信用をもつ。

パークAにあるクラブ・アフリカンの本部は、ライバルチームのエスペランスが練習する隣のぴかぴかきらきらのパークBとは対照的だ。ペンキははげ、屋内はほこりだらけで、設備は朽ちかけていた。練習場のピッチはでこぼこで、中庭には掘り起こした舗石が積まれ、噴水は涸れている。屋内の壁にピンでとめてあるのは、歓喜に酔って大騒ぎをする赤と白の縞の写真。クラブ・アフリカンのファンたちが背番号12の巨大なユニフォームを掲げる。クラブ・アフリカンには背番号12のユニフォームを着てプレイした選手はいない。12はファンを表す。つまりファンはクラブ・アフリカンの十二番目の選手という意味だ。

一週間のあいだずっと、ただひとりの選手の名前も耳にしなかった。わたしはそのことを指摘した。ムーラドは笑った。「選手の問題じゃないんだ。チュニジアのサッカーはグラウンドの外でプレイされる」。クラブ・アフリカンの民主主義について、どんな軽口を言おうとも、ファンたちが叫んだり、足を踏みならしたりできる総会は次の夏まで開かれない。

イディールは長老や政府の役人たちと相談したあと、記者会見を開き、ベッラミンの辞任と自らの会長就任とを確認した。新会長はチュニジア国旗の赤と白の布で覆った演壇のうしろにすわっていた。「……わたしは法律に従い、正式に会長となりました。任期は六月の総会までです。これまで会長がファンからの圧力で辞任を余儀なくされた例は知りません……今朝、政府関係者と会いました。賢人たちの支持を得ました……クラブにはリストラ、とくに財政面でのリストラが必要です……わたしは理事会とは独立した移籍委員会を設立します……わたしは混乱と噂とを回避するためにメディアとの関係を再構築します」

外では、男たちの集団、職員や記者たちがおしゃべりをしていた。ほとんどがこのクーデターをよろこんでいるようだった。「これは最初の一歩だ——」とひとりは頭を振った。「ベッラミンはレギュラー選手を頼りすぎた。最低限の水準と条件を維持することさえ忘れていた。若い選手たちの宿舎を見てみろよ！汚いし、食事を運んでくれるおばさんもいない！」「帰宅してきて、家が汚れているのを見たら、だれだって掃除しろと命令する。だけどベッラミンは気にしなかった！」クラブの財務部長が静かにうなずき、認めた。「実際に財務状況はひどい。いまのところ、こちらの手の内にあるのは、金銭的援助をするという約束だけだ」。ひとりのシニカルなスポーツ記者は言った。「マルクスは宗教は大衆の阿片だと言った――わたしたちにとって、それはサッカーだ」

そのあと、音ががんがん響く大理石の床に金属の椅子がおかれたカフェでは、テレビがポーツマス対チェルシー戦を流していた。エスペランス・ファンの一グループがカードをやったりとったりする。クラブ・アフリカンの外で三十年間、サンドイッチの屋台を出してきた男が煙草を手にして、ひと隅に腰をおろしていた。男は信じてはいない。ニュースを聞いて言った。「みんな前と同じさ。顔が変わるだけ。たまねぎの皮をむくようなもんだよ」

日曜日、ビッグ・マッチはエスペランス対エトワール戦だった。開いた花の形に建てられたスタジアムは、いくつかのブロックに分かれ、コンクリートの観客席がバルコニーのようにせり出す。エスペランスのファンは一方の側に固まっていた。クルヴァ・スッドのウルトラ（「クルヴァ・スッド」は伊語で「南スタンド」の意。もっとも熱狂的なファンが集まる。「ウルトラ」は過激なサポーター集団）だ。ファンはエトワール会長の性的能力に対する疑いを連呼しながら、激しく騒ぎ立て、ぴょんぴょんと飛び跳ねるので、ブロック全体がぐらぐらと揺れる。バシール・マヌービの息子が、父親の巨大なソンブレロときらきら光るパッチワークのジプシー風スーツを着て、スタジアムをぐるっとまわり、ファンから喝采を浴びた。手すりにかけられた横断幕は「国境なきエスペランス団」と読めた。芝生の上で、黒服の警官たちが防護楯を広げた。

これはすべて、チュニジアのサッカーで「入場」として知られているものを待ちかまえてのことだ。選手たちが走りこんでくる直前、巨大な金と銀のトロフィーを刺繍した大きな黒旗が、ファンのブロック全体に広げられる。黒旗が引きおろされていくのと同時に、下にいた観衆は長方形の色紙を掲げて、「栄光」という人文字を書く。そのあと、人文字はひらひらと舞う紙吹雪のなかにフェードアウトしていく。ムーラドは言った。「入場」があまりにもみごとに演出されていたので、最初の十五分間は完全に集中力を欠いた試合を見たことがある。レフェリー、ラインズマン、監督、選手はスタンドで展開するスペクタクルを見あげた。あるフランス人スカウトはわたしに言った。「ローマ対ラツィオ戦を何度も見たけどね。エスペランス対クラブ・アフリカンの大試合に較べられるようなショーは知らないね。たぶんリーベル・プレート対ボカ・ジュニオールスかな。それぐらいだ。こんなもの、見たことがないよ」

試合中、ファンたちは怒鳴りまくっていた。「スタジアムを焼け！」という叫び声があがった。あるいはゴールキーパーに向かって「ばか野郎！」「ドジ！」。エスペランスの選手のひとりがイエローカード二枚で退場になり、怒ったエスペランス・ファンはドイツ人レフェリーに向かって金切り声をあげた。「チュニジア人レフェリーを連れてこい。がたがたの老いぼれでも、こいつら外人よりはましだ！」

「あの男が見える？」とムーラドはピッチ近くで写真を撮っている黒人を指さした。「あれはカメルーン人だ。クラブのために黒魔術を行なっているという噂だ。だからこの二、三年、いつもエスペランスが勝つんだ」。エスペランスがラマダン（イスラム暦第九月。日の出から日没まで断食をする）のあいだに、アラブ・リーグの試合とアフリカン・カップ五回に負けたのは、明らかに例外だ。人びとは言った。「ラマダンのあいだは勝てない。あの聖なる一か月間は、魔法が使えないからだ！」わたしは目を見張った。「わかってる」とムーラドは言った。「でも、こういうことを信じてる人は多いよ」

エトワールは1対0から巻き返して2対1で勝った。「エトワールのほうがいい魔法使いがいるね」とムーラドは笑った。「魔法！　黒魔術は――」

わたしは言った。「ただのサッカーよ！」迷信、風のひと吹き、幸運、目くばせ、チャンス。世界中で、サッカーはこの種のことをあてにしようとする。だが、チュニジア人には魔神と精霊と天使がついている。そして、超自然には死すべき人間の運命を妨害して、それを変える力があると信じるだけの理由がある。

たとえばちょうど二週間前、ワールドカップ出場をかけてチュニジアとモロッコ戦が行なわれた。アラブ世界では、モロッコ人はすぐれたオカルト使いとしてよく知られている。モロッコは二度先行し、チュニジアは二度同点にして（そのあと新聞が言ったように、超自然の助けを得て）、2対2のドローに持ち込み、ワールドカップ出場を確実にした。後半――ほんとうか嘘かはアラーの神のみぞ知る――チュニジアの某魔術師がモロッコ・ゴールのうしろをカメラマンに混ざってうろうろと動きまわり、ボールをネットへおびき寄せたと言われている。

ムーラドとわたしは、高速道路入口近くのカフェまでいって、あるチュニジア人魔術師のエージェントに会った。エージェントは南の砂漠地帯の出身、あごの肉がたれさがった大柄の男で、貧しく教育も受けていない。頭に赤と白のスカーフをかぶり、汚れて形の崩れた白のバーヌース（アラブ人のフード付外套）を着ていた。眼球は黄色く凝固したように見え、眉毛は濃かった、チュニスには、フランスのビザをとろうとしている青年のために口利きを頼みにきていた。

ええ、そうです。もちろん、モロッコ対チュニジア戦では超自然による異常なできごとがありました。わたしは知ってます。モロッコ人選手たちの足の動きを守るために、ある魔術師がスパイクのそばでコーランの特別な一節を唱えたのです。後半、モロッコの選手がひとりつまずいて、スパイクが脱げ、まじないが解けたときになって始めて、チュニジアは得点し始めたんです。

エージェントは言った。うちの魔術師はすでに、三部に降格しかけていた小さなチームを助けて、落ちかけた調子を上向きにしてやったことがあります。うちの魔術師の力をクラブ・アフリカンに推薦できてうれしいです。男は「うちの連中」と呼ぶ天使たち、魔法と儀式の進め方についてさらに話した。

そのあと、エージェントは携帯電話で魔術師に電話をかけた。挨拶の言葉をかわしたあと、主人をスピーカーホンに出す。「ああ、そこに女がいるね！」と魔術師は電話を通して叫んだ。あたり。わたしのことだ。エージェントは魔術師に訊ねた。すてきな彼氏を引き寄せるにはいくら払えばいいですか。「彼氏はいらない、もういるよ！」あたりだ。「すごく美人で頭がいいね」と魔術師は続けた。あたりだ。間違いなく大あたりだ。「優しい女だが、他人が悪い振る舞いをすると腹を立てる。でも、怒鳴ったりはしない。黙って立ち去るほうがいい」。あたりだ。魔術師はムーラドに言った。あなたはよく働く記者で、経歴もクリーンだが、「上司は昇進させてくれませんね」。ムーラドはまじめくさった顔でうなずいた。みんなあたりだ。わたしたちは口をぽかんと開けた。

ハッサンのカフェの常連たちは、この話を聞いて笑った。「エスペランスではありかもしれない。でも、うちのチームではなしだ」とあるファンは言った。「あのチュニジア戦で、モロッコはやったかもしれない。その手の話じゃあ、モロッコ人は世界中で有名だからね」と小学校の校長をしている別のファンが言った。ハッサンが話に加わった。「モロッコ人にはモロッコ人のやり方がある。だけどチュニジアがいつも勝つ。チュニジアはサッカーで勝つんだ。チュニジアはアフリカのチャンピオンだ！」

そのあと、二、三年前、クラブ・アフリカンが、六万人収容の新国立競技場、ラデス・スタジアムでずっと勝てずにいたことについて、にぎやかな会話が続いた。校長はハッサンをからかった。「きみは雄牛を連れていった連中のなかにはいっていたな！」ハッサンは異議を唱えた。「そうだ。でもつきを呼ぶためで、魔術じゃない」。しかしながら、ラデス・スタジアムでの数年間の敗戦のあと、ハッサンが雄牛の値段四百ディナールのうち百ディナール（百ドルにわずかに欠ける）を寄付したことが明らかになった。ハッサンは雄牛を競技場に連れていき、タッチライン上で喉を切り、コーランに書かれているとおり、その肉を貧者に分けあたえた。「でも、迷信を信じていたわけじゃない！」とハッサンは頭を振りながら叫んだ。「わたしは祈る。そして宗教はそのようなことを禁じている。今日だって、断食してる」

「で、うまくいったの？」とわたしは訊ねた。

「ああ」とハッサンは心得顔で眉毛をあげた。「そのあと勝ったよ」

パイロットのズハイルでさえ、クラブ・アフリカンの某選手のためにマリから「特別な水」を持ち帰るよう同業の友人に頼んだことがあると認めた。友人はよきイスラム教徒で、黒魔術に関わりあいをもつことを拒否し、水を運んできてはくれなかった。「その選手は次の試合で負傷したんだ！」

風の強い午後、チュニス滞在最後の日に、クラブ・アフリカンは下位リーグのチームを6対1で破った。数少ない観衆が、長くのびたコンクリートの段々にぱらぱらと集まり、ゴールのひとつひとつに歓声をあげた。ラジオの解説者は、ファウルのひとつひとつ、失ったチャンスのひとつひとつをマイクに報告した。全員ボランティアのクラブ職員は新会長がものごとをよりうまく取り仕切るよう期待し、そしてだれもが祈った。インシャラー。ほかはどうでもいい。ただ、今年、エスペランスを粉砕できますように。

ウェンデル・スティーヴンソン
コーカサスのグネジア共和国についての著作“Stories I Stole”の著者。『タイム』記者。『グランタ』、『テレグラフ』、『プロスペクト』各誌に寄稿。ベイルートとロンドンで暮らす。

サウジアラビア

Saudi Arabia

スークデーヴ・サンドゥ

Sukhdev Sandhu

首都	リヤド
独立（建国）	1932年9月23日（サウジアラビア王国の統一）
面積	1,960,582km^2
人口	26,417,599人
人口増加率	2.3%
年齢中位数	21.3歳
出生率	29.6人（1,000人口当たり）
人口移動率	-3.85人（1,000人口当たり）
幼児死亡率	13.2人（出生児1,000人当たり）
平均寿命	75.5歳
民族	アラブ系90%，アジア・アフリカ系10%
宗教	イスラム教100%
言語	アラビア語
識字率	78.8%
選挙権	21歳以上の成人男性国民
兵役	18歳（推定）以上，徴兵制なし
GDP（一人当たり）	12,000ドル
GDP実質成長率	5.0%
失業率	25%（非公式，推定）
物価上昇率	0.8%
国家予算	786億6000万ドル
軍事費	180億ドル（GDP比10%）
第一次産業（農業）	小麦，大麦，トマト，メロン，ナツメヤシ，柑橘類，羊肉，養鶏，卵，乳製品
第二次・第三次産業（商工業）	原油生産，製油，石油化学製品，アンモニア，産業ガス，水酸化ナトリウム（苛性ソーダ），セメント，建設業，化学肥料，プラスチック製品，商業用船舶の整備，商業用航空機の整備
通貨	サウジ・リヤール

出典：「CIA世界年鑑」2005年11月版（人口統計2005年，経済統計2004年）

サウジアラビア

Saudi Arabia

サッカー協会	サウジアラビア・サッカー協会
地域連盟（コンフェデレーション）	アジア・サッカー連盟（AFC）
協会設立年	1959 年
FIFA 加盟年	1959 年
愛称	サンズ・オブ・デザート
監督	マルコス・パケタ
ホームページ	www.saff.com.sa
スタジアム	キング・ファハド・インターナショナル

FIFA ランキング	33
ワールドカップ出場回数	3
ワールドカップ優勝回数	0

1930	—
1934	—
1938	—
1950	—
1954	—
1958	—
1962	不参加
1966	不参加
1970	不参加
1974	不参加
1978	地区予選敗退
1982	地区予選敗退
1986	地区予選敗退
1990	地区予選敗退
1994	決勝トーナメント敗退
1998	予選グループ敗退
2002	グループリーグ敗退

試合数	10
勝	2
引き分け	1
負	7
得点	7
失点	25
得失点差	-18
勝点	7
ワールドカップ通算成績　第 42 位	

〈ファトワー〉（イスラム法学者による法的決定）は厳格である。「通常の服装で、あるいはゆるいパジャマを着用してプレイしてよいが、色鮮やかなパンツと背番号付きのシャツを着てプレイしてはならない。サッカー・パンツとシャツはイスラム教徒にはふさわしくない。そうした服装は非イスラム教徒や西洋人のものである。それゆえ、そうした服装をせぬよう注意しなければならない」。色鮮やかなサッカー・パンツがアラーに反する罪なのか？　背番号の付いたシャツは不信心者の行ないなのか？

先の引用は、〈シャイフ〉（長老）アブダッラー・アルナジュディが二〇〇三年に発したもので、それをサウジアラビアの新聞『アル・ワタン』紙が二〇〇五年八月に掲載したものである。発せられた〈ファトワー〉はサッカーを禁じており――ただし、〈ジハード〉（聖戦）のための訓練としてであれば例外である――十五の禁止条項を記している。いくつか紹介しよう。

四本の線（フィールドを囲んでいる……筆者注）でサッカーをしてはならない。なぜなら、これは非イスラム教徒の方法だからである。

何人も非イスラム教徒および多神教徒の作ったことばを使ってはならない。例えば、「ファウル」「ペナルティキック」「コーナーキック」「ゴール」や「アウト・オブ・バウンズ」などである。誰であれ、以上のようなことばを発した者は、罰せられ、譴責され、試合から退場処分となり、さらには公の場において、「汝は、非イスラム教徒あるいは多神教徒に類している、これは禁じられている」という言葉までも浴びなければならない。

選手の数にしたがって、非イスラム教徒やユダヤ教徒やキリスト教徒、とりわけ下劣なアメリカが使用している数（選手の数……筆者注）のつけ方を踏襲してはならない。換言すれば、十一人の選手がいっしょに行なってはならない。十一よりも大きな数あるいは少ない数で行なうべし。

二つの部分（試合の前半、後半……筆者注）に分かれて、行なってはならない。むしろ一つで、あるいは三つの部分に分かれて行なうべし。こうすれば、罪深く、反逆的な行ないとはならない。それは非イスラム教徒および多神教徒の振る舞いとはならない。

試合後、その内容について云々せぬよう注意すること。「相手よりも自分たちがすぐれていた」とか「だれそれはいい選手だ」などと言ってはならない。かてて加えて、自分の身体や力と筋肉についてことばを発してはならない。アッラーのためのジハード（遂行……筆者注）に備え、その訓練（の手段……筆者注）として走り、攻撃し、退却しているという事実を口にしてはならない。

もし選手の一人が二本のポストの間に球を入れ、その後走り出し、アメリカやフランスの選手のごとく、同僚選手がその後を追い、抱き合うような振る舞いをしたとすれば、その選手の顔につばを吐き、叱責すべし。そもそも、喜びや抱き合うことや口づけが、運動《スポーツ》になんの関係があろうか？

笑わずにはいられない。特に、〈ファトワー〉が試合中のファウルについて、イエローカードになるかならないか、レッドカードかどうか判断し、裁決している部分には吹き出さずにはいられない。ヨーロッパや北アメリカの評論家やラジオ番組のリスナーたちではないが、目視ではなくカメラやビデオを使ったハイテク機器による審判の判定を求める声も常にあるが、むしろイスラムの律法〈シャリーア〉を使ったほうがいい。曰く、「怪我をした選手は必ず、（タックルした選手と……筆者注）いっしょに、だれそれがだれだれを意図的に足をすくい、転ばせたことを立証せねばならない」

　こうした律法を読んでいると、ふざけて書いているのではないかと疑りたくなるようなところがある。反則を受けた選手が、「ファウル！」と叫ぶのではなく、「名誉剝奪」とか「言語道断的破廉恥行為！」といったようなことばを吐かざるを得なくなったとしたら、なんとすばらしいことだろう。ピッチ上の乱闘はますます警察の取り調べに一任されるようになり、試合中の小競り合いは、神権政治的審判で解決するようになったら、まさに「正義は勝つ」時代の到来だろう。フォワードの選手が、つま先でちょこんとごっつあんゴールを決めたあと、前転を一度して、くるっと一度つま先で回って、小躍りしながらピッチ上を走り回り、その選手のまわりにチームメイトも集まり、まるでアメリカン・フットボールのチアリーダーの演目のごとく、息の合った歓喜の舞を披露していたら、いつのまにか全身がチームメイトのつばと痰まみれになっているとは、なんて美しい姿なんだろう。

　とはいえ、『アル・ワタン』紙のかつての記事を読むと、そうそう笑ってはいられなくなる。記事によれば、有名チームのアル・ラシード所属の三選手が、この〈ファトワー〉を読んだ後、試合を放棄し、三人のなかの一人マジド・アル・サワトが後に、イラクで自爆テロを企てた廉《かど》で逮捕されたというのだ。

サウジアラビアのサッカーの歴史は奇妙なものである。一九五一年までサッカーは禁止されていた。だが、いまとなってはなぜそうだったのかだれも理由を覚えていない。午後八時半キックオフの試合は、べとつくほどの湿気とラクダでさえ仕事をサボり出すほどの暑さのなかで行なわれる。どのようなランクのヨーロッパ選手であれ、この国で老後をのんびりと送ろうと考えるものはほとんどいない。一九八〇年代始めに、フロリダかロサンゼルスに本拠地を移そうという計画に大枚をはたいた人たちがいたが、その数のほうがはるかに多いくらいだ。トルコのサッカー・ファンは、ヨーロッパ・チャンピオンシップの試合で、「地獄へようこそ」というメッセージの書かれた大きな旗を翻《ひるがえ》して、国外からのファンを迎えることで名を馳せている。サウジアラビアにはそうした極悪非道の悪名さえもない。

そもそもサウジアラビアにはサッカーは必要ない。一九八〇年代半ばの経済的沈滞にもかかわらず、サウジアラビアはベドウィン（アラブ系遊牧民）を呼び込む領地のごとくなり、ひとつのリゾート国家と化していたからだ。そこでは、他の中東諸国の羨望の的となる豪華なブティック的ライフスタイルを享受できるので、あたかも磁石のように、この国で何かのサーヴィス業にありつけるのではないかと夢を見る、地を追われた遊牧民たちを引きつけたのだ。つい最近までサウジアラビアは、自動車や家庭電化製品やヨットや贅沢な飛行機の一大輸入国であり、国民一人当たりの割合でいくと、世界最高だった。国外からの使用人に家を掃除させることになれた家庭では、通学する子どもたちをガソリンの喰う、ばかでかい車で送り迎えし、デザイナー・ブランド品や、高級なスーパーマーケットの輸入品にお金を湯水のごとく使い、海外で休日を楽しむようになった（サウジは、人口は少ないのにもかかわらず、海外旅行熱においては、上位十か国のなかにランク・インしている）。

　現代のサウジは一九五〇年代が産んだ子どもだ。親は石油の発見である。たちまち国中が金に狂乱し始め、人々はなにもない砂漠地帯からきらびやかな都市へと居を移した。そして、学校も病院も舗装道路もない僻地が世界的規模での経済大国となったのだ。新たに工業都市が造られた。例えば、ペルシャ湾岸のジュベイル、紅海側のヤヌバだ。巨大ショピング・センター、スタジアム、空港、幹線道路にホテル、そういったものが土埃の舞うかつての牧歌的地帯にとって代わった。国民は、小学校から大学、大学院までの教育費はおろか、「揺りかごから墓場まで」の社会保障までも無料で受けられて当然と考えるようになった。税金も最低限の金額を納めるだけだが、国外から大量の労働力を輸入しているため、かなり裕福な暮らしができるようになった（人口二千五百万の四〇パーセントもが国外からの労働者だ。とはいえ、上には上がいるもので、アラブ首長国連邦はその比ではなく、自国で生まれた人の割合は、わずか一二パーセントだと言われている）。かつてヨルダン人やパレスチナ人が移住してきていたが、第一次湾岸戦争後、サウジ国内でかなり大きな勢力となる〈内なる敵〉を形成する恐れがあるという理由から国外に追い出され、それに取って代わって新しい移住者がやってきた。かれらは、エジプトや南アジア、そしてほとんどがフィリピンから連れてこられた出稼ぎ労働者である。昼間はガソリンスタンドの給油係やホテルの警備員、夜は一部屋に十二人で眠る。こうした国外労働者の過酷な、もの言わぬ生活ぶりが、サウジの新たな黄金の夢の中心にある暗黒を照らし出しているのだ。

　この国のオイル・マネーに基づく豊かさは、五千人にも及ぶ多すぎるばかりの王子の存在によって、最もけばけばしく象徴されてきた。噂話にはこと欠かず、例えば、王子は乗っていたキャディラックの灰皿がいっぱいになると、砂漠に捨てるように命じるといった類のものだ。いずれにせよ、サウジアラビア中の若者たちは、サッカーのドリブルによってではなく、バカ買いや見栄っぱり消費によって自分らしさを表現したのだ。たとえサッカーに情熱をもった人がいたとしても、革製のボールを石やオレンジや、靴下をきつく丸めたもので代用することはなかった。ハングリー精神がないのだ。スラム街の熱情は、ボロ着を着て、靴も履かないどこかよその国の人々が抱くものなのだ。サッカーは娯楽だった。選択肢のひとつだった。自由の叫びでもなければ、その土地固有の創造性の発露でもなかった。サウジアラビアの選手たちが、一九八二年にドイツを破ったアルジェリアや二〇〇二年にフランスに対して反植民地主義の大勝利をおさめたセネガルのように、大番狂わせを演じたためしもない。また新しい時代の主流となるサッカーのさきがけ的要素を、かつてペレがアフリカの国々の代表チームのなかに感じ取っていたものを、持っているとも思えない。サッカーに新しい息吹を吹き込んだことは一度もない。サンバの陽気さもセクシーな腰つきも無し、バネのある後ろへのトンボ返りも皆無だ。

ペルシャ湾岸の国以外では、サウジアラビアのチームはほとんど知られていない。秘密主義の国では、統計的数字も断片的で、すべてを把握するのは困難である。この国の役人たちは、自分たちが国境の外でどのように見られているのかほとんど関心がなく、そのせいでトップクラスの選手へのアプローチが七面倒臭い手間のかかる仕事になってしまっている。その結果、いつものことながら、海外からの最も良心的なレポーターも知らないうちに、選手が何度も代表に選ばれているという事態となる。こうしたことがしばしば起こるので、「代表チームのあの選手はサウジアラビア人ではなくて、スーダンかカメルーンの選手ではないのか」というひそひそ話までささやかれるのだ。こうした噂話の真偽の程は定かではないが、レポーターたちが私利私欲から流したものでもないことは明らかだ。このようなお国柄なので、新しがり屋のサッカー・ファンの想像力を刺戟することはめったにない。

サッカーがプロ化された一九九四年以降で、海外に移籍したのはわずか二人（イングランドのウルブスへサミ・アル＝ジャバーが、オランダのAZアルクマールへファハド・アル＝ガシャヤーンがそれぞれ移籍した）に過ぎない。国のサッカー協会は、自国の選手たちが海外リーグの厳しさ、激しさについていけないのではないかと案じているのか、懸命に海外への〈流出〉を抑えようとしている。その結果、国内リーグは甘やかされたぬるま湯リーグとなり、また財政的バックアップは地域の企業家ではなく王子や州政府となり、そうしたなかで気を引くものといえば、たいていヨーロッパや南米からの海外引退選手、本国で戦力外となった選手だけで、実例を挙げれば、フランク・ルブフやガブリエル・バティスチュータなどがおり、いずれも一シーズンか二シーズン、旋風も波風も立てることなく静かにプレイして、しっかりと大金を懐に納め、ある者は引退し、ある者は監督やコーチ業に手を出し始める。

リヤドが本拠地のアル・ヒラールと、ジェッダが本拠地のアル・イッティハードは多くの代表選手を輩出しているが、そうしたチームのレベルを見ても、二流の域を出ない。原因の一つはお金だ。不足しているという意味ではない、他の国と比較して過剰なのだ。一九九八年のワールド・カップまで指揮を執ったブラジル人監督、カルロス・アルベルト・ペレイラ（相当な報酬をもらっていた事実も、一言言い添えておくが）によれば、サウジの選手はサッカーで給料を得ているという意味だけのプロ選手だという。「プロでありながら、しかしかれらにはそれに必要な資質が欠けている。つまり、ハングリー精神もやる気も野望も欠如している」という。おそらく、サウジの選手は経済的にあまりに豊かすぎるので、上達できないのだろう。

サウジのサッカーのあまりに不当な経済的豊かさが知られ、すばらしいサッカーと思っていたのは幻想だと分かり、美しさの欠如――これは何もピッチ上に限ったことではないが――も明らかになったため、必然的にサウジの代表チームは中東で嫌われる結果となっている。いわば、湾岸諸国の〈ドイツ〉――笑顔のない、尊大で、金に物を言わせる巨大国と見なされている。かれらは敗北を期待されている。かれらは〈勝ち組〉の、中東地域のアメリカ組所属のゴロツキ軍団で、そのサッカーの特質が、冷酷な社会経済的政治形態を映す鏡となっていると広く考えられている。ちょっと不思議なのは、かつて一九六〇年代に中東地域で最も成功したチームであったイランの人々が、サウジを毛嫌いしている点だ。二国が同じピッチに立つと、事態は一触即発の事態となる。急進的イスラム至上主義対アメリカ迎合主義。シーア派対スンニ派。暴徒農民主義対共同資本主義――二つの競合するイデオロギーのぶつかり合いとなる。

サウジは伝統的に、ある種のアラブ的例外主義に執着している。これは一つの精神的防衛機能であり、敗北がどんなに屈辱的でも、試合内容がいかに支離滅裂で、愚かしくとも、選手たちは酷評から逃れられ、他ならぬ監督が非難の集中砲火を浴びる結果となる。通例、監督はむかつくほどの報酬を得ている、海外からの労働者だ。絶賛と特別待遇のてんこ盛り状態で迎えられる。滑走路に着陸した瞬間から、山盛りのプレゼントと善意の嵐。しかし、迎えられた監督はほとんどアラビア語が話せず、ファンやサッカー協会関係者の過剰な期待に応えられない結果となると、即座に首を切られるのだ。

こうした即決の情け容赦なき解任劇は、往々にして外部の人間を驚かせる。一九七〇年のワールドカップを制したブラジル・チームの一員であるカルロス・アルベルト・ペレイラ監督率いるサウジ・チームは、一九九八年にウェンブリー・スタジアムで行なわれた対イングランド戦で見事0対0のスコアで引き分けたのだが、それも束の間、ほんの数か月後、ペレイラ監督はワールドカップ本大会出場まであと二試合を残した時点で、解雇を言い渡された。数年度、チェコの代表監督も務めたミラン・マチャラ監督は、アジアカップの初戦で日本に4対1で負けると、即座に解任された。最近の例では、昨年十二月にクウェートで開催された西アジアサッカー協会カップで、格下のイラクとイランとに連敗すると、アルゼンチン人監督ガブリエル・カルデロンが首を切られた。代わりに、ブラジル人のマルコス・パケタ監督が就任した。パケタ監督はその直前まで野心的チーム、アル・ヒラールを率いていた。いやはや、パケタ監督もいつまで首がつながっているものやら。

ここで明らかなのは、その他の多くの問題も同様に、国外の人間《アウトサイダー》が非難を浴び、悪魔のごとく扱われる点だ。決してサウジ生まれの人間ではない。基本的な原則、国際的レベルでの成功は店では買えないという点が、どうやらまだ十分に理解されていないらしい。究極的には、まさに市街地のゴミを掃除しているバングラディッシュ人労働者と同じで、即席の成功を得るために契約した、白人のワールドカップ優勝者や最優秀選手は、単に助っ人でしかないのだ。かれらはたんまりと給料をもらうが、本当にいい影響をこの国に与えていくものはほとんどいない。かれらは何百万人もの出稼ぎ労働者とまったく同じように、この国の経済を支えてはいるが、なんの権利も発言権もないのだ。

こうした事態はやがて改善されるかもしれない。当然、改善されなければならないだろう。『アル・ワタン』紙がサッカーに反対する〈ファトワー〉（世界が仰天したが）を掲載した同じ月、一九七五年から国の首長を務めていたファハド国王が崩御した。この国王は、サウジアラビアを《湾岸地域のモナコ》に仕立て上げようと尽力した人物で、九五年に大きな発作に襲われて以来、体調を崩していた。それ以前でも、八〇年代半ばに石油価格が下落して以降、サウジの〈バブル〉は徐々にはじけつつあった。人口は年率三・五パーセント以上で上昇し、大卒者の就職先も減少してきていたし、基本的人権がしっかりと守られていない点も海外の活動家から指摘されていた。さらには、九〇年のイラク軍のクウェート侵攻に対抗して、アメリカ軍を国内に招きいれた決定をしたことが一因となり、イスラム原理主義者の反感を煽る結果となっている。

　ファハド国王の麻痺状態は、たとえほんのわずかではあれ、この国の代表チームの状況を映し出す鏡だった。王が末年に表舞台に姿を現さなかったことで、偽学者や扇動家たちが入り込める余地ができてしまったのだ。かれらはスポーツを槍玉に挙げ、またスポーツをかねてより爆弾の標的にし、テロリストに資金援助して撃破しようとしていた現代性とコスモポリタニズムの実例と見なした。この夏の勝利は、この国が必要としている、元気の出る刺戟になるかもしれない。もしかしたら、本当にもしかしたら、その勝利によって若者たちの心が沸き立つかもしれない。もしそれがなければ、若者たちの心は地元のイマーム（イスラム教の導師・礼拝時の指導員）の新しい正説を固守する方向に向かってしまうだろう。「喜びや抱き合うことや口づけが、運動《スポーツ》になんの関係があろうか」と〈シャイフ〉アブダッラー・アルナジュディの〈ファトワー〉は詰問した。答えを言おう――世界中のどこでも同じ、サウジアラビアでも、「喜びや抱き合うことや口づけが、すべて」なのだ。

スークデーヴ・サンドゥ

『デイリー・テレグラフ』に映画評を書く他、ニューヨーク大学でも教鞭をとる。『グランタ』の寄稿編集者。また、作品として"London Calling: How Black and Asian Writers Imagines a City"や"I'll Get My Coat"などがある。ニューヨークとロンドンを拠点に活躍している。

あとがき　ワールドカップで勝つ方法

フランクリン・フォア

これまで社会主義や民主主義を求めて、あるいは権威主義的独裁政権を打ち立てるために、幾度となく革命が繰り返されてきた。しかし人類はそれでもまだ、快適な生活を求め、唯一不可欠とは言わないまでも最も不可欠な要素の一つを手に入れるべく、革命を叫ぶ。つまり、強いサッカーチームだ。

こうした理由から戦いに臨むとなれば、どういう政府が理想的だろう？　平等や道徳といったことは話し合われてきたのに、政治理論として何故かこの問題ははぐらかされてきた。しかしワールドカップも十八回目を数え、今では経験から導き出されるデータがあり、十分信用するに足りる手法を用いて、サッカーで成功するための政治的、経済的条件を確認することが可能となった。

まずは歴史の彼方に片付けられてしまっている過去を紐解く必要がある。共産主義は強制労働収容所や見せしめ裁判といったものも生み出したが、偉大な選手を輩出し、盤石なチームを作り上げた。一九五〇年代初期のハンガリー代表は優勝こそ逃したものの、史上最強のチームとして歴史に名を残した。それから数十年後の一九八二年には、ポーランド代表がパオロ・ロッシを擁するイタリアと引き分け、ミシェル・プラティニ率いるフランスを破り、準決勝にまで駒を進めている。こうした勝利は総合的な記録にも反映されている。ワールドカップでは、共産主義国は資本主義国に勝ち越している（四十六勝四十敗三十二分け）。

しかし共産国はワールドカップで優勝したことがないということも、やはり事実である。共産国のチームはグループリーグでは素晴らしいプレイをするのに、準々決勝ぐらいになると一気に崩壊していくのがパターンだ。それ以上勝ち進めない理由については、いくらでも説明がつく。まず第一に、未だ残るロバノフスキーの影響が挙げられる。七〇年代から八〇年代にソ連やウクライナで指揮を執り、数々の実績を残してきたヴァレリ・ロバノフスキーは、サッカーの基礎をなしている真実は科学で証明できると信じていた。試合には技術者を派遣し、タックルやパス、シュートなど、実際に行なわれたプレイの数に基づいて選手たちを査定した。この評価方法では、クリエイティブに攻撃を組み立てることよりも猛烈なタックルにいくことの方が高く評価され、その基準は徹底されていた。この手法は、厳格なマルクス主義が東欧圏のメンタリティに浸透した時と同じ致命的欠陥を包含していた。こうした厳格さは偉大なマラソン選手や体操選手は輩出できたとしても、瞬間的なひらめきやリスクを犯す勇気が求められる種目で優勝できるチームを生み出すことはないのだ。そこに、ハンマーと鎌に支配されていた生活の不幸がある。たとえばハンガリーは、ラズロ・クバラやフェレンツ・プスカシュといった偉大な選手が五〇年代に入ってスペインに亡命することを思いとどまらせることができなかった。

こうした事実を基に、共産主義ではサッカー大国になり得ないという結論を導き出せるとしても、ファシズムであればまだ推挙すべき点がある。ファシスト政権なら、国家としての大義だけでなく国家としての優越性さえ生み出してしまう。こうした理念は、個人の権利を不安視する人たちからすれば魅力的とは思えないだろうが、ワールドカップで優勝するためには申し分のない環境を作ることにつながる。相当程度の自信をつけられるだけでなく、負けることに対して尋常でない恐怖心が生まれるのだ。この手の熱意に支配された母国を失望させたいと思う国民がいるだろうか？　さらには、指導者の期待を裏切るようなことにでもなれば、足を折られるか祖母を監獄送りにされるだけだ。それだけではない。ファシスト政権ではとにかく体力や健康に優れることを礼賛する傾向にあり、そのためにかなりの国家資源をスポーツ事業に注ぎ込んでいる。成績にもそれは表れている。三〇年代、イル・ドゥーチェ治世下のイタリアは二度の優勝を果たしている。アロークロス党時代のハンガリーも三八年大会で準優勝し、ドイツは三四年大会で三位、ブラジルも三八年大会で三位に入っている（ジェトゥリオ・ヴァルガス時代のブラジルはファシスト政権的で、あるいはファシスト政権だったと言い切ってもいいほどで、それは誰に訊くかによって返ってくる答えも変わるだろう）。合計すると、三〇年代のファシズム国家は十七勝五敗四分けという通算成績を残している。

しかし枢軸の関係が終焉を迎えてからは、ファシズム国家の成績も悪化の一途を辿っている。フランコ政権下のスペインやペロン大統領時代のアルゼンチンなどは、結果を残せていない。アントニオ・サラザールが君臨していた三十六年間で一度しかワールドカップに出場していないポルトガルの選手たちも、決して使い捨てにされることはなかった（三位に導いたエウセビオなどがいたチームのパフォーマンスは、確かに素晴らしかった。しかしムッソリーニやヒトラーの時代まで遡れば、そんな結果は醜態だと一蹴されていたはずだ——エウセビオもそれ以降はどんな試合にも出場できなかっただろう）。転落の原因はどう説明すればいいだろう？　三〇年代、ファシスト国家は世界の中でも独立した立場にあり、地上で最も残忍な政治形態として存在していた。戦後期に入って、その高慢な態度は霧散した。突然、彼らが力を持ちうるかどうかは、合衆国との協力関係に頼るところとなったのだ。アメリカの言いなりになってしまえば、勝利を目指してこれまでと同等のやる気を促すことは難しくなるだろう。

こうした結果を見ると、当然の帰結と言えるものが浮かび上がってくる。大量殺戮を犯していたり、犯そうとしている国がワールドカップで優勝したことはないのだ。ドイツもユーゴスラヴィアも、大量殺戮事件を犯す前に敗北を喫している。三八年の大会では、ドイツは一勝もできなかった。史上最強と呼び声の高かったユーゴスラヴィアも、九〇年大会では準々決勝で姿を消した。ユダヤ人やムスリムの血を流すことで、アルゼンチンやイタリアを相手にゴールを決めるというもっと重要な課題に必要なエネルギーが奪われてしまうのだろう。

⚽

さて、これで中央政府主導の計画経済に関して最も普遍的な二つの形態を見てきたわけだが、三つ目はかつての軍事政権だ。この形をとる政府は、今日ではほとんど見られない。しかし歴史的に見ると、軍事政権国家はワールドカップで素晴らしい成績を残している。ブラジルとアルゼンチンは七〇年代から八〇年代初頭にかけて、栄光の勝利を何度も収めた。こういうことにかけては軍事政権は秀でていると言っていいだろう。総力が結集され、その中では実力のある者たちでさえさらに大きな力の一部に過ぎないのだ。強いサッカーチームとは、ある意味では軍事政権的団体と言える。

軍事政権国家はワールドカップで素晴らしい成績——合計三度の優勝——を収めてはいるのだが、最も成功した形態かといえば、そうでもない。一つには平均化という問題がある。軍事政権というくくり方をしてしまえば、パラグアイやエルサルバドルなど苦戦している国も含まれるからだ。結局、世界の効率的なサッカー大国と張り合うことはできないのだ。社会民主主義国は、軍事政権よりも多くの優勝回数を誇る——合計で六度だ。社会民主主義のチームの中では弱小とされるチーム——ベルギー、フィンランド——でさえ、独裁国家チームよりは堅実に勝ち星を挙げている。

この点を理解するには、社会民主主義経済の本質を理解する必要がある。社会民主主義は高度に工業の発達した社会に根付き、これが大きな違いを生んでいる。安定した工業基盤を持たずにワールドカップで優勝した国はない。この基盤が巨大な都市のプロレタリア階級層を支え、そしてチームに所属する選手たちを支援するという連鎖を起こすのだ。産業経済も同様に巨額の富を生み出し、それが競争力の高い国内リーグに資金を供給し、選手たちに質の高い競争を促し、チーム力がアップするのである。軍事政権の場合は思考態度がそのままピッチの上にも反映されているが、社会民主主義の理念はずっと臨機応変に対応できている。社会民主主義は結束といった感覚を執拗に主張しながらも、個人主義を賞賛している――スタープレイヤーの存在を認めつつ、統率の取れたチームが出来上がるのだ。

このように政治理論に関する枠組みを仮定してみると、革命を導いてしまうことになるかもしれないが、大会の予想を簡便にすることはできる。つまり、ワールドカップの各試合の結果はピッチ上で選手たちが代表している国の政治、経済状況を分析することで予測可能だということだ。必ずしも欠点のない方法というわけではない。しかし現段階でこれ以上の方法は知らない。どこが優勝するかを予想するために以上のような分類を踏まえて、ファシズムは共産主義に勝って、軍事政権がファシズムに勝って、社会民主主義が軍事政権に勝って、と考えていく以外にも、いくつか適用できる鉄則がある。

①EUとは、「経験値に限界なし」(Experience Unlimited) の略である。

EUは一九九二年に発足して以来、加盟国の成績を合計すると、四十四勝三十六敗二十四分けとなる。もちろん西ヨーロッパは常に大会をリードする存在であった。しかし最近は、以前と比べても若干良くなっている。一つにはFIFAが出場枠を二十四から三十二に増やしたことが挙げられる。強国と呼ばれるチームにとっては、勝ち点を計算できる相手が増えたのだ。しかしこの変更は、グローバリゼーションの結果だということもできる。本選に出場する国にはスペインやイタリア、イングランドでプレイしている選手がいるものだが、ヨーロッパの小国では、大国のリーグが海外からの選手を受け入れてくれることで得られる利益が大きいのである（確かに、アフリカや南米のチームもかなりの利益を得てはいるが、ヨーロッパのチームに比べれば知れたものだ）。スウェーデンなどでは、スターティング・メンバーの中で普段は国内のチームでプレイしているという選手はゼロに等しい。このように才能が国内から飛び出し、自分たちよりも強い国に行くことで、サッカーの歴史がそれほど古くないヨーロッパの小国が、印象的な試合をすることにつながったりするのだ。

②解放され、勝利を目指す雰囲気に包まれる。

共産主義や独裁主義の圧政から解放されたばかりの国の勢いは、簡単に止められるものではない。一九九〇年と九四年の大会は、それを証明した大会でもあった。共産主義後のベルギーとルーマニアが決勝トーナメントに勝ち進み、立派な成績を残している。ポーランドが一番いい成績を残したのは八二年大会の時で、連帯運動が盛んな時期だった。ドイツは統一への動きが慌しい中、九〇年大会で優勝している。

③支配者と被支配者。

本選に入ればこうしたカードはいくらでも実現する。スペインがかつて支配していた南米の国と対戦したり、フランスがセネガルやカメルーンと戦ったり、ポルトガルとブラジルがあいまみえたりする。帝国主義の大君主がかつての非統治国と対戦する時、支配されていた側のチームの勝利を期待してしまうことがある。結局、帝国主義とは失敗に終わった実験に過ぎない。植民地を支配していた君主が、非支配者たちの解放への要求を拒み続けることは不可能なのだ。しかし政治的現実がそのままサッカーの世界にも当てはまるとは限らない。実際、二〇〇二年大会の緒戦でセネガルがフランスに勝った試合を別にすれば、歴史的に見て帝国はやはり力を持っているという結果が出ている。おそらく帝国主義的列強は、帝国を失って政治的衰退を味わったことで抱え込んでしまった心理的ダメージを埋め合わせたいのだろう。それなら二百年の長きにわたって最大の帝国を誇っていたイングランドに分があるのではないかということになるかもしれない。イングランドの場合、植民地にしていた国でラグビーとクリケットを広めているので、どこまで勝ち進んでもかつての帝国傘下に収めていた国と対戦することがないということもあり得るのだ。

④石油産出国には期待しない。

ナイジェリア、ロシア、メキシコ、ノルウェイ、湾岸諸国、イランなど、石油の輸出が大きな比重を占めている国は、期待通りの成績を残せないのが常だ。簡単に富を生む経済システムになっていると、その富が少数の寡頭資本家に流れていくだけだとしても、富は自然と生まれてくるものだという考え方に陥ってしまい、国全体が怠惰になる傾向にある。政治学者が「豊かさの矛盾」と呼ぶ現象だ。ピッチの上でも、こうした国は勝利への意欲に欠け、創造的なプレイをすることもない。石油で豊かな国が準決勝まで進んだことはない。

⑤新自由主義的なショック療法は楽しみを損なう。

アルゼンチンは政府が新自由主義改革に着手して以降、ワールドカップで準々決勝まで進んだことがない。ブラジルは過去十年間で決勝に進めなかったのは、フェルナンド・エンリケ・カルドーゾ大統領が国内市場を開放しようとしていた一九九八年大会だけだ。ということは、銀行やエネルギー分野を民営化しようとしている最中の国は、優勝する見込みが少ないと考えて間違いない。しかしトマス・フリードマンや、他の古典的自由主義を支持する人たちにとっても朗報がある。自由主義に失敗しても、普通は立ち直るものである。ブラジルはその代表であるが、ポーランドやエクアドルを見ても、新自由主義は短期的にはサッカーに悪影響を与えるだけだということが分かる。

⑥警告

全てのルールに優先する鉄則が一つある。これまでのどの大会を振り返ってみても、何より政治情勢がジュール・リメ杯の行方を左右しているということだ。あの週、ブラジリアで何が起きていたのかは知らないが。

フランクリン・フォア　Franklin Foer
『ニューリパブリック』で編集主任、『ニューヨーク』でも寄稿編集者として活躍。著書に『サッカーが世界を解明する』（伊達淳訳　白水社）がある。ワシントンDC在住。

訳者あとがき

だいぶ前にコスタリカのアラフエラというところに一か月ほどいたことがある。そこから首都サンホセまで市バスで二、三十分で行け、喩えていえば、ちょっとスケールが小さいけど、東京に対する横浜みたいなところだと思えばいい。

九九年一月のある夜。僕はオンボロバスを三つ乗り継いで、サンホセのスタジアムに向かった。一月だけど、熱帯地方だからTシャツと半ズボン姿だった。数日前に、サプリサ（サンホセ市）対アラフエレンセ（アラフエラ市）という、ライバル同士の伝統の一戦があると知った。僕はそれほどのサッカーフリークではないが、そのときまで中南米のサッカーを生で観たことがなかったので、ちょっと期待していた。入場料も安い（大人でも数百円！）せいか、夜なのに家族連れが多く、娯楽として定着しているような印象を受けた。打ちっぱなしのコンクリートをベンチにしたシンプルな観客席はひんやりして気持ちがよかった。

ラテンアメリカが「貧困」というのはウソである。確かに国民総生産とか国民所得とか、数字の上では「貧しい」かもしれないが、毎日の暮らしの中で、子供たちはテレビではなく生でプロの試合を観られる。「プーラ・ビダ」（ステキな人生）という言葉を、コスタリカの人たちはよく使う。標準スペイン語でいえば、「ムイ・ビエン（とてもよい）」、英語でいえば、「ヴェリー・グッド」という意味で、「よう、ゲンキ？」と聞かれたら、「プーラ・ビダ」と応える。コスタリカの子供たちにとって、生で観られるプロサッカーの試合は、標準スペイン語の意味でもコスタリカ用法でも、「プーラ・ビダ」そのものであり、金では買えないとても贅沢な体験であるように思えた。

とはいえ、試合それ自体はあまり印象にない。アラフエラに仁義を尽くして応援に行ったのに、九割九分サプリサのファンで埋まったスタジアムで、じっと固唾を飲んでいるしかなかった。しかも伝統の一戦というにしては、試合も観客の応援も、盛りあがりに欠けた。驚いたのは、ゴール裏で、数十人のアラフエレンセ・サポーターが発煙筒を炊いたり、爆竹を鳴らしたりしていても、ガードマンや警察が許していることだった。

アラフエレンセは1対0で負けた。そのことをホームステイ先の父親ビクトール（僕とほぼ同年齢！）にいうと、かれはコスタリカのことわざを教えてくれた。

「すばやく飛び去る百羽の鳥より手の中の一羽」

僕はこう解釈した。たとえ美しいシュートを百本放っても、無様でも一本のゴールにはかなわない、と。果たして、コスタリカは現実主義者の国なのか。中南米で唯一軍隊がない国で、内戦に明け暮れていた隣国の調停に入って平和に寄与したといわれる。その一方で、アメリカ合衆国に親近感をもつ資本主義の国でもある。

この本の「コスタリカ」の章を読んで、僕は遅まきながら、コスタリカのサッカーを通してこの国のことを知った気分になった。つまり、①僕がいた八〇年代後半に、コスタリカは観光立国（エコツアーで有名）をめざして躍起になっていたこと。②サンホセ・サプリサのオーナーがメキシコの大富豪であり、この人は米国とメキシコにもプロチームをもっていること。③サプリサは、「純血チーム」を標榜するために、外国人選手を採用せずにコスタリカ人で固める企業戦略を取ったこと。④サプリサもアラフエレンセも、クラブが率先してフーリガンを育成して、試合を熱狂的なものにしようとした。

これは、グローバリゼーションに覆われつつある世界で、最先端をいく超資本主義的なやり方ではないか。コーヒー豆や南国果物や熱帯ジャングルしか資源のない国が、大国に伍して生き延びるための方策なのか。二〇〇五年十二月に日本で行なわれたトヨタカップ（ＦＩＦＡクラブ世界選手権）に、サプリサが中南米代表で出場してきた背景には、そうした要因が絡んでいたのかもしれない。つまり、資本金と企業戦略の裏付けがあったのだ。

さて、この本の原書は『考えるファンのためのワールドカップ・ガイド』（*The Thinking Fan's Guide to the World Cup*）といい、二〇〇六年のドイツ大会に出場する三十二か国のサッカーや文化や歴史などを、おもに英語圏の作家たちが自由なスタイルで書いた文章に、統計的なデータを付与したものだ。版元は文芸誌『グランタ』を発行している出版社で、編者のひとりもそこの編集者であり、書き手の中にも『グランタ』の関係者が何人かいる。そもそも『グランタ』は七九年にロンドンで創刊され、ボスニアやアフガニスタンをはじめ、世界の戦場のルポルタージュを特集したり、アメリカ合衆国やイギリスの若手作家を発掘して売り出したり、クンデラやルシュディをはじめとした亡命作家を採用したりして、毎回その時代の世界情勢とリンクした質の高い特集を組むことで定評があった。独立系の文芸誌としてはめずらしく商業的な大成功をおさめたが、その背後には、マーケティングや予約販売や広告など巧みな企業戦略があったらしい。僕はいまだに各号を保存してあり、ときどき資料として使っている。

今回の本も、単行本であるが、雑誌『グランタ』で培った時代を読み取るセンスの良さが感じられる。時宜にかなっていると同時に、のちの再読に耐えうる作品である。巻末にあるフランクリン・フォアの

「ワールドカップで勝つ方法」を読むことをオススメする。

グローバリゼーションの時代におけるサッカーを読み取る、というかサッカーを切り口にグローバリゼーションの世界を軽快に駆け抜ける好編だから。ちなみに、この作家には『サッカーが世界を解明する』(伊達淳訳、白水社)という著書もあり、また二〇〇二年のデビュー作『エブリシング・イズ・イルミネイテッド』(近藤隆文訳、ソニー・マガジンズ)で一躍アメリカ文学の期待の星となったジョナサン・サフラン・フォアのお兄さんらしい。恐るべしフォア兄弟。

それから、すぐれた小説家の文章を読んでいただきたい。ロバート・クーヴァー(スペイン)、ニック・ホーンビィ(イギリス)、キャリル・フィリップス(ガーナ)、アレクサンダー・オザング(ドイツ)、アレクサンダル・ヘモン(フランス)など。これらのアイロニーの利いた文章は一流で、このグループに入った他国の文章は苦戦を強いられるかもしれない。

書き手に異国に出向いてもらったり、あるいはその国出身の作家に取材を依頼していたりしている場合もあるようだ。でも、それらの文章にはトラベルライティングにありがちのエキゾティシズム臭さはない。僕個人としては、サーフィンについて書かれた文章から、どうしてアドリアーノ・ロナウドのプレイに波があるのかを連想するという楽しみをウィリアム・フィネガン(ポルトガル)の文章から得た。また、カスタニェーダの文章(メキシコ)からは、世界有数の資本家たちがみな海外に投資してしまう構造があり、国民も運命論に頼りがちであるために(それだけではないだろうが)、メキシコはいいところで負けてしまうというあたりに説得力を感じた。

いずれにしても、サッカーを切り口にして、世界の各地域について書かれたものを集約したわけだから、ある意味で「現代世界史」としても読める。その際のメイントピックは、次のようなものになるだろう。①南北問題や移民問題とサッカー。今年のワールドカップで九八年の優勝国フランスのように、移民の子孫が活躍するとすれば、ラーション（白人とセネガル人の混血）やイブラヒモヴィッチ（ボスニア出身移民の子）を擁するスウェーデン、北部のイスラム移民を数多く擁するコートジボワール、あるいはガーナからの若き有力移民アドゥを獲得したアメリカ合衆国などが台風の目になるはずだ。また、日本も三都主アレックスが活躍しないと、この世界の波には乗れない。かれらの活躍は、世界の移民の動きや混血化を推進する原動力になる。②政治とサッカー。さきほど名を挙げたフランクリン・フォアの分析によれば、資本主義対共産主義、共産主義対ファシズム政権、軍事政権対社会民主政権。あるいは旧植民地対旧宗主国。数字の上ではみな後者の方が成績はよいようだ。また、大量殺戮を犯している国も優勝できないということなので、大義なきイラク占領でミソをつけたアメリカ合衆国は望みが薄いかもしれない。③宗教とサッカー。どの神さまがサッカーに味方するのか。九〇年のイタリア大会で「半分は神の手によるもの」と語ったマラドーラのヘディングシュートはあまりに有名だが、のちにマラドーナは自分のハンドだったことを示唆した。でも、そのプレイ自体は審判も見逃すほどの超人的というか神がかりのプレイだった。神が味方にしたのだ。ラテンアメリカの選手はピッチを出たり入ったりするときに、必ず胸の前で十字を切ってお祈りをささげるではないか。技術もさることながら、さいごは魂の戦いになる。気持ちの入ったプレイをしないほうが負ける。そういう意味では、アフリカのコートジボワールに注目すべきかもしれない。ポール・ライティの文章が正しければ、祈禱集団がチームアドバイザーとして帯同して、相手チームには呪いをかけるというのだから。つくづく日本がアフリカのチームと対戦しなくてよかったと思う。③経済とサッカー。国の経済力を反映しないのがワールドカップの面白いところだ。この本の数人の書き手の分析によれば、貿易不均衡で苦湯を飲まされている「負け犬」がオイルマネーで潤っているモチベーションの欠けた国に勝つことがある。

楽しみは尽きない。まず過去のデータを眺めながらあれこれ考える。しかし、数字はものをいうが、統計だけがすべてではない。「数字ではサッカーそのものについて何も語ることができない」と述べているのはロバート・クーヴァーだが、それでは何が勝利の決め手になるのだろうか。

それはおそらく「詩」ではないだろうか。サッカーでも、よく創造性《クリエイティヴィティ》とか想像力《イマジネーション》とかいった言葉が、敵も味方も驚かすようなスーパープレイを賞賛するときに使われる。ありきたりの型どおりの攻めをしていては敵のディフェンスに読まれてしまう。型どおりの攻めとは、約束事ということであり、それゆえにミスがすくない。ミスはすくないが、得点シーンが生まれない。そこで、あっと意表をつくようなプレイが必要になってくる。そうした型にはまらないプレイが膠着状態の試合を動かす。ロラン・バルトはいう。「詩的という言葉の真の反意語は、散文的ではなく、ステレオタイプ（紋切り型）的という語だ」（『形式の責任』）。ロラン・バルトによれば、「詩的な」サッカーをしたチームが勝つ。

最後に、この本は白水社編集部の藤波健氏のプロデュースによる。すでに翻訳書をいくつも出しているサッカー好きのプロの翻訳家が数か国を担当し、出来上がったすべての訳稿を二人の監訳者がチェックした。一番大変なデータの翻訳は、軽快なフットワークを誇る若い池田辰之君が担当した。

二〇〇六年四月　駿河台にて

越川芳明

翻訳者紹介

越川芳明（こしかわ・よしあき）［監訳、コスタリカ、トリニダード・トバゴ、メキシコ、スペイン］
1952年生まれ。明治大学教授。

◉主要訳書

ポール・ボウルズ『真夜中のミサ』

ジョン・ハスケル『僕はジャクソン・ポロックじゃない。』（以上、白水社）

スティーヴ・エリクソン『真夜中に海がやってきた』（筑摩書房）

ロバート・クーヴァー『ジェラルドのパーティ』（講談社）他

柳下毅一郎（やなした・きいちろう）［監訳、オランダ、日本、韓国］
1963年生まれ。翻訳家、映画評論家。

◉主要著書

『興行師たちの映画史』（青土社）

『殺人マニア宣言』（筑摩書房）

◉主要訳書

サイモン・クーパー『サッカーの敵』

『アヤックスの戦争』（以上、白水社）

フィリップ・ゴーレイヴィッチ『ジェノサイドの丘』（WAVE出版）

ジーン・ウルフ『ケルベロス第五の首』（国書刊行会）他

岩本正恵（いわもと・まさえ）［ガーナ、アメリカ、クロアチア、フランス］
1964年生まれ。翻訳家。

◉主要訳書

アレクサンダル・ヘモン『ノーホエア・マン』（白水社）

ミル・ミリントン『ああいえばこういう。』（河出書房新社）

エリザベス・ギルバート『巡礼者たち』

ミカエル・ニエミ『世界の果てのビートルズ』（以上、新潮社）他

北代美和子（きただい・みわこ）［エクアドル、イラン、イタリア、チュニジア］
1953生まれ。翻訳家。

◉主要訳書

ビル・ビュフォード『フーリガン戦記』

ティム・パークス『狂熱のシーズン』

ウィリアム・ブラック『極上のイタリア食材を求めて』（以上、白水社）

ドミニク・メナール『小鳥はいつ歌をうたう』（河出書房新社）

ジャン＝ルイ・フランドラン、マッシモ・モンターナリ監修『食の歴史』全3巻（監訳、藤原書店）他

実川元子（じつかわ・もとこ）
［パラグアイ、スウェーデン、コートジボワール、セルビア・モンテネグロ、チェコ］
1954年生まれ。翻訳家、ライター。

◉主要著書

『ココ・シャネル』（理論社）

◉主要訳書

アンナ・ミチナー『わたしは生まれ変わる』（白水社）
ミッチェル・パーセル『エンパイア』（文藝春秋）
ロディ・ドイル『パディ・クラーク　ハハハ』（キネマ旬報社）
『星と呼ばれた少年』（ソニーマガジンズ）他

伊達 淳（だて・じゅん）［序論、ワールドカップ2002総括、アンゴラ、トーゴ、あとがき］
1971年生まれ。翻訳家。

◉主要訳書

ブレンダン・オキャロル『マミー』
アナ・ファンダー『監視国家』
フランクリン・フォア『サッカーが世界を解明する』（以上、白水社）

野中邦子（のなか・くにこ）
［ポーランド、イングランド、ポルトガル、オーストラリア、ウクライナ］
1950年生まれ。翻訳家。

◉主要訳書

アネット・ホープ『ロンドン　食の歴史物語』（白水社）
アンソニー・ボーデイン『キッチン・コンフィデンシャル』（新潮社）
サイモン・ウィンチェスター『世界を変えた地図』（早川書房）
エリック・ラーソン『悪魔と博覧会』（文藝春秋）他

山西治男（やまにし・はるお）
［まえがき、ドイツ、アルゼンチン、ブラジル、スイス、サウジアラビア］
1961年生まれ。國學院大學助教授。

◉主要訳書

ポール・ボウルズ『止まることなく』（白水社）
チャールズ・ブコウスキー『ホット・ウォーター・ミュージック』
『ブコウスキーの「尾が北向けば…」―埋もれた人生の物語』
（以上、新宿書房）他

ワールドカップ　通算成績表

	国名	試合数	勝	分	負	得点	失点	得失点差	勝点
1	ブラジル	87	60	14	13	191	82	109	194
2	ドイツ	85	50	18	17	176	106	70	168
3	イタリア	70	39	17	14	110	67	43	134
4	アルゼンチン	60	30	11	19	102	71	31	101
5	イングランド	50	22	15	13	68	45	23	81
6	フランス	44	21	7	16	86	61	25	70
7	スペイン	45	19	12	14	71	53	18	69
8	ロシア／ソ連	37	17	6	14	64	44	20	57
9	ユーゴスラビア	37	16	8	13	60	46	14	56
	スウェーデン	42	15	11	16	71	65	6	56
11	ウルグアイ	40	15	10	15	65	57	8	55
12	オランダ	32	14	9	9	56	36	20	51
13	ハンガリー	32	15	3	14	87	57	30	48
14	ポーランド	28	14	5	9	42	36	6	47
15	メキシコ	41	10	11	20	43	79	-36	41
16	オーストリア	29	12	4	13	43	47	-4	40
17	ベルギー	36	10	9	17	46	63	-17	39
18	チェコスロバキア	30	11	5	14	44	45	-1	38
19	ルーマニア	21	8	5	8	30	32	-2	29
20	チリ	25	7	6	12	31	40	-9	27
21	デンマーク	13	7	2	4	24	18	6	23
22	パラグアイ	19	5	7	7	25	34	-9	22
23	ポルトガル	12	7	0	5	25	16	9	21
	スイス	22	6	3	13	33	51	-18	21
25	アメリカ	22	6	2	14	25	45	-20	20
26	カメルーン	17	4	7	6	15	29	-14	19
	スコットランド	23	4	7	12	25	41	-16	19
28	クロアチア	10	6	0	4	13	8	5	18
29	ブルガリア	26	3	8	15	22	53	-31	17
30	トルコ	10	5	1	4	20	17	3	16
31	ペルー	15	4	3	8	19	31	-12	15
	韓国	21	3	6	12	19	49	-30	15
33	アイルランド	13	2	8	3	10	10	0	14
	北アイルランド	13	3	5	5	13	23	-10	14
35	ナイジェリア	11	4	1	6	14	16	-2	13
36	コロンビア	13	3	2	8	14	23	-9	11
37	コスタリカ	7	3	1	3	9	12	-3	10
	モロッコ	13	2	4	7	12	18	-6	10
39	ノルウェー	8	2	3	3	7	8	-1	9
40	セネガル	5	2	2	1	7	6	1	8
	東ドイツ	6	2	2	2	5	5	0	8
42	日本	7	2	1	4	6	7	-1	7
	アルジェリア	6	2	1	3	6	10	-4	7
	サウジアラビア	10	2	1	7	7	25	-18	7
45	ウェールズ	5	1	3	1	4	4	0	6
	南アフリカ	6	1	3	2	8	11	-3	6
	チュニジア	9	1	3	5	5	11	-6	6

48	北朝鮮	4	1	1	2	5	9	-4	4
	キューバ	3	1	1	1	5	12	-7	4
	イラン	6	1	1	4	4	12	-8	4
51	エクアドル	3	1	0	2	2	4	-2	3
	ジャマイカ	3	1	0	2	3	9	-6	3
53	ホンジュラス	3	0	2	1	2	3	-1	2
	イスラエル	3	0	2	1	1	3	-2	2
	エジプト	4	0	2	2	3	6	-3	2
56	クウェート	3	0	1	2	2	6	-4	1
	オーストラリア	3	0	1	2	0	5	-5	1
	ボリビア	6	0	1	5	1	20	-19	1
59	イラク	3	0	0	3	1	4	-3	0
	カナダ	3	0	0	3	0	5	-5	0
	スロベニア	3	0	0	3	2	7	-5	0
	オランダ領インド諸島（インドネシア）	1	0	0	1	0	6	-6	0
	中国	3	0	0	3	0	9	-9	0
	UAE（アラブ首長国連邦）	3	0	0	3	2	11	-9	0
	ギリシャ	3	0	0	3	0	10	-10	0
	ニュージーランド	3	0	0	3	2	12	-10	0
	ハイチ	3	0	0	3	2	14	-12	0
	ザイール（コンゴ）	3	0	0	3	0	14	-14	0
	エルサルバドル	6	0	0	6	1	22	-21	0

ワールドカップ　過去の成績

	開催国	優勝	準優勝	3位	4位	試合数	ゴール数	ゴール数（1試合平均）	観客動員数	観客動員数（1試合平均）
1930	ウルグアイ	ウルグアイ	アルゼンチン	アメリカ	ユーゴスラビア	18	70	3.9	434,500	24,139
1934	イタリア	イタリア	チェコスロバキア	ドイツ	オーストリア	17	70	4.1	395,000	23,235
1938	フランス	イタリア	ハンガリー	ブラジル	スウェーデン	18	84	4.7	483,000	26,833
1950	ブラジル	ウルグアイ	ブラジル	スウェーデン	スペイン	22	88	4.0	1,337,000	60,773
1954	スイス	西ドイツ	ハンガリー	オーストリア	ウルグアイ	26	140	5.4	943,000	36,269
1958	スウェーデン	ブラジル	スウェーデン	フランス	西ドイツ	35	126	3.6	868,000	24,800
1962	チリ	ブラジル	チェコスロバキア	チリ	ユーゴスラビア	32	89	2.8	776,000	24,250
1966	イングランド	イングランド	西ドイツ	ポルトガル	ソ連	32	89	2.8	1,614,677	50,459
1970	メキシコ	ブラジル	イタリア	西ドイツ	ウルグアイ	32	95	3.0	1,673,975	52,312
1974	西ドイツ	西ドイツ	オランダ	ポーランド	ブラジル	38	97	2.6	1,774,022	46,685
1978	アルゼンチン	アルゼンチン	オランダ	ブラジル	イタリア	38	102	2.7	1,610,215	42,374
1982	スペイン	イタリア	西ドイツ	ポーランド	フランス	52	146	2.8	1,856,277	35,698
1986	メキシコ	アルゼンチン	西ドイツ	フランス	ベルギー	52	132	2.5	2,407,431	46,297
1990	イタリア	西ドイツ	アルゼンチン	イタリア	イングランド	52	115	2.2	2,517,348	48,411
1994	アメリカ	ブラジル	イタリア	スウェーデン	ブルガリア	52	141	2.7	3,587,538	68,991
1998	フランス	フランス	ブラジル	クロアチア	オランダ	64	171	2.7	2,785,100	43,517
2002	日本／韓国	ブラジル	ドイツ	トルコ	韓国	64	161	2.5	2,705,197	42,269

ワールドカップ　ドイツ大会　グループリーグの日程（現地時間より時差７時間後が日本時間）

Group A　ドイツ　ポーランド　コスタリカ　エクアドル

6.9［金］	ドイツ×コスタリカ［ミュンヘン・18:00］ ポーランド×エクアドル［ゲルゼンキルヘン・21:00］
6.14［水］	ドイツ×ポーランド［ドルトムント・21:00］
6.15［木］	エクアドル×コスタリカ［ハンブルク・15:00］
6.20［火］	エクアドル×ドイツ［ベルリン・16:00］ コスタリカ×ポーランド［ハノーバー・16:00］

Group B　イングランド　パラグアイ　トリニダード・トバゴ　スウェーデン

6.10［土］	イングラド×パラグアイ［フランクフルト・15:00］ トリニダード・トバゴ×スウェーデン［ドルトムント・18:00］
6.15［木］	イングラド×トリニダード・トバゴ［ニュルンベルク・18:00］ スウェーデン×パラグアイ［ベルリン・21:00］
6.20［火］	スウェーデン×イングラド［ケルン・21:00］ パラグアイ×トリニダード・トバゴ［カイザースラウテルン・21:00］

Group C　アルゼンチン　セルビア・モンテネグロ　オランダ　コートジボワール

6.10［土］	アルゼンチン×コートジボワール［ハンブルク・21:00］
6.11［日］	セルビア・モンテネグロ×オランダ［ライプツィヒ・15:00］
6.16［金］	アルゼンチン×セルビア・モンテネグロ［ゲルゼンキルヘン・15:00］ オランダ×コートジボワール［シュツットガルト・18:00］
6.21［水］	オランダ×アルゼンチン［フランクフルト・21:00］ コートジボワール×セルビア・モンテネグロ［ミュンヘン・21:00］

Group D　メキシコ　イラン　アンゴラ　ポルトガル

6.11［日］	メキシコ×イラン［ニュルンベルク・18:00］ アンゴラ×ポルトガル［ケルン・21:00］
6.16［金］	メキシコ×アンゴラ［ハノーバー・21:00］
6.17［土］	ポルトガル×イラン［フランクフルト・15:00］
6.21［水］	ポルトガル×メキシコ［ゲルゼンキルヘン・16:00］ イラン×アンゴラ［ライプツィヒ・16:00］

Group E　イタリア　ガーナ　アメリカ　チェコ

6.12［月］	アメリカ×チェコ［ゲルゼンキルヘン・18:00］ イタリア×ガーナ［ハノーバー・21:00］
6.17［土］	チェコ×ガーナ［ケルン・18:00］ イタリア×アメリカ［カイザースラウテルン・21:00］
6.22［木］	チェコ×イタリア［ハンブルク・16:00］ ガーナ×アメリカ［ニュルンベルク・16:00］

Group F　ブラジル　クロアチア　オーストラリア　日本

6.12［月］	オーストラリア×日本［カイザースラウテルン・15:00］
6.13［火］	ブラジル×クロアチア［ベルリン・21:00］
6.18［土］	日本×クロアチア［ニュルンベルク・15:00］ ブラジル×オーストラリア［ミュンヘン・18:00］
6.22［木］	日本×ブラジル［ドルトムント・21:00］ クロアチア×オーストラリア［シュツットガルト・21:00］

Group G　フランス　スイス　韓国　トーゴ

6.13［火］	韓国×トーゴ［フランクフルト・15:00］ フランス×スイス［シュツットガルト・18:00］
6.18［日］	フランス×韓国［ライプツィヒ・21:00］
6.19［月］	トーゴ×スイス［ドルトムント・15:00］
6.23［金］	トーゴ×フランス［ケルン・21:00］ スイス×韓国［ハノーバー・21:00］

Group H　スペイン　ウクライナ　チュニジア　サウジアラビア

6.14［水］	スペイン×ウクライナ［ライプツィヒ・15:00］ チュニジア×サウジアラビア［ミュンヘン・18:00］
6.19［月］	サウジアラビア×ウクライナ［ハンブルク・18:00］ スペイン×チュニジア［シュツットガルト・21:00］
6.23［金］	サウジアラビア×スペイン［カイザースラウテルン・16:00］ ウクライナ×チュニジア［ベルリン・16:00］

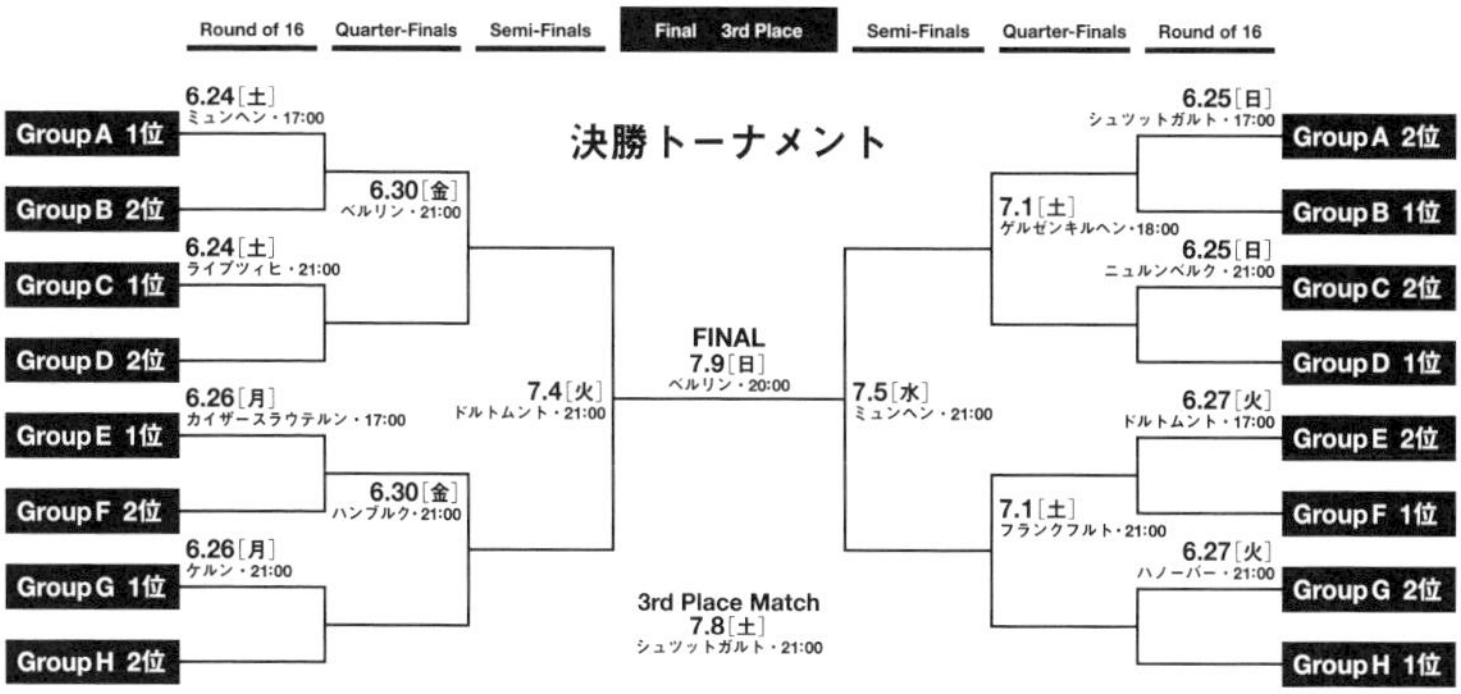

ブックデザイン――奥定泰之
カバーイラスト――近藤達弥

世界の作家32人による
ワールドカップ教室

二〇〇六年五月 五日印刷
二〇〇六年五月二五日発行

監訳者 © 越《こし》川《かわ》芳《よし》明《あき》
柳《やな》下《した》毅《き》一《いち》郎《ろう》

発行者 川村雅之

印刷所 株式会社三陽社

発行所 株式会社白水社

東京都千代田区神田小川町三の二四
電話 営業部〇三(三二九一)七八一一
編集部〇三(三二九一)七八二一
振替 〇〇一九〇―五―三三二二八
郵便番号一〇一―〇〇五二
http://www.hakusuisha.co.jp
乱丁・落丁本は、送料小社負担にて
お取り替えいたします。

松岳社(株)青木製本所

ISBN4-560-04976-9

Printed in Japan